국사의
신화를 넘어서

국사의
신화를 넘어서

임지현·이성시 엮음
비판과 연대를 위한 동아시아 역사포럼 기획

Humanist

엮은이의 말

한국 측의 발의로 '비판과 연대를 위한 동아시아 역사포럼'을 결성하기 위한 움직임이 가시화된 것은 1999년에서 2000년으로 넘어가는 겨울이었다. 일본에서《국민의 역사》가 막 간행되어 베스트셀러로 만들어지던 시점이었다. 역사수정주의와 그것이 함축하는 신민족주의가 일본 열도에서 점차 열기를 더해가고, 그에 대한 반동으로 한반도와 중국에서도 민족주의의 파고가 높아만 가는 상황이었다.

기본적으로는 부담스러웠지만, 다른 한편에서는 좋은 기회라는 생각도 들었다. 숨어서 작동하는 권력 헤게모니가 수면 위로 드러나는 계기라는 판단에서였다. 서로가 서로를 배제하고 타자화시키면서도 동시에 서로가 서로를 살찌우고 강화시키는 한국 민족주의와 일본 민족주의의 '적대적 공범관계'가 가시적으로 드러나는 상황이었다. 그것은 동아시아 차원에서 민족적 냉전체제를 조성하고 끊임없이 확대 재생산함으로써 강화되어온 권력 헤게모니의 비밀을 푸는 열쇠였다.

'비판과 연대를 위한 동아시아 역사포럼'의 우산 아래 모인 연구자들은 동아시아 민족주의의 '적대적 공범관계'를 드러내고 해체해야 한다는 문제의식을 공유했다. 기존의 한·일 지식인 연대가 그 정치적 선의에도 불구하고, 오히려 그것을 강화하는 데 기여한 측면이 많았다는 반성도 있었다. 시민사회의 역사의식을 민족주의적으로 규율하는 숨은 이데올로기적 지배 장치들을 드러내서 해체하자는 데에도 쉽게 합의가 도출됐다. 지배담론으로서의 민족주의를 생산-유통-소비하는 사이클의 핵심에는 '국사'의 패러다임이 있다는, 따라서 '국사'의 해체는 시민사회에 '내면화된 강제'로서의 헤게모니를 해체하는 것이라는 판단에도 이견은 없었다.

그러나 막상 공동작업을 진행하면서 예기치 않게 맞닥뜨린 크고 작은 어려움에 많은 진통을 겪어야 했다. 제국과 식민지라는 역사적 경험의 차이가 만들어내는 비대칭성과 그에 따른 입장의 차이가 큰 부담이었다. 한국 측은 한국 측대로 민족주의를 정면으로 비판한다는 작업이 주는 부담감이 컸고, 일본 측은 일본 측대로 제국주의의 원죄의식 때문에 부담스러워했다. 부담은 일본 측이 더 컸을지도 모르겠다. 그러나 권력 담론으로서의 일본 민족주의뿐만 아니라, 한국 민족주의와의 정면대결은 피할 수 없는 과제였다.

돌이켜보건대, 주저되고 부딪치고 흔들리는 경우가 적지 않았다. 회고의 시점에서는 에피소드라 웃고 넘길 수 있지만, 당시에는 다 심각했다. 가장 큰 희생을 치른 것은 애꿎게도 한국의 소주와 일본의 정종이었다. 그들의 억울한 희생 덕분인지, 어느 순간 서로에 대한 신뢰를 확인할 수 있었다. 상대를 배려하지만 눈치를 보지 않고, 상호 비판이 예리할수록 서로에 대한 신뢰도 더 단단해지는 걸 느끼기 시작했다.

'비판과 연대를 위한 동아시아 역사포럼'이 지난 여름 개최한 공개 대토론회 〈국사의 해체를 향하여〉(2003년 8월 21일)는 서로에 대한 신뢰가 축적되었기에 가능한 것이었다. 공개 토론회의 결과물인

이 책 또한 그러한 신뢰의 산물이다. 우리의 문제의식을 온전히 담기에는 내용이 더 채워져야 하고 빈 구석이 많다. 그것은 더 치열하게 고민하고 공부하면서 채울 것이다. 또 곳곳에서 차이도 많이 드러난다. 차이는 지우기보다는 더 철저하게 드러내면서 안고 갈 것이다. 아픈 몸이 아프지 않을 때까지.

무엇보다도 한·일 양국의 '비판과 연대를 위한 동아시아 역사포럼' 회원들에게 감사드린다. 호주머니 돈을 털어가면서 풍요로운 가난을 껴안았던 그들 모두의 열정과 헌신이 없었다면, 이 책은 태어나지 못했을 것이다. 한국 측의 삼인 출판사와 휴머니스트 출판사, 일본의 이와나미 출판사의 각별한 격려에도 깊이 감사한다. 한국의 파라다이스 재단, 대전대학교 동양문화연구소, 공주대학교 사학과와 일본의 국제교류기금(國際交流基金), 일한문화교류기금(日韓文化交流基金), 와세다대학 조선문화연구소의 지원도 큰 도움이 됐다. 책을 만드는 과정에서는 '역사포럼'의 숨은 일꾼 박환무(못된 헤게모니처럼 그는 늘 숨어 있다) 형과 휴머니스트 출판사의 선완규 편집장의 역할이 결정적이었다. 일본 측의 고지마 기요시에게는 우정과 감사를 같이 보낸다.

말은 늘 마음보다 모자란다.

2004년 2월 13일
임지현·이성시

차례

■ 엮은이의 말

1부 국사와 문명사

1. '국사'의 안과 밖—헤게모니와 '국사'의 대연쇄(連鎖)　13
   임지현
2. 민족사에서 문명사로의 전환을 위하여　35
   이영훈

2부 프로젝트로서의 동아시아

3. 동아시아의 근대화, 식민지화를 어떻게 이해할 것인가?　103
   미야지마 히로시
4. 국민국가 건설과 내국 식민지—중국 변강(邊疆)의 '해방'　137
   모테기 도시오
5. 일본 미술사와 조선 미술사의 성립　165
   다카기 히로시

3부 움직이는 근대

6. 자주적 근대와 식민지적 근대　199
   도면회
7. 식민지 근대와 대중사회의 등장　233
   윤해동
8. 조선왕조의 상징 공간과 박물관　265
   이성시

4부 분열된 정체성

9. 식민지의 '우울'—한 농촌청년의 일기를 통해 본 식민지 근대 **299**
   이타가키 류타
10. 이효석과 식민지 근대—분열의 기억을 위하여 **327**
    신형기
11. 식민지 시기 재일조선인의 문화 아이덴티티 재고 **355**
    도노무라 마사루

5부 외부의 시선—논평

12. 역사에서 벗겨내야 할 '신화들' **391**
    박지향
13. 예리한 연구 성과를 시민사회로 환원하는 방법은? **407**
    나미키 마사히토
14. 역사, 이론 및 민족국가—최근 아시아학의 이론적 동향 **423**
    이남희
15. 비대칭 속에서—식민지 근대화론에 관해 '일본인'이 생각한다 **435**
    쓰보이 히데토
16. 한국에서 '국사' 형성의 과정과 그 대안 **453**
    이영호

■ 부록
1. '비판과 연대를 위한 동아시아 역사포럼' 취지문 **469**
2. '비판과 연대를 위한 동아시아 역사포럼' 주요 연혁 **475**

1부

국사와 문명사

국사의 안과 밖 — 헤게모니와 '국사'의 대연쇄(連鎖)
임지현(林志弦)

민족사에서 문명사로의 전환을 위하여
이영훈(李榮薰)

국사의 안과 밖
—헤게모니와 '국사'의 대연쇄(連鎖)

임지현(林志弦)

서강대 사학과를 졸업한 뒤 같은 대학 대학원에서 서양사상사를 전공했고 1988년 〈맑스 엥겔스와 민족문제〉로 박사학위를 받았다. 그 후 폴란드 바르샤바대학, 영국 포츠머스대학의 민족주의 연구회 등에서 연구하고 강의했다. 2003년 영국 글래모건대학교의 외래교수 겸 하버드대학 엔칭연구소에 초빙되어 최근의 유럽 민족 문제를 연구했다. 현재 한양대학교 사학과 교수로 재직 중이다.

최근 몇 년 동안 '민족'이라는 뜨거운 이슈를 제기해왔다. 특정 인종이나 땅, 언어 등으로 묶는 식의 민족주의를 초월해 공통의 관심사와 보편적 가치를 중심으로 한 새로운 민족 개념을 위한 이론적 실천적 활동을 전개해왔고, 현재도 '민족주의 비교연구', '파시즘 비교연구'를 주요 연구 주제로 삼아 '근대성'을 넘어서는 사유를 전개하고 있다.

《바르샤바에서 보낸 편지》 강, 1998.
《민족주의는 반역이다》 소나무, 1999.
《이념의 속살》 삼인, 2001.
《우리 안의 파시즘》(편저) 삼인, 2000.
《오만과 편견》(임지현·사카이 나오키 대담), 휴머니스트, 2003.

1. '국사'의 진지전과 헤게모니

랑케(Leopold von Ranke) 이래 근대 역사학이 누려온 학문적 지위는 그것이 국가권력과 같은 결로 짜여졌기에 가능했다. 근대 역사학이 자부한 '과학성'과 '객관성'은 사실상 현존하는 민족국가의 역사적 신화를 과학의 이름으로 정당화했을 뿐이다. 랑케나 드로이젠(J. G. Droysen)과 같은 '과학적' 역사가가 민족 신화의 가장 위대한 생산자였다는 역설이 성립하는 것도 이 지점에서이다. 이들에게 역사 발전에 대한 연속적인 이야기인 '정사(die Geschichte)'는 국가의 역사였으며, 보통 사람들의 일상에 대한 크고 작은 이야기들은 '제반 잡사(Geschaefte)'에 불과했다.[1] 그것은 비단 프로이센 국가의 공식 역사가였던 이들에게만 해당되는 것은 아니었다. 프로이센에 비해 국가보다는 민중과 사회에 대한 관심이 높았던 영국과 프랑스의 역사 서술도 '국사'의 틀에서 벗어나지 못하기는 마찬가지였다. 국가의 중심 기관인 의회가 항상 민중을 대변하고 대표함으로써 이들의 '정사' 역시 기본적으로는 국가의 역사였다.[2] '역사'와 '과학'이 '민족'과 결합한 계몽주의 이래의 근대 역사학에서 '국사(national history)'의 패러다임은 굳건한 것이었다.[3]

---

(1) 조지 이거스, 《20세기 사학사》 임상우/김기봉 옮김(서울: 푸른역사, 1998), 216쪽.
(2) Stefan Berger with Mark Donovan and Kevin Passmore, "Apologias for the nation-state in Western Europe since 1800," in Stefan Berger, Mark Donovan and Kevin Passmore eds., *Writing National Histories: Western Europe since 1800* (London: Routledge, 1999), p. 7.
(3) Joyce Appleby, Lynn Hunt and Margaret Jacob, Telling the Truth About History (New York: Norton, 1994), p. 91.

민족국가를 역사 발전의 주체이자 대상으로 한 역사 서술은 사실상 국가권력을 정당화하는 이데올로기적 기제였다. 역사 서술의 다양한 차이는 근대 국가권력의 회로판 안에서 길을 찾는 방식의 차이였을 뿐이다. '국사'가 문명사나 비교사, 지방사, 일상사 등을 제치고 근대 역사학의 지배적인 패러다임으로 자리잡을 수 있었던 것도 그러한 이유에서이다. 그것은 국사 패러다임이 갖는 역사 해석의 설득력이나 인식론적 우위의 문제는 아니었다. 해석에 앞서 이미 역사 서술의 큰 그림이 권력의 요청에 따라 그려진 것이다. 그렇기에 '국사'라는 텍스트 그 자체에 대한 질문을 던지기에 앞서 그 텍스트가 배치되어온 정치적·사회적·문화적 권력관계에 대한 질문을 던지지 않을 수 없다. '국사'가 배치되어온 정치적·문화적 맥락을 이해하고 의심할 때 비로소 과학성과 객관성의 이름으로 포장된 텍스트의 신화성이 드러나기 시작한다. 역사 해석의 차원을 넘어 근대 민족국가의 '정치적 기획'으로서 '국사'를 이해해야 하는 이유도 바로 여기에 있다. '국사'라는 이름으로 우리에게 각인된 내셔널 히스토리는 사실상 민족국가를 위한 역사적 변명이었다.

'국사'가 우리의 신체에 각인되는 방식은 생각보다 다양하다. 각급 학교에서의 제도화된 역사 교육이 '국사'의 논리를 제공한다면 시민사회에 파놓은 '국사'의 진지들은 참으로 뿌리 깊고 정교하며 다양하고 견고하다. 현충일과 같은 국민적 기억의 공식 행사, 민족의 고유성을 과장하는 다양한 국민 축제, 개천절, 제헌절과 같은 제도화된 국경일, 전쟁과 민족적 상처에 대한 마을 어귀의 크고 작은 기념비, 민족의 영광을 드높이는 국립박물관, 과거의 영광과 상처를 되새기는 역사소설, 신문과 방송 등의 매스미디어와 영화 등을 통해

'국사'는 끊임없이 우리에게 각인된다. 헤게모니적 장치로서의 '국사'가 시민사회에서 펼치는 이 진지전의 위력은 참으로 가공할 만하다. 권력 헤게모니와 시민사회의 진지전 문제를 최초로 제기한 그람시(Antonio Gramsci)조차 '국사'가 파놓은 깊은 참호에서 벗어나지 못했다. 민족-민중적 문화를 강조하고 좌절된 리소르지멘토(Risorgimento)혁명의 완성을 이탈리아 좌파의 과제로 설정함으로써 그람시 또한 '국사'의 패러다임에 포섭되었던 것이다. 이탈리아의 과거에 대한 그람시의 해석이 휘그적 해석의 독일판을 제시한 벨러(Hans Ulrich-Wehler)나 코카(Juergen Kocka)와 크게 다르지 않다는 지적은 실로 타당하다.[4]

1945년 이후 유럽에서 민족주의적 역사 서술이 퇴조했다는 주장은 사실상 과장된 면이 있다. 거칠고 공격적인 인종주의적 민족주의가 퇴조한 것은 사실이지만, 리버럴과 보수주의 역사가들을 중심으로 민족주의적 역사 서술은 완강하게 존재해왔다. 유로화의 도입으로 유럽연합의 결속력이 강화되고 거스를 수 없는 세계화의 진전에도 불구하고 유럽에서조차 '국사'의 패러다임은 더 강화되는 경향마저 보이고 있다. 포클랜드전쟁과 두 차례의 이라크전쟁을 겪은 대처/블레어리즘의 영국은 물론이고, 통일 민족주의의 재세례를 받은 독일, 비시 정부의 과거를 놓고 크게 홍역을 치른 프랑스, 9·11 테러와 이라크전쟁으로 고양된 미국의 원초적 민족주의는 이른바 '완성된' 민족국가에서도 끊임없이 '재국민화(renationalization)' 과정

---

[4] Kevin Passmore with Stefan Berger and Mark Donovan, "Historians and the nation-state: some conclusions," in *Writing National Histories*, p. 294

이 권력에 의해 수행된다는 것을 보여주고 있다. 냉전체제의 붕괴와 세계화가 가져온 민족적 정체성의 위기가 '재국민화'를 요구한 것이다. '재국민화'를 향한 권력의 욕구가 존재하는 한 '국사'는 이제 세계화와 접목되어 자신의 헤게모니적 지위를 유지할 것이다.

문제는 좌파 역사학조차 '국사'의 패러다임에서 자유롭지 못했다는 점이다. 국제주의에 대한 원칙적 강조에도 불구하고 '국사'의 틀에 포섭되었던 것이다. 1967년의 반시온주의 캠페인 이후 공식적으로 관제 민족주의에 기댄 동유럽의 현실 사회주의는 물론이고,[5] 서유럽의 좌파들도 마찬가지였다. 정치사의 아성을 무너뜨린 프랑스 아날학파도 민족국가의 주술에서 벗어나지는 못했다. 프랑스적인 정체성을 찾음으로써 '국사'로 회귀한 노년의 브로델(Fernand Braudel), 프랑스 국민국가의 정치적 맥락에 포섭된 아날학파의 다양한 지방사 연구들, 일상에 대한 강조에도 불구하고 항상 역사의 주변에 위치한 이민사, 강한 중앙정부와 민족적 유대감을 강조하는 공화주의 전통 등이 모두 그러하다. 기억에 대한 연구를 통해 프랑스의 '국사'를 객관화시키고 궁극적으로는 해체하려고 했음에도 불구하고 결국에는 '경축의 역사(commemorative history)'에 흡수되어버렸다는 노라(Pierre Nora)의 때늦은 자각 또한 시민사회에 구축된 헤게모니로서의 '국사'의 진지가 얼마나 강고한 것인가를 잘 드

---

(5) 이에 대해서는 Jie-Hyun Lim, "The Nationalist Message in Socialist Code: On Court Historiography in People's Poland and North Korea," in S. Sogner ed., *Making Sense of Global History: The 19th International Congress of Historical Sciences Commemorative Volume* (Oslo: Universitetsforlaget, 2001)을 보라.
(6) Julian Jackson, "Historians and the nation in contemporary France," in *Writing National Histories*, pp. 242~44.

러내준다.[6] '민중사'가 민족주의적 서사를 고급 정치의 영역에서 일상생활의 영역으로 바꾸어놓음으로써 자신들이 공격했던 바로 그 체제의 일부로 포섭되고 말았다는 영국의 '역사 작업장(History Workshop)' 민중사가들의 자기반성도 같은 맥락에서 이해된다.[7]

'비판적 역사학(critical historiography)'의 등장에도 불구하고 헤게모니로서의 '국사'의 패러다임은 그 안에서 오히려 굳건했다. 영국 좌파의 '아래로부터의 역사(history from below)'에서 그것은 단적으로 잘 드러난다. 개별 민족국가의 민중을 단일한 집단적 주체로 설정하고, 위로부터의 전통에 대한 대안으로서 밑으로부터의 전통을 제시함으로써 '아래로부터의 역사'는 결국 '국사'로서의 영국사 헤게모니에 포섭되는 결과를 낳았다. 톰슨(E. P. Thompson)이 영국 노동운동의 '잉글랜드적인 것(Englishness)'에 집착함으로써 결국에는 '민족적 예외주의'에 빠졌다는 비판도 같은 맥락에서 이해된다. 민족적 예외주의는 민족적 특성이나 고유성을 본질화함으로써 이질적인 문화의 상호작용이나 그것이 빚어내는 잡종적 정체성을 배제하는 '국사'의 전형적인 사유방식인 것이다. 여성사도 '국사'의 포로이기는 마찬가지였다. 역사적으로 중요한—대개는 정치적인—사건들에 대한 여성의 영향력을 강조하고 재발견한 것은 여성사의 기여임에 틀림없다. 그러나 민족적 정체성과 같은 전통적인 역사 연구의 대상들을 젠더화하고 여성을 '국사'의 주요 흐름 속에 배치시킴으로써 사실상 '국사'의 틀에 통합되었던 것이다. 카탈루

---

(7) Raphael Samuel ed., Patriotism: *The Making and Unmaking of British National Identity* (London: Routledge 1989), vol. I, p. xi.

냐, 웨일스 등 서유럽 주변부의 소수민족의 역사 서술에서도 '국사'의 패러다임은 더욱 강고하게 구축되었다.[8] 민족국가의 실현을 역사의 종말로 보는 '민족주의적 목적론(national teleology)'은 오히려 주변부의 역사 서술에서 더 분명하게 드러난다. 중심의 '국사' 체계에 편입되어 줄곧 부정되어온 자신의 역사적 존재이유를 고유한 '국사'의 체계를 세움으로써 정당화하고자 한 것이다.

물론 2차대전 이후 유럽에서 민족적 고유성과 특성에 대한 회의가 나타나면서 상대적으로 역사 서술의 유럽화 혹은 비교사 연구가 활성화된 것은 부정할 수 없는 사실이다. 그러나 개별 민족국가에서 유럽으로 서술의 중심축이 이동한다고 해서 '국사'의 틀이 해체된 것은 아니다. '국사'의 패러다임이 민족국가 단위에서 유럽이라는 더 큰 정치/지리적 단위로 확대 적용되고 있다는 것이 더 정확한 표현이겠다. 유럽이 곧 국가 이성이라는 인식 지평 안에 갇혀 있는 한 확장된 '국사'로서의 유럽사는 불가피한 결과인 것이다. 비유럽 문명에 대한 편견을 재생산하고 심지어는 이슬람에 대한 논의에서 보듯이 그것을 악당화함으로써 단일한 유럽의 역사적 경로가 비유럽의 경험보다 우월하다는 인식이 통합유럽사의 밑바닥에 깔려 있는 것이다. '유럽연합'에 역사적 정통성을 부여하고자 했던 통합유럽사가 '국사'의 틀을 해체하지 못하고, 개별 민족국가에서 유럽으로 '국사'의 패러다임을 확대 적용한 데 불과하다는 비판은 이 점에서 타당하다.[9] 비유럽에 대해 닫혀 있는 유럽사의 이데올로기적 구조

---

(8) Kevin Passmore et. al., "Historians and the nation-state," p. 296.
(9) Stefan Berger, "Representation of the Past: National Histories in Europe," unpublished proposal submitted to ESF.

는 세계에 대한 우리의 사유방식을 규정하는 '국사' 패러다임의 헤게모니가 얼마나 뿌리 깊은가를 잘 드러내준다. '국사'의 틀을 해체하고 재구축한 유럽사는 아직도 꿈으로 남아 있을 뿐이다.

2. 대문자 서양과 '국사'의 오리엔탈리즘

전후 유럽의 역사적 경험은 정치적 통합체는커녕 여전히 민족적 냉전체제에 빠져 있는 동아시아의 차원에서 '국사'를 해체하는 작업이 매우 어려우리라는 것을 잘 시사해준다. 그것은 일국적 차원에서 '국사'를 해체하는 작업이 아니라, 개별 민족국가-동아시아-유럽세계로 이어지는 '국사'의 대연쇄를 드러내서 해체하는 작업일 수밖에 없다. 동아시아 근대 역사학에서 최초의 '국사'는 《일본사략》이었다. 1878년 파리 만국박람회 사무국의 요청으로 편찬된 그것은 '서양인'을 독자로 상정한 책이었다. '서양인'을 향해 발신된 이 책은 그들이 이해하기 쉽도록 '서양'의 역사를 모델로 일본의 발전 과정을 설명할 수밖에 없었다. '일본'은 이처럼 선험적 실체가 아니라 '서양'과의 관계에서 고안되고 실체화되었다.[10] 장엄한 '국사'를 가진 서양의 제국주의 국가에 대해 자기 고유의 유구한 '국사'를 발명하는 것은 '서양'의 '국사'에 대한 저항의 한 방편이었다. 곧 중심에 대한 주변부의 역사학적 저항이었던 것이다. 영국과 프랑스의 '문명' 개념에 대해 '문화'를 내세워 집단적 민족 정체성을 지키고자 했던 독일의 고전사상, 법과 국가로 표현되는 '외면적

---

(10) 이성시, 《만들어진 고대》 박경희 옮김(서울: 삼인, 2001), 8쪽.

진리'에 대해 도덕과 종교, 전통의 '내면적 진리'의 우월성을 주장한 러시아의 슬라브주의자들, 서양의 물질 세계에 대해 동양의 정신 세계를 대항논리로 내세운 인도와 중국, 그리고 아프리카의 민족주의자들은 모두 같은 맥락에서 이해된다.[11] 그러나 제국의 '국사'에 대항해 이들이 내세운 고유한 집단 정체성은 제국과의 관계 속에 배치될 때 비로소 실체화될 수 있는 것이었다.

주변부의 '국사'는 서구 중심적 맑스주의에까지 침투된 '무역사 민족'에 대한 서양의 편견을 깨뜨리고 당당한 '역사 민족'의 일원으로 유럽 중심의 세계사에 편입되고자 하는 욕망의 표현이었다.[12] 그러나 이 욕망이 기대고 있는 이론적 지주는 역사주의였다. 그것은 역사적으로 가장 앞서가고 있는 장소로서의 자격을 '서양'에 투사하여 상상된 지리에 역사적 실정성(positivity)을 부여하고, 서양 따라잡기를 역사적 목표로 설정함으로써 '서양'을 보편적 지표로 설정했다.[13] 또 그것은 서양의 우월성을 인정하는 동시에 서양으로부터 인정받고자 하는 인정 투쟁이었다. 서양인들이 우리도 과거에 고도화된 문명을 갖고 있었음을 인정한다면 우리 민족도 세계사의 시민권을 획득할 수 있다는 희망이 그 밑에는 깔려 있었다. 일본 최초

---

(11) 노르베르트 엘리아스, 《문명화과정: 매너의 역사》 유희수 옮김(서울: 신서원, 1995), pp. 33~41; Andrzej Walicki, *A History of Russian Thought* (Oxford: Oxford Univ. Press, 1979), pp. 93~106; Partha Chatterjee, *The Nation and Its Fragments* (Princeton: Princeton Univ. Press, 1993), p. 6; Joseph R. Levenson, *Liang Ch'i-ch'ao and the Mind of Modern China* (Cambridge: Harvard Univ. Press, 1953), p. 8.
(12) 엥겔스의 '무역사민족'에 대해서는 Roman Rosdolsky, "Friedrich Engels und das Problem der geschichtslosen Voelker," *Archiv fuer Sozial Geschichte*, bd. 4 (1964); 임지현, 《마르크스, 엥겔스와 민족문제》(서울: 탐구당, 1990), 127~144쪽을 보라.
(13) 임지현·사카이 나오키, 《오만과 편견》(서울: 휴머니스트, 2003), 408~415쪽.

의 '국사' 책인 《일본사략》이 서양의 독자들을 겨냥해 쓰여진 것도 그러한 이유에서였을 것이다. 서양의 지배에 반발하면서도 서양의 논리를 모방하는 그래서 결국 서양의 헤게모니에 종속되는 주변부 민족주의 역사학의 관성에서 동아시아 최초의 '국사'도 예외는 아니었던 것이다. 비단 '국사' 뿐만 아니라 민족문학, 민족음악, 민족미술 등 '국학'의 잇단 발명도 같은 맥락에서 이해된다.

역설적이게도 서양의 제국에 저항하는 이론적 기제로서의 주변부 '국사'는 이처럼 유럽의 역사를 대문자 역사, 즉 비유럽 지역의 역사를 설명하고 비교하며 이론화하는 마스터 코드로 간주하는 식민주의의 에피스테메에 기댄 것이었다. 그것은 정치적 적대관계에도 불구하고 제국의 '국사'와 식민지의 '국사'를 서로 소통케 하고 연결시켜주는 인식론적 고리였다. 주변부 민족주의자들이 '국사'를 통해 자신의 고유한 민족적 정체성을 강조하고 근대를 향한 독자적인 맹아론을 강조하면 할수록 서양의 헤게모니가 강화되는 역설이 성립하는 것도 이 지점에서이다. 주변부 역사의 고유성과 독자성이 마스터 코드로서의 서양 역사와의 관계 속에서만 실체화되는 한, 그것은 이미 서양의 헤게모니에 포섭된 역사 인식인 것이다. 이 틀에서는 어떻게 해도 인도의 근대와 자본주의는 결국 실패할 운명이었으며, 그래서 식민지로 귀결될 수밖에 없었다는 한 섭얼턴 연구자의 탄식은 스스로를 '길들여진 타자'로 만들어왔다는 자기반성의 절절한 표현이 아닌가 한다.[14] 이처럼 서양과 동양의 만남에서 형성되기 시작한 세계사적 차원에서의 '국사'의 대연쇄는 공식적인 제국이

---

(14) Chatterjee, *op. cit.*, p. 31.

해체된 이후에도 서양의 헤게모니를 재생산하는 주요한 기제였다.

물론 제국주의를 정당화하고자 했던 제국의 '국사'와 그에 대항하는 이념적 기제로서의 주변부 '국사'가 동일시될 수는 없다. 자본주의 세계체제 내에서 제국의 국가권력과 주변부의 국가권력 혹은 저항운동이 갖는 비대칭성이 존재하기 때문이다. 그러나 이 비대칭성이 제국의 '국사'에 대해 저항의 '국사'를 자동적으로 정당화해주는 것은 아니다. 옥시덴탈리즘이 오리엔탈리즘의 거울반사이듯이 저항의 '국사' 또한 보편적 세계사로 편입되기 위해 제국의 '국사'를 역사적 재현의 모델로 채택하는 것이다. 그것은 요컨대 서양의 헤게모니에 포섭된 저항일 뿐이었다. 탈아시아적 특수성을 강조하는 일본의 봉건제론, 자본주의 발전의 유럽적 모델에 기대어 있는 한국의 자주적 근대론 혹은 내재적 발전론, 맑스의 유럽 중심적 발전단계론에 기대어 중국의 역사를 재구성한 중국의 맑스주의 역사학이 모두 그러하다. 아프리카 중심주의가 전도된 유럽 중심주의이듯이 동아시아의 3국의 '국사'는 모두 유럽 중심주의에 대한 단순한 반작용일 뿐이다.[15] 주변부 스스로 유럽에서 촉발된 '국사'의 연쇄고리를 구성하는 것이 대안일 수 없다고 믿는 것도 이 때문이다. 오히려 세계사적 차원으로 얽혀 있는 '국사'의 대연쇄를 잘라내는 작업이야말로 서양의 헤게모니를 해체하는 첫걸음인 것이다.

3. '국사'의 대연쇄와 적대적 공범관계

(15) Kwame Anthony Appiah, "Europe Upside Down: Fallacies of the New Afrocentrism," *Times Literary Supplement* (12 Feb., 1993), p. 24; 임지현·사카이 나오키, 《오만과 편견》, 237~238쪽.

서양과 일본의 역사 서술을 연결하는 '국사'의 연쇄고리는 다시 제국 일본과 식민지 조선을 잇는 고리로 이어졌다. 《일본사략》이 서양인을 독자로 상정하고 서양과의 관계 속에서 일본을 실체화시켰다면, 1920년대에 등장한 식민지 조선의 '조선학'은 제국 일본과의 관계 속에서 조선을 실체화시키려는 노력이었다. 그보다 앞선 신채호의 역사 서술에서 주어와 목적어만 뒤바뀐 채 일본판 '국사'의 논리가 관철되고 있다고 해서 놀랄 것은 없다. 일본이라는 민족국가의 역사학을 근대적으로 체계화시킨 쓰다 소키치(津田左右吉)와 해방 이후 한국에서 국민교육을 위한 민족주의 역사학을 체계화시킨 손진태의 역사 서술이 '적대적 문화변용'의 관계를 구성하는 것도 같은 맥락에서이다. 인간의 역사를 국민/민족의 통일체로 파악하고 집요하게 추적해 '민족의 전기(傳記)'를 목표로 삼았다는 점에서 양자는 닮은꼴이다.[16] 서로를 타자화하는 민족적 대립구도에도 불구하고 쓰다 소키치와 손진태는 동아시아를 횡단하는 '국사'의 연쇄고리로 한데 묶여 소통했던 것이다. 양계초 등에 의해서 구축된 중국의 근대적 역사 서술 또한 국사의 연쇄고리에 포박되어 있기는 마찬가지였다.

동아시아를 연결하는 '국사'의 연쇄고리는 오늘날에도 한치의 흔들림 없이 건재하고 있다. 일본의 수정주의 역사교과서를 둘러싸고 한국·중국·일본에서 동시다발적으로 벌어진 역사 논쟁이나, 고구려의 '역사적 주권'을 쟁취하기 위한 한국과 중국의 '국사' 논쟁 등

---

(16) 박환무, "제국 일본과 민국 한국의 역사학적 교차로-쓰다 소키치와 손진태의 국민/민족 개념을 중심으로-" 비판과 연대를 위한 동아시아 역사포럼 8차 세미나 발표문(2001년 5월 19일).

을 거치면서 동아시아 차원에서 '국사'의 연쇄고리는 오히려 더 강화되는 느낌이다. 이 논쟁들은 어느 일방 혹은 쌍방에 의해 과거가 왜곡되고, 따라서 역사적 진실을 규명해 왜곡된 과거를 바로잡는다는 실증적 방법으로 해소될 성질의 것은 아니다. 그것은 북한의 핵 주권이 일본의 재군비를 정당화하고, 일본의 우경화가 다시 남한·북한·중국의 민족주의를 자극하며, 중국적 세계질서를 복원하려는 중화주의가 남북한과 일본의 민족주의를 강화하는 복합적인 정치적 연쇄고리의 이데올로기적 축인 것이다. 역사 논쟁의 텍스트 그 자체에 대한 실증적 이해를 넘어서 그 텍스트가 배치되어온 근대 동아시아의 정치적 지형에 대한 이해가 요구되는 것도 이 때문이다.

사실상 근대 동아시아의 지형에서 민족주의가 작동해온 방식을 이해하면 동아시아 시민사회의 역사의식이 왜 '국사'의 틀에 갇혀 있는지를 쉽게 이해할 수 있다. 최근의 역사전쟁에서 보듯이 동아시아의 민족주의는 서로가 서로를 배제하고 타자화한다는 점에서 현상적으로는 첨예하게 충돌하지만, 사유의 기본적인 틀과 이데올로기적 전략을 공유한다. 적대적이면서 동시에 공범자적 관계를 구성하는 것이다. 이 '적대적 공범관계' 속에서 동아시아의 민족주의는 서로가 서로를 배제하고 타자화시키면서도 동시에 서로가 서로를 살찌우고 강화시켰던 것이다. 민족주의를 국민 통합과 동원의 지배이데올로기로 삼는 동아시아의 국가권력은 표면적으로는 적이지만 실제로는 내연관계를 맺고 있는 '내연의 적'인 것이다. 이들은 동아시아의 민중들 사이에 민족적 냉전체제를 조성하고 끊임없이 그것을 재생산함으로써 권력의 헤게모니를 강화해왔다.[17] 여기에서 '국사'의 연쇄 구조는 동아시아 민족주의의 '적대적 공범관계'를 밑에서부터 떠받치는 주요한 이데올로기적 축으로 작동해왔다. 시민사회의 역사의식을 민족주의적으로 규율화하는 데 '국사'는 가장 중요한 도구였던 것이다.

'국사'의 패러다임은 이들 국가권력이 만들어놓은 민족주의의 그 물망 속에 시민사회의 역사의식을 포획함으로써 '적대적 공범관계'가 작동할 수 있는 풍부한 토양을 제공해왔다. 또 동아시아 민족주의의 '적대적 공범관계'는 '국사'의 대연쇄를 촉발함으로써 시민사회의 역사의식을 민족주의적으로 규율하는 주요한 기제였다. 정치적 기획으로서의 '국사'는 권력이 강제하지 않아도 밑으로부터의 자발적인 호응과 지지를 얻어내는 헤게모니의 생산자이기도 했다. 동아시아 차원에서 서로가 서로를 배제하고 타자화하는 민족주의의 고양은 '적'과 '동지'의 이분법을 날카롭게 하고 민족을 기준으로 하는 집단적 정체성을 강화시켰다. 한반도와 중국을 타자화한 일본의 오리엔탈리즘과 식민지/반식민지의 역사적 경험은 '집합적 유죄(collective guilt)'와 '세습적 희생자의식(hereditary victimhood)'을 정당화했으며, 동아시아의 과거와 현재에 대해 민족적 관점에서 사고하는, 실천하는 방식을 본성의 수준으로까지 끌어올렸다.[18] 그 결과 정치적 기획으로서의 '국사'는 민족이 민중을 전유하고 다시 국가가 민족을 전유하는 전유의 연쇄과정을 은폐하고 국가권력의 정당성을 뒷받침하는 기제로 작동했다.

문제는 동아시아의 좌파 역사학 또한 서유럽의 좌파 역사가들과

---

(17) 임지현, 《이념의 속살》(서울: 삼인, 2001), 138~140쪽.
(18) 임지현, "세습적 희생자 의식과 탈식민주의 역사학", 비판과 연대를 위한 동아시아 역사포럼 제4차 워크숍 발표논문(2003년 4월 25일).

마찬가지로 '국사'의 틀에 갇혀 있었다는 점이다. 한국의 민중사학, 일본의 전후 맑스주의 사학 또는 북한과 중국의 맑스주의 역사학은 보수적 '국사'에 대항하여 진보적 '국사'를 지향하는 데 그쳤다. 주변부의 맑스주의가 선진국을 따라잡기 위한 추월하는 근대화의 기획과 그것을 위한 인민 동원의 이데올로기로 그래서 다시 노동 해방을 국가의 해방으로 바꾸어놓은 한, '국사'의 패러다임은 불가피한 것이었다. 사실상 좌파 역사학의 문제 제기는 '국사' 해석의 주도권을 둘러싼 논쟁을 불러왔을 뿐 정치적 기획으로서의 '국사'의 전제를 의심하는 데까지 나아가지는 못했다. 이 점에서 그것은 보수적 국사에 대한 대안이 아니라 진보적 보완이었던 것이다. 나쁜 국가를 기각하고 보편계급이 주도하는 진정한 국민의 국가를 지향했다는 점에서 민족국가 자체의 가치와 명예가 지켜진 것이다. 물론 국가적 기억의 틀로 추상화된 역사에서 벗어나 구체적이고 생생한 삶의 기억으로서의 역사를 복원하려는 시도가 없었던 것은 아니다. 또 공식적 역사 기록에서 지워진 목소리들을 복원하여 제자리를 찾아주려는 시도도 간간이 있었다. 그러나 이러한 시도 또한 민족과 계급의 프리즘에 고착됨으로써 민중의 다양한 욕망과 운동을 민족운동 혹은 노동 해방에 복무하는 부문운동으로만 평가하는 경향이 강했다.[19] 의식적으로든 무의식적으로든 민중의 역사적 기억을 전유하는 국가권력의 담론 전략으로서 '국사'의 틀에 갇혀 있는 한 그것은 불가피한 귀결이었다.

---

[19] 임지현, "근대의 담 밖에서 역사 읽기-20세기 한국 역사학과 근대의 신화"《한국사론》 30호(2000), 4장 참조.

4. '국사'의 해체와 역사학의 민주화

'국사'의 해체는 궁극적으로 개별 민족국가-동아시아-유럽 세계를 잇는 '국사'의 대연쇄고리를 끊어버린다는 것을 의미한다. 첫째 세계사적 차원에서 그것은 '국사'의 패러다임이 근거하고 있는 유럽 중심의 세계사에 대한 동경이나 제국과 근대에 대한 욕망을 버림으로써 '길들여진 타자'인 주변부의 역사학을 오리엔탈리즘의 사고에서 해방시키는 계기가 된다. 둘째, 동아시아 차원에서 그것은 남·북한-중국-일본의 국가권력을 잇는 '적대적 공범관계'를 해체한다는 데 의미가 있다. '국사'의 대연쇄구조가 존속되는 한 동아시아 시민사회의 역사의식을 민족주의적으로 규율화하고 그것을 매개로 민족주의의 동원 논리를 정당화하는 국가권력간의 담합구조는 흔들리지 않을 것이다. '국사'의 해체가 밑으로부터 동아시아의 자발적 시민적 연대망을 구축하기 위한 소중한 전제인 이유도 여기에 있다. 셋째, 개별 민족국가 차원에서 그것은 특정한 헤게모니 집단이 단일한 의지와 이해를 지닌 국민의 이름으로 전체 주민을 대표하고, 그것을 통해 개별 민족국가 내부의 차이를 은폐하고 억압하는 헤게모니의 해체를 의미한다. 요컨대 '국사'의 대연쇄를 끊는다는 것은 개별 민족국가-동아시아-유럽 세계라는 세 차원에서 중층적으로 작동하고 있는 권력 헤게모니의 복합적인 고리를 해체하는 작업인 것이다.

'국사'를 해체하는 작업은 따라서 일국적 틀에 갇혀서는 곤란하다. 그것은 최소한 동아시아 4개국에서 동시다발적으로 이루어져야 할 작업이다. 일국적 차원에서 '국사'의 일방적 해체는 다른 국가권력의 공식적 역사 해석을 반사적으로 정당화하고, 그것이 일으키는 민족주의의 도미노 효과는 동아시아 민족주의의 '적대적 공범관계'를 강화하는 역작용을 빚을 수 있기 때문이다. 동아시아 4개국에서 동시다발적으로 '국사'의 해체를 지향하는 '비판과 연대를 위한 동아시아 역사포럼'의 존재 이유도 바로 여기에 있다. 물론 동아시아의 현실은 아직 요원하다. 북한과 중국에서는 공식적인 '국사'에 대한 비판의 공간이 사적 영역으로만 극히 제한되어 있으며, 남한과 일본에서도 비판은 주류 학계의 밖에서 소수자의 목소리로만 남아 있을 뿐이다. 시민사회의 역사의식이 민족주의적으로 규율화되어 있는 한, 그래서 권력의 강제가 아닌 헤게모니의 작용으로 동아시아 국가권력의 '적대적 공범관계'를 떠받치는 한, 권력에 의한 '재국민화'는 밑으로부터의 자발적인 지지와 동의 아래 순조롭게 진행된다. '동아시아 역사포럼'이 시도하는 동시다발적 '국사'의 해체는 이처럼 적대적으로 소통하는 동아시아 국가권력의 회로판으로부터 역사학을 해방시키기 위한 첫걸음이다.

  '국사'의 패러다임에 입각한 최근의 역사 논쟁은 동아시아 민족주의의 '적대적 공범관계'와 그것을 강화시키는 '국사'의 헤게모니적 역할을 여실히 드러내주었다. 일본의 '새 역사교과서'를 둘러싼 동아시아 4국의 논쟁이나 고구려사의 역사적 주권을 둘러싼 한국과 중국의 설전, 또 과거 '임나일본부' 설을 둘러싼 한국과 일본 역사학계의 팽팽한 대립은 이미 전문 역사가들의 논쟁을 넘어서 국가권력과 시민사회가 개입된 역사전쟁으로 발전해왔다. 자기 민족을 인식과 실천의 주체로 놓고 팽팽하게 맞선 이 역사전쟁에서 '국사'를 해체하여 자민족 중심주의를 상대화시키고 공통의 동아시아 역사상을 수립하자는 주장은 설 곳이 없다. '국사' 해체는 적의 공격적 민족주의 앞에서 우리 민족의 방어 논리를 무장 해제할 뿐이라는 감정적 반발이 역사적·비판적 성찰을 압도하는 것이다. '새 역사교과서'를 만든 일본의 수정주의 우익 역사가들에게 한국의 국사 교과서를 본받으라고 촉구한 보수신문 산케이의 한 사설은 이 점에서 매우 시사적이다. 두 민족주의 교과서는 적대적 해석에도 불구하고 사실상 인식의 틀을 공유하는 것이다. 고구려 역사를 당시에는 존재하지도 않았던 한국 또는 중국의 민족국가의 궤적에 구겨넣으려는 한·중간의 논쟁도 같은 맥락에서 이해할 수 있다. 그것은 단순히 역사지식의 문제가 아니라 동아시아를 이해하는 기본적인 사유의 틀을 찍어내는 지배 이데올로기의 문제인 것이다.

한국의 '국사'를 정사로 놓고 일본이나 중국의 '국사'는 틀렸다는 비판이 설득력이 없다는 것은 이제 분명하다. 그것은 역사적 사실의 오류를 지적하는 수준에 그칠 뿐이다. 설혹 검증 가능한 오류를 모두 고친다 해도 자민족 중심주의라는 '국사'의 이데올로기는 건재하다. '국사'의 패러다임에 갇혀 있는 한, 동아시아의 역사 논쟁은 권력의 필요에 따라 언제든지 '재국민화'를 불러내는 주술적 기제로 작동할 것이다. 제국을 정당화하는 기제로서의 일본이나 중국의 '국사'에 대한 비판은 마땅하지만, 식민주의 혹은 패권주의의 피해자이기 때문에 우리의 '국사'가 그들의 '국사'보다 정당하다는 논리는 성립하지 않는다. 동아시아의 역사학을 잇는 '국사'의 연쇄구도에서 이들은 가해자-피해자의 관계가 아니라 인식론적 공범관계인 것이다. 그러므로 한국의 '국사'를 해체한다고 해서 일본이나 중국의 '국사'를 정당화하는 것은 아니며, 그 역도 마찬가지이다. '국사'를 향한 방아쇠가 어디에서 당겨지든 그것은 적대적으로 공존하는 '국사'의 연쇄고리를 끊음으로써 동아시아 어느 국가든 역사의 기억을 전유하려는 시도에 대한 근원적인 비판이 된다. 한국의 '국사' 해체가 후쇼사 판 교과서나 고구려의 역사적 주권을 강변하는 중국의 '국사'에 대한 가장 고도화된 비판이라고 믿는 것도 이 때문이다.

'동아시아 역사포럼'이 기획한 《국사의 신화를 넘어서》는 '국사'라는 텍스트를 둘러싼 정치적·문화적 권력관계를 드러냄으로써 동아시아의 국가권력을 적대적으로 잇는 '국사'의 연쇄고리를 끊겠다는 의지의 표현이다. 그것은 서양에 맞서 혹은 일본에 맞서 또 혹은 제국에 맞서 자기 나라 '국사'의 체계를 세우고자 고투해온 동아시아 선학들의 고뇌와 업적을 폄하하자는 것이 아니라, 그들의 고민을 끌어안으면서 역사화하려는 시도이기도 하다. 그러나 막상 책을 만들고 보니 의욕만 앞섰다는 자책감이 크다. 또 성찰적 동아시아 역사상이라는 다소 추상적 목표조차도 '유럽연합'의 통합유럽사처럼 동아시아라는 역사·지리적 공간으로 확대된 '국사'에 불과하지 않을까 하는 우려도 있다. '해체한 다음의 대안은 무엇인가'라는 질문에 대해서도 준비된 답변은 없다. 대안에 대한 질문 자체가 잘못 설정되었다는 것이 더 정확한 표현이겠다. 20세기의 유토피아적 기획이 그러했듯이, 잘 기획된 대안이 의도하지 않은 또 다른 헤게모니를 만들어내고 그것을 정당화하지는 않을까 하는 우려 때문이다. 대안은 주어지는 것이 아니라 만들어지는 것이다. 그러므로 현재로서는 대안이 없다는 것이 '동아시아 역사포럼'의 유일한 대안이다. 중요한 것은 우선 개별 민족국가-동아시아-유럽세계로 이어지는 세 층위에서 '국사' 패러다임이 만들어내는 복합적 헤게모니를 해체하여 역사학의 민주화를 이루는 것이 아닌가 한다. 민주화된 역사학이 소외된 기억의 끄트머리를 끄집어내고 이들에게 말 걸기를 시작할 때, 그래서 현실화된 역사의 길을 추인하는 것이 아니라 다양한 대안적 과거의 가능성들을 드러낼 때, 대안은 스스로를 드러낼 것이다.

민족사에서 문명사로의 전환을 위하여

이영훈(李榮薰)

1951년 대구에서 태어났다. 1978년 서울대학교 경제학과를 졸업한 뒤, 1985년 같은 대학 대학원에서 〈조선후기의 토지소유와 농업경영〉이란 논문으로 박사학위를 취득하였다. 이후 한신대학교와 성균관대학교의 경제학부를 거쳐 현재는 서울대학교 경제학부의 교수로 재직 중이다.

한국의 토지제도사, 노비제도사, 호제도사, 경제사상사를 연구대상으로 하고 있으며, 각 분야에 대한 그의 연구는 특정 시대에 한정되지 않고 가급적 고대 이래의 통사적 이해를 추구하려는 자세를 취하고 있다. 1997년 경제위기 이후에는 물가사를 포함한 한국의 시장경제사 연구로 분야를 확대하고 있다.

《朝鮮後期社會經濟史》, 한길사, 1988.
《韓國의 市場經濟와 民主主義의 歷史的 特質》, 韓國開發研究院, 2000.
《맛질의 농민들 韓國近世村落生活史》(공편), 一潮閣, 2002.

1. '국사'라는 거푸집

"훗날 동아시아 사학사(史學史)에서 20세기란 국민국가의 거푸집 속에서 상상의 공동체를 창출하기 위한 이야기를 재생산한 '국사의 시대'로 자리매김 될 것임에 틀림없다."이성시(李成市)는 그의 저서 《만들어진 고대》(삼인, 2001)에서 지난 20세기를 이렇게 회고한 다음, "그렇다손 치더라도 도대체 우리는 '국사의 시대'에 짜여진 이야기에서 언제쯤이면 해방될 것인가?"라고 묻고 있다(같은 책, 34쪽). 이 글은 이 같은 이성시의 지적에 공감하여 그가 희구한 '국사의 시대'로부터의 '해방'을 조금이라도 앞당기기 위한 취지에서 출발하고 있다.

'국사'라는 '짜여진 이야기', 곧 신화로부터 해방되면 역사의 민주화가 이루어진다. 지난 한 세대간 한국인들은 그들의 정치체제를 민주화하는 데 특별한 노력을 기울였다. 민주화운동은 아직 끝나지 않았다. 역사를, 한국인들의 과거에 대한 집단적인 기억체계를, 국사라는 신화로부터 해방시키지 않으면 민주화운동이 완성되었다고 할 수 없다. 역사는 여러 층위의 문명사로 구성되어 있다. 국가와 민족의 역사만이 중요한 것이 아니라, 가족의 역사도, 단체의 역사도, 지방의 역사도, 국제사회의 역사도 마찬가지로 소중하다. 오늘날 대한민국은 지방화의 시대를 지향하고 있다. 그를 위해서는 서울이 중심이 된 국가의 역사로부터 자율적인 지방의 역사가 전제되지 않으면 안 된다. 국제화의 시대를 맞아 동북아의 중심부가 되자는 다소 거칠게 내걸린 정치적 구호도 동북아가 상호 교류하면서 전개해온 문명사를 독자의 역사 단위로 성립시키지 않으면 공염불에 불과하다. 동북아의 세 나라가 고대 이래 서로 싸우기만 했다면, 그 역사로부터 장차 어떻게 선진적인 동북아 국제사회를 건설할 수 있겠는가?

국사라는 신화를 재생산하고 있는 '거푸집'을 해체하기 위해서는 그것이 어떤 재료로 만들어졌는지를 알 필요가 있다. 한마디로 그것은 민족이라는 '상상의 공동체'를 배타적인 소재로 하고 있는 민족주의 역사관이다. 그에 의하면 우리 한국인들은 아득한 반만년 전부터 단일한 역사의 공동체로서의 민족이었으며, 그 문명 수준은 세계사에서 으뜸이었다. 반만년 전의 민족 시조인 단군(檀君) 왕릉을 발굴하였다고 국민을 속이고 경배를 강요하는 북한의 주체사관이 그 극단적인 형태임은 두말 할 필요조차 없다. 그에 비하면 남한의 민족사관은 훨씬 더 근대 학문의 형태로 세련되어 있지만, 그러나 그 저류에서 흐르는 민족주의의 정서에서는 오십보 백보의 차이를 보일 뿐이다. 그 한 가지 좋은 예로서 필자는 근자에 읽은 한영우(韓永愚)의 《다시 찾는 우리역사》(경세원, 1997)를 소개하고 싶다. 이 개설서는 저자가 평생에 걸쳐 추구한 사론(史論)을 집대성하고 있을 뿐 아니라, 그가 제도권 학계에서 차지하고 있는 특별한 지위로 인하여 오늘날 한국사 연구의 수준과 동향을 상징적으로 대변하고 있다.

그에 의하면 우리 한국인은 아득한 옛날 단군의 자손으로 태어난 그 때부터 특별히 우월한 도덕능력과 지성을 소지하였다. 그리하여 한국인은 왕조를 거듭할수록 높은 수준의 문명을 건설하였으며, 15~19세기 조선왕조에 이르러선 서유럽의 근대사회와 매우 '가까운', 그와 본질적으로 동일한 수준의 문명사회에 도달하였다. 조선왕조의 문민정치(文民政治)는 서유럽의 민주주의와 다를 바 없는 것이었다. 공선(公選)·공론(公論)에 입각한 권력행사와 재정집행에 있어서 조선왕조는 서유럽의 근대국가에 못지않은 공공국가(公共國家)로서의 면모를 과시하였다. 그런데 그렇게 '보석'과 같이 아름다운 민족의 역사가 그만 20세기에 들어와 망가지고 말았다. 일제의 식민지가 된 것을 문약했던 탓이라고 해서는 안 된다. 그러한 비난은 마치 '강포한 도적'은 놓아두고 '선량한 주인'만을 탓하는 어처구니없는 짓이다. 해방 후의 역사까지 포함하여 20세기를 총 정리하면, "얻은 것은 '물질'이요 잃은 것은 '인간' 그 자체이다." 저자는 20세기의 좌절과 상실을 극복하기 위해 저 아름다웠던 조선왕조의 이념과 도덕을 다시금 친근하게 살펴볼 필요가 있음을 역설하고 있다(같은 책, 17~20, 31~50쪽).

이러한 일종의 정신사관에 있어서 20세기의 근·현대사는, '강포한 도적'이 들었던 그 전반기는 더 말할 나위도 없고, 국민국가의 성립과 발전을 본 그 후반기마저 좌절과 상실의 시대로 규정되고 있다. 대한민국이 물질생활의 풍요를 위해 기획하고 집행한 일체의 공리주의적 정책과 그에 협력한 대다수의 국민들이 달리 평가될 여지도 없이 '천민' 적인 것으로 내쳐지고 있다. 여기서 국사는 본의 아니게 대립과 갈등을 유발한다. 대외적으로는 '도적'으로 불린 이웃나라와의 대립을 심화시켜 필요 이상의 많은 비용을 지불하고 있을 뿐 아니라, 대내적으로는 '문민'과 '천민'의 갈등을 초래하여 나라 안이 항상 소란스럽기만 하다. 문명은 대립과 갈등이 아니다. 문명은 상호 신뢰이며 교류이며, 궁극적으로는 통합이다. 한국사회가 선진문명으로 전진하기 위해서는 대립과 갈등 지향의 국사를 신뢰와 통합 지향의 문명사로 대체할 필요가 있다. 이 글의 제목이 주장하고 있는 그대로 "민족사에서 문명사로의 전환"이 요청되고 있다.

2. 방법으로서의 문명

실은 문명이란 것만큼 애매하고 지배를 위한 기회주의적이며 전략적인 개념은 없다. 많은 경제학자들은 애덤 스미스가 이야기한 대로 인간의 이기적 본성의 자연스러운 발로로서 분업과 교환과 시장을 문명의 기본 요소로 신뢰하고 있다. 시장이 약육강식의 정글이 되지 않도록 인간은 그의 욕망을 타인을 위한 적절한 배려로 중재할 필요가 있으며, 스미스가 이야기한 이기심이란 실은 그 같은 인간의 도덕능력을 전제한 것이다. 시장경제는 그러한 도덕능력의 인간들이 상호간의 신뢰를 조직하고 제도화함으로써 살벌한 경쟁을 적절히 통제할 수 있을 때 오히려 더욱 번창한다. 사회학자 뒤르껭은 1870년대 프랑스 제3공화정의 민주주의가 초래했던 사회의 혼란상을 목도하면서 신대륙 미국의 자유인들이 자발적인 결사로써 사회를 유기적으로 조직하고 있음을 근대문명의 요소로 평가하였다. 문명의 수준이 낮은 사회에서는 마치 제기관(諸機關)이 결여된 환형동물(環形動物)과도 같이 조직의 밀도가 희박하다. 거기서 인간들은 서로의 닮음에서 자연스럽게 추상되는 어떤 상징이나 주술에 의해 통합된다. 몰개성의 유사와 비조직과 주술로부터 해방된 개성적 인간의 자발적 결사로써의 사회통합이 뒤르껭이 추구한 근대문명이다. 뒤르껭과 비슷한 시기에 사적유물론을 정립했던 엥겔스는 고대 그리스·로마사회에서 최초로 발생한 가족, 사유재산, 화폐와 시장, 국가를 문명의 요소로 간주하였다. 그에게 있어서 국가는 공동체가 사유재산·화폐와 같은 문명소(文明素)로 인해 분열할 때 공동체를 다시 통합함으로써 사회를 구원하는 최고 위의 문명이었다. 그는 그러한 문명소들이 부정된 서유럽 중세를 야만사회로 간주하였으며, 그것들이 다시 부활함으로써 근대 서유럽의 문명이 성립하였다고 보았다. 원래 그와 같았던 엥겔스의 문명사관은 그의 후계자들에 의해 이상하게 변질되고 말았다. 스탈린이 정립한 소비에트의 유물사관은 계급에 의한 사회의 분열과 계급지배의 장치로서 국가의 성립을 문명의 본질로 간주하였다.

필자가 학부 시절부터 배우고 또 스스로 알게 된 이상과 같은 문명소들은 모두가 근대 서유럽에서 활짝 핀 꽃들이다. 불과 백 년 전 우리의 조상들이 간직한 문명관은 그와 달랐다. 그들은 하늘이 인간에게 부여한 본성=인(仁)의 자연스런 발로로서 인륜, 곧 효(孝)·제(悌)·충(忠)과 같은 윤리 규범을 인간사회가 금수의 미개상태에서 개물성무(開物成務)의 문명사회로 진입하게 된 기본 지표로 간주하였다. 그 인륜으로 통합된 사회를 지지한 경제형태는 균등과 안정의 이념으로 기획된 재분배경제였다. 그에 따라 사회의 경제잉여는 국가로 집중되고 적절히 분배되었으며, 화폐와 시장은 부차적인 범주에 머물렀다. 재분배경제의 실행자들은 시장이 불가결하다고 인정하였지만, 일정 수준 이상으로 발전하는 것을 위험시하였다. 인간 본성인 인을 해치고 사회의 균등과 안정을 파괴하기 때문이다. 그러했던 조상들의 전통 문명관과 오늘날의 한국 문명관는 분명 천양(天壤)의 차이가 있다. 다 알다시피 그 이행 과정은 결코 자연발생적이지 않았다. 그것은 20세기에 걸쳐 전개된 제국주의에 의한 폭력적 지배와 강압적 교육의 결과였다. 처음에는 동아의 소제국 일본으로부터, 나중에는 세계의 대제국 미국으로부터의 지배와 교육이었다.

확실히 세계 도처의 여러 나라가 각기 상이한 자연환경과 사회조건과 국제관계의 균형체계로 성립시킨 개성적 형태의 문명을 두고 선·후진을 따지는 것은 지나치게 소박한 생각이다. 그렇지만 마찬가지로 확실한 것은 여러 문명은 상호 대립하고 지배하며 그 과정에서 융합한다는 사실이다. 문명의 본질은 차라리 그러한 상호관계로 정의됨이 더 옳을 듯하다. 문명은 문명들의 대립과 융합으로 발전하며, 접촉을 거부하는 문명은 정체하거나 소멸한다. 전술한 대로 한국의 근대문명도 그러하였다. 그렇게 혼혈이라 하여 출생의 비밀을 부끄러워하거나 감출 필요는 없다. 모든 문명은 혼혈로 발전한다. 문명의 전파와 생물학적 유전의 과정은 실제 거의 동일한 논리로 설명되고 있다. 남녀의 성교가 정자와 난자를 운반체로 하여 불완전한 두 유전자를 생식=복제 능력을 갖는 완전한 유전자로 결합하듯이, 문명·문화에도 유전자와 같은 것이 있어 인간 두뇌의 접촉을 통해 세대간에 복제되고 전파된다(리처드 도킨스,《이기적 유전자》, 을유문화사, 308쪽). 혼혈이 근친혼보다 우성인자에게 보다 많은 기회를 부여하듯이, 문명의 진보는 대개 혼혈의 형태로 발전함이 일반적이다.

20세기에 걸쳐 제국주의의 지배를 당했다고 해서 우리 조상들이 열성인자만을 유전하였다고 이야기함은 결코 아니다. 제국주의 지배체제 하에서 수많은 피지배 민족과 문명이 소멸하고 말았듯이 유전자의 구조가 아주 다르다면 융합은 불가능하거나 변종을 낳을 뿐이다. 그렇지만 필자는 우리의 근대사가 그러했다고는 생각하지 않는다. 우리의 전통 유전자 속에는 성공적인 융합을 가능케 한 우성인자가 성숙해 있으며, 그 복잡 미묘한 구조 속에는 근대 서유럽과 닮은꼴의 문명소가 실려 있다. 그러한 전제에서 필자는 스미스나 뒤르껭이나 엥겔스가 이야기한 바와 같은 가족, 사유재산, 계급, 시장, 사회단체와 같은 여러 문명소를 한국 문명사의 척도로 채택할 수 있으며, 나아가 배려와 신뢰의 도덕능력을 가진 자유 개인에 의한 사회의 자율적 통합을 근대문명의 본질로 삼은 위에 21세기 초 오늘날까지의 한국 문명사가 도달한 위치를 비교적으로 그리고 비판적으로 명확히 할 수 있다고 생각하고 있다.

그러한 문명사의 관점에서 한국의 전통사회에 접근한 최초의 인물로서 필자는 일본 메이지(明治)·다이쇼(大正)기의 경제학자 후쿠다 도쿠죠(福田德三)를 들고 싶다. 그는 독일 역사학과 경제학의 '상징시대(象徵時代) 모형시대(模型時代) 가설시대(假說時代) 개인시대(個人時代) 주관시대(主觀時代)'라는 인간유형의 발전단계론에 근거하여 근대적 개인시대가 성립하기 위해선 봉건제적인 가설시대를 교육기간으로 경과할 필요가 있지만, 그가 관찰한 노일전쟁(露日戰爭) 직후의 조선사회는 노예제적인 모형시대에 머물러 있다고 결론을 내렸다. 가설시대가 성립하기 위해선 파밀리아(Familia)의 성립이 요구되지만, 당시 조선에서는 고대적 씨족제의 공동담보가 경제단위의 기본 형태를 이루고 있다는 이유에서였다. 오늘날의 연구수준에서 후쿠다가 범한 실증상의 오류를 지적하기는 어렵지 않다. 당시 그가 씨족이라고 보았던 것은 아득한 태고의 그것이 아니라 한참 늦은 17세기 후반부터 생겨나기 시작한 부계 친족집단이었다. 그 친족집단의 구성단위는 가부장적 직계가족이었다. 이 직계가족의 공동체적 결합을 두고 후쿠다는 태고의 씨족적인 것으로 착각하였다. 그러한 착각은 그 당시 제국주의시대에 문명사회에 속한다고 자부하는 지식인이 자기보다 미개하다고 보이는 사회를 관찰할 때 통상적으로 범하는 오류이며 선입관이었다. 예컨대 조금 앞선 1884년에 엥겔스는 그의 《가족 사유재산 국가의 기원》에서 아일랜드에 대해 쓰기를 그 곳에는 "오늘날에도 인민의 의식 속에 씨족이 본능적으로 살아 있다."고 하였다(같은 책, 아침, 178쪽).

그렇다고 해서 필자는 후쿠다의 문제제기마저 모두 무효로 돌아갔다고는 생각하지 않는다. 그가 던진 질문의 기본 취지는 근대문명의 주체로서 자립적 개인이 성립하는 역사적 과정에 있어서 1904년 당시 한국인의 문명인으로서의 주소는 어디쯤 자리하고 있는가라는 것이었다. 그 질문에 훌륭히 대답하기 위해서는 한국사에서 씨족에서부터 개별 가경제(家經濟)가 자립하는 과정, 가경제와 친족 내지 촌락 공동체와의 상호연관, 그러한 사회적 맥락 속에서 자립적 개인의 전망 등의 문제를 실증적으로 엄밀히 추구할 필요가 있다. 뿐만 아니라 근대문명의 주체로서 자립적 개인이란 무엇인지, 또 자립적 개인만이 근대문명의 주체인지, 그것은 과연 봉건제적 계약의 교육기간을 거쳐야만 성립하는지 등의 의심스런 가설을 해부하고 비판하며 나름의 방식으로 수용하는 데까지 나아갈 필요가 있겠다. 그렇지만 지난 백 년간 그러한 방식의 진지한 답변은 이루어지지 않았다. 보다 솔직히 지적하여 후쿠다의 질문은 일찍부터 기각되거나 무시되고 말았으며, 그는 악명 높은 식민지정체론의 원조로 단죄되었다. 그와 더불어 후쿠다가 제기한 문명소들은 아주 오래 전, 그러니까 기원 전후의 국사에서부터 익히 존재해온 것들로 너무나도 당연시되었다.

그러한 대응이 이루어졌던 데는 맑스주의 역사학의 공로가 가장 컸다. 1930년대부터 성립하기 시작한 이 역사학은, 다른 나라에서도 마찬가지였지만, 편리하게도 모든 형태의 문명소를 계급과 국가로 간단히 치환해버렸다. 계급과 국가가 모든 문명소를 총괄적으로 대변하는 문명의 상징이었다. 국가가 성립한 기원 전후부터 한국은 고대 그리스·로마와도 같이 노예제적 계급관계로 분열된 문명사회였다. 연후에 농노를 생산계급으로 하는 봉건사회가 발전하였다. 이 일종의 종교적 교의체계에서 개인, 가족, 시장, 사회단체와 같은 사회의 문명적 편성태가 허물어질 여지는 없었다. 맑스주의의 비극은 이 같은 문명론의 결여에서 그 진정한 원인을 찾을 수 있다. 특히 해방 후 그들이 집권한 북한에서 그 병폐는 심각하였다. 그들은 제국주의에 의해 부식되었다는 단순한 이유 하나만으로 모든 형태의 근대문명을 파괴하였다. 그 결과 주지하듯이 '수령체제'라는 오늘날의 세계에서 가장 기형적인 예속사회가 성립하고 말았다.

문명론을 결여하기는 한국사 연구에 있어서 또 하나의 축을 이룬 민족주의 역사학에서도 마찬가지이다. 20세기 초 조선왕조의 패망과 식민지화의 위기 속에서 모색되기 시작한 이 역사학은 초창기 얼마간은 중세사학의 틀을 그대로 이어받아 민족사에 있어서 정통 왕조의 계열을 재구성하는 수준의 비과학성을 보였지만, 1930년대 이후 근대 역사학과 접목되면서 계급간의 협동과 개방적 국제주의를 가미한 이른바 '신민족주의' 역사학으로 전화하여 오늘날에 이르기까지 남한에서 가장 큰 영향력의 사론으로 자리잡고 있다. 그런데 신구를 막론하고 민족주의 역사학의 기본 전제는 '한국인' 또는 '우리 조상'은 유사 이래 혈연·지연·문화·역사의 공동체로서 단일 민족으로 살아왔다는 것이다. 맑스주의에서 계급이 수행한 역할을 여기서는 민족이 담당하였다. 여기서는 민족 또는 민족정신의 유기적 구현으로서 국가가 문명의 상징인 가운데 사회의 문명적 편성태가 추구될 여지가 없었음은 맑스주의 역사학에서와 조금도 다르지 않았다.

그런데 엄밀히 말해 한국인이 유사 이래 단일 민족이었다는 명제 그 자체는 아무래도 증명될 수 없는 신화이다. 후술하겠지만 20세기 전반 일제의 식민지 지배가 자신의 대립물로서 그러한 신화의 성립을 유도하였다. 해방 후의 국민국가는 그 신화를 자신의 국사로서 수용하고 발전시켰다. 그러한 신화에 바탕을 두고 있는 이상, 신구를 막론하고 민족주의 역사학에서 종교적이라고까지 해도 좋을 강력한 도덕주의 성향을 발견하게 되는 것은 전혀 이상한 일이 아니다. 앞서 소개한 대로 한국 근대사를 '선량한 주인'과 '강포한 도적'의 대립구도로 설정하고 있음도 이 계열의 역사학에서이다. 구체적인 사례를 들지 않겠지만, 민족의 분단을 초래했다는 이유로 대한민국의 건국세력을 신랄하게 비판하고 있는 것도 이 계열의 역사학이다. 북한의 '수령체제'가 비록 세계사의 변종이기는 하나 언젠가는 다시 합쳐져야 할 민족이기 때문에 그에 대한 비난은 삼감이 예의바른 태도라고 여김도 이 계열의 역사학이다. 그렇게 민족주의 역사학은 대한민국을 초월해 있으며 위험하게도 그의 해체를 지향하고 있다.

3. 가족

국사로부터의 체계적인 관심이 결여되어 있어 한국 문명사의 이해에는 아직 너무 많은 공백이 있고 수많은 신화와 억측이 그를 대신하고 있는 실정이다. 이하에서는 사회의 문명적 편성과 관련하여 중요하다고 생각되는 가족, 사유재산, 계급, 시장, 단체, 이데올로기의 여섯 분야에 한정하여 지금까지 필자가 나름대로 파악해온 한국 문명사를 간략히 소개한다. 공백을 메우겠다는 의욕이 지나친 나머지 또 다른 억측이 그를 대신한 경우가 적지 않을 터이지만, 동학제현(同學諸賢)으로부터의 질정을 기다려 고쳐갈 수 있기를 기대한다. 우선 가족사로부터 시작한다.* 이하 여섯 절의 서술의 기초가 되고 있는 필자는 논문들은 다음과 같다. 많은 논쟁점에 일일이 주를 붙이는 것은 너무 번거로워 생략할 수밖에 없지만, 관심 있는 독자들은 필자의 논문과 거기서 인용되고 있는 관련 연구사를 참고하기 바란다.

가족이라 하면 오늘날의 한국인들은 부모와 그 자식으로 이루어진 소규모 혈연공동체로서 사회를 구성하는 최소 단위로 알고 있지

---

* 가족: 〈韓國經濟史 時代區分 試論 戶의 歷史的 發展過程의 觀點에서〉, 《韓國史의 時代區分에 관한 硏究》, 韓國精神文化硏究院, 1995.
사유재산: 〈韓國史에 있어서 土地制度의 發展過程 土地制度史 연구의 前進을 위하여〉, 《古文書硏究》15, 1999.
계급: 〈韓國史에 있어서 奴婢制의 推移와 性格〉, 歷史學會編, 《노비·농노·노예 隸屬民의 比較史》, 一潮閣, 1998.
단체: 〈18·19세기 大渚里의 身分構成과 自治秩序〉, 安秉直·李榮薰 編著, 《맛질의 농민들 韓國近世村落生活史》, 一潮閣, 2001.
이데올로기: 〈18~19세기 小農社會와 實學 實學 再評價〉, 《韓國實學硏究》4, 2002.

만, 엄밀히 말해 그러한 가족 개념이 법제화되고 일반화한 것은
1910년대 식민지기에 일본으로부터 도입된 근대적 가족법에 의해
서이다. 그 이전 19세기 말까지의 조선사회에서는 아예 '가족'이란
말이 없었으며, 그저 가(家)이거나 가솔(家率)·가속(家屬)·가권(家
眷)과 같은 말들이 그에 준하는 뜻으로 쓰였다. 이들 생활용어가 함
의하는 가의 요소나 형태는 매우 애매하고 불확정적이었다. 오늘날
과 같이 순수 혈연관계만으로 구성된 가는 오히려 드물고, 보통은
비혈연의 예속인이나 세대(世帶)를 포괄하는 복합 구조였음이 전근
대의 가였다. 그리고 그것은 긴 역사에서 시대에 따라 그 구조를 달
리하는 동태적인 변화과정에 있었다. 기원 전후부터 19세기 말까지
국가에 의해 법제화된 가는 상고(上古) 1~7세기의 연(烟), 중고(中
古) 8~14세기의 정(丁), 근고(近古) 15~19세기의 호(戶)라는 세
형태와 단계를 밟아왔다.

　상고시대의 연은 보통 6m² 전후의 타원형 반지하 움집에 사는 부
부가족을 가리켰다. 일반 민중의 주거가 반지하 움집임은 중고 후기
의 고려왕조까지도 거의 보편적인 현상이었다. 3세기경 중국인의
관찰에 의하면, 나라·지방마다 다소 상이하지만, 이들 연의 일상생
활은 밤마다 집단 가무를 즐기는 등 꽤나 원초적이었다. 남녀관계는
부여(夫餘)와 같이 발달된 형태의 국가에서는 꽤나 엄격하였지만,
고구려를 포함하여 한반도의 여러 초기국가에서는 배우자가 여럿이
거나 쉽게 만났다 헤어지는 등의 불안정성을 특질로 하였다. 근친혼
도 적지 않게 빈번하였다. 결혼제의 이 같은 특질은 이후 12세기까
지도 마찬가지였다. 12세기 초 고려를 방문한 송(宋) 사절단의 한
사람은 그에 대해 쓰기를 "부유한 집은 처를 3~4인 얻는데 조금만

서로 맞지 않으면 곧바로 헤어진다."고 하였다.

  7세기까지 이들 연들이 상호간에 어떠한 연대를 발견하고 조직을 결성하였는지에 대해서는 그야말로 자료가 희소하여 이야기하기 곤란하다. 전라도 낙수리(洛水里)에서 발굴된 3~4세기로 추정되는 집자리 유적에서는 15기의 집자리가 3기의 저장시설을 중심으로 세 집단으로 구분되었던 듯한 양상을 보이고 있다. 이를 근거로 어느 고고학자는 3~6가의 결합으로 이루어진 세대공동체의 성립을 이야기하고 있지만, 다른 집자리 유적에서 그와 유사한 사례는 아직 보고되고 있지 않다. 연이 상호간에 안정적인 관계를 발견하고 조직을 결성하게 되었음을 알리는 최초의 확실한 증거는 7세기 말 충청도 청주(淸州)지방의 4개 촌락을 대상으로 한 이른바 신라 촌락문서(新羅村落文書)에 나오는 공연(孔烟)에서 찾아진다. 동 문서에서 모든 연은 공연이었다. 공연의 공(孔)은 집합이라는 뜻이다. 이를 두고선 몇 개의 연들이 주로 혈연관계를 매개로 결합한 세대공동체라는 설이 유력하다. 8세기 초가 되면 이들 공연은 한반도 최초의 통일권력인 신라왕조에 의해 정(丁) 또는 정호(丁戶)로 규정되었다. 이래 14세기 말 고려왕조까지 가의 기본 형태는 정호였다.

  중고의 정호는 부모·처자의 직계친만이 아니라 형제·자매·숙질 등의 방계친을 포함한 복합적인 구성이었다. 13세기 후반 고려왕조가 원(元)에 복속한 초기의 일이다. 원에 저항하다가 중국으로 끌려간 사람들 중에는 미리 자진 항복한 사람들의 '가속(家屬)'들이 많이 포함되어 있었다. 고려왕조가 그들의 환송을 요구하자 원은 자진 항복한 사람의 부모·처·자녀만 돌려주었다. 그에 대해 고려왕조는 고려에서는 조손(祖孫)·구남(舅男)·숙질·형제·자매도 '가속'이라면서 그들마저 환송하기를 요구하였다. 가속에 대한 양국의 이 같은 관념의 차이에서 중국과 판이했던 고려의 가족제를 확인할 수 있다. 정호에 대해 보다 엄밀히 말하면 그러한 복합적 구성의 친족집단과 국가가 부여한 일정 규모의 토지와의 결합구조라고 할 수 있다. 대체로 말해 3년에 한 번 휴경하는 농법으로 대개 8결(結)의 들판을 공동 점유하고 있는 친족집단이 하나의 정 내지 정호였다. 1결은 대체로 2~3정보에 해당한다. 고려왕조는 이 정호를 단위로 하여 조세와 공물과 노역을 수취하였다. 정호는 반드시 혈연 친족만으로 구성되지는 않았다. 비혈연으로서 일종의 예속인도 포함되었는데, 이를 가리켜서는 백정(白丁)이라 하였다.

다음 근고의 15세기 조선왕조부터는 호(戶)의 시대이다. 조선왕조는 고려의 정호를 해체하고 그 속에 있던 원래의 개별 연들을 사회구성과 국가지배의 기본 단위로서 제도화하고 이를 호라고 하였다. 휴경농법이 극복되고 연작농법이 성립하는 생산력 발전에 힘입어 개별 연들의 경제적 자립이 강화되자 그러한 개혁이 가능하게 되었다. 호의 인적 구성은 호주 부처와 사위를 포함한 자녀, 그리고 노비(奴婢)와 고공(雇工)의 예속인으로 제한되었다. 구래의 방계친족은 모조리 배제되었다. 새로운 기준에 의거하여 1467년 그야말로 과격한 호구조사가 이루어졌는데, 그 결과 구래의 20만 호총(戶摠)이 무려 130만으로 급증하였다. 그 결과로 오늘날과 같은 한국인의 가족형태의 원형이 성립하게 되었다. 그 점에서 15세기의 호제도 성립이 지니는 획기적인 의의를 찾을 수 있다. 단 한 가지, 아직 사위가 호의 구성원으로 인정되는 중대한 차이가 있었다. 당시까지, 아마도 한국인이 친족원리를 발견한 최초의 단계에서부터, 친족집단의 성원은 부변(父邊)·모변(母邊)·처변(妻邊)의 세 방면에서 골고루 공급되었다. 그렇게 개방적이면서도 느슨한 조직원리의 친족집단을 환경으로 하여 사위를 가족의 일원으로 포섭하는 솔서혼(率壻婚)의 가족형태가 16세기까지 광범하게 존속하였다.

3변 원리의 친족집단을 대신하여 부계(父系) 친족집단이 성립하기 시작하는 것은 성리학의 종법이 널리 보급되기 시작하는 17세기 후반부터이다. 그 때부터 한반도 남부지방의 도처에서 부계 친족집단이 집거하는 동성촌이 발달하기 시작하여 20세기 전반까지 전국 촌락의 근 1/3에 달할 정도로 확대되었다. 18세기가 되어서는 사위가 호의 구성원에서 배제되었으며, 이로써 가족형태가 순수 직계가족으로 이행하게 되었다. 재산의 상속도 17세기 전반까지는 남녀균분의 원리에 입각하였으나 이후 여자가 상속 대상에서 제외되고 나아가 남자 가운데서도 장자를 우대하는 방식으로 바뀌어갔다. 분가의 양상도 18세기 전반까지는 결혼을 먼저 하는 장자부터 분가하여 결국은 말자가 부모를 봉양하다가 남은 재산과 가대를 상속하는 말자상속의 관행이 광범하였지만, 점차 장자가 제사와 가산의 상속자로 부모의 집을 끝까지 지키는 장자상속의 관행이 확산되었다. 가족 성원과 상속방식의 이러한 변화를 거치면서 대체로 18세기부터 상층의 양반신분을 필두로 가족형태가 부계 직계가족으로 이행하기 시작하였으며, 19세기가 되어서는 하층의 상민신분에서까지 그 같은 가족형태가 일반화되어갔다.

가 성립의 전제가 되는 남녀의 성적 결합과 윤리에서도 상응하는 변화와 발전이 있었다. 12세기 초의 고려왕조는 헤어지지 않고 30년 이상 동거한 부부를 포상의 대상으로 삼았다. 그 때까지만 해도 평생 해로의 동거율은 그리 보편적이지 않았던 모양이다. 그런 가운데 전술한 대로 남녀가 복수의 배우자를 두거나 근친혼속이 상하 계층을 막론하고 꽤나 광범하였다. 결혼제에 있어서 문명의 커다란 진전이 있게 되는 것은 원복속기 이래 중국으로부터의 영향 때문이었다고 보인다. 14세기 초 원에서 귀국한 충선왕(忠宣王)은 근친혼을 금지하였다. 복혼이 금지되고 단혼이 법으로 강제되는 것은 15세기 초 성리학을 국가교의로 채택한 조선왕조에 이르러서이다. 1414년 그 같은 결정이 내려질 때의 조정의 논의를 보면 "부부는 인륜의 큰 벼리[大綱]"라는 성리학의 기본 윤리가 개혁의 명분으로 걸려 있었다.

그렇지만 이후에도 꽤나 오랫동안 복혼의 유습은 끊어지지 않았다. 양반신분의 경우 복혼은 처첩제(妻妾制)의 형태로 모습을 바꾸어 19세기 말까지 강고히 유지되었다. 18세기 전라도 부안(扶安)과 고창(高敞)의 어느 양반가문에서는 족보에 적힌 인구의 1/3이 첩 소생인 서자들이었다. 족보에 오르지 못한 서자의 비율이 적자보다 더 컸음을 고려하면 농촌양반의 근 절반이 첩을 보유하였다고 이야기할 수 있다. 말단이라도 관직을 보유한 양반이라면 대개 첩을 보유하였다. 상민 신분의 결혼양태에 대해선 자료가 희소하여 잘 알 수 없다. 16세기 말 전라도 강진(康津)의 박의훤(朴義萱)이란 어느 부유한 상민(常民)은 평생 다섯 명의 처와 만나고 헤어졌는데, 그 시기를 따져보면 두 명의 처를 둔 복혼의 기간이 있었다. 부유하여서만도 아니었다. 18세기 후반의 실정을 전하는 정약용(丁若鏞)의 법률서 《흠흠신서(欽欽新書)》에는 가난한 백성이나 심지어 백정조차 '삼처동실(三妻同室)'하거나 '축이처(畜二妻)' 했던 경우가 적지 않게 나타나고 있다. 이들 하층신분에서는 복혼의 원초적 양상이 그대로 오랫동안 유지되어왔던 셈이다. 오늘날의 한국인들은 그들이 아주 오래 전부터 단혼과 그 정조율에 있어서 대단히 도덕적인 민족이었다고 일반적으로 생각하고 있다. 그렇지만 남성과 하층신분을 포함한 사회 전체의 범위에서 얼마만큼이나 그 도덕성을 높이 평가할 수 있을지는 의문이며, 실제로는 훨씬 더 겸손할 필요가 있다고 하겠다.

18세기 이후에 그 모습을 나타내기 시작한 직계가족 형태의 가(家)가 하나의 경제단위로서 얼마만큼 자립적이며 안정적이었는지에 대해서도 참으로 조심스러운 바가 있다. 인구의 상당 부문은 여전히 노비와 비부(婢夫)·고공·투탁인 등의 예속인들이었다. 그들은 자신을 보호하고 사역하는 주가에 이른바 협호(挾戶)로 포섭된 자들이었다. 19세기 말 충청도 7개 군의 토지대장에 의하면, 인구의 1/3이 그 같은 협호로서 비자립적인 처지에 있었다. 안정성의 정도와 관련해서는 1856년 경상도 남해(南海) 용동궁장토(龍洞宮庄土)에 속한 244개 농가 가운데 1881년까지 호명(戶名)을 유지한 농가가 스물이 못 되었던 사례를 참고할 수 있다. 그렇게 19세기 말까지도 소수의 상층 양반신분의 가만이 한 곳에 오래 붙박이 하였고, 여타 상민의 가는 여러 계기와 경로를 따라 자주 유동하는 불안정성을 특징으로 하였다. 원래 동양의 고대에서는 대부(大夫) 이상이 가를 보유한다고 하였다. 그 말이 맞기나 하는 것처럼 간혹 역사가의 눈에는 19세기 말 조선시대까지도 일반 민서(民庶)에 있어서 가란 것이 마치 신기루처럼 보일 때가 없지 않은 것이다.

4. 사유재산

아득히 먼 상고시대에 이미 토지가 사유재산이었다는 학설만큼이나 국사의 신화로서의 속성을 잘 보이고 있는 예를 달리 찾기는 힘들다. 사서가 전하는 토지를 둘러싼 최초의 분쟁은 기원을 전후한 무렵에 후일 신라왕이 된 탈해(脫解)가 계책을 꾸며 타인의 '택지'를 빼앗았다는 신화 형태로 전하는 사건이다. 개별 연이 막 성립하기 시작한 그 단계에 반지하 움집의 집자리와 그에 부속하는 토지의 범위에서 최초의 토지 사유재산이 발생하게 된 정도는 여러 문명사회의 경험으로 보아 충분히 있을 수 있는 일이다. '택지'의 범위를 넘어 일반 경지로서 토지가 생산자 농민의 사유재산으로 성립했다는 증거는 상고시대의 어느 기록에도 찾아지지 않는다. 토지는 읍락(邑落)공동체나 그를 병합하면서 성장하고 있던 초기국가의 지배하에 있었다. 초기국가가 토지를 자신의 소유로 간주했음을 보여주는 최초의 증거로서 필자는 6세기 중엽 점령지의 농민을 '전사(佃舍)'라고 표기했던 신라의 한 비석을 들고 싶다. '전(佃)'은 원래 중국 삼국기의 위(魏)에서 발생한 것인데, 군량을 확보하기 위해 병사들에게 둔전을 나누어주고 소작료를 수취한 관계를 말한다. 그러했던 '전'이 한반도에 들어와 점령지의 농민 규정에 적용되었음은 신라가 그의 점령지를 자신의 둔전처럼 간주하고 위에서 유사한 국가적 소작관계로 관리하였을 가능성을 시사하고 있다.

이후 7세기 말의 신라 촌락문서에서는 전술한 공연의 경지가 '연수유답(烟受有畓)'으로, 곧 "연이 받아 가진 논"으로 불리고 있었다. 이로부터 당시의 통일권력 신라가 전국의 토지를 자신의 소유지로 장악하고 개별 농민의 경지를 자신이 지급한 것으로 간주하였음을 알 수 있다. 그 지급관계가 실제적이었는지 아니면 의제적이었는지에 대해서는 말하기 힘드나, 각 공연의 경제력이 보유 경지를 주요 변수로 하여 9등급으로 나뉘고 있음으로 보아 다분히 의제적이지 않았나 싶다. 그렇지만 곧이어 722년에 시행된 정전제(丁田制) 토지개혁에서는 그렇지 않았다. 《삼국사기(三國史記)》는 그 해에 통일신라가 전국의 백성들에게 정전(丁田)을 나누어주었다고 간략히 적고 있다. 정전이란 전술한 정호의 경지를 말한다. 지나친 추측은 삼가야겠지만, 필자는 연의 공연으로의 발전이 일반화하고 공연의 규모가 상당히 규격화하는 어느 단계에서 국가권력이 그 면적이 몇 등급으로 나뉜 경지를 개별 공연에 지급하는 토지제도와 수취제도를 성립시켰다고 생각하고 있다. 10~14세기 고려왕조는 정호를 17결의 족정(足丁)과 8결의 반정(半丁)이라는 두 등급으로 나누었다. 그 가운데 8결의 반정이 일반적이었다. 고려왕조가 조세를 수취한 기본 단위가 8결이었기 때문이다. 실제 14세기 말의 한 고문서에 나타난 경기도 여러 지방의 15개 정=들판 가운데 면적이 15결 이상이 되는 4개를 제외한 11개 들판의 평균 면적은 7.8결이었다. 필자는 고려왕조의 그 같은 들판의 구획과 개별 농가에 대한 지급이 722년의 정전제에서 제도화되었다고 믿고 있다. 좀더 엄밀한 입증의 과제가 남아 있지만, 한국사 중고의 토지국유제가 그로부터 성립하였다.

이후 9세기의 두 비석은 통일신라의 토지국유제가 그리 강고한 것이 아니었음을 전하고 있다. 한 비석은 왕릉을 조성하면서 주변의 토지를 구입하는 기록인데, "비록 왕토(王土)라고 하나 또한 공전(公田)이 아니다", 즉 사전(私田)이기 때문이라고 그 사유를 밝히고 있다. 반면에 다른 한 비석은 어느 귀족이 500결이나 되는 대토지를 사원에 헌납하기 위해 왕의 재가를 구한 기록인데, "비록 나의 토지이나 또한 왕토에 거주하고 있다."라고 하였다. 강조점이 서로 다른 이 두 석문으로부터 통일신라의 토지국유제가 왕권에 대립했던 귀족세력의 강세로 인해 이미 9세기 말에 이르러 그리 실제적이지 않았음을 알 수 있다. 주지하듯이 9세기 이후 통일신라의 국가권력은 귀족과 지방 호족의 발호로 서서히 해체되어갔다.

고려왕조의 성립과 더불어 토지국유제는 재차 강화되기 시작하였다. 전국의 토지는 공전과 사전으로 나뉘었는데, 그 기원이 통일신라의 토지제도에 있음은 방금 소개한 9세기의 한 석문에서 명확하다. 공전은 왕에게, 사전은 귀족·관료에게 조세를 수취할 권리가 속한 토지를 말한다. 그렇게 공(公)과 사(私)는 수조권(收租權) 레벨에서 대립한 왕과 귀족의 관계를 대변하였으며, 토지를 직접 경작한 농민들은 아직 사의 주체로 성립하지 못한 상태였다. 《고려사(高麗史)》형지(刑志) 금령조(禁令條)에는 토지의 자유로운 매매, 증여, 경작을 금지하는 법령이 초두를 장식하고 있다. 고려왕조가 토지국유의 원리를 제도적으로 확고히 하는 것은 왕권이 훨씬 강화된 12세기 초 예종(睿宗)대의 일로 보인다. 당시 전국에 걸쳐 공·사전의 농민을 가리켜 '전호(佃戶)'라고 칭하는 법령이 성립하였다. 원래 전호라는 말은 중국 송에서 소작농의 뜻으로 성립한 것이다. 당(唐)까지만 해도 전인(佃人)이라는 말이 일반적이었는데, 당송변혁(唐宋變革)을 거치면서 호라는 글자가 국가의 농민지배 단위라는 뜻에서 그저 가(家)라는 뜻으로 평판화하자 전인을 대신하여 전호라는 말이 성립하였다고 이해되고 있다. 이어 11세기 전반에는 전호의 신분 지위를 규정한 전호령(佃戶令)이 송에서 성립하였다. 그 전호령이 11세기 후반 고려와 송의 빈번한 교류과정에서 고려에 전파되었다고 보인다. 그렇게 고려에 넘어온 전호라는 말이 국가 지배 하의 일반 백성을 가리키는 뜻으로 쓰였으니 당시 양국간에는 문명의 상당한 낙차가 있었던 셈이다. 주지하듯이 지난 1960년대에 한국사 중고의 토지제도가 국유제인가 사유제인가의 논쟁이 잠시 벌어진 적이 있었는데, 새로운 사유제설이 구래의 국유제설을 질풍노도와 같은 기세로 간단히 압도해버리고 말았다. 그 때 제시된 사유제설의 가장 중요했던 논거의 하나가 바로 12세기 초의《고려사》에 등장하는 전호였다. 돌이켜보면, 고려왕조의 토지매매 금령에 대해서는 일언반구의 언급도 없었던 논쟁의 양상도 기이했거니와, 전호를 사적인 소작농으로 오독함으로써 빚어진 역사상의 도착(倒着)은 지금까지 얼마나 심각한 후유증을 남겼던가?

  토지가 비인격적인 재화로서 농민들에 의해 매매, 상속, 증여되기 시작하는 것은, 다시 말해 토지가 사유재산으로 성립하는 것은 근고의 조선왕조부터이다. 15세기에 걸쳐 조선왕조는 농민들의 토지 매매를 단계적으로 자유화하였다. 국가의 농민 규정도 고려의 전호에서 조선왕조 초기에 잠시 전객(佃客)으로 변했다가 1460년대에《경국대전(經國大典)》이 제정될 때는 전부(佃夫)라는 말로 바뀌었다. 전부는 국가의 토지를 경작하는 농부라는 뜻으로서 아직 토지국유제의 이념과 제도가 강하게 존속하였던 15세기의 실태를 대변하고 있다. 그렇지만 그 전부라는 말도 17세기가 되면 그저 농부라는 뜻의 전부(田夫)로 탈색되었으니 그간에 토지국유제는 사실상 형해화하였던 셈이다. 관료들에게 수조지로서 사전(私田)을 나누어주는 제도도 16세기 초에 폐지되었다. 이후 사전이란 말은 오늘날과 유사하게 일반 백성의 사유지라는 뜻으로 바뀌었다. 드디어 17세기 후반이 되면 국가의 공적인 법령이나 토지대장에서조차 일반 백성을 토지의 '주'로 칭하기 시작하였다.

한국사에서 토지의 사유재산으로의 성립이 근고의 15세기임은 고문서의 현존 상태를 통해서도 확인할 수 있다. 지금까지 전하는 토지의 매매문서나 상속문서는 모두 15세기부터의 것들이다. 그 이전 고려시대의 문서는 아직 발견되고 있지 않은데, 실은 그 시대에는 그러한 문서가 민간에서 작성된 적이 없었다고 해야 옳을 것이다. 상속문서와 관련하여 재미있는 현상 한 가지는 지금까지 발견된 총 24건의 15세기 상속문서 가운데 토지재산을 포함하고 있는 문서는 4건에 불과하고, 나머지 다수의 20건은 노비만을 상속재산으로 기록하고 있다는 사실이다. 다시 말해 사유재산으로서 토지의 상속이 15세기부터라고 하지만, 토지를 국유로 간주하는 이념과 제도가 강고한 가운데 아직은 사회적으로 그리 일반화된 관행은 아니었던 것이다. 그러다가 16세기가 되면 상속문서에 일반적으로 토지재산도 포함되는데, 그 경우에도 예외 없이 노비에 대한 기록이 토지보다 우선하여 재산으로서 노비의 가치가 토지보다 훨씬 더 중시되었음을 알 수 있다.

서술의 순서가 바뀌었지만 한국사에서 사유재산은 토지보다 노비에서 먼저 성립하였다. 고려왕조의 사람들도 상속문서를 작성하였는데, 《고려사》에 전하는 한 사례에 의하면 상속의 대상은 노비와 가재(家財)에 한정되었다. 노비가 언제부터 상속되는 재산이었던가는 어려운 문제이지만, 늦어도 중고 후기의 고려왕조부터였다고는 이야기할 수 있다. 후술하겠지만 노비 인구는 고려시대에 걸쳐 증가하는 추세였으며, 더구나 조선왕조 15~16세기에 이르러서는 전 인구의 적어도 1/3이 노비일 정도로 크게 확산되었다. 그러니까 그 시대에 있어서 사유재산의 중심은 토지가 아니라 노비였다. 18세기 전반의 어느 인물은 "옛 사람들은 노비를 재산으로 삼았는데, 지금은 토지를 재산으로 삼고 있다."고 하였다. 그 같은 회고가 나오게 된 것은 18세기에 들어 노비가 급속히 감소하였기 때문이다. 노비에 대한 지배체제가 크게 이완되기 시작하는 것은 17세기 후반부터이다. 그러니까 재산의 중심이 토지로 이동하기 시작하는 것도 대체로 그 무렵부터였다고 보인다.

전술한 대로 18세기가 되면 중고 이래 천 년에 걸친 토지국유제는 허공의 이념에 불과하게 되었다. 토지에 대한 일반 백성들의 권리는 오늘날의 근대적 토지소유와 크게 다르지 않은 형태로 발전하였다. 그렇다고 19세기 말까지 조선왕조 하에서 사유재산제도가 발전한 정도와 그 범위를 과장해서는 곤란하다. 사유재산제도의 발전 정도는 궁극적으로는 사회의 경제주체들이 발생시킨 경제적 수익이 그들의 사적 권리로 귀속되는 정도를 결정하는 경제주체와 국가권력과의 정치적 관계에서 평가되지 않으면 안 된다. 만약 조세를 수취하는 국가의 권리가 조세의 다과를 불문하고 자의적으로 행사된다면, 그리고 사적 경제주체들이 그러한 국가권력을 제어할 어떠한 수단을 보유하고 있지 못하다면, 그 사회에서 사유재산제도의 체제적 성립을 이야기하기는 곤란한 법이다.

실제로 19세기 말까지 조선사회에서 산림과 광산을 포함한 유무형의 경제재에 대한 일반 백성들의 권리는 국가와 관료의 자의적 침탈 앞에서 매우 불완전한 상태에 있었다. 산림에 대한 사실상의 소유도 성립하고 있었지만, 제도로 보장되고 정비된 적은 없었다. 19세기가 되면 거의 대부분의 소유권 분쟁은 산림을 둘러싼 것이었다. 1876년의 개항(開港) 이후 일본으로 금 수출이 증대하자 금광 개발이 매력적인 투자대상으로 되었다. 금광에 대한 투자는 국가로부터 금광에 대한 징세권을 위임 받은 상인과 관료에 의해 이루어졌다. 그렇지만 그들이 금광 개발을 위해 투입한 거금의 자본은 정치상황의 변동에 따라 그들의 징세권이 취소되면 한 푼의 보상도 받지 못하는 경우가 허다하였다. 국가와 백성간의 그러한 관계가 마지막으로 그 정체를 벌겋게 드러낸 적이 있었다. 조선왕조의 마지막 토지조사(1898~1904)에서 고종(高宗)황제는 엉뚱하게도 토지의 소유자인 일반 백성을 '시주(時主)'라고 칭하였다. '시주'란 백성은 어디까지나 토지의 '임시적 주인'이란 뜻이다. 당시 그는 국가의 주권자가 누구인가를 묻는 정치적 도전에 직면해 있었다. 그러자 이미 다 죽어버린 토지국유제의 이념을 부활시켜 황제 자신이 전 국토의 본주(本主)임을 선포하고 싶었던 것인데, 그 결과 고안된 것이 '시주' 규정이다. 곧 이은 왕조의 패망으로 하등의 실효가 없었던 백성 규정이지만, 그것은 이념적으로 하늘을 대신한 국왕의 전제주권(專制主權) 하에서 사유재산이 처할 수 있는 극히 불안정한 정치적 지위를 잘 대변하고 있다.

5. 계급

주지하듯이 한국에서 근대 역사학이 성립한 1930년대 이래 사적 유물론(史的唯物論)에 입각한 맑스주의 역사학은 여러 갈래의 역사학 가운데 가장 중요한 영향력을 행사하여왔다. 그들은 인류사가 '원시공체사회 노예제사회 봉건제사회 자본주의사회 사회주의사회'라는 다섯 단계를 보편적으로 밟는다는 이른바 '세계사의 기본법칙'에 근거하여 우리 민족도 그 같은 단계들을 충실히 밟아왔고, 또 밟게 될 것임을 주장하였다. 맑스주의 역사학의 그 같은 주장은 당시 일제의 식민지 지배를 받고 있던 한국 민족의 자존심을 되살림에 크게 기여하였을 뿐 아니라, 민족의 독립과 혁명이 나아갈 방향을 올바로 제시하였다고 높이 평가되었다. 지금도 맑스주의 역사학은 북한에서는 물론 남한에서도 깊은 영향력을 행사하고 있다. 반드시 맑스주의를 추종하지 않더라도 '세계사의 기본법칙'에 따라 한국사를 해석하고 시대구분을 행하고 있는 역사학자를 주변에서 발견하기란 어려운 일이 아니다.

그들에 의하면 흔히 삼국시대라 불리는 1~7세기는 노예가 피지배 생산자의 중심을 이루는 최초의 계급사회로서 노예제사회였다. 그러한 주장을 펼친 1930~1950년대의 맑스주의 저작들을 검토하면, 기이하게도 어떠한 수준의 합당한 근거도 제시되어 있지 않음을 쉽게 발견한다. 그들이 제시한 것은 고작해야 이민족이나 삼국간의 전쟁에서 포로노비가 발생하였다는 정도에 불과하였다. 포로로 잡힌 자들이 살육되지 않고 노비가 되었다는 정도는 아주 사례가 없지 않지만, 그들이 생산노동의 중심을 이루었다는 어떠한 징후도《삼국사기》에서는 발견되지 않는다. 그럼에도 그들이 노예제사회설을 주장할 수 있었던 것은 노예제사회의 모범인 그리스·로마에서 노예가 주로 전쟁포로로부터 공급되었기 때문이다. 그들은 소박하게도 '세계사의 기본법칙'을 신봉하였으며, 그에 근거하여 고대 그리스·로마의 역사적 경험을 자연환경이나 사회조건이나 국제관계가 전혀 상이한 1~7세기 한반도에 별로 어렵지 않게 대입시켰을 뿐이다.

일체의 선입관념을 버리고 백지상태로 돌아가《삼국사기》에서 1~7세기의 '노' 와 '비' 에 관한 모든 사례를 검토하면 흥미로운 사실을 발견한다. '노' 와 '비' 의 글자가 등장하는 횟수는 총 65회인데, 그 가운데 다수인 35회가 왕족·귀족의 이름으로 쓰이거나 성과 군현의 지명으로 쓰이고 있다. '노' 글자의 이러한 쓰임새는 8세기 이후에도 얼마간 있지만 곧바로 사라져 1~7세기의 고유한 현상이었다고 할 수 있다. 그러니까 중국에서 한자가 수입되어 보급되기 시작한 그 시대에 있어서 '노' 글자는 오늘날 우리가 노비라 하면 흔히 떠올리는 비천한 이미지와는 전혀 상이한 인간관계를 대변하였다. 그것은 일종의 명예로운 관계였다. 그러했기에 왕족·귀족의 이름에도 성과 군현의 지명에도 '노' 라는 글자가 떳떳하게 쓰일 수 있었다. 한마디로 그것은 귀족 상호간이나 공동체·국가간의 정치적 군사적 신종관계를 의미하였다. 고구려 광개토왕비(廣開土王碑)를 비롯한 5~6세기의 여러 석문(石文)에서도 그러한 용례를 많이 찾을 수 있다. 예컨대 고구려에 항복한 백제왕은 고구려왕에 대해 '노객(奴客)'을 칭하였고, 신라에 복속한 울진(蔚珍)의 주민들은 '노인(奴人)'으로 규정되었다. 범위를 확대하여 중국의 사서를 검토하면 3세기 부여에 대해 "읍락에 호민(豪民)이 있어 하호(下戶)를 명하기를 모두 노복(奴僕)이라 한다."는 기록을 찾을 수 있다. 그렇게 읍락 공동체 내부의 수장층과 일반 성원의 관계도 노적(奴的)인 것으로 간주되었다. 요컨대 상고시대의 인간과 사회는 공동체를 단위로 하여 여러 층위의 노 질서로 통합되어 있었다. 성원의 수장에 대한, 서민의 귀족에 대한, 하위공동체의 지배국가에 대한 여러 층위의 노 질서에는 각기 상응하는 노역과 공납의 의무가 뒤따랐다. 그것을 두고 사회가 노예제적 계급관계로 분열된 소치라고 이야기해서는 곤란하다. 전술한 대로 상고시대의 반지하 움집에 사는 개별 연들은 아직 사유재산으로 토지를 알지 못했다.

맑스주의 역사학이 최초의 계급으로 주목했던 노비에 대해 설명하면, 비천신분으로서 최초의 노비들은 공동체와 국가의 규칙을 어긴 형벌노비들이었다. 형벌노비는 죄인을 노비로 삼거나 중죄인의 처자를 노비로 적몰하는 고대국가의 형벌제의 성숙을 기다려 발생하였다. 그 자세한 시기는 알 수 없지만, 늦어도 6~7세기엔 그러한 제도가 마련되었다고 이야기할 수 있다. 7세기 말 신라 촌락문서에 나오는 28명의 노비들은 비천신분으로서 노비제가 성립해 있음을 알리는 최초의 확실한 증거인데, 여자가 중심을 이루고 가족이 파괴된 형태여서 죄인의 처자로서 노비로 적몰된 자들로 보인다. 이후 8~14세기의 중고를 거치면서 노비가 전 인구에서 어느 정도의 비중을 차지하였는지는 커다란 논쟁거리이다. 노비는 형벌, 전쟁, 채무의 여러 경로를 통해 공급되었다. 《고려사》는 10세기 후삼국(後三國)의 통일전쟁 과정에서 포로 노비가 많이 발생하였다고 적고 있다. 채무노예는 9세기 말 신라 왕경의 한 처녀가 빈곤을 못 이겨 몸을 판 사건이 최초의 실례인데, 이후 고려시대에 들어 채무노예의 발생은 한층 빈번하였다. 고려시대에 걸쳐 노비 인구가 증가하고 노비에 대한 사회적 억압과 차별이 강화되었던 전반적인 추세만큼은

부정할 수 없다. 고려왕조는 노비의 가격을 법으로 정하고 주인이
다른 노와 비가 낳은 자식은 비의 주인에 속한다는 법률을 제정하였
다. 이로써 노비가 세습되는 동산(動産)으로서 재산임이 명확해졌
다. 고려왕조는 과실이 있는 노비를 함부로 죽인 주인을 너그럽게
용서하였다. 이 모든 노비령(奴婢令)은 노비의 사회적 무권리 상태
를 확정함에 기여하였다.

  그렇지만 고려시대에 이미 이후의 조선시대처럼 인구의 1/3에나
달할 정도로 노비가 많았다는 주장에 대해서는 도저히 찬성하기 힘
들다. 고려의 국가형태를 거시적으로 스케치하면, 전술한 대로 일반
백성을 전호로 칭하면서 전국의 토지를 국유로 지배하는 토지제도
가 성립한 가운데 3변 원리의 친족집단인 정호에게 평균적으로 8결
의 토지가 지급되고, 그들로부터 조세와 공물과 노역을 수취하였음
이 고려국가의 가장 규정적인 생산관계였다. 굳이 그 비교사적 특질
을 간략히 정의하자면 일종의 '국가적 농노제'라고 할 수 있다. 왕
족·귀족·관료·중앙군으로 이루어진 농노주 지배계급은 왕경에 집
거하였으며, 많을 땐 3만에나 달했던 중앙군의 무력으로서 전국적
으로 그 수가 대략 1천5백을 헤아렸던 지방의 군(郡)·현(縣)·속현
(屬縣)·부곡(部曲)·향(鄕)·소(所)·처(處)·장(莊) 공동체를 지배
하였다. 그 중 130~200개가 군현으로 지정되고 중앙관이 파견되었
지만, 관료제적 행정체제로서의 내실은 볼 만한 것이 없었다. 전국
토지의 상당 부분은 왕족·귀족·관료·중앙군이 조세를 수취하는
사전으로 할당되었다. 국유제가 강건하였던 12세기까지 사전의 크
기와 그에 대한 농노주의 권리는 적절히 통제되었지만, 무인(武人)
집권기를 거쳐 원(元)복속기에 이르러서는 토지제도가 크게 문란해

져 중앙귀족의 사유지화한 사전이 크게 확장되었다. 그렇게 귀족들의 사유지화한 사전에서의 농민을 가리켜서는 전호를 대신하여 처간(處干)이라는 새로운 명칭이 생겨났다.

인구의 1/3이나 노비였다는 미국의 어느 역사학자의 주장은 이같은 고려국가의 기본 골격과는 아무런 상관도 없이 제출된 것이다. 아마도 그는 고려의 전호가 중국 송의 전호와 마찬가지로 사적 대토지소유 하의 소작농인 줄로 착각하고 있는 모양이다. 반복하자면 고려의 전호는 국가의 공적 지배 하에 있는 일반 백성으로서 자작농을 가리켰다. 고려왕조 후대에 생겨난 사전 하의 처간도 엄밀히 말해 공민으로서의 특질을 완전히 부정당한 존재는 아니었다. 《고려사》에서 노비에 관한 일체의 사례를 수집하여 그들의 삶의 공간을 살피면, 거의 지배계급이 집거한 왕경과 그 인근 교외이거나 지방 관부나 사원으로 나타나고 있다. 그렇게 고려의 노비들은 귀족들의 가내 노예이거나 형벌노비에 기원한 관노비(官奴婢)이거나 사원에 투탁한 사노비(寺奴婢)들이었다. 왕경과 그 근교를 벗어난 일반 농촌사회에서 들판의 농업노동으로 활동하고 있는 고려 노비의 존재에 대해서는 필자는 알지 못한다. 그래서 아무래도 인구의 1/3이 될 수는 없는 법이다. 요컨대 고려왕조에 이르기까지 중고의 노비제는 가내노예와 형벌노비로 주로 구성된 사회의 부차적 계급관계였다.

노비가 인구의 1/3이나 되도록 급팽창하는 것은 이미 14세기부터 그 조짐이 뚜렷하지만 근고 초기의 15~16세기의 일이다. 그도 당연한 것이 전술한 대로 이 시대에 이르러 비로소 기본 생산수단인 토지가 사유재산으로 변하였기 때문이다. 15~16세기에 걸쳐 왕경에 집거했던 지배계급들은 토지재산을 찾아 농촌으로 할거하였으며, 그에 따라 농촌사회가 구래의 공동체적 질서를 대신하여 계급적으로 분열하였다. 농촌사회의 주민들이 양반(兩班)이니 상민(常民)이니 천민(賤民)이니 하면서 서로의 신분을 따지고 갈등하게 된 것은 조선왕조 이후의 일이다. 성리학을 바탕으로 높은 수준의 문민정치를 성립시킨 조선왕조의 문명사에 특별한 자부심을 느끼고 있는 한국의 많은 역사학자들은 바로 그 왕조의 성립과 함께 인구의 1/3이나 되도록 열악한 처지의 예속신분이 발달하였다는 사실에 당혹해 하고 있다. 노비 인구가 크게 증가하게 된 역사적 인과에 대해서는 아직 밝혀지지 않은 점이 많다. 조선왕조는 전술한 대로 중고 이래의 정호와 토지와의 결합을 해체하고 소규모 가족경제를 국가와 사회구성의 기초 단위로 제도화하였다. 조선왕조는 독특하게도 토지와 인구를 분리하여 지배하였다. 토지에 대해서는 그것을 누가 소유하였는가와 무관하게 일정 율의 조세를 부과하였다. 인구=남정에 대해서는 그가 얼마의 토지를 소유하였는가와 무관하게 정기적으로 군역(軍役)과 노역(勞役)을 강요하였다. 그 결과 토지가 없거나 적은 수많은 하층 농민들이 견디지 못하고 양반관료와 농촌지주의 노비로 몰락하였다.

　15~16세기 조선 농촌사회는 한편에서는 중고 이래의 국가적 농노제 관계가 전술한 대로 형태를 바꾸면서 존속하는 가운데 다른 한편에서는 양반관료와 농촌지주의 대토지소유로 농장(農庄)이 발달하고 증대한 노비노동이 그와 결합하는 사적 농노제 관계가 사회적 비중을 확대하는 이중구조를 이루었다. 노비들의 존재양태에 관해서는 근년에 양반가의 고문서가 공개됨에 따라 이전에 알지 못했던 새로운 사실들이 많이 밝혀지게 되었다. 일부의 노비는 주인의 가사

나 농사에 직접 사역되고 급양되는 진정 노예와 같은 존재였다. 다른 일부의 노비는 주인이 할당한 경지를 책임 경작하는 대가로 주인이 지급한 다른 소규모 경지에서 생활자료를 구한 소농적 존재였다. 이들은 비교적 강한 예속상태에 있었다. 또 다른 일부의 노비는 주인과 차지계약을 맺어 소출의 절반을 지대로 바치는 차지농이었는데, 시간이 흐를수록 이런 부류의 느슨한 예속상태의 노비들이 많아지고 있었다. 또 다른 부류의 노비들은 주인의 농사와는 아예 무관하게 멀리 떨어진 곳에서 독립 농민으로 살면서 연간 정액의 공물을 상납하기만 하였다. 이러한 노비가 의외로 많았다. 이렇게 조선 노비들의 존재형태는 여러 가지로 다양하였다. 전반적으로 그들은 그 계급적 성격을 농노라고 부를 만한 존재였다.

　17세기 후반부터 조선왕조는 또 하나의 큰 문명사적 전환을 맞이하였으며, 그에 따라 농촌사회의 계급관계도 보다 비인격적이며 계약제적인 형태로 순화되어갔다. 그렇게 된 데는 인구가 증가하고 상업경제가 발달하고 농업생산력이 상승한 시대적 상황이 종합적으로 작용하였지만, 무엇보다 남정의 국가에 대한 군역 부담이 토지세로 옮아감에 따라 노비들이 자유농민으로 독립할 수 있는 정치적 사회적 환경이 조성되었음이 큰 역할을 하였다. 양반을 억압하면서 노비들의 인권을 옹호한 왕권의 역할도 중요하였다. 그 결과 18세기 이후 노비 인구는 급속히 감소하기 시작하였으며, 많은 지방에서 18세기 말 19세기 초에 이르면 그 비중은 10%를 넘지 못하는 수준이었다. 그렇게 타인을 재산으로 지배하는 신분제가 해소됨에 따라 토지를 둘러싼 생산관계도 병작(幷作)이라고 불리는 비인격적 차지계약으로 전환되어갔다. 병작은 주인은 토지와 종자를 내고 차지농은 노력과 기타 비용을 부담하여 공동으로 경작한다는 뜻이다. 병작인이 되었다고 해서 주인의 지배를 받거나 사회적 명예에 손상이 가해지지는 않았다. 근대사회와 같이 전면적이었다고 할 수 없지만 비인격적 차지계약과 그를 전제한 자유 소농의 성립이야말로 18세기까지 한국사가 성취한 가장 소중한 문명소의 하나이다.

6. 시장

경제인류학에 의하면 인류사에 있어서 사회의 경제적 통합형태에는 크게 나누어 호수(互酬)경제, 재분배(再分配)경제, 시장(市場)경제의 세 가지가 있었다. 호수경제는 부족사회에서 선물을 주고받는 경제이며, 재분배경제는 사회의 잉여가 국가권력으로 집중되었다가 분배되는 경제이며, 시장경제는 익명의 인간들이 무작위로 잉여를 교환하는 경제라고 간단히 설명할 수 있다. 이 세 가지 경제형태는 발전단계를 이룬다기보다 문명의 태초부터 함께 있었으며, 민족마다 자연환경, 사회조건, 국제관계의 차이에 따라 각기 고유한 형태로 세 가지를 결합하여 통합적인 경제체제를 이루었다. 그 가운데 가장 원초적인 호수경제는 근대의 자본주의적 시장경제 하에서도 없어지지 않고, 나라와 시기에 따라서는 인간들의 사회적 보장기구의 일환으로 새로 생겨나거나 강화되는 경우까지 있다고 한다. 예컨대 현대 한국사회가 그렇다고 필자는 생각하고 있다. 오늘날의 대부분의 한국인들은 가까운 친척과 친지의 결혼이나 장례를 당하여서는 반드시 자기 월급의 적지 않은 부분을 부조금으로 지출하고 있다. 언젠가 자기도 같은 경우를 당할 때 보상을 받게 되리라는 기대가 그 부조행위의 밑바닥에 깔려 있다. 얼마 전에 김대중(金大中)정권이 관료들의 부정부패를 막기 위해 일정 지위 이상의 고관들이 그들의 결혼식과 장례식에 부조금을 받을 수 없도록 명령을 발한 적이 있다. 다 알다시피 그것은 아무 소용도 없는 짓이었다. 어떻게 오래동안 부조금을 지출하기만 했던 사람에게 받을 차례가 되었는데 받지 못하도록 강제할 수 있단 말인가? 조금씩 없어지는 추세인 것은 사실이지만, 우리 한국인의 경제생활에 있어서 전통적으로 호수경제가 차지한 비중은 의외로 적지 않았다.

12세기 초 고려를 다녀간 송(宋) 사절단의 한 사람은 고려의 경제형태에 대해 "주군(州郡)의 토산은 다 관가의 공상(貢上)에 들어가므로 장사치는 멀리 나들이하지 않는다. 다만 대낮에 고을에 가서 각각 가지고 있는 것을 서로 바꾸는 것으로써 만족하는 듯하다."고 기술하였다. 조금 뒤에 고려를 다녀간 다른 사람의 기록에 의하면 고려인들은 미(米)와 포(布)를 화폐로 사용하였으며, 동전(銅錢)의 사용을 불편하게 여겼다. 외국인이 남긴 이 같은 기록으로부터 고려의 경제체제를 대강 추론할 수 있다. 고려왕조는 그의 농민들이 생산한 잉여의 대부분을 조세·공물로 수취하여 왕경으로 집중시켰다. 교환할 잉여가 별로 남지 않은 농촌사회에서 시장경제의 비중은 별로 볼 것이 없었다. 농촌시장은 관부가 설치된 곳을 중심으로 불규칙하게 모였다가 흩어지는 허시(墟市)로서 미·포의 물품화폐를 매개한 물물교환의 수준을 넘지 못했다.

반면에 왕족·귀족·관료·중앙군의 지배계급이 집거한 왕경 개성(開城)은 번창하였다. 왕경의 인구는 관료 3천과 중앙군 2~3만을 포함하여 근 10만에 달하였다. 이들 이른바 '국인(國人)'들은 전국에서 수송되어온 조세와 공물을 정부 창고로부터 분배받았으며, 각기 남고 모자라는 물자를 시전(市廛)에서 교환하였다. 불교 사원이 담당한 사회보장적 재분배 기능도 있었다. 12세기 초 송 사절단의 견문에 의하면 왕경의 여러 사원은 문 앞에 백미로 쑨 죽을 큰 독에 담아두고 오가는 사람들에게 먹게 하였는데 귀천을 가리지 않았다고 한다. 그렇게 고려 왕경은 일종의 공산주의적 분위기의 재분배경제였다. 또한 왕경에 집중된 거대 규모의 잉여는 고려왕조의 활발한 대외교역을 성립시켰다. 송 제국이 구축한 개방적인 국제사회를 무대로 한 고려의 송 또는 주변의 여진·거란·일본과의 대외교역은 이후 조선시대의 사람들로서는 상상하기 힘들 정도로 번성하였다. 특히 13세기 후반 유라시아 대륙에 걸쳐 광대한 교역로를 구축한 세계제국 원에 복속한 이래 고려의 대외교역은 일층 커지고 화려해졌다. 원의 선진문물에 대한 고려인들의 욕망은 생산을 자극하고 시장을 확대함으로써 전통 경제체제에 깊은 충격을 주었음이 분명하지만, 그에 대해 좀더 자세히 소개할 수 있을 만큼 그 방면의 연구는 충분하지 않다.

    성리학을 국교로 하여 개창된 15세기 이후의 조선왕조는 질박한 자급자족의 농촌경제를 지향하였다. 상인에 의해 사적으로 이루어지는 대외교역은 사치를 조장한다는 이유로 금지되었다. 대외교역은 명(明)과의 조공(朝貢)무역의 형태로만 남게 되었다. 이에는 송과 달리 쇄국정책을 취한 명과 주변 국가들과의 국제관계도 크게 작용하였다. 농촌 장시(場市)도 한동안 폐지되었으며, 그것이 자연발생적으로 다시 생겨나는 것은 15세기 후반의 일이다. 당초 조선왕조는 전국의 토지로부터 1결당 미 20두(斗)만을 조세로 수취하는 재정

제도를 마련했지만, 농업생산성도 불안정하고, 쌀을 팔아 정부 수용의 다른 물자를 구매할 시장도 존재하지 않아 얼마 뒤에 무효로 돌아갔다. 그 결과 조세미는 1결당 4~6두로 감소하였으며, 그 대신 다시 고려왕조처럼 각 지방의 토산물을 공물(貢物)로 수취하기 시작하였는데, 이래 17세기 전반까지 그것이 농민들의 가장 무거운 부담이었다. 당연히 조선의 수도 서울은 고려의 개성과 마찬가지로 전국에서 올라오는 조세미와 공물의 재분배경제를 성립시켰다.

그 실태와 관련해서는 16세기 후반 유희춘(柳希春)이란 어느 고급관료의 생활일기가 좋은 자료를 제공하고 있다. 그는 관료로서 미·포의 녹봉(祿俸)을 정기적으로 수취하였을 뿐 아니라 소속 관청이 지방에서 수취하는 공물의 일정 양을 관례적으로 할당받았다. 이 외에 그는 친지나 동료 관료로부터 월 평균 40회에 걸쳐 각종 선물을 주고받았는데, 그로부터의 수입은 녹봉과 공물을 능가하였다. 그는 녹봉·공물과 선물로부터 그의 대부분의 생활자료를 넉넉히 확보하였다. 그의 가정경제는 시장경제와 거의 무관하였다. 약 10년간 그가 서울의 시장과 거래한 횟수는 고작 70여 회에 불과하였다. 그러니까 16세기 서울의 왕족과 관료들은 조세·공물의 재분배와 상호간의 긴밀한 선물 교환으로 풍족한 소비생활을 즐길 수 있었다. 농촌양반의 경제생활도 대체로 마찬가지 양태였다. 그들의 가정경제는 농장의 소출로 자급적 기초를 마련한 위에 노비들의 공납으로부터 어염(魚鹽)을 비롯한 각종 사치적 소비품을 구하였을 뿐 아니라, 지방관이나 중앙관료와의 긴밀한 선물의 네트워크를 형성하였다. 15세기 후반에 부활한 농촌 장시는 17세기 전반까지 개설 일자도 불규칙하였고 상호간에 통합적인 시장권도 성립시키지 못한 상태였다. 농촌 장시는 노비를 비롯한 하층 농민들이 주요 출입하는 곳으로서 그들의 비자급 생활자료를 공급하는 제한된 역할을 수행하였을 뿐이다.

시장경제가 재분배경제와 호수경제를 대체하기 시작하는 문명사의 일대 진보도 전술한 여타 문명소의 경우와 마찬가지로 17세기 후반부터이다. 결코 완전한 대체는 아니었다. 후술하겠지만 재분배·호수경제는 19세기까지 조선왕조와 그 역사를 함께하였다. 그렇지만 시장경제가 전체 경제의 적어도 1/3의 비중까지 확장하였던 한국사 근고 후기의 역사적 경험과 그로부터 축적된 '사회자본'이 없었더라면 20세기의 한국인들이 자본주의 세계체제에 그토록 성공적으로 적응할 수 있었던 역사적 인과를 다 설명하기는 곤란할 것이다. 시장경제의 발전은 돌연한 국제시장의 출현으로 초래되었을지도 모른다. 중국을 장악한 청(淸)의 황제는 명(明)의 남은 세력이 저항을 계속한 대만(臺灣)을 봉쇄하기 위해 1680년대까지 바다에서의 자유항해를 금지하였다. 그에 따라 일본이 수요한 중국의 실크는 불가피하게 조선의 중계무역을 거칠 수밖에 없었으며, 그 수지맞는 중계무역으로부터 조선이 벌어들인 은의 양은 막대하였다. 대량의 은을 보유하게 된 조선왕조는 일본으로부터 동을 수입하여 동전을 유통시킬 수 있었다. 한국사에서 금속화폐 동전이 농촌사회에 일반적으로 유통되기 시작한 것은 17세기 후반부터이다.

17세기에 걸쳐 조선왕조가 공물의 수취를 중단하고 그것을 토지세로 전환시킨 대동법(大同法)이라 불리는 재정제도의 개혁도 시장경제의 발전에 크게 기여하였다. 전술한 대로 공물의 수취야말로 재분배·호수경제의 가장 중요한 토대였다. 공물을 상납하던 많은 인구의 노비가 사라지게 된 것도 양반관료의 경제생활을 시장경제로 이행하게 만들었다. 18세기가 되면 한반도 남부지방에서는 5일마다 열리는 장시가 대체로 반경 6㎞와 인구 1.5만 명에 하나씩 들어서게 되었다. 개시일을 달리하는 장시간에는 행상들이 활발히 왕래함으로써 긴밀한 시장통합을 이루었다. 20세기 초의 조사에 의하면 농민들은 월평균 1~2회 장시에 나아가 그들이 필요한 연간 총 소비품의 대략 1/3을 구하였다. 19세기 말까지 시장경제의 비중은 대체로 그 정도였다. 좀더 정확히 말하자면 18세기의 시장경제는 동세기 말을 경계로 더 이상 발전하지 못하고, 19세기부터는 오히려 쇠퇴하기까지 하였다. 경제사 연구자들이 최근에야 밝히기 시작한 이 새로운 사실을 이해하기 위해서는 전통적인 재분배경제의 동향에 대해 보다 세밀히 주목할 필요가 있다.

조선왕조는 개창 초기부터 미·두의 곡물을 정부 창고에 저장하고 봄에 종자와 식량을 보조하기 위해 분배하였다가 가을에 회수하는 이른바 환곡(還穀)이란 제도를 운영하였다. 농가경제를 안정시키기 위한 공공기능에서 조선왕조는 이전의 고려왕조보다 일층 합리적으로 조직된 관료제적 집권국가였다. 환곡은 공물이 재정수입의 근간을 이루었던 17세기 전반까지만 해도 그리 큰 규모는 아니었다. 연후에 공물을 조세미로 통합한 대동법이 시행되자 쌀을 중심으로 그 규모가 부쩍 증가하기 시작하여 18세기 후반에는 무려 1천만 석(1석=100리터)에 달하였다. 이에는 소민(小民)들의 살림살이를 안정시키고 균등히 하겠다는 성리학의 기본 이념에 충실했던 숙종(肅宗), 영조(英祖), 정조(正祖)와 같은 도학(道學) 군주들의 역할이 컸다. 1천만 석의 대략 절반이 전국 170여만 호에 해마다 분배되었으니 호당 분배분이 평균 2~3석으로서 실로 적지 않은 양이었다. 동시대 조선보다 인구가 20배 이상이었을 청에서 상평곡(常平穀)은 4천만 석의 규모였다. 조선 환곡의 실질 규모가 얼마나 컸는지를 이로부터 알 수 있다. 인류사에서 18세기 조선왕조처럼 거대한 규모로 주곡의 재분배경제를 성립시킨 다른 문명의 예를 찾기는 그리 쉽지 않을 터이다. 요컨대 백성과 노비로부터 공물을 강요했던 농노제적 수취가 중단됨에 따라 지배계급의 경제적 토대로서 재분배경제가 크게 허물어진 것은 사실이지만, 다른 한편 성리학적 교의에 입각한 관료제적 집권국가의 공공기능으로서 주곡의 재분배경제는 17~18세기에 걸쳐 오히려 확대, 강화되고 있었다. 18세기 조선왕조의 안정과 번영의 기초는 재분배경제였다. 시장경제는 재분배경제가 구축한 안정판 위에서 그에 지지되면서 부차적 비중으로 발전하였을 뿐이다.

그렇지만 18세기의 안정과 번영은 그리 오래 지속되지 못하였다. 19세기부터 조선왕조의 경제는 불안정과 정체의 국면에 들어서고 있었다. 그것은 환곡제를 중심으로 운영된 국가적 재분배경제의 해체과정이기도 하였다. 1천만 석에 달했던 환곡은 그 운영을 담당한 지방관이나 서리(胥吏)들의 중간횡령으로 점차 그 규모가 줄어들어 1860년대 이후에는 사실상 해체되고 말았다. 시장경제도 점차 불안정해지고 위축되는 양상을 보였다. 남부지방에서 농촌 장시는 19세기에 걸쳐 그 수가 감소하였다. 이윽고 19세기 중반을 넘기면서는 심각한 위기의 시대가 찾아왔다. 그런대로 일정 수준을 유지하고 있던 물가가 1850년대부터 급하게 상승하기 시작하여 하층 농민의 생계에 커다란 위협을 가하였다. 조선왕조는 그로부터 야기된 사회적 정치적 혼란을 수습하지 못함으로써 패망했다고 할 수 있다. 단순히 경제만이 아니라 정치, 사회, 사상, 국제관계의 모든 방면에 걸쳐 있을 그 구조적 인과의 해명은 한국의 역사학자들이 이제부터 풀어가야 할 어려운 과제이다.

7. 단체

인간의 본성은 이기적이며, 거기에는 배신을 당할 경우 적절히 보복을 할 줄 아는 능력이 포함되어 있다. 그 때문에 인간들은 타인을 속여 단기적인 이익을 취하기보다 장기적으로 신뢰관계를 유지하는 편이 보다 유리함을 그의 이기적 본성에서 깨닫는다. 그러한 본성에서 인간들은 신뢰하는 사람끼리 단체를 구성한다. 단체를 구성하게 되면 공동노동과 분업이 가능하여 생산성이 올라가고 거래의 안정성이 보장되어 개인간이나 단체간의 교환이 촉진된다. 단체를 결성하고 유지하기 위해서는 공정하고 합리적인 규범을 성립시키고 준수할 수 있는 구성원의 도덕능력이 필요하다. 인류의 문명사는 단체를 구성하고 그 신뢰의 규범과 기능을 발전시켜온 과정이었다. 여기서는 한국 문명사에서 그러한 단체의 역사가 어떻게 발전해 왔는지를 주로 촌락을 중심으로 살핀다.

상고시대의 연들을 경제적으로나 사회적으로 통합한 단위는 직경 10km 전후의 읍락이었다. 전술한 대로 읍락에는 중국식 표현이긴 하지만 호민과 하호라는 수장층과 일반 성원이 있었으며, 양자간에는 공납의 의무를 동반하는 노 질서가 성립하였다. 이들 읍락을 통합하는 소국이 한반도 남부지방에서 성립하는 것은 고분의 크기·관곽(槨)과 착장·부장품의 상태와 순장의 존재가 군장(君長)의 출현을 알리는 2~4세기경으로 이야기되고 있다. 소국은 적게는 둘, 많게는 다섯의 읍락을 복속시켰으며, 그 자신은 다시 삼국을 중심으로 한 고대국가에 복속하였다. 이들간에도 노 질서가 성립하였음은 앞서 지적한 바와 같은데, 그럼에도 읍락과 소국의 자율성은 6세기까지 크게 훼손되지 않았다고 지적되고 있다. 읍락에는 연의 소집합으로서 여럿의 취락이 있었는데, 그것은 언제부턴가 촌(村)으로 불리기 시작하였다.

7세기 말의 신라 촌락문서에는 네 개의 촌이 나오는데 그들은 현(縣)의 지배 하에 있었다. 촌 가운데 둘은 직경이 2.6~3.2km이고 다른 하나는 7.2km로서 일층 크다. 앞서 소개한 대로 이들 촌의 구성원은 공연이었다. 통일신라는 이들 공연을 9등급으로 나누고 각 등급에 상이한 가중치를 부여하여 종합적으로 계산된 어떤 수치에 근거하여 촌으로부터 부세를 수취하였다. 개별 공연의 경제적 자립성이 아직 취약하여 촌이 부세 수취의 단위 대상으로 지정되었던 것이다. 그런데 네 개 촌 가운데 한 군데만 신라국가로부터 관위를 인정받고 있는 '촌주(村主)'라는 수장적 존재가 있었다. 이 사실은 촌이 공통으로 부세 수취의 단위이긴 하나 촌의 사회적 지위가 동등하지 않고 여러 촌을 통할하는 촌주를 중심으로 한 재지질서가 별도로 존재하였음을 의미하고 있다. 촌락문서가 전하는 이러한 정보들은 구래의 읍락사회를 대신하여 현-촌의 위계로 고대국가의 지방행정체제가 성립하지만, 주민의 사회적 통합체로서 읍락사회의 전통 구조가 강고히 존속하는 가운데 개별 취락=촌의 자율성은 여전히 취약하였음을 이야기하고 있다.

8세기 이후 개별 정호가 국가 수취의 대상으로 자립하고 그에 따라 지방행정체제도 보다 관료제적으로 성숙해갔지만, 현으로 형태를 바꾼 읍락사회의 전통과 그에 포섭된 촌락의 비자립성은 14세기 중고 말기까지 크게 달라지지 않았다. 고려의 현 구성에 대해선 알려진 예가 많지 않은데, 예컨대 강동현(江東縣)은 세 개의 촌과 한 개의 향(鄕)으로, 순화현(順和縣)은 세 개의 촌과 한 개의 섬으로, 중화현(中和縣)은 보다 커서 아홉 개의 촌으로 이루어졌다. 이들 고려의 촌들은 7세기 말 촌락문서상의 촌과 다르지 않았다. 촌의 구성과 사회적 기능에 관해 어느 연구자는 "고려시대의 촌락은 공동의 유대를 통해 사회적으로 상호작용하고 있는 집단이었다고 할 수 없으며, 단지 하나의 집단적 거주지를 이루었을 뿐이다."라고 결론을 내렸다(朴恩卿,《高麗時代鄕村社會硏究》, 87쪽). 촌을 대신하여 고려사회의 자율적 통합체를 이룬 것은 상위의 행정단위로서 현이었다. 보다 정확히 말하자면 전국적으로 그 수가 1천5백 혹은 그 이상에 달했던 군·현·속현·부곡·향·소·처·장 등의 행정단위들이었다. 실은 대소 단위마다 촌의 위치는 무척이나 다양하였으며, 부곡 이하에서는 그 자체가 하나의 촌인 경우도 많았다.

개별 촌이 주민의 자율적 통합체로 성립하였음이 뚜렷이 관찰되는 것은 근고 초기의 일이다. 이와 관련해서는 지금까지 발견된 수가 다섯에 불과하지만 14~15세기의 매향비(埋香碑)로부터 훌륭한 증거를 찾을 수 있다. 고려인들은 인간세상을 구원할 미륵(彌勒)의 강림을 발원하면서 향을 묻고 그 자리에 비석을 세웠다. 다섯 매향비의 건립 주체들은 시기가 늦을수록 그 지역적 범위가 작아지는 일관된 추세를 보이고 있다. 1309년에 세워진 강원도 고성(高城)의 매향비는 9개 군현의 사람들로 구성된 어느 불사의 신도 조직인 보(寶)에 의해 건립되었다. 그에 비해 백 년이 지난 1406년 전라도 해남(海南)의 매향비는 58명의 향도(香徒)에 의해, 1427년 충청도 해미(海美)의 매향비는 이민(里民)에 의해 세워졌다. 중고의 고려인들은 상고의 읍락공동체의 전통을 이어 군현의 읍사(邑司)를 중심으로 하여 조상 제사를 모시고 축제를 즐겼다. 12세기 초 송의 사절단은 그에 대해 "원단(元旦)과 매달 초하루와 춘추 중오(重午)에 모두 할아버지와 아버지에 제사를 지낸다. 부중(府中)에 그 초상을 그려 놓고 중들을 데리고 범패(梵唄)를 노래하는데 밤낮을 계속한다."고 기술하였다. 원래 그래했던 '부중'=읍사를 단위로 했던 제사 및 축제의 공동체가 15세기 초까지 리(里)=촌으로 그 주체와 범위가 축소되었음을 위의 매향비 사례들은 이야기하고 있다.

  조선왕조는 1천5백에 달했던 고려의 지방행정 단위들을 330여 군현으로 통폐합하였다. 군현 아래에는 하부 행정단위로서 면과 리를 두었다. 면은 16세기까지 실질적인 기능을 발휘하지 못하였다. 리에 대해《경국대전》은 매 25호를 1리로 한다고 규정하였지만, 리의 실제 규모는 그에 구애되지 않고 다양하였다. 전국적으로 리의 수는 대략 4천을 헤아렸다고 보인다. 리의 실태에 대해선 이전보다 풍부한 기술 자료를 찾을 수 있다. 그에 의하면 15~16세기 리는 대체로 향도라는 신앙공동체의 형태를 취하였다. 15세기의 성현(成俔)이란 학자는 그에 대해 "오늘날의 풍속이 날로 야박해가지만 오직 향도만은 그 아름다움을 간직하고 이다. 대체로 이웃의 천민들끼리 회합을 갖는데 적으면 7~9인이요 많으면 100여 인이 되는데 매월 돌아가며 술을 마시고 상을 당한 자가 있으면 같은 향도끼리 상복을 마련하거나 관을 준비하고 음식을 마련한다."고 그 아름다운 풍습을 칭찬하였다. 18세기의 한 기록에 의하면 향도는 전국 어디서나 존재하였는데, 농토를 일구거나 우물을 치거나 상여를 메는 등 리의 온갖 공동노동이 그에 의해 조직되었다.

 이 인간들의 기초적인 삶의 공간이 내분을 맞이하여 분열하기 시작하는 또 하나의 문명사적 대전환은 17세기 후반부터이다. 성현의 지적대로 향도는 '천민'들의 공동체였다. 양반의 시각에서 노비를 포함한 상민 일반을 그렇게 표현한 것이다. 15세기부터 농촌사회에 할거하기 시작한 양반들은 당초에는 그의 친족과 노비들로서 주변의 리공동체와는 무관한 이른바 독호촌(獨戶村)을 건설하였다. 그들은 군현 레벨에서 향소라는 특권적 단체를 결성하였으며, 16세기부터는 성리학의 사회윤리로서 향약(鄕約)을 시행함으로써 군현의 원주민에 대한 지배권을 모색하였다. 그런데 양반의 수가 많아지고 그 성분이 복잡해지자 향소의 특권은 17세기 전반까지 슬그머니 해체되고 말았다. 그 대신 양반들은 그들의 거주 촌락을 중심으로 리약(里約) 또는 동약(洞約)을 제정하여 상민 신분의 주민에 대한 그들의 신분적 특권을 확보하려 하였다. 그와 관련해서는 전술한 대로 노비들이 점차 자유인으로 변모하고 또한 부계 친족집단의 동성촌이 발달함에 따라 구래의 양반 독호촌이 해체될 수밖에 없었던 전후사정을 고려할 필요가 있다. 그렇게 구래의 미륵신앙을 대신하여 성리학의 사회윤리에 토대를 둔 새로운 촌락이 17세기 후반부터 한반도의 남부지방에서 확산되기 시작하였다. 구래의 향도는 야만시되고 탄압되었으며, 동약의 지배 하에 편입되었다.

 이러한 농촌사회의 동향에 발맞추어 왕조의 지방행정체제에도 큰 변화가 있었다. 구래의 리가 면으로 승격하고, 리 아래에 있던 다수의 자연 취락이 동리의 자격을 새롭게 부여받게 되었다. 18세기 말의 조사에 의하면 전국적으로 332개 군현에 3,951개 면과 39,465개의 동리(洞里)가 있었다. 바로 그 과정에서 오늘날까지 직접 이어지는 이른바 마을의 역사가 시작되었다. 3만9천여 동리 가운데 양반이 주도한 동약 조직이 전체적으로 얼마나 보급되었는지는 알 수 없다. 1850년 청주목 주안면(周岸面)의 11개 동리에서 동약의 우두머리인 상유사(上有司)가 존재한 곳은 6개 동리였다. 반면에 인근한 남일하면(南一下面)에서는 하나도 그러한 동리가 없었다. 동약이 널리 보급된 남부지방이라 하더라도 그 보급 정도를 과장해서는 곤란하다. 그렇지만 동약을 결성하지 못한 이른바 민촌(民村)이라 하더라도 주민들을 통합하는 질서의 원리는 이전의 향도 공동체의 그것 그대로일 수는 없었다. 성리학의 생활윤리가 하층 상민신분에까지 깊숙이 침투하고 있었으며, 상민이라도 약간의 경제력이 뒷받침되면 양반의 생활방식을 흉내 내면서 양반의식을 가지게 되었다. 사회가, 아니 나라 전체가 서서히 성리학의 교실로 변하고 있었다.

그에 따라 한국인의 사회적 인간관계의 원리가 크게 바뀌기 시작하였다. 성리학은 이른바 오륜(五倫)이라 하는 군신(君臣), 부부(夫婦), 부자(父子), 형제(兄弟), 붕우(朋友) 관계 이외의 인간들이 어떻게 함께 살아야 할지를 직접 가르치지 않는다. 오륜이라는 성리학적 모듈을 벗어난 인간들은 한 동리 안에서 함께 살기가 곤란해졌다. 동리의 주민들은 서로의 신분 차이를 예민하게 의식했으며, 이해관계의 약간의 대립에도 쉽게 분열하였다. 거기에는 동리를 단위로 부과된 부세의 분배를 둘러싼 갈등이 가장 심각하였다. 동리가 분열하는 이른바 분동(分洞) 현상은 18세기에도 심하였지만, 경제적으로 정체와 혼란이 거듭된 19세기에는 더욱 심하여 전술한 18세기 말 전국의 동리 3만9천여 개가 20세기 초에는 무려 63,845개로 늘어나 있었다. 구래의 향도와 같이 종교가 같고 신분이 평등한 주민으로 구성된 공동노동 조직으로서 진정 공동체라 할 만한 단체를 한국인들은 더 이상 향유할 수 없었다.

그 대신 한국인들이 발견한 새로운 인간관계의 원리는 다름아닌 계(契)였다. 계는 18세기부터 그 수와 종류가 부쩍 증가하기 시작하였다. 계는 특정한 목적기능을 위해 뜻을 같이하는 사람끼리 공동기금이나 농토를 형성함으로써 맺어진 계약관계로서 결사체임을 그 본질로 한다. 동리의 동약도 하나의 계로서 동계(洞契)였다. 동계는 양반과 상민간의 신분 위계를 엄정히 하고 상민에 대한 양반의 특권을 보수할 목적으로 생긴 양반들의 결사체이다. 상민 신분의 주민은 동계의 정회원이 아니었다. 수리, 영림, 교육과 같은 동리의 공공기능을 위해선 보계(洑契), 송계(松契), 학계(學契)와 같은 별도의 계가 조직됨이 일반적이었다. 거기에는 동리의 주민 가운데 이해관계 당사자만 참여하였으며, 마찬가지 원리로 다른 동리로부터의 참가도 허용되었다. 그러니까 동리 그 자체는 통합적 기능의 단체로서 공동체가 아니었다. 계의 그러한 속성은 가장 공동체적 외양이 강한 친족집단의 족계(族契)에도 마찬가지였다. 족계는 어디까지나 조상을 제사하고 분묘를 수호하고 족보를 편찬하기 위한 목적기능에서 결성된 것이지 족원들의 생계를 공동으로 보조하기 위한 목적으로 결성된 단체는 아니었다. 자세히 서술할 겨를이 없지만, 19세기 이후 그 모습을 드러낸 상인들의 단체인 보부상단(褓負商團)이나 여타

직능단체의 속성도 대체로 마찬가지 원리였다.

1920년대 식민지기에 행해진 한 조사는 계의 총수가 전국적으로 '수십만'에 달한다고 추산하였다. 그 중에 비교적 규모가 큰 1만9천여 개의 경우 계의 성원은 평균 43인이며 재산 규모는 평균 3,988원이었다. 일제의 식민지 지배체제는 종전까지 계가 담당했던 수리, 영림, 교육, 금융 등의 주요 공공기능을 관료제적 조합(組合)의 기능으로 포섭하였다. 그에 따라 전통적인 계 단체는 친족 중심의 족계를 제외하고선 크게 위축되어갔다. 한국사회는 족계 이외에는 단체를 구경하기 힘든 비조직사회로 변모해갔다. 그 결과 해방 후 1950년대에 이루어진 농촌사회의 실태 조사는 그 사회가 일반적으로 자율적인 단체를 결여한 가운데 인간들의 사회적 고독과 갈등이 두드러진 특수 유형의 대중사회(大衆社會)였음을 잘 보여주고 있다. 그 사회를 전체적으로 통합한 유일한 질서는 관료제였다. 그 관료제의 힘으로 이후 박정희(朴正熙)정권이 새마을운동에 착수할 때 이루어진 기초 조사에 의하면, 남한 전국의 34,665개 마을 가운데 내부 리더십이 결여된 마을이 53%, 리더십이 후진적인 마을이 41%를 차지하였으며, 9%만이 강건한 리더십으로 자율적으로 자조계획을 집행 중에 있었다.

8. 이데올로기

1908년 1월 13도의병총대장 이인영(李麟榮)은 망해가는 왕조를 구하기 위해 서울로 진격하여 근교 30리까지 이르렀다가 아버지가 돌아가셨다는 소식을 듣고 "하늘이 무너졌다."고 하면서 고향으로 돌아가버렸다. 그에 따라 의병군도 해산하였다. 한국사를 막 공부하기 시작한 대원생 시절의 필자에게 이 사실은 영문을 알 수 없는 큰 충격이었다. 최근에는 《독립신문(獨立新聞)》을 자료로 한 어느 논문에서 1898년 5월에 있었던 다음과 같은 사건을 읽었다. 어느 왕릉을 찾은 고종황제의 행차가 돌아오는 길에 갑작스런 비를 만났다. 그러자 행차에 참가하고 있던 백관들은 물론 황제를 최측근에서 모신 시종원경(侍從院卿)과 경호병들조차 비를 피하기 위해 어가를 버리고 흩어지고 말았다. 이 사건도 역시 충격적이기는 마찬가지이나 《독립신문》의 기자가 자세히 해설을 가하고 있어 그 영문을 알기는 어렵지 않다. 곧 백관들은 각기 화려한 관복을 입고 자신의 벼슬과 가문의 영광을 뽐내기 위해 황제의 행차에 참가하였을 뿐이다. 이상과 같은 조선왕조 말기의 지배엘리트들의 행동 양태는 그들의 사회관·국가관에 있어서 근대적 의미의 공(公)과 사(私)의 분리가 아직 성립해 있지 않은 상태임을 이야기하고 있다. '하늘'과 같은 공적 권위로 그들의 행동원리를 실체적으로 규정한 것은 어디까지나 가(家)와 그 친족의 원리였다. 국가와 그 주권자인 국왕은 관념적인 예(禮) 질서의 일환으로 존재하였으며, 그 지위가 초월적이나 그리 실체적이지 못했다. 무인 출신의 강인한 성품의 왕들이 지배했던 왕조의 초기부터 그러했던 것은 결코 아니다. 서서히 5백 년에 걸쳐 성리학을 선생으로 한 국가 이데올로기의 전개가 위와 같은 행동 양태의 지배엘리트들을 양산하였다. 이하 그 이데올로기의 역사를 간략히 살핀다.

  상고시대의 군왕은 하늘을 대신하는 존재였다. 그를 상징하는 의례로서 하늘에 대한 제사가 정기적으로 행해졌다. 신라의 왕은 매월

초하루에 백관들과 일월신주(日月神主)에 절을 하였으며, 백제왕은 매 중월〔仲月. 2, 5, 8, 11월〕에 하늘과 오제(五帝)의 신에게 제사를 지냈다. 중고의 고려왕은 매 동짓달에 제천 의례를 거행하였다. 국가 이데올로기를 대변하고 있는 고려의 한 불화를 보면, 하늘에서 미륵 부처가 강림하여 왕이 거하는 궁궐에 앉아 광채를 발하고 있는 가운데 대중의 사바세계가 그 앞에 펼쳐져 있다. 그처럼 고려의 왕들은 하늘에서 내려와 인간세상을 구원할 미륵이었다. 근고의 조선왕조가 되면 명 제국의 제후로서의 국제지위가 확정됨에 따라 제천 의례는 더 이상 거행되지 않았지만 하늘을 대신하는 군왕의 지위에는 변함이 없었다. 조선시대의 사람들은 그러한 군왕 대권의 근거를 가리켜 흔히들 "하늘을 대신하여 물을 다스린다〔代天理物〕."고 하였다. 그렇지만 그 하늘은 상·중고의 하늘이 아니었다. 상·중고의 하늘이 인간사를 주재하는 인격 내지 의지〔天意〕로서의 하늘이었다면, 근고의 하늘은 객관적 자연법칙적 천리(天理)로서의 하늘이었다. 중국에서 송 성리학이 성립할 때 천관(天觀)에서 그러한 전환이 있었다고 지적되는데, 조선왕조가 성리학을 국가 이데올로기로 채택함에 있어서도 마찬가지로 천관의 유사한 전환이 있었던 것이다. 그렇게 조선의 군왕은 자연법칙적 천리에 의해 그 대권이 부여된 몰인격의 이치·도덕으로서의 군왕이었다.

 11~13세기에 걸쳐 확립된 송 성리학은 삼라만상은 기(氣)의 운동에 의해 생겨났으며 그 생성과 변화 가운데 이(理)가 저절로 자리 잡고 있다는 이기론을 기본 교의로 하고 있다. 성리학은 그 이기론을 우주·자연이 생겨난 소이연(所以然)을 설명하는 생성론·본체론에 어떻게 적용할 것인가, 나아가 인간의 본성과 사회윤리를 둘러싼

인성론과 도덕론에 있어서 이와 기의 상호 관계는 어떠한가라는 문제를 둘러싸고 나라마다 또 시대마다 상이한 유형으로 성립하였다. 원복속기에 본격적으로 전래되기 시작한 성리학은 조선왕조 16세기에 이르러 '조선성리학'으로 불릴 만한 독자의 유형으로 정립하였다. 중국과 일본에 비해 조선성리학은 누구라도 금방 알아차릴 수 있을 만큼 몇 가지 두드러진 특질을 지녔다. 하나는 인성론에 있어서 이의 능동성·주재성을 강조하는 주리적(主理的) 경향이 두드러졌다는 점이며, 다른 하나는 그에 따라 기의 인간욕망을 억압하면서 마음과 자세를 경건히 하고 조용히 침묵하는 가운데 사물의 보편 이치를 궁구하는 주정적(主靜的) 수양론을 극히 강조하였다는 점이다.

조선성리학이 중앙정부의 공식 교의로 확고히 자리잡은 것은 16세기부터의 일이다. 조선의 왕들은 정기적으로 성리학자 출신의 신하들로부터 성리학의 주요 경전을 교과서로 한 강론을 들어야 했다. 16세기 후반 국왕 선조(宣祖)에게 베풀어진 강론의 모습을 보면, 왕이 바른 대답이라도 하면 신하들이 감읍한 나머지 몇 번이고 절을 올리는 극히 종교적인 분위기를 연출하고 있다. 그들은 조선의 왕들에게 왕이란 하늘을 대신하여 사방만물의 표준을 크게 세우는 존재〔皇極〕로서 왕이 오상〔五常, 仁·義·禮·智·信〕의 덕과 오교〔五敎, 父子有親·君臣有義·夫婦有別·長幼有序·朋友有信〕의 윤리에 충실하면, 천시가 감응하여 저절로 풍년이 들고 백성의 살림살이가 풍족해져 나라 안이 평안해진다는 교리를 되풀이하여 강조하였다. 이른바 무위이화(無爲而化)가 바로 그것이다. 덕치를 하면 애쓰지 않고 저절로 이루어진다는 것이다. 자신의 행동반경을 구속하고 있는 이 같은 성리학의 교의체계에 반발한 조선의 왕이 없었던 것은 아니다.

선조 다음의 왕 광해군(光海君)은 이복동생을 죽이고 계모의 대비 호(號)를 삭탈하였다가 신하들에 의해 축출되고 말았다. 이후 다시 그 같은 반인륜의 모험을 강행한 군왕은 없었다.

  원래 성리학의 교의체계에서 군왕의 위치는 애매하기 짝이 없었다. 송의 주자(朱子)에게 어떤 제자가 군신관계와 부자관계가 다 같이 천륜이라고 하나 실제 사랑하는 마음은 서로 같지 않은 이유가 무엇인가라고 물었을 때, 주자의 대답은 모르겠다는 것이었다. 그럼에도 성리학은 인(仁)이라는 인간본성을 중심으로 한 동심원적 질서로 모든 인간관계의 윤리를 설명하고 있다. 곧 군신간의 충(忠)과 부자간의 효(孝)는 인의 발현 형태에 지나지 않는 것이다. 이 같은 성리학의 교의에서 군왕의 초월적인 지위는 보장되지 않는다. 조선 성리학이 그 같은 교의로써 그들의 왕을 성리학적 도덕질서의 일환으로 완전히 가두어버리는 것은 17세기 후반에 벌어진 이른바 예송(禮訟)이라는 두 차례의 대논쟁을 거치면서였다. 그 첫 번째 논쟁은 효종(孝宗)이 죽었을 때 선왕의 후비이자 그의 계모인 조대비(趙大妃)가 효종의 신하로서 무거운 상복을 입을 것인가, 아니면 효종의 어머니로서 가벼운 상복을 입을 것인가라는 문제였다. 이 논쟁에서 조대비가 효종의 어머니라는 주장이 승리하였다. 신하라고 주장했던 자들은 사문난적(斯文亂賊)으로 몰렸으며, 그 주동자는 나중에 정쟁에서마저 패하자 사형을 당하고 말았다. 효의 윤리가 충을 제압하면서 이후 19세기 말까지 부동의 헤게모니를 취하는 순간이었다.

  중앙정부를 제패한 조선성리학이 사회 그 자체를 성리학적으로 순화하기 위한 개혁안을 제기하는 것도 17세기 후반부터이다. 우선 그들은 노비신분제를 폐지하자고 주장하였다. 앞의 예송에서 승리한 정파에서 그러한 주장이 처음 제기되었는데, 18세기 이후 그들이 지배정파로 확립하자 실제 노비를 해방시키기 위한 사회정책이 실천에 옮겨졌다. 그들이 내세운 명분을 보면 원래 성리학에는 한 인간이 다른 인간의 인격을 부정하고 재물로 삼을 근거가 없다는 것이었다. 그것은 실제로 옳은 이야기였다. 그 대신 그들은 성리학의 경전이 이야기하는 군자=관인과 소인=백성의 관계로 사회 질서를 재편해야 한다고 주장하였다. 그들이 근대사회에서와 같은 만민평등을 주장한 것은 결코 아니었으며, 그 점에 각별히 유의할 필요가 있다. 다른 한편의 성리학자들은 지주제의 폐지를 내용으로 하는 급진적인 토지개혁안을 제시하였다. 반계(磻溪) 유형원(柳馨遠)의 공전론(公田論)이 그 출발을 이루었다. 공전론의 논리적 토대를 보면 농자는 천하의 대본(大本)이라는 것, 대본은 공리(公理)라는 것, 이에 천하의 농지는 공리에 따라 공전이 되어야 하며 사욕의 소산인 농지의 사유제는 폐지되어야 한다는 비교적 간단명료한 것이었다. 전술한 대로 이를 숭상하고 기의 인간욕망을 극단적으로 천시하였던 조선성리학의 기초 교의를 여기서 재삼 확인할 수 있다. 우리가 관심을 가지는 공과 사의 문제는 이처럼 조선성리학에서는 이와 기의 대립과 전자에 의한 후자의 억압이라는 인성론·도덕론의 차원을 넘지 않았다. 반계의 공전론과 그 뒤를 잇는 유사한 토지개혁론은 그러나 현실과의 격차가 너무 커서 실천된 적이 없었다.

  조선성리학이 내건 가장 급진적인 개혁의 깃발은 청 제국을 정벌하자는 이른바 북벌론(北伐論)이었다. 중국 대륙을 장악한 청 제국은 오랑캐로서 공자(孔子) 이래 도통(道統)의 정당한 계승자가 아니며, 도통은 명 제국이 망한 다음 우리 조선으로 옮겨왔다는 이른바 소중화론(小中華論)이 북벌론의 기초를 이룬 세계관이었다. 북벌 대의는 실천에 옮겨지기에는 역부족이었지만, 18세기 말까지 노론(老論) 지배정파의 정치적 헤게모니를 확고히 함에 둘도 없는 강력한 후원자였다. 18세기 후반 그들은 국왕 정조를 압박하여 17세기 후반의 예송을 승리로 이끌었던 그들의 영수 송시열(宋時烈)을 송자(宋子)로 추숭함에 성공하였다. 그를 계기로 공자 이래의 도통이 송의 주자를 거쳐 조선의 송자에 이르렀다는 도통론이 국가 이데올로기로 확립되었다. 다른 한편 그들은 조선왕조가 중국 고대의 성인 기자(箕子)가 동래(東來)하여 나라를 개창한 이래 부여, 삼한, 고려를 거쳐 내려온 정통 왕조라는 역사인식을 체계화하였다. 그렇게 18세기 조선왕조는 도통론과 왕통론을 통합한 완전무결한 도덕국가였다. 이윽고 군왕이자 최고의 성리학자임을 자부했던 정조는 자신을 천지 삼라만상을 비추는 명월(明月)로 자처하였다. 18세기 조선왕조는 동세기의 정치적 안정, 경제적 번영, 문화적 성취와 더불어 한국사가 개성적으로 전개해온 소문명의 정점에 도달해 있었다.

정조는 자신이 완성한 도덕국가를 성공적으로 계승시키기 위해 왕실 도서관을 세우고 젊고 유능한 관료들을 선발하여 성심껏 교육하였다. 그렇지만 이후 그들 19세기의 지배엘리트들로부터 정조를 능가하는 성리학자는 나오지 않았다. 그들은 더 이상 성리 도학에 진지한 관심을 갖지 않았으며, 농촌 유생들의 이기론을 고루하게 여겼다. 그들은 청 제국을 다시 세계의 중심으로 인정하고 청의 선진 문물에 탐닉하였다. 그렇게 19세기에 들어 조선왕조의 지성은 막다른 골목으로 들어가고 있었다. 비교사상적으로 보아 유일한 돌파구는 인간의 욕망을 선험적인 도덕체계로부터 해방하고 모든 인간의 직업 활동에는 귀천이 없다는 데까지 나아가는 것이었으나, 조선성리학은 그 같은 근대적 인간관을 끝내 발견하지 못했다. 사회와 국가는 여전히 수신(修身) 제가(齊家) 치국(治國)이라는 연속적인 성리학의 도덕질서에 파묻혀 있었고, 그러했던 한 앞서 소개한 사건에서와 같이 왕조 말기까지 근대국가의 성립에 요구되는 공과 사의 분리는 미완의 과제였다. 19세기에도 다산(茶山) 정약용이나 혜강(惠岡) 최한기(崔漢綺)와 같은 걸출한 사상가가 없었던 것은 아니고, 성리학의 기본 교의를 부정하고 있는 그들로부터 인간의 사회관계가 공과 사로 분리되고 나아가 인륜으로부터 초월적인 군왕 대권의 근거를 추구하는 근대사상으로의 조짐을 찾을 수 없는 것은 아니다. 그렇지만 그들은 정치적으로 불우했거나 신분적으로 한미하였다. 제자를 둘 수 없었던 그들의 학문은 영향력 있는 학파로 나아가 정파로 이어지지 못했다. 그들의 저작들은 그들의 죽음과 함께 먼지 묻는 광주리에 담긴 채 20세기가 되어서야 세간에 알려지고 연구되기 시작했을 뿐이다.

9. 신화로서의 민족

오늘날 대한민국이 세계경제에서 차지하고 있는 국제적 위상을 전제하면서 지난 세기의 전반기에 있었던 일제의 조선 지배가 남긴 역사적 의의를 간추린다면, 다른 무엇보다 '근대화' 내지 '근대적 경제성장'을 위한 전제조건으로서 '제도의 혁신'이 그 기간에 일제에 의해 강압적으로 수행되었음을 지적하지 않을 수 없다. 그것은 일제가 한반도를 자신의 영토로 '영구병합'하기 위해 추진한 야심에 가득 찬, 그렇지만 처음부터 잘못 기획된, 프로젝트의 초기투자였다. 어쨌든 '근대'가, 필자가 앞서 정의한 자유인에 의한 사회의 자율적 통합으로서 '근대문명'이 식민지기에 걸쳐 뿌리를 내리기 시작하였다.

가족이 국가로부터 부여된 신분과 직역의 단위임을 벗어나 오늘날과 같은 소규모 혈연공동체로 순수화한 것은 인간평등을 끝내 선언하지 못했던 왕조가 해체된 데 이어 비혈연인의 호적 등록을 금지한 식민지 초기의 호적법에 의해서이다. 그 가족으로부터마저 자유로운 고독한 실존의 개인이 오늘날까지 얼마나 성숙하였는지는 여전히 의심스러운 일이다. 토지소유가 그에 부속된 온갖 정치적 불순물을 청산하고 근대적 형태로 추상화하는 것도, 그러한 일이 상표나 지적 재산을 포함한 모든 생산요소에 걸쳐 두루 성립하는 것도 일제에 의한 재산제도의 개혁에 의해서이다. 시장경제가 국가적 재분배 체제로부터 해방되고 전국의 시장이 단일 물가의 하나의 시장권으로 통합됨으로써 '보이지 않는 손'의 지휘 하에 자율적으로 운동하기 시작하는 것도, 그로 인해 '자기유지적'인 '근대적 경제성장'이 개시되는 것도 식민지기의 일이다. 사람들이 약속시간을 지키고, 공중도덕을 습득하게 되는 것도 경찰과 학교와 같은 식민지기의 규율권력에 의해서이다. 그럼에도 식민지 민중에게는 정치적 권리가 주어지지 않았다. 그 같은 모순은 아무리 애써도 합리적으로 설명할 수 없는 형식논리의 모순이며, 이에 일제의 식민지체제는 아무래도 조만간 해체될 수밖에 없는 과도적인 것에 지나지 않았다.

식민지기의 그 같은 사회경제적 발전은 제국주의에 의해 값싸게 베풀어진 문명의 시혜가 결코 아니었다. 그것은 상이한 두 문명의 대립이자 동시에 융합 과정이었다. 식민지기를 넘어 지금까지도 이어지고 있는 그 과정의 역사적 기초에는 19세기까지의 한국사가 가족·사유재산·계급·시장·단체·이데올로기의 여러 방면에서 이룩한 프로토(proto)문명의 작용이 있었다. 18세기 이후 가족은 세계적으로 매우 소수파인 직계가족의 형태로 이행하였으며, 토지재산은 근대적 소유와 거의 다를 바 없는 발달된 형태로 진화하였다. 초보적 수준이나마 시장경제를 경험하는 훈련기간도 있었으며, 사회계약은 원초적인 공동체를 대신하여 그야말로 이차적 계약관계의 결사체로 성숙하고 있었다. 이러한 프로토문명의 토대가 없었더라면 제국주의의 힘이 아무리 강력하다고 하나 서유럽 기원의 근대문명의 이식은 불가능하였을 터이다. 이식은 동시에 전통과 상호 작용하는 가운데 한국 고유의 근대를 창출하는 과정이었다. 그렇게 오늘날의 한국형 근대는 토착문명과 외래문명의 벡터 합성으로 성립하였다. 자주 오해되고 있기에 그 점을 재삼 강조해두지 않을 수 없다.

오늘날 한국인들의 정신문화와 정치행위와 관련하여 더없이 커다란 영향력을 행사하고 있는 '민족'이라는 집단적 정체성 내지 그것의 정치적 표현인 민족주의도 엄밀히 말해 위와 같은 한국형 근대의 일환으로서 지난 세기에 걸쳐 만들어지고 성숙한 것이다. '가족'이란 말도 그러했지만, 19세기까지의 한국인들에게 '민족'이란 개념과 그를 표현할 용어는 없었다. 원래 '족(族)'이란 왕족·귀족·사족과 같은 말에 보듯이 지배신분을 가리키는 글자이다. 그 글자가 자신의 족당(族黨)을 보유하고 있지 못한, 그래서 아무런 힘도 없는 피지배신분인 '민(民)'이란 글자와 결합되는 것은 조선시대의 언어·문자생활에서 발상하기 힘든 일이었다. '민족'이란 말이 쓰이기 시작한 것은 1904년 노일전쟁 이후라고 알려져 있다. 조선왕조가 풍전등화의 위기에 처하게 되자, 한반도 주민의 집단적 위기감의 발로로서 그 말이 일본에서 수입되어 사용되기 시작한 것이다. 다른 한편, 오늘날 민족과 같은 뜻으로 쓰이고 있는 '동포(同胞)'라는 말의 조선시대의 쓰임새를 보아도, 모태를 같이 하여 직접 피를 나눈 형제를 가리키거나, 다 같이 왕의 은덕으로 살고 있는 백성이라는 뜻이거나, 나아가서는 다 같이 공자의 교화를 받고 있는 동양인이라는 국제주의의 표현으로 쓰였을 뿐이다. 식민지 초기에는 일본인 지배자들조차 한국인을 가리켜 일본 국왕의 동포라고 하였다. 그러했던 말이 오늘날의 민족과 같은 뜻으로 바뀐 것은 식민지기에 걸친 일이다.

  이 같은 말의 역사를 넘어 인간관계의 역사를 따져보아도 같은 결론에 도달할 수 있다. 앞서 언급할 겨를이 없었지만, 고려왕조의 경우 사냥이나 짐승의 도살을 직업으로 했던 재인(才人)·화척(禾尺)들이 인구의 상당 부분을 점하였다. 그들은 거란족의 후예로, 곧 이류(異類)로 간주되었다. 이후 조선왕조에서는 피가 더럽다고 여겨진 노비라는 비천한 신분이 인구의 3~4할을 차지하였다. 그들의 피가 얼마나 더럽게 여겨졌는지는 부모의 한쪽만이 노비라도 그 자식을 노비로 귀속시켰고, 심지어 비첩(婢妾)과 관계하여 낳은 자기 자식조차 노비로 삼았던 가혹한 신분법제가 더없이 좋은 증거이다. 그렇게 인간들이 상이한 부류로 나뉘고 갈등하였던 사회에서 같은 땅에 살고 있다는 이유 하나만으로 주민 모두를 민족 내지 동포와 같은 큰 범주로 통합할 하등의 정치적 필연은 없었다. 그러니까 1920년대에 성립한 민족주의 역사학이 한국인을 두고 유사 이래 혈연·지역·문화·운명·역사의 공동체로서 하나의 민족이었다고 선언하였을 때, 그 위대한 선언은 본질적으로 신화의 영역에 속하는 명제였다. 한국사에 있어서 민족은 일제의 대립물로서 성립하였다. 인종에 기초한 차별만큼 인간 영혼에 깊은 상처를 안기는 것은 없다. 그 때문에 생긴 한국인들의 집단적인 상처는 그들이 공유하는 프로토문명의 작용을 받아 민족이라는 새로운 형태의 공동체의식으로 전화하였다.

일제의 지배 하에서 비체계적으로 발생한 한국의 민족주의는 해방과 더불어 국민국가의 지배 이데올로기로 바뀌었다. 국민국가가 체계적으로 고안한 민족상징을 자세히 들여다보거나 새롭게 쓰이기 시작한 민족설화에 귀를 기울이면, 지배민족이었던 일본에 대한 무한한 증오가 저음으로 울리고 있음을 금방 알아차릴 수 있다. "우리 민족의 역사에서 일본은 악의 화신이었다." 지난 1993년 일본 동경에서 열린 양국 역사학자들의 모임에서 어느 국사학자가 거침없이 내뱉은 말이다. 일제의 지배정책이 한국형 근대의 성립에 있어서 어떠한 벡터로 작용하였던가에 대한 분석적 고찰은 그러한 정신세계의 국사학자들에겐 거의 신성모독에 가까운 일이다. 일제의 지배는 시종일관 한국 민족의 수탈과 말살에 광분한 것 이상이 아니었다.

국사학자들에 의해 그러한 신화가 만들어지고 국민교육을 통해 널리 보급되기에 이른 한 가지 좋은 사례로서 일제가 '토지조사사업(1910~1918)'을 통하여 전국 농토의 40%를 약탈하였다는 국사교과서의 서술을 들 수 있다. 원래 그러한 주장은 식민지기의 학술논저에서는 물론, 독립운동가들의 가장 선동적인 연설에서도 들을 수 없는 것이었는데, 1950년대에 일본에 유학 중이던 이재무(李在

茂)라는 한 청년에 의해 최초로 고안되었다. 그는 일제가 토지를 수탈하기 위해 소유권 의식이 취약한 농민들에게 복잡한 절차의 신고를 강요하였으며, 그 간교한 계책의 결과 수많은 미신고지가 발생하자 국유지로 몰수한 다음 일본인 회사와 이주 농민에게 헐값으로 분배하였다고 주장하였다. 하등의 실증적 근거 없이 그저 책상머리에서 고안된 이 새로운 신화는 대한민국의 국사학자들에 의해 더욱 그럴듯하게 포장되어 국사의 이름으로 널리 보급되었다. 이를테면 교과서에 나오는 농토의 40%라는 수탈의 정도는 교과서를 집필 중인 어느 국사학자가 아무래도 적절한 숫자가 필요하여 아무렇게나 써넣은 것에 불과하다. 최근 국사교과서는 필자를 포함한 비판자들을 의식하여 그 부분을 '국토의 40%'라고 슬그머니 수정하였지만, 논리적으로나 실증적으로 통하지 않기는 마찬가지이다.

현행 국사교과서에 의하면 일제는 '토지의 약탈'에 이어 '식량의 수탈'을 자행하였는데, 제시된 도표에 의하면 그 정도는 한때 생산된 미곡 총량의 절반을 초과하였다. 식민지기에 조선과 일본은 관세가 폐지된 자유무역을 매개로 하나의 시장권으로 통합되었다. 그 시장에서 성립한 가격기구의 작용으로 인해 대량의 조선 쌀이 일본으로 수출된 것이다. 그것이 수탈이었다는 근거를 국사교과서는 일제가 "미곡과 각종 원료를 헐값으로 사갔다."라는 간단한 서술로 대신하고 있으나 필자로서는 도무지 납득할 수 없는 폭력적인 논리이다. 필자가 알고 있는 한, 전시기(戰時期) 이전의 식민지기에 성립한 미곡의 자유시장에서 총독부가 가격을 통제한 적은 없으며, 더욱이 위의 서술이 지시하는 그대로 미곡무역에 직접 종사한 적도 없었다. 대량의 수출은 수출한 쪽에 대량의 자본을 축적하기 마련이며, 그로 인해 초래된 시장과 산업의 발달은 경제학의 정교한 논리로 해부되지 않으면 안 된다. 폭력적이면서 애매하기 짝이 없는 신화는 장차 대한민국의 국가경쟁력의 원천을 이루는 젊은이들의 이성을 마비시킨다. 필자의 강의를 수강하는 고등학교를 막 졸업한 대학생들은, 필자의 설문 조사에 의하면, 90% 이상이 총독부가 총칼로 쌀의 50% 이상을 공출(供出)하였다는 인식을 가지고 있다. 그렇게 농토의 40% 이상과 쌀의 50% 이상을 총칼로 약탈하였다면, 그 일제가 '악의 화신'이 아니고 무엇이겠는가? 필자는 대한민국의 국사 교육이 그의 복잡다단한 근대사를 그렇게 단순하고 폭력적인 신화로 대신하고 있는 한, 요란한 정치적 구호에도 불구하고 선진국 대열에 진입하기란 불가능하다고 생각하고 있다.

1987년 이후 민주주의의 시대가 열리고 사상의 자유가 보장되자 같은 민족이었다는 이유 하나만으로 체제와 이념을 아주 달리하는 남과 북의 두 국가를 하나로 합치겠다는 정치세력과 대중운동이 성립하고, 이어 1997년 김대중정권의 성립과 더불어 정치적으로 또 문화적으로까지 군건한 헤게모니를 구축하게 된 최근의 현대사를 후세의 역사가들은 어떻게 평가할 것인가? 그러한 놀랄 만한 변화를 이끌어낸 최대의 공로자로서 필자는 한국 현대의 신화체계로서 국사를 추천함에 주저하지 않는다. 민주주의와 시장경제에 바탕을 둔 남쪽의 국가와, 필자가 보기에 한국사가 일찍이 경험했던 국가적 농노제의 재판(再版)과도 같은, 국가이성의 발달 수준이 지배계급이 수도에 집주한 고려시대로 후퇴한 듯까지도 보이는, 북쪽의 국가를 하나로 합치겠다는 그야말로 엉뚱한 국가공학(國家工學)이 국민 대중으로부터 그토록 광범하고 헌신적인 지지를 이끌어내고 있음은, 어느 유능한 정치지도자의 교묘한 대중조작의 탓일 수만은 없고, 유사 이래 한국인은 하나의 민족공동체였다는 아무래도 증명될 수 없는 신화의 괴력으로밖에 설명할 수 없을 것이다.

머리말에서 소개한 최근의 한 국사책이 15~19세기 조선왕조의 문민정치를 서유럽 근대의 민주주의와 같은 수준의 문명으로 평가하고 있음은 국사의 신화로서의 속성이 더 이상의 여지를 발견할 수 없을 정도로 극한에 도달하고 있음을 이야기하고 있다. 필자의 한국사 이해에 있어서도 조선왕조는 그 기간에 성숙한 프로토문명을 전제하지 않고서는 오늘날의 대한민국을 설명할 수 없을 정도로 소중한 것이다. 그렇지만 조선왕조와 그 사회는 어디까지나 재분배경제에 기초한 도덕사회였다. 도덕사회의 도덕률에도, 일체의 사회경제적 맥락을 사상해버리면, '보석'처럼 빛나는 아름다움이 있을 수 있다. 그런데 그 도덕사회가 근대의 경제사회로 될 수 없는 결정적인 약점은 인간의 도덕능력을 사람에 따라 달리 차별하는 데 있다. 그러한 종교적 교의에 기초하여 인간의 사회적 지위는 세습적 신분으로 고정된다. 도덕사회의 재분배원리는 그러한 신분원리의 경제적 표현에 다름 아니다. 고귀해 보이는 도덕률이 비열한 인간차별을 동반하였던 좋은 사례를 조선왕조 17세기 전반까지의 역사에서 발견한다. 그 기간 조선성리학은 점점 그 비중이 증가하고 있는 노비 인구의 혹독했던 신분예속을 정당화하였다. 이후 19세기 말까지도 조선성리학은 인간이 사회적으로 평등하며 그 직업에는 귀천이 없다는 근대사회의 공리(公理)를 발견하지 못하였다. 그럼에도 오늘날의 국사가 사회경제사적 맥락이나 심지어는 그 철학사적 의의까지 일체 배제하면서 조선왕조의 도덕정치를 서유럽 근대의 민주주의와 동질의 것으로 평가하고 있음은, 필자가 알고 있는 한, 현대의 역사적 사회과학이 허용하는 이성적 추론을 넘어선 일이다. 그래서 국사로부터의 그러한 주장을 신화라고 부를 수밖에 없는 것이다.

10. 마치면서

19세기까지의 한국 문명사를 응시하노라면 문명의 파고가 전반적으로 고양되는 두 차례의 일대 격변기를 확인할 수 있다. 세계제국 원에 복속한 이래 조선왕조 초기까지가 그 첫 번째이다. 그 기간에 성리학이 도입되었으며, 그에 따라 결혼제에 있어서 근친혼이 금지되고 단혼이 강요되었으며, 친족공동체를 대신하여 소규모 가족이 사회구성의 기초로 제도화되는 문명의 큰 진전이 있었다. 그 기간에 토지의 사유재산제가 성립하고 노비들이 크게 증가하였으며, 그렇게 계급적 신분적으로 분열된 사회는 보다 이성적으로 정비된 집권적 관료제국가의 공공기능으로 통합되었다. 다음 차례의 격변기는 16세기 말 17세기 초 일본과 청으로부터의 침략전쟁을 경과한 이후의 약 백 년간이다. 청이 조성한 유리한 환경의 국제시장 덕분에 시장경제가 발달하였으며, 시장경제를 전제한 국가 재정제도의 재편이 뒤따르자 노비 인구가 감소함으로써 사회적 인간관계의 원리가 그런대로 신분에서 계약으로 이행하였다. 아울러 성리학의 사회적 실천이 본격화하여 직계가족과 부계 친족집단이 발달하였으며, 촌락도 미륵신앙의 향도 공동체로부터 성리학적 결사체의 동계로 이행하였다. 이 두 차례의 격변기는 다른 시기에 비해 주변 강대 문명에 대한 정치적 종속이 특별했던 기간이었다. 그럼에도 문명사의 일대 진전이 초래된 것은 문명이란 앞서 강조한 대로 문명들의 교접과 융합으로 발전하기 때문이다. 필자는 한국 문명사로부터 그러한 문명 발전사의 일반율을 재삼 확인한다.

일제의 식민지지배와 보다 문명화된 미국 헤게모니 하의 20세기가 앞의 두 차례에 뒤지지 않는, 아니 일층 격심했던 문명의 대전환기임에는 큰 반대가 없을 터이다. 보기에 따라선 무척 짧은 기간에 파천황(破天荒)의 단절적인 발전이 있었다. 그럼에도 그것도 어디까지나 문명의 융합일진대, 19세기까지 한국사가 개성적으로 형성해 온 전통 문명이 오늘날의 한국 근대문명을 어떻게 규정하고 있는지에 대한 복선적인 시각이 필요하다. 이 점을 마지막으로 강조해두고 싶다. 경제적인 면에서 그에 관한 몇 가지 실례를 찾는 것은 별로 어렵지 않다. 시장경제의 환경이 조성되자 유능한 기업가군이 대량으로 공급되어 경제성장을 이끌었는데, 그 점은 전통사회에 비축된 문명능력을 전제하지 않으면 설명하기 곤란하다. 그럼에도 토착공업과 금융시장의 전통이 취약하여 산업구조가 대기업 중심형이고 관료들이 금융자원을 분배하는 국가주도형 개발체제가 성립하였다.

시장과 기업을 포함하여 사회적 인간관계를 통합하는 원리에서의 변화와 현황은 어떠한가? 그들의 왕을 잃어버리고 일제의 규율권력을 경험했던 한국인들이 해방 후 자율적으로 구축한 공(公)의 세계는 과연 얼마나 선진적 형태로 진전해 있는가? 실은 무척이나 느린 속도로 변할 수밖에 없는 이 방면에서의 오늘날의 한국 문명은 매우 불확정적이며 확률론적으로 그 미래를 쉽게 예측할 수 없는 유동적인 상태에 있다고 생각한다. 군인 출신의 대통령들이 공의 세계를 독점했던 시대를 청산하고자 했던 1987년에 민주화운동을 이끌었던 두 정치 지도자가 대통령이 되겠다는 사욕을 버리지 못해 분열함으로써 선거에서 패배한 일이나, 그로 인해 그 두 사람을 지지하는 두 지방이 대립함으로써 국민통합에 심각한 균열이 발생한 일이나, 민주화 이후에 정치비용이 오히려 크게 증가하여 개발독재 시대에 보기 힘들었던 정치인들의 개인적인 수뢰행위가 빈발하거나, 그에 대한 시민단체들의 정당한 비판은 역설적으로 너무 정당하기 때문에 행정부와 입법부의 공적 권위를 사실상 해체하고 있는 한국 정치의 현실에서 필자는 근대적 형태로의 공과 사의 분리와 그에 의한 사회의 자율적 통합이 참으로 힘든 문명사적 과제임을 절감한다. 더욱이 민주화시대와 더불어 폭발한 민족통일의 열망은 본질상 신화에 기초한 괴력이기 때문에 좀처럼 근대적 국가이성으로 통제되기 힘든 양상을 노출하고 있다. 이 글에서 이루어진 한국 문명사에 대한 역사적 회고는 그러한 한국 현대문명에 대한 위구감에 기초하고 있다. 다시 강조하거니와 문명은 분열이 아니라 통합이다.

2부

프로젝트로서의 동아시아

동아시아의 근대화, 식민지화를 어떻게 이해할 것인가?
미야지마 히로시(宮嶋博史)

국민국가 건설과 내국 식민지—중국 변강(邊疆)의 '해방'
모테기 도시오(茂木敏夫)

일본 미술사와 조선 미술사의 성립
다카기 히로시(高木博志)

동아시아의 근대화, 식민지화를 어떻게 이해할 것인가?

미야지마 히로시(宮嶋博史)

1948년 오사카에서 태어나 1972년 교토(京都)대학 문학부를 졸업하고 같은 학교 대학원에서 박사 과정을 수료했다. 도카이대학 문학부 강사, 도쿄도립대학 인문학부 조교수, 도쿄대학 동양문화연구소 교수를 거쳐 현재 성균관대학교 동아시아학술원 교수로 재직 중이다.

전공은 한국근대사(조선사회경제학)이다. '일국사를 벗어난 동아시아사'라는 테마를 중심으로 사유를 한국 사회의 장기적인 변동 과정을 조선시대에서 일제시대까지 구명하는 연구를 진행 중이다.

《朝鮮土地調査事業史研究》(1991, 汎古書院)
《兩班》(1995, 中央公論社);《양반》 강, 1996.
《明淸 李朝の時代》(1997, 中央公論社);《조선과 중국 근세 오백년을 가다》(기시모토 미요・미야지마 히로시 공저) 역사비평사, 2003.

1. 동아시아라는 말의 맥락

'동아시아의 식민지성과 근대화.' 필자가 요청받는 주제이다. 동아시아, 식민지성, 근대화 중 어느 것을 택하더라도 매우 비중 있는 주제이며, 한 사람으로서는 도저히 감당하기 어려운 일이다. 여기서는 이러한 주제를 생각할 때 쓰이는 큰 틀에 대해 이제까지 일반적으로 파악해온 방법을 비판적으로 재검토하고, 아울러 새로운 틀을 구축하기 위해서는 무엇을 과제로 삼아야 할 것인가에 대해 나름의 생각을 밝히고자 한다.

본론으로 들어가기에 앞서 동아시아라는 말에 대해 한 마디 해두고 싶다. 동아시아라는 말은 여러 가지 맥락으로 사용된다. 때로는 지리적 개념으로, 때로는 문화적 개념으로 사용되는 경우가 있으며, 지정학적 개념으로도 사용된다. 그러나 엄밀하게 정의를 내린 후 동아시아라는 말을 사용하는 경우는 드물고 감각적·편의적으로 사용하는 경우가 많은 것 같다. '비판과 연대를 위한 동아시아 역사포럼'에서 동아시아라는 말을 사용하는 것도 지리적 근접성, 더 구체적으로 말하면 이웃 나라이기 때문에 사이좋게 지내자는 차원의 말인지, 아니면 더 적극적인 내용을 함의하고 있는 말인지는 앞으로 충분히 검토해야 할 과제이다.

개인적 입장으로 동아시아라는 개념은 역사적·현재적으로 의미 있는 하나의 방법 개념으로서 사용해야 하며, 또 사용할 수 있다고 생각한다. 여기서 말하는 방법 개념은 동아시아라는 틀이 단지 동아시아 그 자체를 이해하는 데 필요할 뿐만 아니라 세계사와 오늘날의 세계를 새로운 관점에서 파악하는 데 유효한 틀이라는 것이다. 지금부터 그 내용의 일부분에 대해 이야기하고자 한다.

2. 근대화에 대하여

근대 혹은 근대화라는 말은 원래 동아시아에는 없던 말이다. 두 말 할 나위도 없이 그것은 Modern, Modernization의 번역어이며, 따라서 그 의미도 유럽적인 배경을 애초부터 강하게 갖고 있었다. Modern이라는 말은 '옥스포드 영어사전'에 따르면 1500년에 처음으로 문헌에 나타났다고 하며, 이른바 '대항해시대'의 산물이다. 르네상스라는 말이 고전 고대의 부활을 의미한 것과는 달리, 그 이전 시대와는 명확히 구분되는 시대가 시작되었다는 의식이 Modern이라는 말에 포함되어 있었을 것이다. 그리고 유럽의 세계 진출, 시민혁명, 산업혁명 등 일련의 사건들도 근대라는 시대의 내실(內實)로서 획득되었던 것이다.

Modern이라는 말이 생겨난 시대는 유럽과 동아시아가 본격적으로 만난 최초의 시기이기도 하다. 그러나 이 첫 번째 만남은 동아시아가 세계 시장에 가담하기를 의식적으로 거부함으로써 두 지역은 각기 다른 길을 걷게 되었다. 19세기의 이른바 서양의 충격은 두 지역의 두 번째 만남이었지만, 첫 번째와는 여러 가지 면에서 달랐다. 그 중에서도 가장 중요한 차이는 동아시아 지역이 유럽의 군사력에 대항할 수 없었으며, 동아시아 각국은 유럽의 군사기술을 도입하여 이에 대항하고자 했다. 그러나 유럽의 강대한 군사력이 단지 군사기술에만 기반했던 것이 아니라, 정치·경제·사회 등을 포함한 전체제적(全體制的)인 산물임을 인식하게 됨에 따라 유럽의 근대야말로 지향해야 할 목표로서 의식하기에 이르렀던 것이다.

유럽의 근대가 목표로 설정됨에 따라 그때까지의 시대는 전통 시대로서 부정되어야 했다. 말하자면 동아시아에서 역사의 소외 현상이 일어났던 것이다. 게다가 한편에서는 유럽의 근대를 목표로 설정하는 것 자체에 대한 거부감이 강화되는 부분도 있었고, 사회 자체가 분열하는 사태도 일어났다. 그러나 전체적으로는 서구화가 또 20세기에 들어서는 구미화가 추구되었으며, 20세기를 통해 그 목표가 상당한 정도로 달성되어 가는 상황에서 21세기를 맞이하고 있는 것이다.

19세기 중엽 이후, 150여 년간에 걸쳐 추구해온 구미화의 목표가 상당한 정도로 달성되었으나, 그 결과 오히려 구미와 동아시아의 이질성이 새삼스레 부각되는 면도 나타났다. 즉 근대화가 진전하면 동아시아와 구미의 차이는 점차 사라질 것으로 상정되었지만 현실은 그렇지가 않았다. 경제·정치·사회의 여러 가지 면에서 동질성이 강화된 것이 사실이지만, 한편 이질성도 강하게 남아 있을 뿐만 아니라 경우에 따라서는 이질성이 새로이 생겨나기도 했다.

이 같은 시점에서 근대 혹은 근대화의 문제를 다시 한 번 근본적으로 재검토할 필요가 있다. 특히 여기서 하나의 초점으로 삼아야 할 것은 '전통과 근대, 근대화의 관계를 어떻게 이해할 것인가?'라는 문제이다. 유럽에서 근대라는 개념은 그 이전 시대와 사회에 대한 결별을 강하게 의식한 것이었지만, 그것은 이념적인 측면을 다분히 포함하고 있으며 실제로는 그 이전 시대와의 연속성을 강하게 띠고 있었다. 이를테면 잉글랜드에서의 가족사·인구사 연구나 산업혁명에 관한 연구 등은 이른바 근대적 성장이 내뿜는 전후 시기의 연속성을 강조해왔다('우리들의 잃어버린 세계'의 실재 부정론, 산업혁명 부정론 등). 잉글랜드 이외의 유럽 지역은 많든 적든 간에 잉글랜드와의 대항관계 속에서 근대화를 시작하지 않을 수 없었기 때문에 연속성과 단절성의 비율이 달랐다고 생각되지만 총체적으로는 유럽 이외의 지역보다는 연속성이 강하다고 볼 수 있을 것이다.

그에 대해 유럽 이외의 지역, 특히 동아시아에서는 19세기 중엽 이후 유럽 모델을 목표로 삼은 가운데 전통과의 결별이 매우 강하게 의식되었고 또 그것이 실천되기도 했다. 동아시아 이외의 지역에서는 근대화와 전통 사이에서 정체성의 대분열이 나타났으며, 그것이 오늘날 이른바 원리주의 형태로 분출하고 있다.

동아시아의 근대, 근대화를 재검토하는 데 있어 이 같은 전통과의 단절과 연속이라는 두 측면을 세계사적으로 어떻게 자리매김할 수 있을 것인지가 가장 중요한 문제일 것이다.

3. 동아시아에 대하여

1) 동아시아 연구의 특수한 위치

임마누엘 월러스틴(Immanuel Wallerstein)에 따르면 현재 인문·사회 계열의 학문 분야는 19세기 유럽에서 형성되었다고 한다. 즉 그 이전부터 있었던 철학이나 신학에 더해 19세기에는 새로운 학문 분야가 등장했는데, 그것은 보편적이며 법칙 정립적인 사회과학계 학문과 개별적이며, 개성 기술적인 인문과학계 학문이라는 두 분야로 크게 나뉘어졌다.

사회과학계 학문은 근대에 들어와서 인간 활동이 크게 세 영역으로 나누어진 것에 대응하여 세 분야가 성립되었다. 권력 행사라는 공공적 영역을 대상으로 하는 정치학, 생산이라는 반(半)공공적 영역을 대상으로 하는 경제학, 일상생활이라는 사적 영역을 대상으로 하는 사회학 등이며, 이들 사회과학 연구가 대상으로 삼은 것은 시장경제와 시민사회를 확립하고 있던 구미 지역이었다.

한편 인문과학계 학문은 유럽을 대상으로 하는 역사학에 더해, 유럽이 세계에 진출하는 가운데 마주친 다른 지역을 대상으로 하는 두 분야가 새로이 형성되었다. 하나는 문자를 가지고 있지 않은 민족이나 사회를 대상으로 하는 인류학이며, 다른 하나는 고도의 문명을 가지고 있는 지역을 대상으로 하는 동양학이다. 인류학이나 동양학의 연구 대상 지역과 사회과학계의 학문 연구 대상 지역은 전혀 달랐고, 구미 이외의 지역은 경제학·정치학의 연구 대상으로는 간주되지 않았다.

그런데 동양학의 연구 대상으로 간주된 지역은 주로 이슬람, 인도, 중국이었지만, 그 중에서 중국은 조금 특수한 위치에 놓여 있었다. 그 원인은 두 가지로 생각할 수 있다. 하나는 중국이 유럽의 직접적인 식민지 지배를 받지 않았기 때문에 이슬람·인도 지역에 비해 중국 연구는 질적으로 상당히 뒤떨어질 수밖에 없었고, 다른 하나는 문자 문제인데, 한자라는 독특한 표어(表語)문자와 그것을 사용한 방대한 문헌의 존재가 구미인에게는 큰 장애가 되었던 것이다. 이러한 중국 연구의 특수한 상황은 유럽인에 의한 중국 연구의 공백을 초래했고, 그것을 메우는 역할을 한 것이 일본인의 중국 연구였다. 이와 같은 사정은 한국 연구에서도 엿볼 수 있다. 동아시아 연구가 가지고 있는 특수성은 이러한 사정에 기인한 것이다.

다시 월러스틴에 따르면 20세기에 들어와서 새로운 학문 분야가 미국에서 생겨났는데, 지역 연구가 바로 그것이다. 19세기 이래의 동양학 연구 방법은 주로 동양 지역의 고전 연구이며, 현상 연구는 이른바 식민학이라는 정책학의 형태로 취급되었을 뿐이다. 이에 대해 지역 연구의 주된 관심은 현재의 비서구 지역들을 사회과학적 방법으로 연구하려 했던 것이다. 그리고 지역 연구를 '과학적'으로 수행하기 위한 방법으로 제창된 것이 로스토(Walt Whitman Rostow)의 근대화론이었다. 왜냐하면 매우 다양한 비서구 지역을 다루는 데는 문화적 개성을 사상(捨象)하여 계수화할 수 있는 지표에 근거하여 연구하는 것이 '과학적'이라고 생각되었으며, 로스토의 근대화론은 그런 방법을 체계화시킨 것이었기 때문이다. 구미인에 의한 한국·일본 연구는 지역 연구 형태로서 본격적으로 시작되었다고 볼 수 있다.

그러나 원래 유럽을 대상으로 성립한 사회과학 방법을 동양의 여러 사회에 적용했을 때 많은 문제가 함께 발생했다. 특히 방법적 개인주의에 입각한 경제학의 적용에 있어서 그 문제점이 단적으로 드러났으며, 현재 큰 문제가 되고 있음은 주지하고 있는 그대로이다. 예를 들면 오늘날 기로에 서 있는 일본의 대학 문제도 그 기저에는 19세기에 성립한 학문 분야를 어떻게 재편성해나갈 것인지의 문제가 가로놓여 있다. 동아시아 연구는 이런 문제들을 돌파하기 위한 큰 가능성을 내포하고 있는 분야이다.

2) 동아시아적 관점 부재의 원인

'방법적 개념으로서의 동아시아'를 생각할 때 또 하나 지적하고 싶은 문제는 이제까지 이루어진 연구 성과에서 왜 동아시아라는 관점이 일반화되지 않았는가 하는 점이다. 그 가장 큰 원인은 일본 연구, 한국 연구, 중국 연구에서 볼 수 있는 일국사적 관점에 있다고 생각되지만 그것을 만들어낸 요인은 각 지역의 연구마다 다르다.

① 일본 '봉건제'론과 탈아론적 역사 연구

먼저 일본 연구에 대해 이야기하자면, 일본 '봉건제'론으로 대표되는 일본 특수성론이 동아시아적인 관점의 부재를 야기한 가장 큰 요인이었다고 여겨진다. 여기서 일본 '봉건제'론이라는 것은 일본사 안에 유럽적인 의미의 '봉건제' 시대를 설정하여 그것을 동아시아에서 차지하고 있는 일본의 특수성으로 파악하고, 아울러 '봉건제'를 경험한 것이 일본의 근대화를 가능케 했다는 담론을 말한다. 이 같은 담론이 등장한 시기는 러일전쟁 전후이며, 이것은 황국사관(皇國史觀)과 함께 일본적인 근대 국민국가의 건설을 떠받치는 이데올로기로서 창출된 것이었다. 따라서 이것은 연구가 진전됨에 따라 자연적으로 등장한 것이 결코 아니었다. 일본 '봉건제'론은 일본사 연구에서 탈아론(脫亞論) 및 그것과 표리일체를 이루는 유럽 중심주의를 상징하는 것이었지만, 오늘날에 이르기까지 통설로서의 지위를 유지하고 있다. 이러한 담론에 따르면 중국 대륙과 한반도의 결정적인 영향 아래 있었던 일본의 고대국가 형성기는 제외하고, 이른바 '중세' 이후의 일본 역사는 동아시아 지역과는 다른 길을 걷게 되었으며, 동아시아적인 관점에서 일본사를 파악한다고 하더라도 기껏해야 교류사, 관계사의 범위에 그치지 않을 수 없었다.

주지하다시피 일본사 연구에서 '중세' 이후를 '봉건제'로 볼 것인가, '근세' 이후를 '봉건제'로 볼 것인가에 대해 의견이 근본적으로 대립했고, 현재도 그 대립은 해소되지 않고 있다. 또한 이 사실 하나만을 보더라도 유럽적인 '봉건제' 개념을 일본에 적용하기가 얼마나 어려운지 알 수 있다. 또 맑스주의적 발전 단계론이나 '세계사의 기본 법칙' 적인 역사 파악 방법이 파탄을 보이고 있음에도 불구하고 '봉건제' 론에 있어서는 맑스주의 · 비(非)맑스주의가 기묘한 공존관계를 보이는 것은 무엇 때문일까?

'봉건제' 론의 근본적인 문제점은 '봉건제'와 근대화, 자본주의화와의 관계가 논리적이 아니라는 것이다. 이 때문에 시대에 따라, 논자에 따라 '봉건제'와 근대화, 자본주의화와의 연관성을 파악하는 근거가 각각 다르다. 예를 들면 맑스에게 자본주의화는 소경영 생산양식의 자기 발전으로 파악되었지만, '봉건제' 말기에는 소경영 생산양식이 가장 고도로 발전한다는 점에서 '봉건제'와 자본주의화의 관련성이 논리적으로 상정되었다. 그러나 '봉건제'에서 소경영 생산양식이 가장 고도로 발전한다는 말은 실증을 거친 것이 아니라 유럽의 역사적 사실에 맑스가 '연연해한 것'에 지나지 않는다.

일본 '봉건제' 론은 러일전쟁 때부터 태평양전쟁에서 패하기 전까지는 군사적 강국화와 '봉건제' 의 관련성을 강조한 데 반해, 태평양전쟁에서 패한 후에는 오히려 계약 정신이나 사회 단체성 등 다른 면에서 '봉건제'와 자본주의화의 관련성을 강조하게 되었다. 이러한 현상이 일어난 이유는 '봉건제'와 자본주의화의 관련성이 현실적인 것으로 존재하고 있었기 때문이다. 즉 '봉건제'를 거친 사회만이 자본주의화를 실현했다고 하는 사실에 맑스처럼 '연연해한 것'이었다. 구미 이외의 지역에서 일본만이 자본주의화한 사실이야말로 일본 '봉건제'론을 성립시켰다고 말할 수 있을 것이다.

그러나 1960년대 이후 한국이나 대만의 자본주의적 발전이 본격화되자 일본 특수성론은 파산하지 않을 수 없게 되었다. 또 일본은 생산력 면에서는 어떤 의미에서 구미를 능가하게 되었지만, 그럼에도 불구하고 일본 사회와 구미 사회의 이질성은 여전히 메워질 것 같지는 않다. 일본 '봉건제'론을 근본적으로 비판해야 할 시점에 이르렀다고 할 수 있을 것이다.

일본을 아시아 속에서 특수화하는 생각은 '봉건제'론만이 아니다. 태평양전쟁 패전 이후에 주창된 우메사오 다다오(梅棹忠夫)의 '문명 생태사관'이나, 그 아류라고 할 수 있는 가와카쓰 헤이타(川勝平太)의 '해양사관', 사토 세이자부로(佐藤誠三郎)·무라카미 야스스케(村上泰良)·구몬 슌페이(公文俊平)의 '이에(家)' 사회론, 혹은 최근에 나온 아다치 게이지(足立啓二)의 《전제국가사론(專制國家史論)》에 나오는 중일 비교 사회 통합론 등은 모두가 동아시아에서 일본이 가지는 특수성과 유럽과의 친근성을 끌어내기 위한 담론이라는 점에서 공통적이며, 그와 같은 사고 유형에는 질리지 않을 수 없다. 이러한 현상은 일본의 역사 연구, 나아가서는 일본 학계 전체의 유럽 콤플렉스, 동아시아 콤플렉스를 나타내는 것으로 여겨진다. 또한 그 자체가 매우 흥미로운 현상이지만, 구미 이외에서는 일본만이 근대화, 자본주의화에 성공했다는 근시안적 전제에 서 있다는 점, 비교 대상과 방법에서 엄밀한 절차를 거치지 않아 자의성을 면치 못하고 있다는 점 등에 있어서도 대동소이하다. 어느 것이나 일본 '봉건제'론이 일본을 국민국가로 만들기 위해 '발명'된 것이라는 허구성에 대해 근본적인 비판의식이 결여되어 있다고 말하지 않을 수 없다.

② 한국사의 내재적 발전론과 일국사적 관점

한국 연구의 위상은 앞에서 이야기한 동아시아 연구의 특수한 위치를 가장 단적으로 보여주고 있다. 즉 한국은 유럽 동양학의 연구 대상으로 거의 간주되지 않았고, 중국 연구 이상으로 일본인 연구자의 역할이 컸다. 구미인에 의한 한국 연구는 제2차 세계대전이 끝난 이후 미국에서 이루어진 지역 연구와 함께 시작되었다고 해도 좋을 것이다. 그 때문에 지역 연구로서 한국 연구는 역사적 통찰이 결여된 천박한 것이며, 본격적인 역사 연구는 최근에 이르러 겨우 시작되었다.

최근 미국에서 이루어지고 있는 한국·조선 연구는 눈부신 진전을 보이고 있다. 그 이전의 연구는 한국전쟁 문제도 영향을 미쳐 전략적·군사적인 것이 압도적으로 많았지만, 1980년대 무렵부터는 한국 경제의 급성장 등이 작용하여 연구의 폭이 질과 양적으로 현저하게 발전했다. 특히 일본 식민지시대의 연구는 주목할 만한 성과가 잇따라 나타나고 있다. 또한 전근대 연구에서도 항상 중국과의 비교를 의식하고 있어 그 시야가 넓었으나 동시에 전근대사 연구와 근현대사 연구, 혹은 근대사 연구와 현대사 연구의 결합 정도가 취약했다. 이런 약점의 발생 원인으로는 전근대사 연구에서는 문화 구조론, 문화 특질론적인 경향이 강한 데 비해 근현대사 연구에서는 사회과학적인 방법에 입각한 연구가 주류를 차지하고 있었기 때문이다.

한편 일본에서 진행된 한국사 연구는 애초부터 외국사 연구라는 의식이 대단히 희박했다. 1890년대까지 이루어진 초기 연구에서는 아시아주의적 입장에서 일본사와 한국사의 불가분적인 관계가 강조되었고, '일선동조론(日鮮同祖論)'적인 담론이 지배적이었다. 러일전쟁 전후로 일본 '봉건제'론이 등장할 때 일본의 비교 대상으로 가장 먼저 의식된 것도 한국이었다. 여기서는 '봉건제'의 유무에서 일본과 조선의 서로 다른 점을 찾았으며, 그 사정이 양국에 나타난 근대화 능력의 차이를 만들어낸 것으로 간주되었다. '일선동조론'과 '봉건제' 결여론의 그 성립 과정을 살펴보면 모순되는 측면이 있지만 모두 일본의 한국 지배에 대한 합리화 작용을 했다.

태평양전쟁이 끝난 후 한국이 독립하고 한국인 자신에 의한 연구가 본격적으로 시작되었는데, 당연한 일이지만 식민지 시기에 나온 일본인의 연구를 비판하는 일이 가장 큰 목표였다. 이러한 연구는 일본에서 이루어지는 한국 연구에도 지대하게 영향력을 끼쳤으며 새로운 연구 동향을 상징하는 슬로건은 '내재적 발전론'이었다. 내재적 발전론은 한국사의 시대 구분론, 자본주의 맹아론 등의 분야에서 특히 괄목할 만한 성과를 거두어 태평양전쟁 패전 이전의 일본인 연구자들이 만들어낸 한국 역사상을 일신시켰지만, 1980년대 무렵부터 내재적 발전론에 대한 비판이 제기되기 시작하여 현재에 이르고 있다.

내재적 발전론의 문제점으로는 첫째, 한국사의 발전 파악 모델을 유럽이나 일본의 역사 발전에서 찾고 있다는 것 둘째, 내재적 요인을 중시한 나머지 한국사의 전개를 동아시아 세계와 맺고 있는 유기적인 연관 아래 파악하는 시도가 이루어지지 않았다는 것 등이다.

첫 번째 문제점에 대해 말하면, 태평양전쟁 패전 이후 일본의 역사학을 풍미한 '세계사의 기본 법칙'도 영향을 미쳐 한국사도 고대 노예제, 중세 봉건제, 근대 자본제의 각 단계를 거쳤다고 하는 사고방식이 나타났다. 앞에서 본 일본 '봉건제' 론이 일본사 연구에서 만들어진 탈아론이라 할 수 있는 데 대해 한국에도 '봉건제' 시대가 존재했음을 주장함으로써 일본이나 유럽과의 동질성을 찾아내려는 노력 등이 행해진 것이다. 이와 같은 현상은 중국사 분야에서도 찾아볼 수 있지만 '세계사의 기본 법칙'에 집착한 연구 방법이 비판받게 되자 내재적 발전론은 벽에 부딪치고 말았다. 한국사의 독자적인 전개 과정을 어떻게 파악할 것인가라는 문제가 다시 제기되고 있다.

두 번째 문제점에 대해서는 중국이나 일본과의 관련성을 중시하는 것 자체를 태평양전쟁 패전 이전의 타율성론이나 정체성론과 동일시하는 풍조가 강했다. 그 때문에 한국사의 전개를 오히려 왜소화시킴과 동시에 연구의 쇄국화(鎖國化)를 초래하고 말았다. 새삼스럽게 이야기하지 않아도 한국 역사는 중국의 영향을 여러 방면에 걸쳐 받아왔다. 그러나 마루야마 마사오(丸山眞男)나 '이에(家) 사회론' 주장자들이 말하고 있듯이 한국은 중국의 영향을 지나치게 강하게 받았기 때문에 독자적인 것을 잃어버렸다고 하는(그것은 동시에 일본은 중국과 적당한 거리를 두고 있었기 때문에 중국의 영향을 선택적으로 수용할 수 있었다는 함의다) 담론은 사실이 아니다. 국가체제나 과거시험의 형태, 가족제도 등을 보아도 한국의 그것은 분명히 중국과는 여러 가지 점에서 서로 다르고 선택적으로 수용한 것이었으며, 이 점은 일본과 마찬가지이다. 따라서 한국의 특징을 정확하게 파악하기 위해서도 중국과의 비교는 결정적으로 중요하지만 내재적 발전론은 이러한 비교 연구를 오히려 방해하는 역할을 했다고 생각된다. 또 일본 연구에서 주장하고 있는 일본의 독자성도 단지 중국과 비교한 독자성인 경우가 두드러져 보인다. 그러나 한국을 시야에 넣으면 어디까지가 일본의 독자성이라 할 수 있을 것인지는 충분히 음미되지 않고 있다.

이상과 같은 의미에서 한국 연구는 동아시아 사회를 비교하는 데 있어 전략적인 위치를 차지할 수 있는 분야로 생각되지만, 내재적 발전론은 오히려 한국사의 보편적 성격 규명에 역점을 두었기 때문에 이러한 한국사 연구의 위치를 인식할 수 없었던 것이다.

③ 중국 연구와 전제 국가론

동아시아의 역사나 사회의 특징을 세계사적으로 고찰하는 경우 중국의 존재가 큰 의미를 지니고 있음은 당연하다. 중국의 특이성은 이른바 4대 문명의 하나로 출발하고 동일한 지역에서 동일한 사람들에 의해 현재까지 역사가 이어져오는 것에 있다. 이러한 특이성이 동시에 동아시아의 특이성을 낳은 큰 원인 중 하나임은 부정할 수 없는 사실이다. 그러나 그 특이성이 지나치게 강조되어 왔기 때문에 동아시아 이해에 여러 가지 피해가 생겨났음을 간과할 수 없다.

중국 문명의 지속성이라는 특징과 관련하여 지적되는 것은 이제까지 동아시아 사회의 공통성으로서 한자, 유교, 불교, 율령 등 7세기에서 8세기까지 한반도나 일본 열도에 수용된 문화가 의식되어 왔던 점이다. 바꾸어 말하면 중국의 당대(唐代) 무렵이 동아시아 지역의 공통성이 가장 강한 시기라고 인식되어 온 것이다. 그리고 당의 쇠퇴를 계기로 동아시아의 일체성은 점차 약해지고 각 지역의 독자성이 강해졌다는 것이 통설적인 이해였다. 특히 일본사 연구에서는 이런 탈아론적 경향이 이른바 국풍문화론(國風文化論 : 중국이나 한국의 영향에서 벗어나 일본에서 독자적인 문화가 생겼다는 담론)으로서 지금도 지배적이다.

당(唐)·송(宋)의 변혁기 이후 동아시아의 일체성이 약해졌다는 파악 방법은 이 변혁기의 전후에도 중국 문명의 형태가 기본적으로 변하지 않았다는 생각에 근거하고 있다. 예를 들면 중국은 문명의 지속성을 유지했고, 그 영향으로부터 벗어나려는 조선·일본이라는 파악 방법이다. 그러나 나는 중국 문명이 당·송의 변혁기를 전후하여 근본적으로 변화했으며, 그러한 새로운 문명은 한반도나 일본 열도에 그 이전보다 더욱더 결정적인 영향을 미쳤다고 생각한다. 당대까지의 중국 문명 수용이 주로 국가체제와 관련된, 말하자면 상부구조적인 면에서 이루어진 수용이었음에 반해 송대 이후의 수용은 사회 전반에 걸친 광범위한 것이었다.

중국 문명의 지속성을 상징하는 것으로서 가장 일반적으로 지적되어 온 것은 중국의 전제적인 국가체제 문제이다. 그러나 이 전제적 국가체제도 과거제도의 확립과 주자학의 성립, 그리고 명대(明代)로 접어들면서 양자의 결합이 체제화됨으로써 근본적으로 변했다고 생각된다. 사대부층의 성립이야말로 이 새로운 체제를 상징하는 것인데, 사대부층이 과거를 통해 관료가 되는 것이 제도화됨으로써 전제적 국가체제는 비로소 현저한 안정성을 갖출 수 있었던 것이다. 명(明)·청(淸) 시대와 조선 왕조시대의 500년 동안, 그리고 도쿠가와(德川)시대의 260년 동안 지속된 안정성이 이 같은 사정을 웅변적으로 대변해주고 있다. 이런 '전통' 시대의 공통성이야말로 오늘날 동아시아 연구에서 관심을 가져야 할 가장 중요한 과제이다.

4. 동아시아의 근대에 대하여

1) 세계사 인식 문제로서의 근대

근대, 근대화를 다시 생각함에 즈음하여 여기서는 근대라는 말의 원점으로 되돌아가 현재와 직접 연계되는 시대를 근대로 파악하고자 한다. 현재와 직접 연계된다는 뜻이란 현재가 안고 있는 가장 중요한 과제와 연계된 내용이어야 한다는 것이다. 따라서 현재의 과제 중에서 무엇이 가장 중요한 것인가에 대해 다양한 사고방식이 있을 수 있다면 근대의 파악 방법도 다양할 수밖에 없다. 예를 들면 이타가키 유조(板垣雄三)는 도시화 문제를 중시하여 도시 문명으로서의 이슬람 성립을 근대의 시작으로 삼고 있다. 혹은 프랑크(Andre Gunder Frank)의 《리오리엔트》에서는 유럽 근대의 시작으로 간주되는 16세기 이후부터 적어도 18세기 말까지는 서구보다는 동아시아 쪽의 경제 성장이 앞섰다는 주장을 하고 있으며, 다른 많은 연구자들도 이를 입증하는 성과를 발표하고 있다. 그렇다면 기존의 동아시아 역사에서 전근대로 인식된 16~18세기는 근본적으로 재검토되어야 할 것이다.

어쨌든 이전처럼 서구의 시민혁명이나 산업혁명을 근대의 기점으로 삼는 일국사적 혹은 유럽 중심주의적인 근대의 파악 방법이 아니라 현재와 연계되는 세계사의 문제로서 근대를 파악하고자 한다.

현재의 가장 중요한 과제는 경제나 정보의 측면에서 진행되고 있는 세계화, 그리고 정치적·문화적인 면에 가로놓여 있는 국가·지역의 장벽, 이 양자 사이의 모순에 있다는 것이 필자의 생각이다. 따라서 근대는 무엇보다도 세계사 차원에서 비로소 말할 수 있는 것이며, 또 말해야 한다고 생각한다.

그러면 현재와 같은 세계 구조가 처음 성립하기 시작한 것은 어느 시점부터일까? 여기서는 몽고제국에 의해 시작된 유라시아 규모의 세계 경제 틀을 전제로 하면서 그 내실이 형성된 16세기를 근대의 기점으로 파악하고자 한다. 세계 경제의 형성을 추진시킨 가장 기본적인 원동력은 동아시아, 특히 중국 대륙의 압도적인 부(富)였다. 이 부를 찾아 세계 경제는 움직이기 시작했던 것이다. 따라서 이제부터는 중국을 중심에 놓은 세계사의 시작에 대해 이야기하고, 아울러 16세기 이후에 전개된 세계사의 대략적인 움직임 속에서 동아시아 근대에 대해 개관해보겠다.

2) 동아시아의 초기 근대

① 세계 경제 발동 기점으로서의 동아시아

세계사 차원의 근대를 발동시킨 중국의 부는 송대 이후 획기적인 경제적·문화적 발전에 기인한 것이었다. 강남 지역의 벼농사 진전, 수공업과 상업의 발전 등 생산 기술적인 면과 함께 인쇄술 발전으로 상징되는 정보 면에서의 혁신이 세계로부터 몹시 탐나는 대상이 되는 부를 창출했다. 게다가 송대에는 이러한 경제·사회 면에서 큰 변화가 있었을 뿐만 아니라 국가체제 면에서도 큰 변화가 일어났다. 그 중에서도 과거제도의 확립은 그 이후의 중국사에 결정적인 영향을 미쳤다. 사상 면에서는 주지하다시피 송학(宋學)이라 불리는 새로운 유교가 대두했으며, 남송(南宋)시대 주희(朱熹)가 그것을 집대성하기에 이르렀다. 송학의 담당자는 사대부라 불리는 독특한 지배 엘리트들이었으며, 그들은 과거를 통해 관료가 되는 것을 목표로 삼았다.

이리하여 중국의 송대에는 모든 면에서 획기적인 변화가 일어났지만 이러한 변화를 하나의 체제로서 안정시키는 단계에는 이르지 못했다. 그 사정을 잘 나타내는 것이 요(遼)·금(金)에 의한 북방으로부터의 압력, 더욱이 그에 이어지는 몽고의 석권과 송의 멸망이다. 몽고제국의 중심이었던 대원(大元) 울루스(ulus)시대에는 송대에 달성된 경제 면에서의 변화는 더욱더 가속화되었지만 과거제도의 정지가 상징하는 바와 같이 국가체제 면에서는 송대와의 연속성이 두절되고 말았다. 원은 1315년부터 과거를 다시 실시했는데, 그때에는 처음으로 과거를 주자의 유교 해석에 입각해 실시하는 것이 결정되었다. 주자학을 과거와 결합시키는 것이 체제화된 것이다.

② 주자학=초기 근대 동아시아 국가의 그랜드 디자인

단명으로 끝난 원 왕조를 이은 명시대로 들어서면서 국가체제는 안정되었다. 주자학에 의한 과거의 항상화(恒常化), 과거로 선발된 관료에 의한 집권적인 국가체제의 확립 등이 그 안정성을 지탱한 가장 기본적인 것이었다. 주자학은 송대 이래 국가체제의 변화에 적합한 국가 이념을 제공하는 것으로서 확고한 지위를 차지하게 되었다. 주자학과 그 이념에 의거한 국가체제는 이제까지 학계에서는 '전통' 중에서도 으뜸가는 것으로서 부정·극복의 대상으로 간주된 것이 일반적이었다. 그러나 주자학과 그 이념에 입각한 국가체제는 매우 세련된 세계 최첨단의 체제였다.

주자학의 참신성은 미조구치 유조(溝口雄三) 등의 연구에 의해 다음과 같이 요약할 수 있다. 그것은 먼저 만물의 운동을 통할하는 이(理)라는 존재를 상정하고 더구나 그 이는 인간에 의해 인식될 수 있다고 하는 철저한 합리주의의 입장을 취한다. 또한 이러한 인식에 의거하여 모든 인간에게 이 이를 인식하는 능력이 갖춰져 있다고 하는 본래적 평등주의를 전제로 삼고 인간 사회의 문제에 있어서는 그러한 인간을 어떻게 통치할 수 있을 것인가를 구상한 것이다. 주자학이 찾아낸 해답은 학문을 탐구하여 터득한 인간이 과거를 통해 선발되어 관료가 되고 그들이 도덕을 정치의 기본으로 삼아 통치를 한다는 것이었다.

이와 같이 주자학의 탄생은 그때까지의 유교를 획기적으로 발전시킨 것이며, 어떤 의미에서 유교는 주자학에 이르러 비로소 사상체계로 성립했다고 이야기할 수 있을 정도이다. 그러나 송대 주자학은 어디까지나 송학의 한 학파에 지나지 않았으며 때로는 국가로부터 심하게 탄압받기도 했다. 주자학이 국가교학(國家敎學)으로서 그 지위를 확립한 시기는 명대에 접어든 후부터이다. 그것은 새로운 경제적·사회적 변화와 그에 상응하는 국가체제를 지탱하는 사상으로서 주자학이 가장 적합했다는 사실이 장시간에 걸쳐 확인되었음을 의미한다.

종래 일본 학계에서는 미야자키 이치사다(宮崎市定)로 대표되는 송대 근세설이 일반의 지지를 받아왔다. 그 근세설의 내용으로 주장된 것은 과거제도의 확립과 황제 독재권의 강화라는 국가체제의 변화와 상품 경제, 수공업의 발달이나 그에 수반되는 도시의 번영이라는 사회 면의 변화였다. 이런 변화는 확실히 송대에서 그 기점을 확인할 수 있지만 송·원대에는 아직도 불안정했으며, 명대에 이르러서 확고해졌다고 보는 것이 타당하다. 필자가 명대를 초기 근대의 시작으로 보는 첫째 이유도 바로 이 때문이다.

③ 명·청 시대의 국가와 사회

명대에 접어든 후 확립된 새로운 국가·사회 체제의 형태를 상징한 것은 사대부라는 독특한 지배 엘리트였다. 그들은 주자학을 배우고 과거를 통해 관료가 됨으로써 지배 엘리트로서의 지위를 인정받았다. 과거시험은 개인의 능력을 묻는 것으로, 집안이나 출신을 따지지 않는 개방적인 제도라는 것을 그 이념으로 삼았다. 실제로는 시험 준비에 전념하기 위해 경제적인 뒷받침이 필요했기 때문에 가난한 사람들에게는 기회가 한정되었지만, 그래도 언제나 만인에게 합격의 가능성이 부여되어 있었다. 무엇보다도 사대부로서의 지위는 그 대에 한정되고 세습은 인정되지 않았음이 중요하다.

과거 관료의 큰 특징으로서 또 중요한 것은 그들도 기본적으로는 민(民)의 일원이었다는 사실이다. 군주, 지배 엘리트, 민중이라는 삼중 구조를 생각하면 당대(唐代)까지는 지배 엘리트와 민중 사이에 큰 단절이 있어서 그만큼 군주와 지배 엘리트 간의 거리는 가까웠지만(새로운 왕조의 군주는 전 왕조의 지배층에서 배출되었다), 송대 이후는 군주와 지배 엘리트 사이에 결정적인 틈이 벌어지기 시작했다. 예를 들면 과거 관료는 어디까지나 신하의 일원에 지나지 않았고 왕위를 찬탈할 수 있는 의지나 가능성을 갖지 못한 존재였다.

과거를 통한 관료제의 성립은 사회적으로도 큰 영향을 미쳤다. 그 중에서도 가장 중요한 것은 종족(宗族)의 성립이다. 종족이라는 부계혈연 결합은 과거제도의 개방성, 과거 관료의 비세습성에 대응하여 더 큰 집단에서 계속 과거 합격자를 배출하는 장치로서 송대 이후에 형성되기 시작했다. 종래 연구에서는 중국사의 일관된 특징으로 부계혈연 결합의 강한 면이 지적되는 경우가 많았다. 그러나 이 특징은 결코 초역사적인 것이 아니라 과거 관료제의 성립이라는 시대적 산물인 것이다.

마지막으로 명·청 시대의 국가와 사회의 존재 형태를 특징짓는 것으로서 지적하고 싶은 것은 국가와 사회가 상대적으로 독자적인 영역을 형성했다는 점이다. 바꾸어 말하면 서구에서는 시민혁명 이후에 비로소 국가와 사회를 구분하는 상황이 전개되었지만, 중국에서는 이미 명·청대에 실현되었다는 것이다. 그리고 이로 인해 중국은 전근대 사회에 일반적으로 보이는 신분제 테두리를 일찍 폐기할 수 있었지만, 그것은 19세기에 들어 중국에서 서구적 모델 수용이 과제로 제기되었을 때 독자적인 어려움을 초래하게 되었다. 이 점에 대해서는 뒤에서 다시 언급하기로 하겠다.

④ 조선에서의 주자학 수용과 새로운 국가체제

중국에서 송대 이후의 전반적인 사회 변화를 통합할 수 있는 체제와 그것을 이념적으로 떠받치는 세계관 및 사상으로서의 주자학이 매우 오랜 시간에 걸쳐서 융합되었다고 한다면, 한국에서는 주자학이 먼저 수용된 후 그것에 알맞은 국가·사회 체제가 사후에 형성되는 과정을 거쳤다.

한국에서는 고려시대 후기에 주자학이 수용되었고, 13세기에 접어들어 주자학 관료들이 정계에 진출하기 시작했다. 그들은 고려의 국가교학이었던 불교를 비판하면서 주자학 이념에 의거한 국가체제 수립을 주장하고 조선 왕조의 건국을 주도했다. 따라서 조선 왕조는 애초부터 주자학을 국가교학으로 삼고 본격적인 과거제도를 시행하거나 《주례(周禮)》에 입각한 중앙 정부의 구성 등을 꾀했지만, 사회 체제의 면에서는 비주자학적 양상이 강하게 유지되었다. 주자학이 사회 전반에 걸쳐 보급된 것은 조선시대이며 신채호의 말과 같이 '주자의 조선'으로 변하지만, 한편 과거의 실태나 양반의 신분적 성격 등에서 중국과는 다른 체제를 창조함으로써 비로소 전반적인 수용이 가능해질 수 있었다.

조선시대의 주자학 수용 과정에 대해서는 이제까지의 연구에서도 밝혀져 있으며 또 그러한 조선적 특징에 대해서도 유의해왔다. 그러나 여러 가지 변용을 거치면서도 조선에서는 왜 주자학이 이렇게도 깊이 수용되었고 또 주자학 이념에 의거한 국가·사회 체제가 기본적으로 형성되었는가에 대해서는 이제까지 이루어진 연구에서 문제시된 적이 없었다. 삼국시대나 통일신라시대에 중국 율령이 수용되었지만 그것은 상당히 표면적인 수용에 그쳤으며 기층 사회에까지는 큰 영향을 미치지 못했다. 그에 비해 주자학의 수용 및 그 이념에 상응하는 국가·사회 체제의 형성은 훨씬 전면적인 것이었으며, 그것을 가능케 한 조선측의 조건이 있었다고 생각하지 않을 수 없다.

그러면 그 조건이란 무엇이었을까? 지배 엘리트인 양반의 존재 형태가 그 조건이었다는 것이 필자의 생각이다. 조선시대의 양반은 대부분의 경우 상당히 넓은 면적의 토지를 소유하고 있었지만 토지에 대한 그들의 권한은 과전법과 직전법 폐지 이후 일반 서민과 다르지 않았고 영역적 지배자로서의 성격을 상실해갔다. 이와 같은 사정을 단적으로 나타내는 것이 조선시대에 작성된 일종의 토지대장인 양안(量案)이다. 양안에서 양반은 일반적으로 노명대록(奴名代錄)의 형태로 등록되어 있으며, 그 점에서는 양인이나 노비로 구별되고 있지만 토지 소유자로서는 어떤 특권도 인정받지 못했다.

중국의 송대를 전후하여 군주, 지배 엘리트, 민중이라는 삼자의 관계가 변화했음을 앞에서도 지적했지만, 조선의 양반도 역시 민중 속의 엘리트로서 군주에 대항할 수 있는 존재는 결코 아니었으며, 그 기초에는 그들이 영역적 지배자가 아니라는 이유가 있었다. 돌이켜보건대 송대 이후 중국 사대부의 존재 형태를 보면 그들도 양반처럼 영역적 지배자로서의 성격을 갖지 못한 존재였다. 이렇게 보면 중국에서 송대 이후에 일어난 경제적·사회적 변화에 적합한 국가·사회 체제의 그랜드 디자인으로서 주자학이 국가교학의 지위를 차지하게 된 것은 결코 우연한 일이 아니었다.

⑤ 도쿠가와 일본의 국가체제와 주자학

한국에서 주자학이 단지 사상으로서만이 아니라 체제로서 수용된 것에 비해 일본의 경우는 주자학의 수용이 훨씬 부분적이며 표면적이었다는 것이 기존의 일반적인 이해였다. 그리고 그 점이 중국이나 한국과 비교된 일본의 특징으로 간주되었을 뿐만 아니라 19세기에 가해진 서양의 충격에 재빠르게 대항할 수 있었던 하나의 이유로서 간주되어 왔다. 확실히 일본에서의 주자학 수용에는 그러한 면이 있으며, 특히 과거에 의거한 관료적 국가체제를 수용하지 않았던 점은 큰 의미를 지니고 있다.

그러나 관점을 바꾸어 중국과 한국에서 주자학적 국가·사회 체제를 만들어낸 가장 기본적인 요인이었던 지배 엘리트의 존재 형태에 주목하면, 적어도 도요토미 히데요시(豊臣秀吉)가 통합한 지역에 시행한 토지조사사업, 즉 다이코 겐치(太閤檢地) 이후의 무사들은 영역적 지배자로서의 성격을 상실했다는 측면에서 사대부 및 양반과 공통된다고 볼 수 있다. 따라서 일본의 특이성을 강조하는 것은 단면적이며 동아시아 차원에서 나타난 공통성에도 유의할 필요가 있다.

'에도시대(江戶時代)' 일본의 무사들 대부분은 중세까지 보유하고 있었던 영역적 지배 권한을 부정당했으며, 영역적 지배권은 쇼군(將軍)·다이묘(大名 : 쇼군과 토지에 의거한 군사적 주종관계를 맺고 토지 지배권이 1만 석 이상이 되는 무사를 말한다-역자)를 비롯한 아주 적은 상층 무사만이 인정받았다. 이 점에 대한 학계의 의견은 일치하고 있지만 다이묘가 갖는 영역적 지배권의 독립성에 대한 의견은 대립하고 있다. 즉 다이묘의 영역 지배가 기본적으로 독립적인 것이었다고 파악하는 견해와 쇼군에 대한 다이묘의 종속성을 중시하는 견해가 있는데, 아직도 양자 간에 의견 일치를 보지 못하고 있다. 그러나 다이묘의 독립성을 강조하는 경우도 쇼군 권력으로부터 여러 가지 제약을 받았던 점에 대해서는 부정하기 어렵고 그 정도가 문제이다.

전국시대(戰國時代)의 동란을 종식시킨 도요토미 일족이나 도쿠가와(德川) 일족이 천하 통일의 기치로 내걸고 자기 권력을 정통화

할 때 가장 강조한 것이 '천하총무사(天下惣無事)', 즉 국내 평화의 달성이었다. '천하총무사'는 전쟁을 생업으로 삼는 무사에게는 일종의 자기부정이며 다이묘에 대한 가신들의 종속관계, 쇼군에 대한 다이묘의 종속관계를 만들어내는 가장 중요한 기본적인 요인이었다. 에도시대의 다이묘가 군사 발동권을 보유하고 있지 않은 것은 그 독립성이 지극히 제약되어 있었음을 상징한다. 에도시대 말기부터 '메이지유신(明治維新)'을 거쳐 제국의회의 설치에 이르는 과정에서 무사 계층 전체의 입장 또는 다이묘들의 입장에서 그때까지의 신분 특권이 박탈되는 사태에 거의 저항할 수 없었던 이유도 그들이 지닌 독립성의 취약함을 잘 나타내고 있는 것이다.

에도시대 일본에서 유학이 통치 이념의 한 구성 요소로서 처음으로 수용되고, 그 과정에서 주자학이 바쿠후(幕府)나 많은 다이묘들에 의해 장려된 것은 이상과 같은 무사층의 존재 형태를 전제로 했다. 이러한 의미에서 일본에서의 주자학 수용은 그것을 가능하게 한 정치적·사회적 체제의 일정한 성립을 이룬 다음에 이루어진 지극히 선택적인 수용이었다고 이야기할 수 있을 것이다.

더욱이 일본에서의 주자학 수용과 관련하여 여기서 한 가지 더 이야기하고 싶은 것은 그 수용의 보수적인 성격이다. 조선 왕조의 경우는 앞에서 언급했듯이 주자학 수용이 체제 변혁적인 의미를 강하게 가지고 있었다. 그에 대해 도쿠가와 일본(德川日本)에서의 주자학 수용은 기본적으로 체제 옹호를 위한 것이었으며 주자학 이념에 의거한 국가체제를 만들어내는 운동은 일어나지 않았다. 주자학자 자신들도 주자학 이념에서 본다면 있을 수 없는 자신의 존재 형태에 자족했다고 할 수 있을 것이다. 그리고 이 점은 주자학자뿐만 아니라 고가쿠파(古學派)도 마찬가지였다.

일본 사상사 연구에서는 주자학을 비판한 사상으로서 고가쿠파, 고쿠가쿠파(國學派)의 흐름을 중시하고 이러한 주자학 비판이 '근대' 일본을 사상적으로 준비했다고 하는 마루야마 마사오 이래의 이해가 아직도 지배적이지만, 고가쿠파의 사상이 정말 주자학을 극복했다고 할 수 있을까? 이토 진사이(伊藤仁齋)와 오규 소라이(荻生徂徠) 등 그들의 주자학 비판은 자신의 모든 존재를 건 비판으로 볼 수 없다. 그들의 사상 자체는 바쿠한 체제(幕藩體制)을 기본적으로 옹호한 것이 아닌가? 유럽적 근대의 시점에서 그에 근사한 사유 형태를 그들로부터 찾아내려 하는 방법 자체가 사상사의 방법으로서 성립할 수 있을 것인지도 의문스럽지 않을 수 없다.

3) 동아시아의 후기 근대

동아시아의 초기 근대가 16세기에 시작되었다고 한다면 19세기 중엽부터 가해진 이른바 서양의 충격은 제2단계 근대의 시작을 알리는 것이었다. 그 과정에 대해 지금은 상세하게 다룰 여유가 없지만, 강조하고 싶은 것은 제2단계의 동아시아 사회에서도 초기 근대의 각인이 강하게 새겨졌다는 것이다. 그리고 그것은 어떤 의미에서는 당연한 일이며 이 각인에 유래하는 동아시아의 특징을 구미에 대한 후진성으로 파악하는 기존의 경향을 비판하지 않을 수 없다.

이와 같은 입장에서는 전통과 '근대'의 연속성이 중시되는데, 이때 가장 중요한 것은 주자학적 전통의 부정적·긍정적 유산을 종합적으로 자리매김하는 일이다. 주자학 이념에 의거한 국가·사회 체제는 경제적·사회적으로는 구미적 근대의 아주 적합한 측면을 갖고 있었다. 구미적 근대화에 즈음하여 기본적인 문제의 하나가 구래의 특권적 귀족층을 어떻게 배제할 것인가 하는 점에 있다고 한다면, 주자학적 체제는 애초부터 귀족층의 존재를 부정함으로써 구미적 근대를 어떤 의미에서 선취한 것이었다. 유럽이 근대적 관료제를 만드는 과정에서 중국의 과거시험이 그 모델로 간주된 것은('메이지' 이후의 일본도 마찬가지이다) 이와 같은 이유를 상징한다. 19세기 후반 이후 동아시아 각 지역에서 실시된 토지 개혁에서 유럽 이상으로 '근대적'인 토지제도가 신속하게 확립된 것도 이상과 같은 맥락에서 이해할 수 있다.

그러나 한편으로 주자학적 체제는 군주권의 절대성이나 그 독특한 민본주의 등의 측면에서 구미적 근대와는 양립할 수 없는 면을 가지고 있었다. 군주권의 절대성에 대해 말하면 물론 주자학에도 천(天), 즉 이(理)에 의한 군주권의 제약이라는 틀이 끼워져 있었지만 그 절대성에 대한 제도적 제약은 존재하지 않았다. 먼저 지배 엘리트는 민의 일원이었으며, 군주는 지배층 중에서 선택된 제1인자가 아니었다. 또 유교적 민본주의라 일컫는 것은 민중이 정치 무대에 등장하는 것을 전제로 하는 시대를 앞선 사상이었지만 민중은 어디까지나 통치의 객체로서 파악되었을 뿐 결코 정치 주체로서는 간주되지 않았다.

이 같은 주자학적 체제의 특징은 제2단계의 동아시아 사회에서도 기본적으로 유지되었다고 생각된다. 아니 필자의 견해를 이야기하자면, 오늘날 동아시아가 안고 있는 문제들은 정치 주체의 미확립에 기인하는 면이 많다고 생각하지 않을 수 없다. 이런 의미에서 동아시아를 전망할 때 전통의 부정적·긍정적 유산을 바르게 자리매김하는 것이 중요하다.

5. 식민지 지배의 문제

강한 동질성을 가지고 시작한 초기 근대의 동아시아 사회는 제2단계에 들어서 일본이 제국주의 진영에 가담하여 한국·중국을 침략하는 '양극 분해'를 일으켰다. 이와 같은 일본의 침략 및 식민지 지배의 실태를 밝히는 것은 중대하고 또 현재적 주제이지만 여기서는 충분히 전개할 수 있을 정도의 여유가 없다. 이 글에서는 이제까지 언급한 근대의 파악 방법에 입각하여 이 문제들을 생각할 때 중요하다고 여겨지는 몇 가지 점을 지적하고자 한다.

동아시아의 '양극 분해'를 이해할 때 그 전제로서 먼저 생각해야 하는 것은 왜 동아시아의 '개항'이 19세기 중엽이라는 시점이었는가 하는 문제이다. 동아시아의 '개항'은 다른 아시아 지역보다 늦었지만 그것은 19세기 들어 처음으로 구미와 동아시아의 역학관계가 역전한 결과였다. 이러한 역전의 원인으로 19세기에 나타난 동아시아 경제의 정체를 지적하는 견해가 최근에 나와 주목받고 있다. 그러나 이 역전을 만들어낸 더 규정적인 요인은 군사적 열세와 국가 통제력의 저하로 상징되는 정치적인 곤란함에 있었다고 보아야 할 것이다. 주자학적인 이념에 의거한 국가체제, 즉 과거를 통해 선발된 관료에 의해 운영되며 덕치를 통치 이념으로 삼는 체제, 그것이 벽에 부딪침에 따라 경제적·사회적으로 곤란한 상황이 심각해졌던 것이다.

이 시점에서 주자학을 대신할 수 있는 국가 이념, 그랜드 디자인
이 요구된 것이지만 그것을 단기간에 만들어내는 것은 간단한 일이
아니었다. 무릇 주자학은 당 말 이래의 혼란 상태를 극복하기 위해
등장한 송학을 이어받고 송대 300년간의 정치적 실천 속에서 단련
되는 가운데 성립한 세계관이자 사상이었기에 그것을 대신할 수 있
는 세계관과 국가 구상이 쉽게 안출(案出)될 리 없었다는 것이다.
서구적인 '국민국가' 체제, 그것을 새로운 국가 이념으로 간주하는
움직임도 있었지만, 서구에서 19세기에 비로소 형성된 '국민국가'
의 특징 중 몇 가지는 이미 동아시아에 존재하고 있었다. 귀족 권력
의 배제, 시험에 의한 관료 선발과 그들에 의한 통치, 집권적인 관료
제 통치에 의한 국민적 균일성의 창출 등 많은 면에서 동아시아 사
회는 그것들을 벌써 그럴듯하게 달성하고 있었던 것이다. 따라서 국
가체제의 변혁을 위해 무엇이 정말 필요한 것인가라는 과제 자체가
인식되기 어려운 구조에 처해 있었다고 이야기할 수 있다. 특히 주
자학 이념에 충실한 중국과 한국에서 그 경향이 두드러지게 나타나
지 않을 수 없었다.

 그에 대해 일본의 경우는 사정이 조금 달랐다. 도쿠가와 일본은
국가체제 면에서 주자학적 이념의 낙제생이었다. 과거의 결여가 그
것을 상징하고 있지만, 무(武)와 그에 의거하는 '천하총무사'의 유
지를 궁극적 존재 이유로 삼는 무사층의 입장에서는 구미 군사력에
대항할 수 없는 것은 자신의 존재 이유의 부정과 직결되는 것이었
다. 따라서 일본에서는 중국·한국보다도 구미에 대한 위기의식이
재빠르게 조성되었고 게다가 관료제에 의한 집권적인 국가체제가
없었기 때문에 '국민국가' 창출이라는 과제를 인식하기가 더욱 쉬

웠다고 생각된다. 에도시대 말기에서 메이지유신, 제국 헌법 제정에 이르는 일련의 급격한 정치 변혁 과정은 이러한 도쿠가와 일본의 국가체제에 규정되는 면이 컸다고 할 수 있을 것이다.

메이지유신 이후에 전개된 새로운 국가체제의 확립 과정은 한편으로는 서구적인 '국민국가' 체제를 확립하는 길이었지만, 다른 한편으로는 주자학적 국가체제를 일본에서 비로소 본격적으로 확립하는 과정이기도 했다고 볼 수 있다. 관료제적 국가체제 확립이나 유교 이념에 입각한 '교육 칙어' 제정 등에 '메이지' 국가의 유교적 성격이 잘 나타나 있다. 나아가 일본이 식민지로 지배하게 된 대만과 한국에서 그 통치 이념으로 유교를 이용한 것도 일본이라는 국가의 유교적 성격의 발로로 파악할 수 있을 것이다.

19세기 중엽에 일어난 동아시아 지역의 '개국'과 그 이후의 '양극 분해' 과정을 이상과 같이 이해한다면 일본에 의한 대만, 한국의 식민지화, 나아가 중국에 대한 침략 확대라는 일련의 사태 속에서 일본의 정책이 다른 식민지 지배에서 볼 수 없는 독특한 내용과 성격을 가지지 않을 수 없었던 것도 너무나 자연스러운 일이었다. 무엇보다도 일본이 식민지로 지배한 대부분의 지역은 사회 구조 등 많은 면에서 일본과 공통되는 부분을 가진 지역이었다. 이와 같은 사정은 일본의 식민지 지배에 이중적 특징을 부여하게 되었다.

첫 번째 특징은 일본의 지배 정책의 대부분이 기본적으로는 일본 국내에서 시행된 정책을 답습하는 형태로 실시된 것이다. 그것을 상징적으로 보여주는 것이 일본의 지조개정사업과 대만·조선의 토지조사사업과의 유사성이다. 이러한 사업은 유럽적 근대의 근간 중 하나인 사적 소유권을 확립시키기 위한 기초적인 것인데, 앞에서 이야기한 것과 같이 동아시아에서는 유럽 이상으로 용이하게 달성되었다. 대만이나 조선에서는 이미 이전부터 사적 소유권은 거의 확립된 상태에 놓여 있었으므로 그와 같은 사업 실시에 반대하는 사회적 세력은 존재하지 않았다. 다만 일본의 지조개정이나 일본 영토에 편입된 오키나와 현의 토지정리사업이 중의원 의원 선거 실시와 연결된 것임에 반해 대만이나 조선에서 실시된 사업은 '과세는 해도 선거권은 주지 않는다' 는 점을 전제로 한 것이었으며, 거기에 식민지성이 전형적으로 나타나 있는 점도 간과해서는 안 된다.

일본의 식민지 지배 정책의 특징으로 '내지 연장주의' 라는 것이 지적되고 있지만 그것이 단순한 슬로건에 그친 것이 아니었음은 일본과 대만·조선이 가진 사회 구조상의 공통성에 기인하고 있다. 식민지적 '개발' 정책의 실시도 같은 문맥에서 파악할 수 있지만, 다만 이 '개발' 은 일부 '식민지 근대화론자' 들이 주장하듯이 일본이 실시한 정책의 '덕택' 이었던 것이 아니라, 식민지 사회 내부에 그것을 수용하는 기초가 존재하고 있었기 때문이다. 기존의 식민지 '개발' 론에는 이 관점이 결정적으로 결여되어 있는 것은 아닐까?

일본의 식민지 지배에 나타난 이러한 특징은 한편으로는 식민지 지배를 정당화하는 논리를 무너뜨릴 수 있는 가능성을 내포하고 있다. 즉 일본이 식민지 지배를 합리화하기 위해 내건 이념은 '근대적 개발' 이었지만 식민지 사회가 그 능력을 가지게 되면 일본의 존재는 불필요해지지 않을 수 없게 된다. 일본으로서는 이런 위험한 가능성을 봉쇄하려면 '민족 말살' 과 대만이나 조선을 '내지화' 시키는 방법밖에 없었다. 이 점이 일본의 식민지 지배의 두 번째 특징이다. 그 현실성에는 의문과 불안을 품으면서도 '황민화정책' 을 강행하지 않을 수 없었던 원인은 바로 여기에 있었다고 생각된다. 그러나 그것은 일본의 식민지 제국이 내부에서 저절로 붕괴하는 길이기도 했다.

　이상에서 이야기한 바와 같이 19세기 중엽 이후의 '양극 분해'와 일본에 의한 식민지 지배 문제를 생각하는 경우에도 초기 근대를 시야에 넣는 것이 불가결하다고 생각되지만, 종래에는 내셔널리즘론으로서 '전통'의 문제가 논의되는 데 그쳤다. 이 글은 동아시아의 근대를 총체적으로 파악하기 위해 필요한 패러다임의 전환을 환기하는 데 그 목적을 두고 있으며, 평소 생각하고 있던 것을 이야기한 것이다. 여기서 논의할 수 없었던 문제, 예를 들면 한국·조선이나 중국에서의 내셔널리즘이 '전통'에 강하게 규정되고 있는 문제라든지, 현재에도 여전히 지속되고 있는 식민지 지배 '청산' 문제에 보이는 정치적 주체의식의 결여 문제 등에 대해서는 앞으로 논의가 이루어지기를 바란다.

　　　　　　　　　　　　　　　─번역 박환무(일본근대사, 한양대)

국민국가 건설과 내국 식민지 — 중국 변강(邊疆)의 '해방'

모테기 도시오(茂木敏夫)

1959년 군마(群馬)현에서 태어나 도쿄(東京)대학교 교양학부에서 국제관계를 전공했다. 도쿄대학 대학원 인문과학연구과에서 박사과정(중국철학)을 수료한 뒤 난징(南京)대학으로 유학했다. 1991~98년까지 시즈오카현립대학 강사, 조교수로 활동했고 99년부터 현재까지 도쿄여자대학 현대문화학부 조교수로 재직 중이다.

전근대 동아시아의 세계 질서와 이를 유지해온 세계관 및 그러한 전통적 세계관이 근현대에 들어와 변용하는 상황에 대해 연구함으로써 근대 세계의 문제성을 명백히 하고 바람직한 세계 질서를 모색하고 있다. 그 실천적 행위의 하나로 1997~2002년 미조구치 유조(溝口雄三), 쑨꺼(孫歌) 등이 중심으로 결성된 '일본과 중국, 지(知)의 공동체'에 참가하여 일본과 중국 지식인이 공동보조를 취할 가능성을 살펴보기도 했다. '비판과 연대를 위한 동아시아 역사포럼'에 대한 관심은 그 연장선상에 있다고 할 수 있다.
그와 동시에 한국 지식인과 대화하는 가운데 자신의 중국 연구를 더욱 보편적인 것으로 발전시키려 노력하고 있다.

〈중화제국의 '근대'적 재편과 일본(中華帝國の'近代'的再編と日本)〉,《근대 일본과 식민지(近代日本と植民地)》제1권《식민지제국일본》岩波書店, 1992.
《변용하는 동아시아의 국제질서(變容する東アジアの國際秩序)》山川出版社, 1997.
〈중화세계의 구조변동과 개혁론—근대로부터의 시점(中華世界の構造變動と改革論—近代からの視點)〉,《현대중국의 구조 변동(現代中國の構造變動)》동경대학출판회, 2001.

1. 국민국가 성립의 의미

근대 이전의 동아시아에는 중국 왕조를 중심으로 한 느슨한 세계 질서가 성립되어 있었다. 이 글에서는 이러한 전제하에 동아시아에서 근대 국민국가의 건설이 이루어진 의미와 함께 그것이 오늘날 어떤 문제를 제시하고 있는지에 대해 이야기하고자 한다. 동아시아에서 식민주의와 근대화라는 문제를 생각할 때 중국 근대사 전공자로서 우선 위와 같은 문제들을 제기할 수 있다.

이 경우 현재의 일본·중국·한국과 같이 체제화된 국가의 틀 내에서 생각할 필요는 없을 것이다. 또 일본의 대만이나 조선 반도 지배 등 식민지 제국의 공식적인 식민지 지배에 관점을 한정시킬 필요도 없다. 그보다는 그러한 공식적 국외 지배와는 다른 소위 내국 식민지에 주목함으로써 동아시아에서 근대 국민국가 성립이 지닌 역사적 의미를 살펴보고자 한다. 내국 식민지는 19세기 후반 일본이 근대국가를 건설하는 과정에서 일본의 내지로 편입된 홋카이도(北海島)·오키나와(沖繩)·오가사와라(小笠原)를 지칭하여 사용되는 개념이다.

내국 식민지라는 말은 오에 시노부(大江志乃夫) 등이 편찬한 《近代日本と植民地》제1권 〈植民地帝國 日本〉(岩波書店, 1992)에서 지적한 것과 같이 헌법상으로는 '본토', '내지'로 규정된 식민지를 의미하는 말이다. 오에는 홋카이도·오키나와·오가사와라를 내국 식민지로 열거하고, 이들을 대만 영유 이후의 근대 식민지와 구별해야 할 전근대 식민지로 규정하고 있다. 그러나 홋카이도·오키나와·오가사와라가 한꺼번에 문제로 등장하는 것은 일본이 근대국가 건설에 나서기 시작하여 국경과 영토를 획정하는 시점이었다. 그러한 의미에서 이들 문제는 근대의 문제로 제기되었다는 점에 주의해야 할 것이다. 같은 책에 실린 논문에서 필자는 다음과 같이 서술했다.[1] "일본의 근대국가 건설이 전근대에는 소위 '일·중 양속(兩屬)'이었던 류큐왕국을 일방적으로 병합하여 내국 식민지로 삼을 수밖에 없었던 것과 같이 그와 똑같은 사태가 중국에서도 대만 지배의 실질화로 발생했다. 이는 대만의 내국 식민지화로서, 변강을 균질적으로 만들어가는 근대적인 영토 지배방식이 일본으로부터 중국으로 연쇄된 것으로 정리할 수 있다."

이 글에서는 이 개념을 전제로 하여 전통적 동아시아 세계에서 일본이 근대국가 건설을 시작함으로써 발생한 파문이 중국에 어떻게 파급되었는지, 즉 청조(더 나아가서는 중화민국, 중화인민공화국)가 어떻게 대응했는지를 중국의 변강(邊疆)에 대한 정책을 중심으로 고찰하고자 한다. 일본의 근대국가 건설 과정에서는 전근대에 소위 일·중 양속이었던 류큐왕국을 일방적으로 병합하여 내국 식민지로 삼았다. 그런데 이와 똑같은 사태가 중국에서도 일어났다. 청조는 기존의 대만 지배방식을 바꾸어 균질적이면서도 전지역적으로 실효 있는 지배 구조를 만들어 대만의 내국 식민지화를 추진했다. 이와 같이 동아시아의 근대에는 국가의 영역적 통합과 국민 형성이 연쇄되어 있는 바, 그것은 내국 식민지의 연쇄이기도 했다. 이 점은 동아시아의 국민국가 건설과 식민주의 문제를 고찰할 때 결코 간과해서

---

(1) 茂木敏夫, 〈中華帝國の '近代' 的再編と日本〉. 같은 책에 田村貞雄, 〈內國植民地としての 北海島〉도 수록되어 있다.

는 안 될 것이다. 또한 내국 식민지 문제는 일국사를 기술할 때 종종 국가 통합이나 국민 통합으로 높이 평가되면서 오히려 은폐되는 경향까지 있다. 그렇기 때문에 오늘날 현존 국가를 자명한 것으로 간주하는 체제화된 내셔널리즘의 틀에서 벗어나 변강에 초점을 맞추어 식민주의를 고찰하는 것은 매우 중요하다고 할 수 있다.

여기에서는 먼저 근대 이전 중국 왕조국가의 통치체제의 특징에 대해 정리하고, 이어서 일본이 근대국가를 건설해나갈 때 발생한 문제와 그에 대한 청조 중국의 대응이 변강정책의 재편으로 귀결된 점에 대해 정리하고자 한다. 그리고 그러한 재편이 20세기에 들어서는 근대화에 의한 변강의 '해방'이라는 가치를 부여받으면서 더욱 급속도로 진전된 점을 각각의 정책을 뒷받침해주는 이념이나 논리에 주목하면서 개관한 후 문제점을 구체적으로 밝히고자 한다.

2. 중화 세계의 구조[2]

1) 전통 중국의 질서 형성 논리

근대 이전, 소위 전통적인 중국 왕조국가의 이상적인 통치 형태는 '덕치'로 관념화되어 있다. 이념상으로는 유덕자(有德者)에게 천명이 내리고, 그 천명을 받은 유덕자가 황제로서 지상의 모든 것, 즉 '천하'를 덕에 의해 통치한다는 것이다. 황제의 덕은 보편적이며,

---

[2] 이 부분은 茂木敏夫, 〈中華世界の構造變動と改革論—近代からの視點〉(毛里和子 編,《現代中國の構造變動》제7권〈中華世界〉東京大學出版會, 2001)의 1절을 약간 수정, 보완하였다.

황제를 중심으로 무한히 퍼져나간다.《논어(論語)》〈안연편(顔淵篇)〉에 "군자의 덕은 바람, 소인의 덕은 풀, 풀은 바람이 불면 반드시 나부낀다"라고 되어 있듯이 바람과 같이 자연스럽게 베풀어지는 황제의 덕에 민(民)은 나부끼듯이 감화된다. 또《논어》〈자로편(子路篇)〉에서 "가까이 있는 자들은 기뻐하고 멀리 있는 자들은 다가온다"라고 했듯이 유덕자인 황제 아래 민이 자발적으로 사모하여 모여든다고 했다. 황제가 통치하는 은혜를 입음으로써 그들의 생활 공간은 황제가 통치하는 영역, 즉 왕조국가의 '판도(版圖)', '강역(疆域)'으로 정해진다는 것이었다.

따라서 그 통치는 근대국가의 영토에서처럼 절대적인 경계선(국경)으로 구획된 영역을 전면적으로 예외없이 균질적으로 통치하려는 것이 아니라, 주민에 대한 장악에 중점을 두고 있다. 동일한 공간 내에서도 덕에 의한 교화를 이해하지 못하고 예(禮)의 규범을 받아들이지 않는 완미한 민도 존재할 수 있는데, 그들은 교화가 결여된 상태로서 교화의 바깥, 즉 '화외(化外)'로 간주된다. 그러나 이들 '화외'의 민은 전체의 조화와 안녕이 어지러워지지 않는 한 징벌되지 않으며, 황제 통치의 은혜를 받지 않는 존재로 방치된다. 그렇지만 화외민도 언젠가는 교화를 받아들일 것으로 상정되기 때문에 '교화'와 '화외'의 경계는 잠정적인 것에 불과한 것이다.

이와 같이 황제의 교화는 민에 대해 적극적으로 작용하는 것이 아니라 바람과 같이 자연스럽게 파급되는 것으로서 이를 받아들일 것인지의 여부는 민의 몫이다. 그리고 많은 민이 받아들일수록 황제의 덕은 높은 것으로 확인된다. 물론 현실적으로는 적극적인 설득, 때로는 강제도 적지 않았다. 그러나 이러한 경우라도 받아들이는 민의 문제로 이야기될 뿐 보이지 않고 의식되지 않게끔 작용하는 것이 이상적인 권력이었다. 민정을 담당하는 지방관을 '목민관'이라고 부르듯이 민정은 방목(放牧)에 비유되어, 평상시에는 민의 자유에 맡겨두다가 사회의 안녕과 질서가 어지러워진 경우에만 관이 개입, 조정해야 하는 것으로 생각했던 것이다.

중국은 면적이 광대하면서도 각 지역마다 기후, 풍토 등이 다르기 때문에 지역 사회의 안녕을 실현하기 위해서 지역 실정에 적합한 방식으로 지방 행정을 시행하는 것—'인지제의(因地制宜)'—이 용인되었다. 덕치라고 하는 극히 추상적인 정치의 존재방식에 의해 개개의 구체적인 경우에는 오히려 재량의 폭이 넓고 유연한 대응이 가능했었다. 물론 지역 실상에 따른 각각의 구체적인 정책이 중앙에서 승인되는지의 여부는 최종적으로는 황제의 자의(恣意)에 따르게 되어 있었지만, 그 정책으로 지역 사회의 안녕이 보장되는 결과가 나오면 황제의 덕에 의한 교화가 달성되었다고 간주하여 대부분의 경우 결국은 추인되는 것이 실상이었다.

안녕이 실현되고 있으면 교화가 미치지 않더라도 '화외'에 둔 채 방임하는 경우도 마찬가지이다. 서남 변경의 소수민족에 대해 그 수장이 중화의 예를 받아들일 경우 그를 토사(土司)로 임명함으로써 왕조의 관료제로 편입시켜 민의 질서 유지를 맡기는, 즉 그 독자적 습속에 의한 자치에 맡기는—이를 '인속이치(因俗而治)', '인속설관(因俗設官)' 등이라 불렀다—토사제(土司制)가 채택되는 경우가 많았다. 이로써 한족 사회와의 접촉을 최소한으로 억제하고 불필요한 혼란에 의한 '난(亂)'의 발생을 피할 수 있었다. 유동성이 높은 중국 사회에서는 한족이 변강의 비한족 사회로 이주하는 비중이 높았는데, 한족 이주민이 우월한 상황이 되면 이전의 토사제를 폐지하고 중앙에서 지방관을 파견해 직접 통치로 끌어넣는 '개토귀류(改土歸流)' 방식이 채택되었다. 그리고 이에 의해 황제의 교화가 달성되면 자화자찬하는 식이었다.

주변의 여러 국(國)과 집단의 수장을 '국왕'으로 책봉하여 자치에 맡기고, 황제의 권위에 의해 교류를 관리·정돈해서 마찰을 피하는 소위 조공-책봉 관계도 이 연장선상에서 구상되었다고 생각할 수 있다. 주변부 입장에서는 황제에게서 받은 책력을 사용하는 등 일정한 의례를 이행하는 것으로 최소한의 중국 문화를 받아들이면 자주가 보장되고 내정 외교에 대한 간섭을 받지 않는 것이 원칙이었다. 그러한 의미에서 조공은 주변부 스스로의 독자성을 지킬 수 있는 '탈중국을 위한 중국화' 전략이었다. 이와 같이 전근대에는 각각의 지역 논리에 바탕을 두고 다양한 지역을 중국 왕조국가 황제의 권위하에 느슨하게 통합하는 소위 중화세계가 형성되어 있었다.

2) 청조의 구조

만주인 왕조인 청조의 성립은 주로 동지나해로부터 남지나해 해역을 조공과 책봉에 의해 느슨하게 통합하고 있었던 명조(明朝)의 세계 질서에 또 하나 별도의 서북 내륙 번부(藩部)를 편입시키는 계기가 되었다.

청조의 구조는 마크 맨콜(Mark Mancall)의 연구를 참고하여[3] 〈그림 1〉과 같이 정리할 수 있다. 청조는 명조 초기 이래 형성된 중화세계로서의 '동남의 초승달(the southeastern crescent)'과 내륙

〈그림 1〉

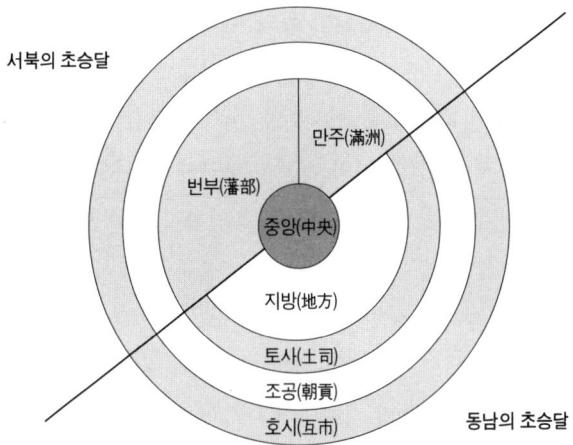

으로 뻗은 몽고·티베트·신장(新疆) 등의 번부 및 내륙 조공국으로 구성된 '서북의 초승달(the northwestern crescent)' 지역이 합쳐진 중국 세계와 비중국 세계의 이원적 구조를 지닌 국가였다.[4]

청조의 통치체제도 이에 따라 이원적으로 이루어졌다. 우선 원래의 중국 세계에서는 극소수 민족인 만주족의 지배를 원활히 하는 데

---

(3) Mark Mancall, *The Ch'ing Tribute System: An Interpretive Essay*, John King Fairbank, ed. *The Chinese World Order*, (Harvard University Press. 1968). 다만 맨콜은 나중에 '서북의 초승달'을 '북방의 초승달(the northern crescent)'로 바꾸었다(*China At The Center: 300Years Of The Foreign Policy*, Free Press, 1984 참조).

(4) 여기서는 산해관 이남으로 들어오기 전의 연고지인 동북(만주)은 비중국 세계라는 의미에서 편의상 '서북의 초승달' 속에 포함시켜 생각하기로 한다. 청조사를 전공하는 이시바시 다카오(石橋崇雄)는 이를 '기(旗)'의 세계로 분류하여 '기(旗)·한(漢)·번(藩)'으로 삼분하고 있다(石橋崇雄,〈淸朝國家論〉《岩波講座 世界歷史》13〈東アジア·東南アジア傳統社會の形成〉岩波書店, 1998).

필요한 한도 내에서 명조 후반 이래 인구 증가와 사회 유동화 추세 속에 형성된 향신이나 종족(宗族) 등의 지역 질서 형성 및 유지 기능을 인정하고 이를 역으로 이용하면서 통치체제를 구축했다. 또한 '서북의 초승달'에 대해서 황제는 북방 민족의 '한(汗)'으로 군림했다. 중국 세계에서 한인(漢人)의 이동을 방임한 것과는 달리 만주의 고지(故地)나 번부로는 한인의 이주를 용인하지 않고 이들 지역을 한인으로부터 격리하는 정책이 취해졌다. 물론 실제적으로는 만주나 외몽고, 신장 등지로 한인이 유입되는 것을 저지할 수 없었지만, 이 원칙은 오랫동안 방기된 적이 없었다. 번부 지역사회의 생활은 기본적으로는 한족으로부터 격리되어 각각의 사회에 이미 존재하고 있던 지배층의 자치에 맡겨져 있었기 때문에 각 민족 고유의 종교·문화·사회가 보존된 독자적인 비중국 세계로 유지되고 있었다.

3. 국민국가 건설의 연쇄[5]

1) 일본의 대만 출병과 청조의 대응

메이지 정부가 성립된 이래 근대 국민국가 형성에 매진하기 시작한 일본은 근대국가의 요건인 영토·국경의 획정과 그 영역에서의 배타적·일원적 주권의 확립을 지향했다. 그러나 이러한 행동은 역

---

(5) 제2절은 茂木敏夫, 〈中華世界の構造變動と改革論 — 近代からの視點〉(毛里和子 編, 《中華世界構造變動》7 〈中華世界〉 東京大學出版會, 2001)과 茂木敏夫, 〈中華帝國の解體 と近代的再編成への道〉(東アジア地域研究會 編, 《講座 東アジア近現代史》4 〈東アジア史像の新構築〉 青木書店, 2002)를 기초로 하여 좀더 보완하였다.

사적으로 형성되어 왔던 주변 국가들과의 관계를 부정하는 것이기도 했으므로 청조는 이에 대응해 주변 정책을 다시 점검하지 않을 수 없었다.

1873년 동치제(同治帝)의 친정 축하와 '일청수호조규' 비준을 위해 파견된 외무경 소에지마 다네오미(副島種臣) 사절단은 그 전년에 류큐 도민이 대만 생번(生番)에게 살해된 사건을 일·중 '양속(兩屬)' 관계에 있던 류큐의 귀속 문제를 해결하기 위한 돌파구로 삼기 위해 중국측에 엄중히 항의했다. 중국의 총리아문은 대만의 생번에 대해 "이 섬의 도민으로는 생(生)과 숙(熟) 두 가지 종류가 있다. 종전에 우리 왕의 교화(敎化)에 복속한 것은 숙번(熟番)이라고 하여 부현(府縣)을 두어 다스렸다. 그리고 아직 복속하지 않은 것을 생번이라고 하는데, 이는 화외(化外)에 두어서 그다지 다스리려고 하지 않았다", "생번의 횡포를 제어하지 않으면 우리 정교(政敎)가 멀리 미치지 못할 것"[6]이라고 하여 현상을 추인하는 전통적 논리로 설명했다. 이에 일본은 이 회답을 근거로 통치 책임을 방기한 생번 지역은 '무주(無主)' 지역에 다름없다는 논리를 세워 다음해 대만으로 출병했다.

이 사건은 영국공사 웨드의 중개로 간신히 화해가 성립되었고 일본은 대만에서 철병했다. 그러나 이 과정에서 청조의 해방(海防)이 제대로 갖추어져 있지 않다는 점과 전통적인 판도 지배가 근대적 국제관계에 대해 취약하다는 점이 명백해졌다. 일본이 만국공법과 군사력을 가지고 영역 내의 전면적인 실효적 지배를 따진 데 반해 전

---

[6] 《日本外交文書》卷6, 문서번호 95.

통적인 판도 지배 이념으로는 유효하게 대처할 수 없음이 드러난 것이다.

이후 대만 통치를 맡은 심보정(沈葆楨)이나 정일창(丁日昌) 등은 기존의 지배방식을 근본적으로 바꾸어 생번이 거주하는 산지의 개간을 추진하는 한편, 생번 거주 지역을 적극적으로 교화시켜 통치체제 내로 끌어들였다. 또 기존의 허가 없이는 용인되지 않았던 본토로부터의 도항에 대해서도 태도를 바꾸었다. 많은 주민이 금령을 범하고 밀항하는 현상을 종래에는 간헐적으로 추인했으나, 이제는 오히려 이민을 널리 불러모아 적극적으로 통치체제 내로 끌어들이기 위해 추인으로부터 적극적인 장려와 설득이라는 방향으로 통치 방향을 180도 전환했다.

이렇게 하여 대만은 해방의 최전선으로서 생번도 적극적으로 끌어들이는 가운데 양무기업(洋務企業)의 경영을 추진하는 무대가 되었다. 그리고 1885년에는 그 전년도의 신장에 대한 성제(省制) 시행에 이어 대만성이 설치되기에 이르렀고, 초대 순무(巡撫) 유명전(劉銘傳)은 계속해서 적극적으로 대만 경영을 추진했다.

2) 새방(塞防)-해방(海防) 논쟁과 신장성 설치

대만 사건은 청조 지도층으로 하여금 해방의 미비(未備)함과 전통적인 판도 지배의 취약성을 통감하게 했다. 일본과의 화해가 성립되자마자 1874년 말 공친왕(恭親王) 등 총리아문의 요구에 응하여 유력한 지방관들에게 해방 강화를 위한 상세한 대책을 보고하라는 명령이 내려졌다. 이로 인해 촉발된 논의는 해방론(海防論)과 새방론(塞防論)의 대립으로 발전했다. 해방론은 당시 추진하고 있던 신장 회복정책-당시 신장은 야쿠브 베그의 카슈가르 정권이나 러시아의 이리 지방 점령 등으로 인해 청조의 통제권에서 멀어져 있었다-을 중지하고 이를 포기해야 한다는 주장을 편 것에 반해 새방론은 신장을 회복해야 한다는 주장이었으니, 이것이 소위 새방(塞防)-해방(海防) 논쟁이다.

해방론을 대표한 사람은 리훙장이었다. 그는 당시의 위기를 '수천 년 동안 한 번도 없었던 사태'로 규정하고 '수천 년 동안 한 번도 없었던 강적'에 대항하려면 억지로라도 건륭제 이래 조종(祖宗)의 '성법(成法)'을 바꾸어 신장을 포기하고 방위선을 가욕관(嘉峪關)에 두어 직할성 수비에 전념하도록 하며, 신장 원정 예산을 해방으로 돌릴 것을 주장했다.[7]

이에 대해 신장 회복을 주장한 관료는 좌종당(左宗棠)이었는데, 그의 주장도 단순한 '성법(成法)' 유지에 그치는 것이 아니었다. 좌종당은 서역 정벌을 결단한 조정의 명을 받들어 1877년 러시아 점령하의 이리 지방을 제외한 신장 전체를 회복했다. 이어서 러시아의 영토 확대에 대처하기 위해 신장에 성제(省制)를 실시하여 군현제로 바꾸고 자치 대신 중앙집권적인 직접 통치를 주장했다.[8] 그리하여 1881년 페테르스부르크 조약에 의해 이리 지방이 반환되고 이곳에 근대적 의미의 국경선이 설치되었으며, 1884년에는 신장성이 설치되어 내지와 동일한 통치체제가 구축되었다. 그 사이에 좌종당은

---

[7] 〈籌議海防摺〉《李文忠公全集》奏稿 卷24.
[8] 〈遵旨籌全局摺〉《左宗棠全集》第6卷.

투르크계 이슬람에 대해 한어(漢語) 교육 등 적극적인 교화 노력을 기울이는 한편, 중국 본토로부터 한인의 이민을 장려하는 등 일체화를 추진했다. 민정의 직접적 대상인 주민을 편입시키는 이러한 통치 방향의 전환은 성제 시행 후에도 계속 추진되었다.

3) 이중의 재편

새방-해방 논쟁과 그에 뒤이은 신장·대만 2개 성의 설치에 이르는 논의는 모두 일본이나 러시아의 군사적 압력과 근대적인 국경·영토 지배에 대응하기 위한 것이었다. 이러한 논의는 기존의 느슨한 변강 통치로는 새로운 정세에 대응할 수 없다는 인식을 같이 하고 있었으며, 그러한 전제 위에 통치방식을 변경하여 변강에 대해 적극적인 권력을 행사함으로써 본토와의 일체화, 변강의 중국화를 지향하는 것이었다. 애매모호한 주변부에 방위선을 긋고 그 안쪽에서는 중앙 권력을 말단에 이르기까지 예외 없이 전면적으로 침투시켜야 한다고 하여 적극적인 방식으로 대처해나갔다.

그 무렵 대만 순무 유명전이 원주민에 대해 "민번(民番)은 모두 조정의 적자(赤子)"이며, 회개하고 귀순한 자는 관대히 취급하는 것이 "조정의 일시동인(一視同仁)의 지극한 뜻에 합치한다"라고 했듯이 이러한 적극적·직접적 통치로의 전환은 여전히 전통적인 덕치 이념으로 이야기되고 있었다.[9] 신장의 무슬림이나 대만의 원주민을 대상으로 한 교화는 확실히 한화(漢化)가 그 실질적인 목표였다. 그

---

(9) 〈督兵剿撫中北兩路生番請獎官紳摺〉《劉壯肅公奏議》卷 4.

러나 이처럼 덕치주의라는 맥락에서 이야기됨으로써 좀더 보편적인 중화화(中華化) 및 중국화의 외양을 걸치게 되었다.

전통적인 덕치, 덕화(德化) 이념을 근거로 하면서도 그것을 적극적으로 예외 없이 추진함으로써 청조의 판도 지배는 중앙 권력이 예외 없이 전면적이고도 균질적으로 침투할 수 있었다. 말하자면 근대국가의 영토 지배와 같은 성격으로 재편된 것이다. 나아가 그 재편에 있어서 '성법(成法)'이 변경되고 비중국 세계로 격리되어 다스려졌던 신장을 중국화함으로써 균질화·일체화가 도모되었다. 그러한 의미에서 이 재편은 영토 지배로의 재편인 동시에 이원적 구조를 '중국'이라는 틀 아래 일원화하는 또 하나의 재편을 동반하는 이중의 재편이었다.

이 시기의 이러한 판도 지배 재편방식은 앞에서 제시한 〈그림 1〉과 같이 생각하면 152쪽의 〈그림 2〉와 같이 될 것이다. 종래 청조의 세계관(Ⅰ)에서는 중심에서부터 주변부로 갈수록 황제의 덕이 미치지 못했다. 즉 중국 세계에서는 검은 점의 밀도가 점차 성글게 되어가는 동심원적 모양으로 나타난다. 청조는 이것과 만주인의 고지(故地) 및 번부를 전체 판도로 간주했으나, 그들 사이의 경계선은 〈그림 2〉에서 두꺼운 파선(破線)으로 보이는 것과 같이 잠정적인 것에 불과했다. 그러던 것이 당시까지 판도로 구분되었던 경계선을 절대적인 국경으로 다시 긋고(파선의 실선화), 그 안쪽 '동남의 초승달'에서는 대만성 설치에서 볼 수 있듯이 중앙 권력이 농도 차이 없이 균질적으로 채워지며, 이러한 현상은 '서북의 초승달'의 일부인 신장으로 파급되어 갔다(Ⅱ). 그 후 청일전쟁을 거치면서 바깥쪽 원에 있던 조공국 가운데 마지막까지 남아 있던 조선을 상실하게 되자(바

〈그림 2〉

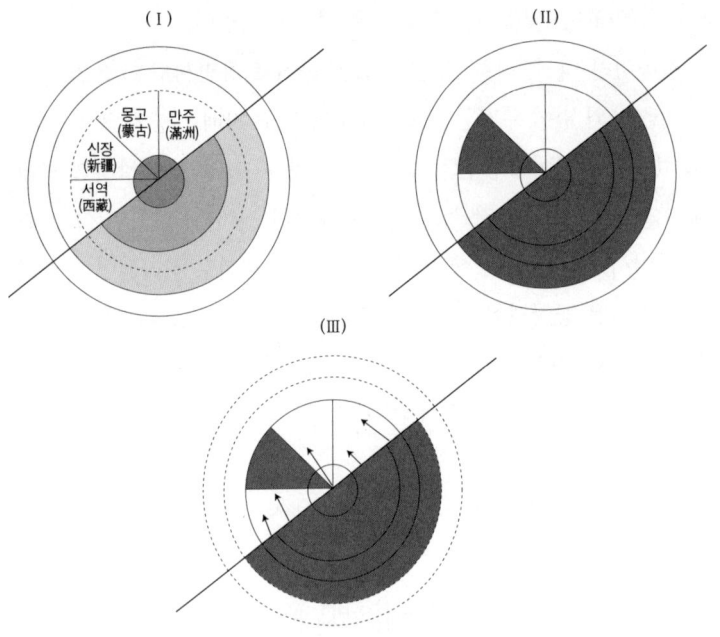

깥쪽 원의 점선화), 남아 있는 중국 본토의 직할성과 번부를 기본적인 영토로 하여 근대적인 국민국가로 재편성하는 것이 부득이하게 되었다. 1900년대에 청조는 기존의 왕조국가 체제를 재편성하면서 만주에 대한 동삼성 총독의 설치나 동티베트에 대한 시캉성(西康省) 설치 등 번부의 남은 부분을 똑같이 채워가는 작업(Ⅲ)에 의해 근대적인 입헌군주제 국가로의 변모를 도모했다. 이 시기에는 서남 지역 토사(土司)를 개토귀류하는 직할화정책도 적극적으로 논의되었다.[10]

이처럼 동아시아 주변 지역에서 근대국가의 건설, 근대적 영토 지배의 확립이 파급되고 그 연쇄로서 변강에 대한 적극적·직접적 통치를 확립하려는 움직임이 발생함으로써 청조의 이원적 통치구조가 해소되어 중국으로의 일원화라는 형태를 취하게 되었지만 그 대가는 컸다.

19세기 말 이래 한족 중심의 배만(排滿) 내셔널리즘이 시행착오한 결과, 신해혁명에 의해 1911년 1월 성립한 중화민국은 만주 등 비중국 세계까지 포함하여 청조의 영역을 거의 그대로 계승했다. 이 영역을 포섭하기 위해서는 한인 내셔널리즘에 의한 배만 논리만으로는 불충분했기 때문에 그 대신 새로운 통합 논리로 청조 말기 무렵부터 찾아낸 것이 '오족공화(五族共和)'와 '중화민족(中華民族)'이었다. 이때 '오족'에 포함되지 못한 '동남의 초승달'의 변강인 서남 지역의 민족 등은 독자적인 민족으로 취급되지 않고 한층 더 강력히 한족에 동화시키는 정책이 추진되었다. 그 후 1921년 손문(孫文)은 한족으로 동화시킬 대상을 한족 이외의 4개 종족으로 확대하여 "내가 생각하고 있는 조화 방법은 한족을 중심으로 하여 이들(滿·蒙·回·藏)을 우리에게 동화시키고, 그 밖의 민족들이 우리에게 가입하여 건국을 조직하는 기회로 만드는 것이다. 아메리카 민족의 구조를 모방하여 한민족(漢民族)을 중화민족으로 바꾸고 하나의 완전한 민족국가를 조직하여 아메리카와 함께 동서 양반구의 2대 민족주의 국가를 만드는 것"이라고 했다.[11] 결국 손문이 선택한 것

---

(10) 武內房司,〈西南少數民族―土司制度とその崩壞過程をめぐって〉《明淸時代史の基本問題》(汲古書院, 1997).
(11)〈在中國國民黨本部特設駐粤辦事處的演說〉《孫中山全集》第5卷(中華書局, 1985).

은 대한족주의(大漢族主義)에 의한 국민국가 건설이라는 길이었던 것이다.

이와 같이 일본의 근대국가 형성에 따른 영토 지배가 중국으로 파급되고, 그 대응으로 중국이 스스로를 근대국가로 재편성하게 되는 동아시아에서의 국민국가 건설의 연쇄는 중국 국내에서 '한족(漢族)-비한족'의 비대칭성에 의한 '대-소', '다수-소수' 및 그 결과로서의 '강-약' 구조를 야기했다.

4. '해방(解放)'의 논리

1) 제국주의·화이주의로부터의 '해방'

청조 말기부터 적극적으로 개토귀류정책을 추진하려는 논의는 제국주의 열강의 압력으로부터 변강을 방위한다는 관점에서 중화민국 수립 이후에도 계속되었다. 1930년 대계도(戴季陶) 등이 결성하여 활동한 신아세아학회는 일본의 괴뢰국가 '만주국'에 대한 위기감 때문에 변강 방위에 국민 동원이 요청되는 상황에서 민족 문제나 종교 문제가 좀더 긴밀하고도 절실하게 부각된 결과였다.[12] 이 학회의 강령(1932년 2월 15일, 대계도 선정)[13]에는 회원이 범해서는 안 될 행위로 "각 민족의 도덕 감정을 해치지 말 것" 등 모두 7개 항목을 규정하고 있는데, 그 중에는 "계급 투쟁 및 단순히 투쟁을 관념

---

(12) 村田雄二郎, 〈中華ナショナリズムの表象―顧頡剛における '民族'と'國家'〉《江戸の思想》8(1998).
(13) 《禹貢半月刊》第5卷 第2期(1935).

으로 하는 철학을 주장하는 것"도 포함되어 있다. 이와 같이 볼 때 이 학회가 변강 방위에 국민을 동원하는 과제를 수행하면서 좀더 광범위한 민족을 포섭하기 위해 공산당과 주도권 다툼을 벌이고 있었던 점도 알 수 있다.

이 학회는 발흥기에 있던 민족학·인류학의 성과를 바탕으로 하여[14] 주로 이전의 번부였던 서북·몽고 변강 문제에 초점을 맞추었다. 또 윈난(雲南)·구이저우(貴州) 등 서남 산간 지역의 민족 문제에 대해서도, 서남 민족의 명칭에 '짐승 변'을 사용하는 등 일방적으로 야만시한 견해를 비판하고 각 민족의 융화를 강조하는 등 새로운 문제를 제기하고 있었다.

예를 들면 역금(亦琴)의 논문 〈역대 서남 민족 연구의 오류(歷代研究西南民族之誤謬)〉에서는 전통적인 한족 지식인의 서남 민족에 대한 모멸적인 시선을 엄혹하게 비판하고 금후의 연구는 '평등 정신의 배양과 과학적 방법의 응용'을 방침으로 삼아야 한다고 서술하고 있다. 그러나 "서남 민족은 오랫동안 속박되고 억압받았으며, 오늘날 우리의 해방을 기다리고 있다. 중국의 영토 정리 완결과 중화민족의 단결을 위해 생각하건대, 해방시키지 않으면 안 된다. …… 제국주의자는 '민족자결'의 언설을 끌어들여 그 독립을 선동하는데, 어리석은 인민들은 유혹당하기 쉽다. 그러면 '외몽고공화국'이나 '만주위국(滿洲僞國)'이 서남쪽에서 나타날 것이다. 해방의 길은 정치적 측면에서는 극력 개발하고 가르치고 길러 동화시키는 방책을 추구해야 한다. 학술적 측면에서는 잘못된 견해를 제거하고

---

(14) 발흥기의 민족학·인류학에 대해서는 王建明 編,《中國民族學史》上(雲南敎育出版社, 1998) 참조.

평등과 과학의 정신을 발휘하게 하여야 한다"고 주장하는 등 전통적 화이주의에 의해 '사람을 개처럼 보는' 경멸적 태도를 비판하면서도 그들을 '우민'이라 칭하고, '평등과 과학적 정신', '개발', '동화'에 의해 제국주의자의 '유혹'으로부터 '해방'시켜야 한다고 서술했다.[15] 이처럼 해방될 때에야 비로소 민족의 단결이 공고히 이루어지고 변강 방위에 동원할 수 있게 된다는 것이다.

또 이 시기에 윈난의 소수민족 지역으로 필드워크를 나갔던 중산대학(中山大學)의 양성지(楊成志)도 1930년의 보고서에서 서남 소수민족에 대한 편견을 비판하고 '짐승 변'을 붙인 차별적 표기방식을 바꾸라는 주장을 제기했다. 그러나 이 시기 문화인류학 교과서에는 인류학의 목적으로 '인종 편견의 소멸' 뿐만 아니라 '우리 선진 민족에 의한 야만의 개화', '국내 민족의 동화'도 병기되어 있었다.[16] 이 시기 민족학 및 인류학에서는 소수민족에 대한 편견을 비판하면서도, 선진-후진의 구조에 대해서는 의심을 품은 적이 없었다. 그 문제는 '선진적'인 한족이 소수민족을 동화하면 저절로 해결될 것이라는 생각이 널리 공유되고 있었다고 해도 좋을 것이다.

그 밖에 서남부 민족들은 한족과 동원동족(同源同族)이며, 개화에 의해 한족에 동화함으로써 평등이 실현되었다고 생각하는 연구자들도 있었으니, "동인(僮人)은 가장 순수한 한족의 후예다"라고

---

(15)《新亞細亞》第9卷 第6期(1935).
(16) 坂元ひろ子〈多民族國家におけるナショナルアイデンティテの歴程—大漢族/黃種/中華民族〉(青木保 등 편,《アジア新世紀》제3권, 岩波書店, 2002).
(17) 徐松石,《粤江流域人民史》(中華書局, 1935);劉錫蕃,《嶺表紀蠻》(商務印書館, 1934). 徐松石·劉錫蕃의 연구사상 위치에 대해서는 松本光太郎,〈壯族の移住傳說とエスニシティ〉(阿部晴年·伊藤亞人·荻原眞子 편,《民族文化の世界 (下)》小學館, 1990).

서술한 서송석(徐松石)이나 유석번(劉錫藩) 등이 그러한 예에 속한다.[17)]

이와 같이 변강 방위 요청에 따라 서남부 민족들에 대해 적극적 관심이 집중되었기 때문에 전통적인 화이주의에 의해 이들 민족을 멸시하는 행위는 비판을 받았다. 그러나 이번에는 근대의 척도에 의해 선진적인 한족과 뒤떨어진 서남부 민족이라는 도식으로 다시 조정되었다. 화이주의와 제국주의로부터의 '해방'을 지향했던 연구자들의 진지한 문제의식은 결국 다양성과 정반대인 일원적인 한족으로의 동화로 발전하게 되었다. 선진적인 한족에 동화하여 균질적이 되면 평등이 실현된다는 것이다. 그런 의미에서 이는 손문 이래의 대한족주의를 돌파하는 것은 아니었다.

2) 제국주의·대한족주의(大漢族主義)·봉건주의로부터의 '해방'

국민당과의 내전에서 승리하여 건국된 중화인민공화국은 제국주의로부터의 '해방'을 표방함과 동시에 국민당의 대한족주의와 동화정책을 부정함으로써, 즉 대한족주의로부터 '해방'되어 소수민족의 존재를 공인하여 다민족 국가로 자신을 규정했다. 그리고 토지개혁 등에 의해 봉건적 착취로부터의 '해방'을 추진했다. 그런 의미에서 중화인민공화국의 성립은 세 가지 '해방'을 동반하는 것이었다고 할 수 있다.

변강 민족 정책으로는 1949년 9월 정치협상회의 공동강령에서 한족 이외의 여러 민족에 대한 민족 구역 자치가 결정되고 1952년 8월 구역 자치 실시요항이 제정되었다. 그리고 그 전제로 많은 민족 집단을 재조직하기 위해 우선 민족 식별 작업을 행했다.

서남 지역, 광시성에서는 1951년 중앙에서 파견된 중남(中南) 방문단이 조사, 식별 작업을 실시했다. 당시 광시성에는 서부의 산지와 구릉지를 중심으로 20종이 넘는 서로 다른 자칭(自稱)을 갖는 집단들이 생활하고 있었다. 방문단의 사회·언어 조사를 거쳐 이들 집단들은 하나의 민족으로 통합되기에 이르렀다. 그 민족의 명칭으로는 사서에서 일반적으로 사용된 '당(撞)'이나 '동(獞)'을 유래로 하여 '동족(僮族)'이 채용되었다(여기에는 앞에서 서술한 중화민국기의 민속학 연구 성과도 반영되었을 것이다. 국민당 정부의 행정원 훈령에 의해 1940년대에는 '당(撞)', '동(獞)'은 '동(僮)'으로 바뀌어져 있었다). 앞에서 언급한 여러 집단들도 이 식별에 의한 통일 명칭을 받아들여 '동족'이라는 하나의 민족이 중화인민공화국의 소수민족으로 '탄생'하게 되었다. 그 후 1965년 같은 발음으로 '강장(强壯)'을 뜻하는 '장족(壯族)'으로 표기가 바뀌었다(이하에서는 시기에 따라 표기를 달리하는 번거로움을 피하기 위해 치완족으로 칭한다).[18]

그렇게 되자 민족 구역 자치를 어느 지역에 설정할 것인지가 중요한 정치적 문제가 되었다. 이미 1952년 12월 광시성 내부에서 치완족이 집주하는 서부 지역 42개 현에 계서(桂西) 치완족 자치구(1956년 2월 자치주로 개칭하고, 정부는 난닝(南寧)으로 칭했다)가 설립되었는데, 성급(省級)의 자치구를 설치하게 되었다.

이때 한족이 우월한 동부를 광시성으로 남겨둔 채 서부를 치완족

---

(18) 松本光太郎, 위의 글; 塚田誠之《壯族社會史硏究―明淸時代を中心として》國立民族學博物館硏究叢書 (3)(國立民族學博物館, 2000).

자치구로 만드는 안(분할안)과 광시성 전체를 치완족 자치구로 만드는 안(합병안)이 검토되었다. 광시성 전체로는 한족 인구가 약 60%, 치완족 인구가 약 40%를 차지하여 인구 비율로는 한족이 다수를 차지하고 있었다. 그 때문에 현지의 치완족측에서는 1952년 이래 동부와 분리한 자치구역을 만들어온 실적을 근거로 하여 여기에다가 인접한 윈난성·구이저우성의 치완족 거주지까지 합쳐서 계서 치완족 자치구를 만들기를 요망했다. 그렇게 하면 치완족에게 우월한 지역이 설정되기 때문이다.

그러나 결국 동서로 분할하지 않고 광시성 전역을 자치구로 만드는 안이 결정되었다. 1957년 7월 우랑프는 분할안을 기각하고 합병안을 채용한 이유로 한족이 많은 동부는 농업에 적합하고, 치완족이 많은 서부는 광공업 발전에 양호한 조건을 갖추고 있으므로 "합병하여 서로 원조하고 각각의 장점을 발휘하면 광시 각 민족의 장기적인 공동의 진보와 발전에 유리"하기 때문이라고 설명하고 있다.[19]

또 그 다음달 전국 민족공작 좌담회에서 주은래(周恩來)는 "치완족 단독의 자치구는 불가능하다. 비록 광시(廣西)의 치완족이 집단거주하는 지역에 윈난·구이저우의 치완족 지구를 합쳐 하나로 만들어도 역시 한족이 100만 명 정도 포함된다. ……만일 이렇게 나눈다면 치완족 자치구는 극단적으로 고립될 수밖에 없어 경제 발전에 불리하다"라고 연설을 하여 치완족이 바라는 분할안을 부정했다. 다른 한편으로는 '치완족 자치구를 성립시키는 문제'를 '광시 치완족

---

(19) 〈ウランフ國務院副總理廣西僮族自治區および寧夏回族自治區の設置に關する報告〉《原典中國現代史》제4권(岩波書店, 1995), 73~74쪽.

자치구는 민족 합작의 자치구다'라고 하여 치완족 단독이 아닌 한족과 치완족의 민족 합작이라고 하며 '한족을 설득했다.'[20]

그리하여 광시 치완족 자치구가 1958년 3월 성립했다. 자치구 정부는 이전 광시성의 성도(省都) 구이린(桂林)으로부터 그 전까지 계서 치완족 자치주 정부의 소재지였던 난닝으로 이전했다. 그러나 그로 인해 행정 사무의 중심이 치완족 집주 지역으로 옮겨감으로써 수적으로 우위에 선 한족의 거주 지역이 도리어 서쪽으로 확대되었으며, 또 경제적으로는 '중국'이라는 큰 틀에 편입되는 결과를 낳게 되었다.

또 하나의 '해방', 치완족 사회의 토지개혁, 나아가서 농업 집단화는 1952년 계서 치완족 자치구 설립 이후 한족 사회와 거의 같은 속도로 추진되었다. 치완족 입장에서 볼 때 토지개혁은 청대 이래 한족 이주민과의 토지 분쟁을 어느 정도 해결하고 자신들의 지위를 향상시킬 수 있는 것으로 환영받았다. 원래 스스로를 한족의 일부, 즉 일찍이 중원으로부터 이주하여 광시 지역에 정착한 한족으로 간주하고 각 지역에 흩어져 살면서 통일된 의식조차 갖고 있지 않았던 광시의 집단들이 중앙의 의향을 받아들여 하나의 통일된 소수민족인 '치완족'이라는 식별을 받아들이게 된 계기가 되었다고 할 수 있다.[21]

치완족은 민족 식별 공작에 의해 새로운 민족으로 '탄생'하고, 토

---

(20) 周恩來,〈關于我國民民族政策的幾箇問題〉中共中央文獻硏究室 편,《建國以來重要文獻選編》제10책(中央文獻出版社, 1994). 또 중화인민공화국의 민족정책에 대해서는 毛里和子,《周緣からの中國―民族問題と國家》(東京大學出版會, 1998) 참조.
(21) 松本光太郎, 앞의 글.

지개혁 추진으로 인해 한족 지주의 봉건 착취로부터 '해방'되었다. 이러한 두 가지 과정이 연동하는 가운데 치완족은 비록 몇 가지 문제는 남아 있었지만, 소수민족으로서 일정한 우대를 받으면서 '중국'의 틀 안에서 공존을 도모하는 길을 발견한 것이다.

서남 민족이 '동남의 초승달'의 변강으로서 역사적으로 중국 왕조와 여러 차례 접촉하여 한족과 잡거하고 있었던 데 비해 역사적으로 중국 문화권 바깥에 놓여 있었던 티베트의 경우는 사정이 매우 달랐다.

1950년 '제국주의 압박하에 있는 티베트 동포를 해방하고 조국 서부의 국방을 강화하기 위해'[22] 동원된 인민 해방군이 티베트로 진군하고, 1951년에는 티베트의 현행 정치제도와 달라이 라마의 고유한 지위·직권을 유지하는 것을 조건으로 하여 '중국 주권하의 티베트'를 인정하는 '중앙인민정부와 티베트 지방 정부의 티베트 평화 해방에 대한 협약'이 북경에서 체결되었다. 국민 정부가 수행하지 못했던 과제, 즉 티베트를 제국주의로부터 '해방'시키려 한 시도가 여기에서 실현되었다.

이 '협약'은 전문에서 티베트 민족과 티베트 인민을 "중화인민공화국이라는 큰 가정으로 되돌아오게 하여 국내의 다른 각 민족과 똑같이 민족 평등의 권리를 누리게 한다"라고 하여 티베트 민족을 민족 평등정책으로 위치 규정하고 있다.[23] 중앙 정부 쪽에서 보자면, 이로써 국민당의 대한족주의로부터의 '해방'이 달성되었다고 말할

---

(22) 〈チベット進軍の政治動員令に關する新華社報道〉《原典中國現代史》제4권(岩波書店, 1995).
(23) 《原典中國現代史》제1권(岩波書店, 1994).

수 있을 것이다. 그러나 대한족주의 아래에서 한족으로 동화되고 있었던 서남 지역의 소수민족이라면 민족으로 인지되고 각 민족을 평등하게 대하는 정책에 의해 대한족주의의 동화 압력으로부터 해방되었다고 이야기할 수 있을지도 모른다. 그러나 '국내의 다른 각 민족'과의 평등은 모리 가즈코(毛里和子)도 지적했듯이 티베트족과 같은 소위 '역사를 짊어진 민족'이 "단순히 수십 종 존재하는 소수민족, 에스닉 그룹의 하나라는 지위로 하락하는"[24] 결과가 되고 말았으니, 여기서는 민족 평등정책이 완전히 별개의 정치적 의미를 지닌 결과를 낳았다.

 그 후 중앙은 반우파 투쟁을 계기로 급진적인 민족정책으로 전환하여 지방 민족주의를 비판하거나 종교적 특권을 폐지하는 등의 일을 했기 때문에 50년대 말에는 각지에서 이에 반발하는 움직임이 일었다. 이러한 움직임이 정점에 달한 것이 1959년 가을의 티베트동란이다. 중공 중앙은 이에 의해 소위 '반동 농노주'로부터 토지를 몰수하여 분배하는 '민주 개혁'을 단행함으로써 '해방'을 실현했다. 그 후 이러한 '해방'을 정당화하고 그 성과를 유지하기 위해 망명한 달라이 라마를 '매국노'로 비판, 배제하기도 하고, 티베트의 구사회를 암흑의 봉건 농노제로 평가하는 언설이 유포되기도 했으며, 주지하다시피 비용을 도외시한 수많은 '원조'가 투하되기도 했다.[25]

---

[24] 毛里和子, 앞의 책, 48쪽.
[25] 坂元ひろ子, 〈'解放'という名の差別 — チベット問題にみる愛國主義と人種主義〉《世界》 1996년 3월호.

반제국주의 내셔널리즘에 공산주의적 가치 체현이라는 또 하나의 에너지가 가산되어 실현된 티베트의 '해방'[26]은 중국혁명이 반제국주의·반봉건주의의 위업으로 운위됨으로써 내부의 제국주의 구조를 은폐하게 되었다. 1951년의 '협정'에 규정되었듯이 티베트 인민은 "중화인민공화국이라는 조국의 큰 가정 속으로 되돌아간다"(제1조), 즉 본래 존재해야 할 통합 상태로 복귀한다고 언급되었다. 이처럼 중국이라는 국가의 일국사 서술에서 티베트 문제는 국가를 통일하는 위대한 사업으로 상찬되었다.

근대 세계와 대치하는 가운데 일본의 반서양 내셔널리즘이 변강을 내국 식민지로 통합한 것과 연동하는 형태로 중국의 반일본, 반서양 내셔널리즘도 변강 지배를 재편하고 내국 식민지화했다. 이는 왕조에서는 '교화', 공산당에서는 '해방'이라는 가치로 표현되었다. 분명히 그러한 내실도 지니고 있었기 때문에 공산당의 반제·반봉건 내셔널리즘이 체제화되자 예를 들면 치완족과 같이 이를 받아들여 내셔널리즘의 틀 안으로 통합된 경우도 적지 않았다. 그러나 이를 받아들이지 않는 지역은 달라이 라마가 '매국노'로 배제되는 것처럼 '매국', '반혁명'으로 철저히 배제되었다. 여기에서 식민지주의의 동화와 배제의 표리일체성을 발견할 수 있다.

이 글은 변강이라는 영역적인 주변부로부터 고찰하려고 한 것이지만, 이러한 문제는 사회관계·권력관계의 주변부에 위치한 존재(여성, 피차별민, 반체제 지식인 등등)에 대해서도 나타날 것이다. 그

---

26) 平野聰, 〈'解放'とは何か-'チベット解放'からみた-考察〉《中國-社會と文化》제16호 (2001).

러나 주변부를 통합시킬 때 발생하는 이러한 왜곡상은 일국사를 서술할 때에는 국가 통합이나 국민 통합으로 상찬되는 속에서 오히려 은폐되는 경향이 있다. 바로 그렇기 때문에 현존하는 국가를 자명한 단위로 생각하는 체제화된 내셔널리즘의 틀을 넘어 시선을 교차시키는 의미가 매우 크다고 생각한다.

—번역 도면회(한국근대사, 대전대)

일본 미술사와 조선 미술사의 성립

다카기 히로시(高木博志)

1959년 오사카에서 태어나 1988년 리쓰메이칸(立命館)대학을 졸업하고, 같은 대학 대학원 박사 과정을 수료했다. 홋카이도(北海道)대학 문학부 조교수를 거쳐 현재 교토대학 인문과학연구소 조교수로 재직 중이다.

천황을 둘러싼 일련의 즉위의례·장례의식·가모(駕茂) 신사의 제례·정월의례(正月儀禮) 등의 황실의례, 사적명승(史蹟名勝)·국보 문화재나 박물관 등 천황제와 관련된 문화적 요소들을 대상으로 하여 근세와 근대 천황제의 존재방식의 차이를 연구하고 있다. 최근에는 '고도(古都)의 근대'를 천황제의 정치 문화론으로 고찰하고 있다. 나라(奈良)와 교토(京都)가 고도(古都)로 형성되는 과정을—전근대로부터의 연속과 단절에 유의하면서—어물(御物)이나 천황릉(天皇陵)등의 황실재산, 고사(古寺)순례·수학여행·박람회, 사사(社寺)의 제례 등을 소재로 하여 메이지유신부터 쇼와기(昭和期)의 '기원 2600년' 사업까지 통과한다.

직접 대상이나 사료와 부딪쳐 아이디어를 얻어 연구논문을 집필해 왔다. 그는 나라나 교토의 고사찰이나 마을에서 사료조사를 하고 있을 때가 가장 행복하다고 한다.

《近代天皇制の文化史的研究 : 天皇就任儀禮·年中行事·文化財》校倉書房, 1997.
《文化財と近代日本》(공편저), 山川出版社, 2002.

1. 만들어진 미술사

　명치 유신부터 1890년대까지 서양 미술사의 방법론과 역사 인식이 일본에 도입되고 문화재 보호에 대한 정부 차원의 정책이 전개되는 과정에서 '일본 미술사'는 성립했다. 각 문화재를 분류하여 국보를 정점으로 하는 등급을 매기고 조각, 회화, 건축, 공예 등의 장르를 나누어 그 미술을 개개의 '시대 정신'에 따라 시대를 구분하는 방법론은 오카쿠라 덴신(岡倉天心)의 《일본 미술사(日本美術史)》(1981)에서 체계화되었다.[1]

　그리고 1897년 옛 신사·사찰에 관한 '고사사보존법(古社寺保存法)'에 의거해 나라(奈良)현 최초의 기사(技師)가 된 세키노 다다시(關野貞)는 유럽 '고전 고대' 그리스에 비교되는 나라(奈良)에서 문화재 행정의 중심적인 역할을 맡아 호류사(法隆寺)나 도다이사(東大寺), 야쿠시사(藥師寺) 등의 고대 문화와 대면하게 되었다. 이어서 1901년 동경제국대학 공과대학 조교수로 취임한 다음해부터 한반도의 고분조사에도 착수했다. 통감부(1905)가 설치되기 이전의 대한제국 시대의 일이었다.

　1904년 8월에 제출된 그의 《한국건축조사보고》(동경제국대학 공과대학 학술보고 제6호)에서는 신라-고려-조선의 시대 구분을 하고 있는데, 예를 들면 불국사의 석탑을 그 시대의 정치, 문학, 종교 등과의 관련성에 입각해 고찰하는 내용이었다. 또한 통일신라시대

---

[1] 高木博志,〈日本美術史の成立〉《日本史研究》400호 1995년 및 《近代天皇制の文化史的研究》教倉書房, 1997)에서는 역사 인식으로서 시대 구분론이 성립하는 의미와 일본 미술사의 성립을 문화재 보호 행정의 전개 속에서 고찰하였다.

를 정점으로 했던 불교 미술이 그 이후는 쇠퇴하여 조선시대에는 '거칠고 유치'하여 볼 것이 없다는 견해를 담고 있다.[2] 오카쿠라에 의해 체계화된 일본 미술사의 방법론은 10여 년의 시간 차이를 두고 세키노의 조선 미술사로 이어지게 된다.[3]

이와 같은 일본 미술사와 조선 미술사의 연쇄작용을 밝히고자 하는 것이 이 글의 목적이다. 첫째, 통일신라를 정점으로 하여 그 이후는 쇠퇴되었다고 하는 조선 미술사의 주장은 매장물 지상주의인 동시에 고전 고대의 찬양이다. 이러한 한국의 고대가 근대 속에서 갖는 의미를 고찰하고자 한다. 둘째, 일본 미술사와 조선 미술사의 연쇄작용의 피드백으로서 일본이 동양 미술사를 어떠한 방법으로 창작해내는지에 관한 점이다.

특히 세키노 등의 조선 미술사 체계가 성립되는 다른 한쪽에서 오무라 세이가이(大村西崖)로 대표되는 주류 동양 미술사는 인도, 중국, 일본 미술의 관련을 어떤 식으로 그리는지가 주요한 문제가 되었는데, 여기서 조선 미술사는 무시되었다. 즉 '조선 미술사 죽이기'가 행해지면서 조선 미술은 중국 미술의 아류로 취급되고, 그 독자성은 말살되었다.

---

(2) 홍선표는 〈韓國美術史硏究の觀點と東アジア〉(東京國立文化財硏究所編《語る現在, 語られる過去》平凡社, 1999)에서 關野貞 등의 관학파나 柳宗悅 등의 민예파가 함께 '한국 미술사와 한국 미술에 대한 부정적인 관점'에서 조선시대의 문화가 부정된 것을 지적하고 있다.
(3) 서구 기원의 제도·사상이 그 모범국 일본을 매개로 아시아에 '사상 연쇄작용'으로 이어진다(山室信一, 《思想課題としてのアジア》石波書店 2001). 또한 '연쇄'라는 용어는 메이지 시기에 자주 사용되었다.

2. 일본 미술사의 성립

1) 보물조사

1868년 봄의 폐불훼석(廢佛毀釋)운동으로 인해 문부대승 마치다 히사나리(町田久成), 박물국의 니나가와 노리타네(蟻川式胤) 등에 의해 1872년에 보물조사가 시행되었다. 이때 나라, 교토(京都) 외에 호류사, 고후쿠사(興福寺) 등 옛 신사와 사찰의 보물조사와 함께 정창원을 비롯한 근세의 황실과 관련된 유서 깊은 보물의 조사도 함께 이루어졌다. 1880년 7월 6일에는 '사사보존내규(社寺保存內規)'가 제정되어 보존 대상으로 '제1종 400년 이전에 창립된 사사(社寺)'라는 기준이 제시되었다. 400년 이전이란 교토가 전란으로 불타던 오닌(應仁)의 난이 종결(1477)되기 전의 유적들을 염두에 두고 있는 것은 아닐까? 예를 들면 도요토미 히데요시(豊臣秀吉)가 교토에 만든 토성벽 중에는 헤이안(平安)시대의 건축물은 없다.

1882년 페놀로사(Ernest Fenollosa)의 《미술진설》은 근대적 '미술' 개념이 성립되어 오늘날에 이르게 되는 계기가 되었다. 그 속에서는 '작위', 즉 창조성이 강조되면서 예술가의 행위는 독창적인 것을 만들어내는 것으로 규정되어 있고, 미술의 역사는 각 시대별로 도달점이 변화하는 것이라고 간주하는 유럽의 거친 이념이 도입되었다.

'대일본제국 헌법'이 발포된 해에 도쿄, 교토, 나라에 제국박물관과 동경미술학교 등이 설치되었다. 즉 '미술의 제도화' 시대가 열린 것이다.[4] 메이지 초기 임신(壬申)년의 조사(1872)에서 상징적인 고대 사사를 추출해서 조사했던 것과는 달리 1888년부터 1897년에 걸쳐 전국적으로 최초의 면밀한 문화재 조사가 행해졌다. 그리하여 연대와 작자를 확정하고 '역사상의 증거 및 미술, 미술공예 건축상의 모범으로서 필요시되는 것'에서부터 '단순히 감식을 마친 것'까지 모두 8등급이 매겨졌다. 국가가 이 세계의 '박물' 중에서 문화재를 골라내 이름을 붙이고 등급을 매기는 시대가 시작된 것이다. 이로 인해 고문서, 회화, 조각, 미술공예, 서적 등 오늘날에 이르는 장르가 성립되었다.

예를 들면 신앙의 대상이었던 전근대의 불상은 밝은 조명 아래 박물관에 출품되어 '미술품'으로 감상되어진다. 뿐만 아니라 불상은 서구의 문법, 고대 그리스의 조각과 비견되는 '조각'의 장르로 분류된다. 오카쿠라는 유럽의 고대 그리스와 비교하면서 '나라 미술사의 핵심은 조각'이라고 단언하고 있다.[5]

2) 일본 미술사의 성립

서구의 방법론을 수용한 일본 최초의 미술사는 1890~91년에 동경미술학교에서 강의한 오카쿠라 덴신의 《일본 미술사》이다.[6] 그의 방법론은 미술사를 시대별로 구분하고 정치, 사회, 종교 등의 시대 상황 속에서 그 시대 미술의 특색을 서술했다. 그리고 각 시대별로 표준작을 정하기도 했다.

---

(4) 佐藤道信, 《明治國家と近代美術》(吉川弘文館, 1999).
(5) 《日本美術史》(1891).
(6) 《岡倉天心全集》 4(平凡社).

구체적으로 보면, '스이코(推古)' 이전에는 미술이라고 계통을 세워 언급할 만한 것은 없다고 말한다. 이것은 오카쿠라의 언급보다 나중에 나온 한반도의 삼국시대 이전 미술에 대해 평가했던 세키노의 말을 떠올리게 하는 발상이다. 스이코 이전에는 육조 문화의 영향이 있었다고 하면서 석가삼존상 등의 호류사 불상군을 그 '표본'이라고 말한다. 이는 오늘날의 역사 교과서에 '주요 미술작품'[7]이라고 기술되어 있는 문화재군의 방법론과 연관되는 것이다. 그리고 덴치(天智)시대에는 인도, 그리스풍 미술의 영향을 받았고, 덴표(天平)시대에는 이상적이고 '영묘고아(靈妙高雅)'한 특색을 띠게 되었으며, 쇼무(聖武) 천황시대에 완전히 일본식으로 흡수되었다고 한다. 덴표시대의 미술은 불상, 즉 조각에 뛰어나다는 평가를 받는다. 이런 식으로 시대 구분은 헤이안(平安)-가마쿠라(鎌倉)-도요토미(豊臣)-도쿠가와(德川)대로 이어진다.

오카쿠라의 미술론 속에서 특기할 만한 것은 조선 반도를 비롯한 대륙으로부터 도입된 미술품이나 도래인이 만든 미술품이 대부분을 차지하고 있는 스이코시대의 미술을 '일본 미술사'의 시작이라고 말한다는 점이다. 말하자면 중국 미술이나 조선 미술로 구성된 일본의 고대 미술을 일본 미술의 기원으로 바꿔버리는 트릭이라 하겠다. 오카쿠라는 서양 문명의 시작은 그리스와 로마이며, 영국과 프랑스 미술사의 시작은 타국인 그리스로부터 서술된다고 말한다. 따라서 일등 국가이며, 문명 국가인 유럽의 미술사와 마찬가지로 일본 미술사의 시작이 중국이라 하더라도 문제될 것은 없다는 것이다. 서구

---

(7) 《新詳說日本史》(山川出版社).

문명국에 빗대어 노골적으로 정통성을 주장하는 식이다.

또 하나의 주장은 일본은 태고부터 미술사상을 가졌고 뛰어난 문화를 향유했으며 다른 문화를 수용하는 유연성이 풍부했다는 것이다. 따라서 예컨대 수(隋)·당(唐)의 문화를 '모방'하고 '흡수'하여 자기만의 '고유'한 일본 문화로 정착시켰다는 것이다. 신화적 세계를 정당화하면서 자민족의 특수성을 강조하고 있는 것이다. 따라서 고후쿠사의 화원형(華原磬)은 당의 것이지만(《그림 1》), "중국에서 온 것도 그 정신은 덴표 정신을 자극했으므로 일본 미술로 논해야 하는" 것이 된다.

〈그림 1〉
고후쿠사(興福寺)의 화원형(華原磬).

그러나 이 오카쿠라의 《일본 미술사》는 강의에 불과했을 뿐 활자가 되기까지는 1922년 일본미술원 발행의 《오카쿠라 덴신전집(天心全集)》을 기다려야 했다. 그리고 이 《일본 미술사》는 1890년대에 사회와 접점을 가지면서 영향력을 행사한 이데올로기는 아니었다는 점도 짚고 넘어가야 한다.

일본에서 처음으로 활자화된 체계적 《일본 미술사》는 프랑스어로 되어 있었다. 바로 일본 정부가 1890년대에 오카쿠라부터 후쿠치마 나오이치(福地復一)에게 맡겨 편집한 1900년의 *Histoire de l'art du* *japon*이다. 같은 해 파리 만국박람회를 위해서 그려진 국제 사회를 향한 자화상이었다. 그리고 다음해에는 일본어로 《고본일본제국미술약사(稿本日本帝國美術略史)》(農商務省, 1901)로 출판되었다. 시대 구분은 스이코 천황시대-덴치 천황시대-쇼무 천황시대-간무(桓武) 천황시대-후지와라(藤原) 섭정시대-가마쿠라(鎌倉) 막부시대-도요토미씨(豊臣氏) 관백시대-도쿠가와씨(德川氏) 막부시대로 전개된다. 여기서는 아래와 같이 구키 류이치(九鬼隆一)의 서문을 인용하겠다.

그는 중국과 인도는 세계에서 가장 오래된 나라이지만 전란 때문에 잿더미가 되어 "수천 년에 이르는 문화는 본국에는 남은 것이 별로 없고 오히려 우리 대일본 제국에서 그 향기를 발하고 있는 것이 많다"고 하면서 일본 미술은 특유의 멋을 가졌을 뿐만 아니라 "동양 미술의 정수를 집대성해 구성"되었다고도 했다.

> 우리는 이미 이러한 세계의 공원 속에서 살아왔으며 또한 동양의 보물창고에서 생활해온 사실을 바탕으로 일찍부터 자연의 미와 인공의 미를 갖추게 되었다. 그리고 국가를 더욱더 빛내고자 이전에 전국 보물조사국을 설치한 이후로 전국의 사찰·신사의 보물에 관한 정밀조사에 종사해왔고 작자, 연대, 형질, 전래 과정 등을 조사하여 보물을 보존하고 미래를 향해 우리 특유의 미술 정신을 한층 고취시킴으로써 국가의 영광이 더해지기를 바라는 바, 이에 일대 미술사를 저술할 것을 기획했다.

이어서 《고본일본제국미술약사》의 편집에 이르는 경위에 대하여 서술한 후 동양 미술사를 쓰는 작업은 중국이나 인도 국민에게는 바랄 수 없고 '동양의 보고인 우리 일본 제국민'만이 가능하다고 주장했다.

여기서 생성기의 일본 미술사의 방법론에 관해 몇 가지 지적하고 싶다. 첫째, 건축이 장르로서 다른 분야에 비해 뒤늦게 추가되었다는 점이다. 오카쿠라가《일본 미술사》에서 나라시대의 조각, 헤이안시대의 회화가 뛰어나다고 지적한 것이 이를 대변하고 있다. 그리고《고본일본제국미술약사》의 회화, 조각, 미술적 공예라는 장르 설정에 대해 1908년 간행된 동경제실박물관(東京帝室博物館)의《고본일본제국미술약사》증보 재판에는 이토 추타(伊東忠太)의 개편에 따라 '건축 분야(建築之部)'가 뒷부분에 게재되었다. 유럽의 르네상스 이래 종합 예술로서의 건축이 회화와 공예보다 서열상 우위에 있던 점을 생각하면[8] 대조적이라 하겠다. 둘째, 고대 지상주의이다. 고사사보존법 이후의 국보 지정은 고대에 편중되어 있다.[9] 이는 그리스, 로마에 대해 일본의 고전·고대를 과시하는 주장일 뿐만 아니라 서구나 다른 아시아에는 없는 '만세일계' 천황의 통치와 미술의 흐름을 연결시키려는 주장이다. 스이코 천황, 덴치 천황, 쇼무 천황, 엔기(延喜) 천황의 통치 등 황실의 치세가 강조되었다. 나아가 근대에 나타나는 연속적인 시간 개념에 있어서 태초로서의 고대 문화를 중요시하고 있다.[10]

---

(8)《첼리니자서전》(古賀弘人 역, 石波文庫)에는 금속 공예사였던 첼리니가 건축가에 대해 가졌던 선망이 잘 나타나 있다.
(9) 吉澤忠,〈明治, 大正時代と現代との古美術品評價の變化〉《國華》949호(1972).
(10) 高木博志〈近代天皇制と古代文化〉《岩波講座 天皇と王權を考える》5호(2002).

3. 조선 미술사의 성립

1) 나라(奈良)현 기사, 세키노 다다시(關野貞)

일본 미술사/조선 미술사의 연쇄작용의 매개체가 되는 핵심적 인물은 초창기의 공과대학에서 조가학(造家學), 즉 건축학을 배운 세키노 다다시(關野貞)이다.

1895년에 세키노는 공과대학 졸업 논문으로 〈봉황당건축설(鳳凰堂建築說)〉을 제출했다. 봉황당은 이 시기에 각광을 받던 건축물이었다. 1893년 5월부터 5개월 동안 미국의 시카고에서 개최된 시카고 콜럼버스 세계박람회에서 일본 파빌리온이 내놓은 것이 봉황전이었으며, 이는 오카쿠라 덴신의 제안에 의한 것이었다(〈그림 2〉). 이것은 대륙의 영향을 받지 않은 일본 고유의 우아한 후지와라시대(이후의 國風 문화)라는 민족주의적 이데올로기와도 이어진다.

활자가 된 〈봉황당건축설〉[11]에서 세키노는 "미국에서 개최된 세계박람회에서 우리나라의 봉황당을 본떠 봉황전이라고 이름을 붙인 건축물을 건축 부문에 출품한 이래 봉황당의 이름은 이미 우리나라뿐만 아니라 멀리 해외에까지 알려지게 되었다"고 했다. 오카쿠라의 《일본 미술사》 구상에 있었던 국제 사회를 향한 일본 고유 문화의 연출이라는 문화 전략을 이미 이해하고 있었다. 놀라운 것은 오카쿠라의 동경미술학교에서의 '일본 미술사' 강의가 아직 책으로 간행되지 않고 있던 시점에서 세키노가 최초의 일본 미술사의 방법론과 시대 구분을 전개하고 있다는 점이다.

(11) 《建築雜誌》 102(1895년 6월).

〈그림 2〉
1893년 미국 시카고에서 열린 시카고 콜럼버스 세계박람회에 출품된 봉황전.

서역의 미술이 불교와 함께 일본에 전래되어 그 씨앗이 자라 "가지와 잎이 번성하여 백화난만"하게 되었다고 말하면서 "'스이코식의 우아함', '덴치식의 웅려함', 네이라쿠(寧樂)=덴표 시대에 이르러서는 왕성함이 극에 달해 그 규모가 광대하고 세상에 빛을 발한다"고 고대 미술사를 서술했다. 이에 계속되는 고닌(弘仁)식은 당의 유학생의 영향이 컸지만 견당사(遣唐使) 폐지 후의 후지와라시대에 '고유의 발달'을 이루어 '순수한 우리 제국의 문학 미술'이 된다는 것이다. 그리고 다음과 같이 결론지었다.

우리나라 중반기에 삼한·당나라로부터 건너온 미술은 수백 년 동안 우리나라의 풍토 기후에 의존해 배양되었고, 후지와라(藤原)시대에 이르러 순수한 발달을 이룸으로써 찬연한 고유미가 전개되었으니 봉황당은 그 정수가 집약된 유일한 표본이다.

이와 같이 스이코시대부터 시작된 미술은 후지와라시대의 '고유' 건축물인 봉황당으로 꽃핀다는 도식이다. 1895년 단계에서 세키노에 선행하는 미술사로는 오카쿠라의 《일본 미술사》 강의 외에 그 영향을 받은 제국박물관 총장의 구키 류이치(九鬼隆一)의 《구키군 연설의 요지(九鬼君演說之大旨)》(1889)와 1893년 12월부터 유모토 후미히코(湯本文彦)를 주임으로 하여 덴신 문하의 오무라도 편집에 관여한 《헤이안 통지(平安通志)》(1895년 간행) 정도밖에는 없다. 오카쿠라의 원리론 구축 이후, 일본 미술사의 서술이 초창기의 국가적 과제였던 시기에 세키노가 자신의 졸업 논문에서 일본 미술의 흐름을 구성한 다음 고유의 문화로서 '봉황당'의 테마를 선택한 것에 주목하고 싶다. 훗날 그가 통일신라시대에서 조선 문화의 고유성을 찾아내는 발상은 여기에서 유래되었는지도 모른다.

세키노는 1896년 9월 고사사보존계획조사의 촉탁을 받았다. 이 시기에는 최초의 문화재보호법인 '고사사보존법'을 만드는 과정에서 보물조사에 대한 중요성이 환기되었으며, 의회나 부현(府縣)에서 그 보존 문제가 초점이 되고 있었다. 1895년에는 내무성으로부터 '고사사조사사항표준'이나 '고사사보존금출원규칙'이 공표됨으로써 역사상 중요한 것이거나 황실 또는 무사 가문과 연관이 있는 고사에 한해 고건축이나 보물, 조각, 고문서 등에 보존금이 지급되었다. 또한 나라현에서는 요시노(吉野)의 삼림 지주 도쿠라 쇼자브로(土倉庄三郎) 등 62명이 1896년 2월에 '고사사(古社寺) 보존 안건'을 귀족원에 건의하기도 했다.[12]

이러한 가운데 세키노는 1896년 12월 21일에 29세의 나이로 나라현 기사에 취임했으며, 1897년 6월에는 '고사사보존계획 및 수선공사' 감독 촉탁이 되었다.13)

1897년 6월 세키노는 '고사사건축물보존조사복명서'를 나라현 지사인 미즈노 토라지로(水野寅次郎)에게 제출했다. 전술한 것처럼 1908년의 동경제실박물관의 《교본일본제국미술약사》 증보 재판에서 이토 추타의 보완에 의해 '건축 분야'가 비로소 뒷부분에 게재되는 상황이었으므로 그때까지 체계적인 일본 건축사는 성립되지 않은 상태였다. 세키노 자신이 복명서에서 "우리나라의 건축 연혁은 아직까지 상세히 연구된 것이 없고 연혁의 시대에 관해서도 일정한 학설이 없다"고 말하고 있는 것처럼, 나라현의 실제 조사를 바탕으로 복명서는 자신이 처음으로 그린 '일본 건축사'의 밑그림이었다.

세키노는 전승·구비의 모호한 자료 속에서 실제 조사를 거쳐 "건축물이 진짜로 400년 이전에 건립되었고, 미술공예의 모범이 되면서 건축 연혁상의 참고가 되는 것"이라는 가치 기준을 설정했다. 400년 이전이란 1880년 7월 6일의 '사사보존내규'에서 제시한 기준이었고, '미술공예의 모범'이란 1888년 설치된 임시전국보물조사국의 가치 기준에 따른 것이었다. 건축도 회화, 조각과 똑같이 미술로

---

(12) 高木, 앞의 책.
(13) 이 나라(奈良)현 시대의 關野의 활동에 대해서는 廣瀨繁明의 〈明治時代における '文化財' 保護行政と關野貞〉(米倉硏究代表, 科硏費硏究成果報告書《日本における美術史學の成立と展開》1991)의 연구에서 상세히 다루고 있다.
(5) 草乙女雅博 〈新羅の考古學調査 〈100年〉の硏究〉《朝鮮史硏究會論文集》39(2001)에 의거한다.

정하고 '미술은 각 시대의 이상을 발휘하고 그 모습을 현양' 시키는 것으로 간주했다. 세키노의 사적 견해에 의한 시대 구분은 '불교 도래 이전의 건축' - 스이코시대 - 네이라쿠(나라)시대 - 헤이안시대 - 가마쿠라시대 - 무로마치(室町)시대 - 에도(江戶)시대로 이어진다.

다음은 그가 각 시대 건축의 특색을 헤이안시대까지 언급한 내용의 일부이다.

> 이제 각 시대의 형식 기법을 보겠는데 태고는 잠시 놔두자면, 스이코시대는 한반도의 형식을 전하고 있어 건축이 우아하고 고상하면서도 멋스럽다(예, 호류사 금당, 오중탑, 중문 등). 네이라쿠시대는 당나라의 풍을 이어받아 웅대하고 화려했으며 덴표시대에 이르러 그 미가 극치에 달했다(예, 야쿠시사 동탑, 도쇼다이사 금당, 도다이사 법륭당 등). 그러다가 헤이안 천도에 이어 밀교가 흥하면서 신국면이 전개되고 여기서 고닌시대를 이루게 된다(예, 무로오지室生寺 오중탑). 후지와라시대에 이르러 우리나라의 미술은 당나라와의 관계를 떠나 독립적인 발전을 이룸으로써 유미·단아한 고유의 특색이 나타나게 되었다(예, 봉황당, 고후쿠사 삼중탑, 북원당 등).

세키노는 특히 엄밀한 시대 구분을 중시했다. 예를 들면 스이코시대는 1212년부터 1304년 - 긴메이(欽明) 천황 13년부터 고교쿠(皇極) 천황 3년 - (또는 552~664)이며, 《일본서기》의 불교 전래에 관한 기술 부분부터 다이카 개신(大化改新)까지의 시기이다. 이 시대의 건축물로는 호류사 금당 외에 4점을 들고 있다. 또 5등급으로 이루어지는 '나라현 고사사건축물등급표'를 작성하여 제1급에는 호류사 금당, 오중문, 중문(스이코시대), 야쿠시지 동탑(네이라쿠·덴치 시대), 도쇼다이사(唐招提寺) 금당(네이라쿠·덴표 시대), 도다이사 법화당(네이라쿠·덴표 시대), 무로오지 오중탑(헤이안시대/고닌 시대), 도다이사 남대문(가마쿠라시대), 고후쿠사 오중탑(아시카가 시대)의 9건을 정했다. 그리고 각 시대의 형식, 수법을 확정시켜 건축 양식론으로 발전시켰다.

세키노는 1901년 2월 동경제국대학 공과대학 조교수를 그만두고 이듬해부터 조선 반도에서 유적조사 활동을 시작했다.

2) 세키노 다다시와 유적조사, 조선 미술사의 성립

관명에 의해 세키노는 1902년 7, 8월에 경기, 개성, 경주, 대구 부근에서 최초의 유적조사를 행했다.[14] 세키노는 공과대학장으로부터 '한국 건축의 사적 연구'를 가능한 한 폭넓게 조사하라는 명을 받았다. 그는 넓은 조선 반도 중에서 '상고시대 1천 년 동안 신라조의 수도였던 경주', '중고시대 500년 고려조의 수도였던 개성', '근세 500년간 현재 조선조의 성도인 경성 및 그 주위'를 중점적으로 조사하여 삼국시대부터 오늘날까지 역사의 중요한 유적 및 유물을 망라할 방침을 세웠다. 고구려의 평양, 백제의 부여는 유감스럽지만 생략할 수밖에 없었다고 한다.[15]

---

(14) 山本雅和〈'韓國建築調査報告'を讀む〉《考古學研究》 제8호(1998) 참조.
(15) 《韓國建築調査報告》東京帝國大學工科大學學術報告 제6호 서언(1904년 8월).

이 최초의 조사 성과를 간략하게 정리한 논문이 1904년 6월에 발표한 〈한국의 예술적 유물〉(《일본 미술》 65호)이다.

이 논문은 신라와 고려, 조선시대의 미술적 유물을 대상으로 하고 있다. 그 이유는 '그 이전의 삼한시대에 유물은 없다'고 보았기 때문이다. 이것은 최초로 조선 미술사를 다룬 논문이기도 하다.

그는 신라시대는 당화(唐化)의 시대이며 "조선의 문화가 유래 없이 발달"했다고 했다. 경주의 불국사(무영탑, 다보탑), 백율사, 분황사, 첨성대, 월성, 대종, 무열왕릉 등을 그 시대의 미술로 간주했으며, 고려시대는 개성을 도읍으로 '송(宋)·원(元)의 바람'을 받았으며, 만월대, 원대원통사대리석탑, 현릉(고려 태조), 고려청자기 등을 들었다. 그리고 조선시대의 유물로는 경복궁, 창덕궁, 삼조, 남대문, 동대문, 대원각사비를 들었다. 그러나 신라부터 고려까지는 불교 미술이 성했지만, 조선시대에는 폐불, 폐사, 환속 등이 행해져 불교의 쇠퇴와 함께 불교 미술도 퇴보했다고 보았다. 그리고 조선의 근대는 정치가 썩어 국가도 지방도 인민도 피폐하여 "유교적 미술로는 별 볼 것이 없다"고 단언했다.

이러한 조선 미술사 인식을 뒷받침하는 것이 1904년 8월에 나온 《한국건축조사보고》[16]로서 조선의 미술공예를 처음으로 일본의 학회에 소개한 것이다.[17] 이것은 전에 게재한 논문인 〈한국의 예술적 유물〉과 같은 맥락으로 생각해도 좋을 것이다.

세키노는 '국민적 건축'이 발생하는 원인을 지세, 지질, 기후, 역

---

(16) 《東京帝國大學 工科大學 學術報告》 제6호.
(17) 草乙女雅博, 〈關野貞の祖先古蹟調査〉 《精神のエクスペディシオン》 (東京大學出版會, 1997).

사, 사회, 종교의 다섯 가지 요소에 근거해 고찰했다. 건축을 각 시대 배경에 따라 사회, 종교 속에서 생각한 것이다. 또한 한국 고래의 '건축 양식'을 신라시대(중국 한대 이후부터 당대까지의 영향을 받은 시대), 고려시대(송대와 원대의 영향을 받은 시대), 조선시대로 분류했다. 이러한 시대 구분을 가능하게 한 것은 그가 참조한 문헌이었다. 예를 들면 한국이 중국으로부터 받은 영향에 대해서는 쓰네야 세이후쿠(恒屋盛服)의 《조선개화사》(1901, 東亞同文會藏版)에, 신라왕조는 "당의 다대한 영향을 받았다" 및 '고려 문명'의 제1기는 '송의 문명', 제2기는 '몽고의 문물 풍속'이라는 기술이 있다. 또 조사지의 고사사(古社寺)의 문헌도 조사한 듯 신라시대의 범어사에서는 《범어사서》, 해인사에서는 《가야산 해인사고적》 등의 자료를 인용하고 있다. 그러나 2개월 간의 조사로는 '사찰, 사지(寺址), 궁전 등의 외관적 조사에 그쳐' '섬세한 실측'을 할 시간이 없었기 때문에 사진 촬영으로 마치게 되었다.[18]

   논문의 '제2편 신라시대'의 구성은 제1장 총설, 제2장 도성, 제3장 사원, 제4장 경주, 제5장 유물, 제6장 결론 등으로 이루어져 있다. 흥미로운 점은 경주와 나라를 비교 설명하는 주장이다. '제2장 도성'에 있는 '경주의 지세'에서는 "그 평야는 우리의 네이라쿠(寧樂-나라)를 연상케 한다"고 서술하고 있다. 불국사 대웅전의 '오간 오면석단'에는 신야쿠시사(新藥師寺)를 비롯해 나라 양식과의 공통점을 지적하며 또한 통도사의 관음전 앞의 석탑을 도다이사 대불전 금동대등롱(金銅大燈籠)에 대조해 설명하고 있다.

---

(18) 조선총감부, 《朝鮮總攬》(1933).

중국과 한국, 일본의 연관에 대해서는 태종무열왕릉의 비석을 예로 들며 "이 비석은 완전히 당 왕조 기술의 정수이며, 간접적으로 우리 네이라쿠(덴표) 미술과 관련이 있는 것으로 이미 한국에만 있는 진기한 것으로 간주할 것이 아니라 3국 기술의 관련을 나타내는 좋은 자료"라고 말하고 있다.

그 후 1909년 12월에 발표한 세키노의 〈한국예술의 변천에 대해〉[19]에서는 삼한시대-삼국시대-통일신라시대-고려시대-조선시대로 그 시기를 구분했지만 삼국시대에 대해서는 한(漢)·위(魏)·진(晉)의 영향을 받은 삼국시대 전기, 남북조(南北朝)의 영향을 받은 삼국시대 후기로 분류했다. 삼국시대 전기는 고분 이외에는 볼 것이 없지만, 후기에는 남북조의 불교 예술이 한국의 삼국을 매개로 하여 일본의 아스카시대의 예술을 형성하게 된다고 논했다. 일본에는 호류사, 홋키사(法起寺)의 당탑, 츄구사(中宮寺), 고류사(廣隆寺) 등의 불상이 있지만 한국 내의 유물은 적고 고미야궁 내부차관이 수집한 소동불(小銅佛)에서 '남북조, 아스카시대와 삼국시대의 연쇄작용의 귀중한 표본'의 가능성을 찾았다. 또한 가설로서 평양의 기자정전(箕子井田)의 터를 고구려의 유적으로 보기도 했다. 그러나 여기에 제시된 데이터는 매우 빈약했다.

그 후 1909년부터 1915년에 이르는 시기에 일련의 고건축물과 유적을 조사한 것이 있다.[20] 당시의 통감부 내무부의 유적·사적 조사에 관해서는 1933년에 조선총독부가 발행한 《조선총람》이 다른 사

(19) 韓國度支部建築所《韓紅葉》.
(20) 高橋潔, 〈關野貞を中心とした朝鮮古蹟調査行程〉 및 內田好昭〈日本統治下の朝鮮半島における考古學的發掘調査(上)〉《考古學史研究》 9호, 2001)를 참조.

업과의 관련까지 포함해 가장 총괄적으로 보여주고 있다.

　사료 조사에서 도리이(鳥居) 위원의 사업은 조선 및 만주의 선사시대 유적의 소재지를 조사하여 그 성질을 밝히는 데 있었고, 다수의 수집품에 의해 처음으로 조선에는 석기시대부터 인류가 거주하여 석기, 토기, 골각기를 사용했다는 사실에서 주위의 다른 민족들과 같다는 것을 알게 되었다. 구로이타 가쓰미(黒板勝美), 이미니시 류(今西龍) 두 위원의 조사는 선사시대의 고적 성지(城地)를 조사하여 낙랑군시대 이후 삼국, 신라, 고려 각 시대의 역사적 사료를 수집하여 시대의 성격을 해명하는 것이었다. 세키노, 다니이 세이이치(谷井濟一), 구리야마 슌이치(栗山俊一) 위원은 조선 전도를 조사하여 고건축, 유적, 유물을 전반에 걸쳐 촬영하여 가능한 한 빨리 가장 필요한 것과 그렇지 않은 것을 구별하여 중요한 것에 대한 보존방법을 강구했다. 이미니시 위원도 이 후반 사업에 참가했다. 세키노 박사를 주임으로 하는 조사대의 7년에 이르는 조사는 중요한 사원 및 관가의 건축물을 갑을병정의 4종류로 구별하여 시대 및 성격을 밝혀서 탑, 비, 불상, 조각 등에서부터 성터에까지 이르는 중요한 것을 모두 거론하여 시대를 결정하고 처음 한나라 때 군현의 유적과 고분, 삼국시대의 신라, 백제, 고구려 그리고 임나의 많은 유적을 소개하여 고고학상으로 본 조선 고대의 상황은 학계에 지대한 영향을 끼쳤으며 조선의 역사상 사실은 이에 의해 많은 수정을 거치면서 반도 문화의 변천이 겨우 밝혀지게 되었다.

(21) 韓國度支部建築所《朝鮮藝術之硏究》.

이미 1910년 8월의 〈조선건축조사약보고〉[21]에서 세키노는 갑(가장 우수한 것), 을(다음으로 우수한 것), 병(그 다음으로 우수한 것), 정(가장 가치가 적은 것)의 4등급을 설정하여 삼국시대, 신라시대, 고려시대, 조선시대 4기의 시대 구분을 만들어냈다.

1916년 7월에는 '고적 및 유물보관규제'와 '고적조사위원회규정'이 제정되어 고적조사위원회가 《고적조사보고》, 《고적도보》를 발행했다. '고적 및 유물보관규제'는 1918년 일본 국내의 '사적명승천연기념물보존법'에 선행하고 있어 제국 내부에서의 문화재 행정으로서 고찰할 필요가 있다. '고적 및 유물보존규칙'은 '고적 및 유물'을 대상으로 한 매장물 지상주의이며 불국사의 다보탑, 경주의 남대문은 등록에서 누락되었다. 통일신라 이전의 고전·고대의 조선만을 중시했고, 고려 이후의 미술은 경시된 것이다. 고고학 조사는 총독부에 독점되면서 가치가 있다고 간주된 것들은 모두 등록된 후 등급이 매겨졌다. 이는 일본에서 1890년대에 만들어진 '임시전국보물조사' 이후의 방법론에 근거한 것이었으며, 또한 경찰에 신고하는 의무도 1899년 '유실물법'으로 이어졌다.[22]

이러한 일련의 고건축물, 고적조사의 결과는 사진 도판으로 장식

---

(22) 1916년의 고적 및 유물보존규칙에 이어 1933년 8월 9일에는 '조선보물고적명승천연기념물보존령'이 제정된다. 제1조는 "建造物, 典籍, 書跡, 회화, 조각, 공예품 그 밖의 물품에 관해 특히 역사의 증거 상징 또는 미술의 모범으로 해야 할 것은 조선총독부가 보물로서 지정할 수 있다"고 하여, 1897년 '고사사보존법'의 '역사의 증거 상징', '미술의 모범'이라는 미술적 가치를 계승한다. 그리고 關野가 갑으로 분류한 것은 보물·고적으로 지정된다. 허가 없는 발굴에 대한 벌칙도 부가되어 있다.
일본 '제국'은 '국보', '사적'으로, 조선에서는 '보물', '고적'이라는 용어가 사용되어 차별화된다. '국보'가 아니라 '보물'을 그리고 과거의 이미지를 띠는 '고적'을 조선에서 선택한 의미에 대해 생각해야 할 것이다.

된 화려한 《조선고적도보》(가로세로 각 43cm)라는 형태로 나타나게 되었다. 1915년 3월에 간행된 제1판(낙랑, 대방 및 고구려) 머리말에는 조선총독부에서 '역사의 증거 상징 및 미술의 모범'이 되는 것은 빠짐없이 조사하겠다고 선언한 내용이 나와 있다. 이는 말할 필요도 없이 1890년대의 '임시전국보물조사' 이래의 가치관이다. 그 후 제2, 3권(삼국시대)이 1915, 16년에 간행되었고, 제4, 5권(통일신라시대)이 1916~17년에 간행되었으며, 이하 '고려시대, 이조시대' 식으로 제15권(1935)까지 간행되었다. "유적 및 고건축물, 미술공예품, 사료 등을 각 시대별로 분류한 대도록(大圖錄)"이다.[23] 편집은 주로 세키노가 관여했고 시대 구분 역시 그의 이론이 채택되었다.

《조선고적도보》는 일본의 조선 식민지 지배를 국제 사회에서 정당화하는 것이었고, 일본이 창작해낸 담론방식에 의한 식민지 조선의 내력과 지세가 응축되어 있었다. 말하자면 일본이 '조선이라는 식민지의 시간과 공간을 지배'하고 있는 것이다.[24] 그리고 그 과제는 고적조사사업뿐만 아니라 '조선 미술사'를 서술하는 행위도 해당된다.

고적조사 및 《조선고적도보》 편집의 문화 전략을 수립한 데라우치 마사타케(寺內正毅) 총독은 《고적도보》를 비서관실에 보관하면서 국내외의 손님에게 서명하여 증정했고, 특히 각국의 영사를 비롯한 외국의 유명인에게는 '가능한 한 폭넓게 증정'하기도 했다. 그

---

(23) 朝鮮總督府, 앞의 문헌.
(24) 李成市, 〈コロニアリズムと近代歷史學〉, 水谷周三郞 外 《崩壞の時代に》(同時代社, 2001).

목적은 '조선의 뛰어난 문화를 세계에 소개하고 그와 함께 조선의 문화 통치의 측면을 좋게 선전'하는 데에 있었다.[25]

식민지 조선의 미술사를 일본이 서술함으로써 국제 사회에 조선 통치의 정당성을 보이는 것은 《조선고적도보》에 선행하는 1912년의 《이왕가박물관소장품사진첩》(李王職)의 총론과 영문 소개문에서도 알 수 있다. 삼국시대와 통일신라시대, 고려시대, 이왕조시대라는 흐름에 의해 중국, 일본과는 다른 '조선 양식(korean style)'의 고유성을 강조함과 동시에 신라 미술의 '전무후무한 정화(a most remarkable development)'와 이조시대 예술의 '쇠퇴(decline)'라는 세키노 이래의 주장이 실려 있다. 그것은 '불상 제작의 우열로 미술 전반의 상태를 알 수 있다'는 견해에 바탕을 둔 것이다.

이 이왕가박물관은 1908년 창덕궁에 설치되었으며, 1915년에는 조선총독부박물관(경복궁)이 설치되었다. 총독부박물관은 미술공예 발굴품의 전시를 발굴, 조사나 등록지정사업의 성과를 바탕으로 낙랑·대방 시대부터 조선시대까지 전람실별로 관람할 수 있게 한 시설이다. 총독부박물관이 '문화사적·연구적으로' 진열되었던 것에 비해 이왕가박물관은 고려, 조선의 미술공예품을 '미술적·감상적'으로 배열하는 방침이 1925년 11월의 〈유아사 구라헤이(湯淺倉平)정무총감열람서류(宗敎課)〉에서 찾아볼 수 있다.[26] 그리고 1938년에는 조선의 고미술진열관(신관)과 근대 일본의 미술진열관(석조관)으로 이루어지는 이왕가미술관으로 개편되어 개관되었다.[27] 구

---

(25) 藤田亮策, 〈조선고적조사〉 《古文化の保存と硏究》(吉川弘文館, 1953).
(26) 小川敬吉文書 1208, 京都大學 工學部 소장.

로다 세이키(黑田淸輝)나 다카무라 고타로(高村光太郎) 등의 작품이 전시되면서 일본의 지도에 의한 근현대 미술의 전시가 이루어지고 있다.28) 여기서 중시할 점은 전시된 방식이 대조적이라는 것이다. 즉, '조선 미술사'에서는 '쇠퇴'로 평가된 고려와 조선의 미술공예품과 동양 미술의 중심임을 자부하는 일본의 현대 미술품 사이의 차이를 부각시켰던 것이다.

한 가지만 부연하자면 일본에는 제실박물관 등의 '열린' 문화재와 쇼소인(正倉院) 어물(御物) 등 '비장된' 보물이라는 근대 천황제의 이중의 문화재 체계가 있다. 그러나 이왕가박물관은 내외에 공개함으로써 비밀성을 해체하고 이왕가의 신비성을 박탈하고 있다. 또한 한반도에서 역대 왕조의 왕릉 발굴은 조선 왕권의 신비성을 박탈하여 학문의 도마 위에 올려놓았지만 일본의 천황릉은 발굴하지 못한 채 '존엄'이 유지되고 있다.

세키노의 '조선 미술사'를 계승하면서 널리 읽히게 된 저작이 조선사학회 편의 《조선 미술사》(1932)이다.29) 세키노는 조선 미술의 발생을 낙랑군시대에서 찾았지만 그것은 어디까지나 한(漢)민족의 문화일 뿐 조선 고유의 특색을 찾는 것은 아니었다. 고구려, 가야, 백제, 신라는 "고유한 요소에 중국의 위당육조시대의 영향"이 있다고 지적하고 있다. 통일신라시대는 조선 미술의 '전성기'이며, 처음에는 초기 당나라 양식의 '직접적 모사'에 지나지 않았지만 불국사

---

(27) 《昭和 13년 6월 6일 李王家美術館 要覽 李王職》.
(28) 李美那, 〈李王家德壽宮日本美術品展示-植民地朝鮮における美術の役割〉《圖錄 東アジア/繪畫の近代-油畵の誕生とその展開》(靜岡縣立博物館 외, 1999).
(29) 關野貞, 《朝鮮の建築と藝術》. 1941년 石波書店에 재수록.

석굴암의 본존석불 등의 경덕왕 때에는 '고유의 취향을 발휘해 화려·정교함의 극치'에 달했다는 것이다.

또한 세키노는 중국과 한국, 일본에 대해 옛 신라의 조각 양식이나 수법이 "중국 남북조시대의 것이나 일본의 아스카시대의 것과 유사한 점이 있어 이로 인해 양자의 연쇄작용의 사실"이 잘 나타난다고 분석하고 있다. 조선 미술사 전체의 틀로서 "한반도는 중국에도 일본에도 없는 유물을 보존하고 있고, 일본과 중국의 중간에서 동양 미술사 연구상의 특수한 지위를 점유"한다는 견해를 결론으로 삼고 있다. 여기의 '특수한 지위'를 차지하고 있는 것은 어디까지나 '고대 예술'인 것이다.

조선 고래의 예술을 개관하자면 낙랑군시대는 차치하고라도 이미 고구려시대에는 그 고분 내부의 구조와 벽화 장식에 놀라운 발달을 이루고 있으며 특히 통일신라시대에는 건축, 조각, 회화에서 가장 세련된 고유의 멋을 나타냈다. 또한 고려시대의 상감청자에 이르러서는 색의 선명함, 형태의 균형도, 기교적 정열 등 실로 세계에 자랑하기에 부족함이 없는 것이며 이왕조 초기의 것도 웅대건실한 특성을 가지고 있다. 이와 같이 예전에는 예술에 대한 충분한 해석과 수련을 거쳐 우수한 작품을 만든 민족도 300년에 이르는 악정의 결과, 정쟁에 몰두한 채 피폐되어 눈앞의 이익만을 쫓으면서 예술을 추구하는 여유가 없어진 바, 그 멋은 무미건조하고 타락했으며 그 예술은 과거의 세련미를 잃고 조잡해져 볼 만한 것이 없게 되었다.

'무미건조하고 타락' 한 예술을 앞에 두고 오늘날의 한국인은 어떻게 존재해야 하는가? 세키노의 제언은 "조선인은 중국, 일본의 예술사와 함께 조선 예술의 변천, 발달한 흔적을 찾고 동양 고유의 멋이 존재함을 이해하면서 서구 미술에 대치하여 특수한 동양 미술의 완성을 추구해야 한다"는 것이다.

일국의 국민 문화가 독립하여 고유한 체계를 갖는 미술사를 형성하려면 고유한 독자적 문화가 번창하는 특정의 역사 시대가 있어야 한다고 세키노는 생각했다. 그것이 그가 발견한 통일신라시대의 문화였다. 그리고 일본에 대해서도 그 고유성을 발견한 시점의 문화, 즉 국풍 문화를 일본 문화의 독자성으로 주장하는 견해를 1895년의 졸업 논문인 〈봉황당건축설〉이래 일관되게 유지해왔다.

실은 이러한 역사관, 즉 통일신라시대를 정점으로 한 불교 미술의 쇠퇴와 함께 조선 미술도 하강한다는 이미지는 위정자에게도 공통된 것이었다. 한국총감 이토 히로부미(伊藤博文)는 대한제국 황태자를 동반한 가운데 1909년 2월 1일 평양에서 이렇게 연설했다.

> 한국의 국세가 쇠퇴 방향으로 기운 지 이미 오래되었다. 지금의 이조에서만 그것을 보는 것이 아니라, 고려 때부터 이미 쇠퇴 경향이 있었음을 믿는다. 그 이전으로 돌아가 한국의 문헌이나 사물에 나타난 것을 보면 신라가 흥하던 무렵에는 일본이 한국에서 많이 배웠었다.[30]

---

(30) 〈伊藤博文傳〉(1940). 이 자료는 박환무 선생의 교시에 의거함.

이 글을 마무리하면서 우선 두 가지를 지적하고 싶다. 첫째, 한반도를 최초로 통일한 고대 신라가 번영의 정점으로 인식된 것은 1910년 이후 조선총독부 시대와 박정희 대통령 시대인 1970년대로 두 번이 있었는데 그 역사적 의의에 관한 것이다. 둘째, 동양 미술사와 조선 미술사의 위상이다. 세키노에 의해 성립된 조선 미술사의 서술은 신라의 '가장 세련된 고유의 취미'를 정점으로 하여 쇠퇴한다고 서술하고 있을 뿐만 아니라 그와 조선총독부 모두 한국 미술의(특히 신라의) 고유성을 강조하고 있으나, 오카쿠라로부터 오무라에 이르는 20세기 주류 동양 미술사에서 조선 미술사는 말살되고 있다는 점이다.

먼저 신라시대의 의미에 대해 생각해보자. 세키노에 의해 성립된 조선 미술사의 서술은 불교 미술과 함께 통일신라시대의 고대 미술을 정점으로 하는 것이었다. 최초로 조선 반도를 통일하고 더욱이 조선 고유의 문화를 가진 신라를 강조하는 것이었다. 이미 서술한 바와 같이 세키노는 1904년 8월 《한국건축조사보고》에서 경주에 대해 "우리의 네이라쿠를 상기"시키는 것이며, "삼국을 통일하고 공전의 대업을 이루어 문물이 찬연하게 발달함으로써 정치, 문화, 종교, 미술의 중심지로서의 도성"이 발달했다고 이야기하고 있다.

경주는 고도 나라와 이미지가 겹쳐지면서 유적조사의 중요한 장소가 되었고, 1915년에는 경주의 관민 유지에 의해 '경주유적보존회'가 발족하기도 했다.[31] 또 해방 이전의 고고학의 목적은 신라를 기점으로 한 경주 문화가 고구려나 백제와 어떤 다른 특징이 있는가

---

(31) 千田剛道,〈植民地朝鮮の博物館〉《塚山大學敎養學部紀要》44호(1995).
(32) 草乙女雅博, 앞의 논문.

를 밝히는 데에 있었다.[32] 신라시대 유물의 발굴 작업은 특별한 의미가 있어 1909년 석굴암이나 1921년 금관총의 발견, 1926년 서봉총의 발굴에 의해 적석목곽분 등의 내부 구조, 금관 등의 부장품이 밝혀졌고 해방 후에는 신라 토기의 연대별 연구가 이루어졌다.

해방 후에도 신라에는 특별한 의미가 부여되었다. 1973년부터 1975년까지는 박정희 대통령에 의한 신라종합관광개발계획사업이 이루어져 미령왕릉지구(천마총, 황남대총 등)의 정비사업이 행해졌다. 통일전(統一殿)의 역사화(歷史畵)로서 당대 일류의 화가에 의해 통일신라의 이야기가 그림으로 그려지고 화랑교육원도 설립되었다. 또 1975년에는 문화재연구소에 의한 문무왕의 안압지 발굴, 국립경주박물관의 신장 개관이 이루어졌다.

그리고 오늘날의 고등학교 국정 '역사 교과서'(1996, 초판)[33]에서도 해방 이전부터 통일신라의 강조는 계속되고 있다. "[통일신라시대] 우리 민족은 통일을 이루고 하나가 되어 단일한 민족 문화와 사회를 만들 수 있게 되었다"면서 "이 시기의 예술 세계는 이상과 현실을 조화시켜 통일과 균형의 아름다움을 통해 불교 세계의 이상을 실현하려는 의도"가 있었다고 실려 있다. 그 상징이 석굴암 본존상이다. 그리고 "그들[화랑도]에게는 일상생활의 규범을 비롯한 옛 전통에 관한 지식을 가르쳐 각종 제전 및 의식에 관한 훈련을 쌓고 수렵이나 전쟁에 관한 것도 습득시켰다. 이러한 교육을 통해 화랑도는 공동과 단결의 정신을 배우고 강력한 체력을 연마했다"고 화랑 정신을 예찬하고 있다.

---

(33) 大槻健 외 역(明石書店, 2000).

다음으로 동양 미술사에서 조선 미술사가 평가절하된 문제에 대해 살펴보자. 이른바 일본 미술사와 조선 미술사, 동양 미술사의 연쇄작용과 그에 따르는 위상에 관한 문제이다. 1910년 오카쿠라의 〈태동교예사(泰東巧藝史)〉에서도 일본과 중국을 '동아(東亞) 고예술'의 중심으로 간주하면서 "다른 민족과 달리 예술사상이 가장 풍부했던 국민"이라고 했다(《岡倉天心全集》4). 그리고 그 후 청일전쟁에서 승리한 뒤에는 어떻게 하면 문화적으로도 동양의 패자가 될 것인가 하는 근대에서의 정치문화 과제가 존재했다.[34] 동양 미술사는 일본만이 논할 수 있다는 국제 사회를 향한 일본의 프리젠테이션이라고 할 수 있다.

오늘날까지 이어지는 일본 미술사의 체계는 심미서원(審美書院)과 오카쿠라(岡倉) 문하의 오무라 세이가이의 활동으로 만들어진 것이다. 1906년에 나온 오무라의 《동양미술소사》에서는 "이 책의 제목을 '동양미술소사'라고는 했지만 중심은 일본의 회화와 조각에 있다. 중국과 인도의 예술에서는 건축 및 공예를 생략했는데 인도는 중국, 일본에 큰 영향을 끼친 불교 미술 이외에는 별것이 없다"(심미서원)고 하면서, 《고본일본제국미술약사》(1901)의 구키 류이치의 서문에 있는 일본만이 동양 미술을 서술할 수 있다는 청일전쟁 후의 아시아에 대한 입장을 계승하고 있다. 그것은 이 시기(1908~1918)에 연속해서 간행된 《동양미술대관》[35]의 서술과도 공통되는 것이다. 이 책은 일본에 있는 미술품으로 도판이 구성되어 쇼와 시기에

---

(34) 佐藤道信,〈日本美術という制度〉, 岩波講座《近代日本の文化史》3(2001).
(35) 審美書院, 大村西崖.
(36) 村角紀子,〈審美書院の美術全集に見る〈日本美術史〉の形成〉《近代畫說》8(1999).

이르기까지 일본 미술사의 정본적 위치에 있었다.36) 그 머리말에 "중국에서는 거의 대부분 없어졌는데…… (중략) 우리나라만 오로지 전수받아 국보가 되었다"면서 일본과 중국의 미술로만 동양 미술을 서술하고 있다.

이러한 견해는 이후 대륙에서의 조사 성과를 더한 오무라의 《동양 미술사》(1926)에서도 변하지 않았다. "동방 아시아의 미술사를 설명하려 하는데 동양의 여러 나라들 중 가장 중요한 것은 물론 중국, 일본, 인도의 세 나라이므로 미술사상의 동아는 자연히 세 나라가 된다"고 했다. 그러면 이 안에서 한반도의 미술은 어떤 위치에 있는가? "야쿠시지 동원당(東院堂)의 관음동상은 전해지는 것처럼 백제에서 보낸 것이겠지만 역시 초기 당나라풍의 작품이다. 신라의 불국사 석굴암에 있는 불상들도 이 시기의 작품으로 보여 양식이 매우 흡사하다". 이와 같이 세키노가 고유하다고 한 신라의 문화도 오무라에 이르러서는 중국 미술, 즉 초기 당나라 미술의 아류가 되어 버렸다.

마지막으로 상징적인 사례를 들자면 현재 동아시아에는 중국 '문물'의 체계와 일본, 한국의 '문화재' 체계가 있다. 그러나 문화재라는 말이 19세기 이전부터 있었던 것은 아니다. 메이지 시기만 해도 고기물(古器物), 보물, 사적, 고분 등의 용어가 사용되었다. 최근의 스즈키 료(鈴木良)의 연구에서는 1930년대의 일·중 전쟁 개시와 함께 대륙에서의 약탈 행위 속에서 중국의 장대한 '문물' 체계에 대항해 일본이 문화재라는 말을 만들어냈다고 한다.37) 그러나 문화재라

---

(37) 鈴木良,〈近代日本文化財問題の課題について〉《歷史評論》573호(1998).

는 호칭은 1949년 호류사 금당벽화의 소실과 함께 미국의 데모크라시의 이미지와 연결되면서 'cultural properties'에 문화재라는 번역어를 야마모토 유조(山本有三)가 갖다 붙였다는 **신화가 성립한다**. 이러한 경위는 제외하고라도 일본의 '문화재보호법'(1950)으로 정착한 문화재라는 호칭은 식민지하의 유적조사 유산을 계승하면서 한국의 '문화재보호법'(1962년 1월 10일)으로 이어지고 있다.

이른바 20세기라는 긴 범위에서 보자면 일본이 만들어낸 동양 미술사는 중국 문물에 대한 대항으로 만들어졌고, 동시에 일본이 서구의 방법론에 의해 성립시킨 동양 미술사와 문화재 체계에 조선을 포함시키려 의도한 것이라고 이야기할 수 있을 것이다.

—번역 박유하(일문학, 세종대)

■ 참고 사항

1889	東京·京都·奈良三帝國博物館 설치
1890	岡倉天心, 동경미술학교에서 '일본 미술사' 강의
1896	關野貞, 나라(奈良)현 技師
1897	古社寺保存法(일본)
1900	파리만국박람회에 *Histoire de l'art du japon* 발행
1901	《稿本日本帝國美術略史》 발행
1904	關野貞의 고건축물조사(《韓國建築調査報告》)
1908	조선의 창덕궁박물관 신설
1909	경주 석굴암 발견
1913	나라현 고적조사회
1915	경주 고적보존회 설립
1915	總督府施政五年記念物産共進會(9월 11일~10월 31일)
1915	조선총독부박물관 (경복궁) 발족(10월)
1916	古跡調査委員會規程(7월)
1916	경도제국대학 문학부 고고학 강좌 개설 (1918년부터 浜田耕作·梅原末治의 고적조사)
1918	史跡名勝天然記念物保存法(일본)
1919	3·1 독립운동(고적조사사업도 대부분 중지)
1921	조선총독부 내무부 학무국 고적조사과
1921	경주 금관총 발견
1924	고적조사과 폐지(총독부의 재정 핍박이 원인)
1925	총독부박물관 경주분관 설치
1926	경성제국대학 개설, 藤田亮策이 고고학 담당
1928	國寶保存法(일본)
1929	신라 예술품 전람회
1931	조선고적연구회 설립(8월)
1933	朝鮮寶物古跡名勝天然記念物保存令(8월 9일)
1950	文化財保護法(일본)
1962	문화재보호법(한국, 1월 10일)

3부

움직이는 근대

자주적 근대와 식민지적 근대
도면회(都冕會)

식민지 근대와 대중사회의 도래
윤해동(尹海東)

조선왕조의 상징 공간과 박물관
이성시(李成市)

자주적 근대와 식민지적 근대

도면회(都冕會)

1960년 부산에서 태어나 서울대학교 국사학과를 졸업했다. 1998년 같은 대학 대학원에서 〈1894~1905년간 형사재판제도 연구〉로 박사학위를 받았다. 경기대학교, 국민대학교, 서울대학교 등에서 강의했고, 서울대학교 규장각 특별 연구원으로 활동했다. 현재는 대전대학교 인문학부 전임 강사로 재직 중이다.

석사 과정 이후 10여 년간 내재적 발전론의 관점에서 대한제국기 화폐·금융 구조 연구를 통해 한국 사회의 자주적 발전과 좌절을 조망해왔다. 그러나 그런 관점이 식민지화의 본질적 원인을 규명하는 데는 한계가 있음을 깨닫고, 민족주의적 관점을 지양하는 새로운 연구방법론을 모색하기 시작했다. 1990년대 후반부터 탈민족주의 역사 이론들을 접하면서 식민지화 전후 시기를 근대국가론의 관점에서 재조명할 필요성을 느껴 사법제도와 사회상을 새로운 각도에서 연구하고 있다.

〈갑오개혁 이후의 근대적 금융기관〉, 《국사관논총 77집》 국사편찬위원회, 1997.
〈갑오개혁 이후 근대적 법령 제정과정〉, 《한국문화 27》 서울대 한국문화연구소, 2001.
《일제식민통치연구 1》(공저), 백산서당, 1990.
《북한의 역사 만들기》(공저), 푸른역사, 2003.

1. 자주적 근대와 식민지적 근대의 차이

해방 이후 한국 역사학계에서는 한국이 '자주적 근대' 사회로 발전하다가 일제에 의해 좌절되었다는 명제를 절대적인 해석의 틀로 간주해왔다. 식민지 조선에 일본 제국주의가 수립한 사회 구조는 수탈과 억압을 위한 것일 뿐, 한국 사회의 발전에는 거의 도움이 되지 않았다는 것이다.

물론 일본의 대한제국 강점은 국제법에 위배되는 국가적 범죄이며,[1] 강점 이후 일본은 일시동인(一視同仁)이란 슬로건하에 동화정책을 실시한다고 하면서도 한국민에 대한 헌법 적용의 배제, 정치적 권리의 부정, 한국인에 대한 민족적 차별 등 기만적·폭압적인 통치 정책으로 일관했다. 그러나 다른 한편으로 식민지 지배하의 한국인들은 긍정적이든 부정적이든 이식된 근대적 제도가 부여하는 효과를 겪을 수밖에 없었다.[2]

이러한 양상을 '식민지적 근대'라고 규정한다면, 1880년대부터 1905년 통감부 설치 이전까지를 '자주적 근대' 수립을 위한 시기라고 할 수 있을 것이다. 여기서 다음과 같은 점에 주목할 필요가 있다. 1880년대부터 시작된 조선 정부의 국정 개혁 논의는 주로 일본을 통해 수입된 서양 근대성으로부터 촉발되어 근대적 사회경제 구조를 수립하고자 하는 움직임이었다. 청일전쟁 이후 일본의 군사적

---

(1) 이태진 편저, 《일본의 대한제국 강점》(까치, 1995) 중 제1부의 이태진 논문 3편 참조.
(2) 권태억은 식민지 시기에 발전한 근대 문학에 관한 소개를 하면서 이를 "일본이 소화한 서양 근대 문화라는 자장 안에서의 근대 문화 수용" 또는 "이식된 근대 문화"라고 지칭하였는데, 이는 문학뿐만 아니라 사회 대부분의 영역에도 마찬가지로 적용할 수 있을 것이다(權泰檍, 〈近代化·同化·植民地遺産〉《韓國史硏究》108호, 2002).

보호하에 성립된 개화파 내각은 이러한 구상을 갑오개혁으로 실현하고자 하였고, 일본의 외교적 후퇴 이후에도 그들과 여타 개혁론자들은 서양 또는 일본에서 실현된 근대 사회의 모습을 한국 사회에 도입해야 할 '표준'으로 인식하고 있었다.

그렇다면 '자주적 근대'와 '식민지적 근대'의 본질적인 차이는 무엇일까? 그러한 차이는 근대적 사회경제 구조를 형성시키는 주체인 국가의 권력 구성과 기존 지배 엘리트로의 권력 배분 문제에서 파생되는 것으로 파악된다. 즉 전통적으로 존재했거나 당시 등장하고 있던 한국인 엘리트 대부분이 식민지 국가 권력 구성에서 배제되고 한국인 엘리트들이 좌절함으로써 양자를 별개의 사회로 간주하게 만든 것이다.

이 글은 이러한 관점에 입각해 갑오개혁기부터 일제 강점 초기까지 한국 정부와 엘리트들이 일본을 통해 수입한 서양 근대성을 '표준'으로 인식하고 한국 사회에 실현시키려 한 일련의 운동을 검토하고, 민족주의 사상의 등장과 일본 제국주의에 대한 비판 역시 이러한 인식 또는 운동과 결코 동떨어진 것이 아니라는 점을 밝히고자 한다.

2. 근대 국민국가 주도권을 둘러싼 투쟁

1) 입헌군주정 세력의 패배

1894년 6월부터 1898년 독립협회운동의 좌절에 이르기까지의 기간은 한국 정부가 일본 메이지유신의 성과와 서양 열강을 모델로 하여 근대 국민국가를 수립해나가려 한 시기였다. 그러나 그 과정에서 국가의 최고 주권인 황제 권력의 위상을 어떻게 설정할 것인가를 놓고 지배 세력 내부에서 치열한 투쟁이 전개되었다.

1894년 6월 말부터 1896년 2월 초까지 1년 반에 걸친 갑오개혁기에는 총 6백여 건의 법령이 쏟아져나왔다. 초기에는 지배체제 개혁의 원칙을 선언하는 데서 시작했으나 이노우에 가오루(井上馨)와 일본인 고문단이 개입한 이후에는 일본 메이지유신의 성과를 모델로 한 근대적 법률들이 대량 반포되면서 국민국가의 기본 틀을 형성했다. 예컨대 대청 종속관계의 탈피, 독자적인 국호(大朝鮮)와 연호(開國, 建陽)의 사용, 주한특명전권공사 이노우에 가오루가 제시한 내정 개혁안 20개조에 의거해 일본 메이지유신 초와 유사한 '서고문(誓告文)'과 '홍범(洪範) 14조'의 선포, 국왕권의 제약, 신분제 철폐와 국민 동등권의 수립, 과거제의 폐지와 근대적 관료·재판 제도의 수립, 근대적 화폐·조세 제도의 도입과 재정 일원화, 지방제도의 일본식 편제, 신식 교육제도의 도입 등이 이루어졌다.[3]

1896년 2월 고종의 러시아 공사관 피신과 친일 개화파 정권의 붕괴 이후에는 그동안 제약되었던 왕권이 강화됨과 더불어 지방제도 및 재판제도 등 주로 통치구조 측면에서 국왕 중심의 체제가 부활하기 시작했고, 1897년 10월 대한제국의 수립과 고종의 황제 즉위는 그 상징적인 조치였다. 그러나 황제를 중심으로 한 정치 권력 구조를 어떻게 구성할 것인지는 1898년 말까지 진행된 국왕과 민권운동

---

[3] 이에 대해서는 도면회, 〈1894~1905년간 형사재판제도연구〉 서울대 박사학위 논문(1998), 87~88쪽 참조.

세력 사이의 치열한 투쟁 결과를 기다려야 했다. 민권운동을 대표하는 독립협회, 만민공동회의 운동은 황제권을 일정하게 제한하는 입헌내각제를 추구한 반면, 황제는 러시아와 같은 전제군주제를 추구했다.

양자 사이의 투쟁은 1897년 4월 한 달 동안 지리하게 끌다가 무산된 교전소에서의 법전 정비 작업에서 나타났으며,[4] 황제 폐위 정변 음모로도 나타났다.[5] 독립협회는 1897년 초부터 만민공동회와 상소, 시위 운동을 주도하면서 황제 측근의 고위 관료들을 축출하는 운동을 전개하는 한편,《독립신문》의 기사와 논설을 통하여 천부인권사상과 국민주권론을 전파함으로써[6] 민인들을 '국민화' 하고자 했다.

독립협회의 운동이 거둔 최대의 성과는 1898년 10월 29일 정부 관료와 함께 개최한 관민공동회에서 채택한 '헌의 6조'를 황제가 재가하게 한 것이다. '헌의 6조'의 내용은 ①외국인에게 의부(依附)하지 않고 관민이 합심동력하여 전제황권을 견고하게 할 것, ②광산·철도·매탄(煤炭)·삼림 및 차관, 차병(借兵)과 정부가 외국인과 조약 맺는 일을 각부 대신 및 중추원 의장이 합동 날인하지 않으면 시행하지 못할 것, ③전국 재정은 모두 탁지부가 관리하되 다른 부부(府部)와 사회사(私會社)는 간섭하지 못하게 하고 예산 결산을 인민에게 공포할 것, ④지금부터 모든 중범죄는 따로 공개 재판하되 피

---

(4) 주진오, 〈19세기 후반 개화 개혁론의 구조와 전개〉 연세대학교 사학과 박사학위 논문, 185~186쪽.
(5) 도면회, 앞의 논문, 95~96쪽.
(6) 金孝全,《근대한국의 국가사상》(철학과 현실사, 2000), 103쪽.

고에게 철저히 설명하여 죄를 자복하게 한 후 시행할 것, ⑤ 칙임관은 황제가 정부에 자순(諮詢)하여 그 과반수의 의견에 따라 임명할 것, ⑥ 장정(章程)을 실천할 것 등이었다.

황제는 별도로 5개조의 조칙을 내렸는데, 그 내용은 ① 간관(諫官) 폐지 후 언로가 막혀 상하가 권면하고 경려(警勵)하는 뜻이 없으니 중추원 장정을 속히 정하여 실시할 것, ② 각 단체와 신문 역시 제한이 없을 수 없으니 단체의 회규는 의정부와 중추원에서 재정하고 신문 조례는 내부와 농상공부에서 재정할 것, ③ 관찰사 이하 지방관 및 지방대 장관 등 현임과 전임은 물론 공화(公貨)를 횡령한 자는 처벌하고 민재를 편취한 자는 일일이 본주인에게 돌려주게 한 후 징계할 것, ④ 어사 시찰원 등으로 작폐한 자는 민인이 내부와 법부에 고소하게 하여 조사, 징치하게 할 것, ⑤ 농상공학교를 설립하여 민업(民業)을 권할 것 등이다.[7]

'헌의 6조'에서 주목해야 할 점은 독립협회가 황제권을 견고하게 한다면서도 조약 체결, 재정 관리, 중범죄 재판, 고급 관료 임명 등에 대해 황제의 자의적인 권력 사용을 제한하고 있으며, ⑥항의 '장정', 즉 갑오개혁기에 선포한 '홍범 14조'와 그 전후에 제정된 각 장정들을 준수하도록 한 점이다. 이는 황제의 최고 주권자로서의 성격을 상징적으로 인정하는 것일 뿐 대내적 관계에서는 정부 대신과 중추원이 황제를 견제하겠다는 의지의 표명인 것이다. 즉 이 단계는 아직 헌법 제정 논의가 나온 것은 아니지만 장기적으로 볼 때 입헌군주제를 지향하는 성격이 내포되어 있었다.

---

[7] 鄭喬, 《大韓季年史》上, 282~285쪽.

아관파천 이후부터 권력의 절대화를 추구하던 황제로서는 이러한 사태를 좌시할 수 없었기에 민권운동을 억압하는 조치를 취하기 시작했다. 이미 1898년 2월 법부에서는 각급 재판소에 그동안 풍미한 '개화' 바람을 경계하는 훈령을 하달했는데, 그 내용은 "범분(犯分)·난상(亂常)·멸륜(蔑倫)·패리(悖理)는 개화가 아니다. 존비의 차서(次序)와 귀천의 분수(分數)가 천지의 도리이며, 이것이 바로 개화이다. 아랫사람이 윗사람을 범하고 천한 자가 귀한 신분을 방애(妨碍)하며 젊은이가 어른을 능멸하는 데 대하여 잘못이 큰 자는 주살하며 작은 자는 징역에 처하여 결코 용서하지 말라"[8]는 반개화적인 것이었다.

또 만민공동회운동이 최고조에 달했던 1898년 말 황제는 보부상들을 동원해 만민공동회를 습격하게 하고 양자 사이의 무력 투쟁을 유도했으며, 언론 집회 자유를 제한하기 위한 '신문 조례', '집회 및 협회 규례', '보안 조례'를 제정하고자 했고, '의뢰외국치손국체자처단례(依賴外國致損國體者處斷例)'를 제정, 미국·영국 등 열강에 의존하여 민권운동을 전개하는 세력을 통제하려 했으며, 1898년 12월 20일 이후에는 군대를 동원하여 만민공동회를 해산시키고 말았다.[9]

여기서 주목해야 할 것은 독립협회와 황제 양자의 투쟁 과정에서 메이지유신 이후 일본의 경험이 주요한 전거로 참조되고 있었다는 점이다. 만민공동회가 제출한 '헌의 6조'의 제6항 "장정을 지킬 것"

---

(8) 광무 2년 2월 26일〈訓令13道6港1牧件〉(法部 檢事局,《起案》(奎 17277의 1) 제22책).
(9) 신용하,《독립협회연구》(일조각, 1976), 402~515쪽.

은 갑오개혁기에 선포된 '홍범 14조'와 그 이후의 근대법을 의미하는데, 이는 일본의 자유민권운동이 메이지 천황이 유신 직후 선포한 5개조 서문(誓文)[10]을 운동의 근거로 원용한 것과 유사한 것이다.[11] 또 황제가 '신문 조례', '집회 및 협회 규례', '보안 조례' 등 언론 집회의 통제 법규를 제정하려 한 것 역시 자유민권운동을 억압한 일본 통치 권력의 경험을 원용한 것이라고 할 수 있다.[12] 군대를 동원한 만민공동회의 진압과 독립협회의 해산 역시 당시 방한했던 가토

(10) 메이지 천황이 1868년 3월 14일 막부 타도 직전 신정부의 기본 방침을 밝힌 것으로서, 그 내용은 ① 널리 회의를 일으켜 만기는 공론으로 결정할 것, ② 상하가 마음을 하나로 하여 경륜을 융성히 할 것, ③ 관리·무사로부터 서민에 이르기까지 모두 그 뜻을 이루게 하고 인심에 불만이 일지 않게 할 것, ④ 구래의 누습을 버리고 천하의 공도에 근거할 것, ⑤ 지식을 세계에서 구하고 황국의 근본을 튼튼히 할 것 등이다. 여기서 제2조의 경륜은 재정 경제의 뜻이고, 제4조의 누습은 양이(攘夷) 정책을, 공도는 만국공법을 가리킨다(민두기, 《일본근대사》(일조각, 1976), 213쪽). 천황은 공경·제후들을 인솔해 천황의 조상신에게 제사드린 다음 이를 공표하였으니, 갑오개혁에 고종이 '서고문'과 '홍범 14조'를 종묘에서 제사 지내고 공포한 것도 이를 모델로 한 것이라고 할 수 있다.

(11) 일본의 자유민권운동이란 1870년대 후반부터 1880년대에 걸쳐 정부의 전제정치에 반대하고 참정권과 자유 및 자치를 주장하여 헌법 제정, 국회 개설을 하게 만든 국민적 운동이다. 정한론을 주장하다 실각한 전참의 이타카키 다이스케(板桓退助) 등은 1874년 〈민선의원설립건백서〉를 제출하여 오쿠보 도시미치(大久保利通) 등 국권론자들의 전제정치를 비난하고 민선의원 설립을 주장하였다. 이를 계기로 각지에서 사족결사(士族結社)들의 민권운동이 일어나고 호농과 부상층은 지방 민회의 설립을 요구하였다. 이를 중심으로 정치 결사가 각지에서 결성되어 운동이 광범위하게 확대되었고, 1880년에 국회기성동맹이 결성되어 국회 개설 청원운동이 일어났다. 이후 정부가 국회 개설과 헌법 제정을 약속하였고, 자유민권운동은 정당 결성, 지방 유세, 부현회의원 조직, 국회 준비 등의 활동을 전개하였지만 정부의 지속적인 언론·집회 탄압과 이간 정책으로 1880년대 중반에 일시적으로 완전히 침체하였다가 1886년경 다시 회복되어 1890년 구자유당의 각파가 결집하여 입헌자유당을 결성하고 초기 제국의회에서 민당(民黨)의 지위를 확보하였다(박경희 엮음, 《연표와 사진으로 보는 일본사》(일빛, 1998), 398~399쪽).

(12) 일본 정부는 1870년대 중반부터 전개된 자유민권운동을 탄압하기 위하여 1875년 7월 28일 '참방률(讒謗律)', '신문 조례', 9월 3일 '출판 조례' 및 '출판 조례 벌칙' 등을 공포하였다. 1878년부터 1881년 동안 자유민권운동이 더욱 광범위하고 강도 높게 진행되자 1880년 4월 5일

마스오(加藤增雄) 특명전권공사가 자유민권운동을 좌절시킨 일본의 경험을 전수함으로써 가능했다.13)

2) 전제군주정의 수립

독립협회운동 세력의 투옥과 일본으로의 망명, 국내 잠복 등으로 인해 황제권은 모처럼 '찻잔 속의 고요'를 구가하게 되었다. 물론 1900년 중국의 의화단 사건과 1902년 영·일 동맹 체결로 국제 정세가 급변하고, 국내적으로는 일본 망명정객(朴泳孝·兪吉濬·李埈鎔)들과 연결된 세력의 정변 음모가 간헐적으로 나타나고 있었지만, 전제군주정으로 가는 추세는 멈추지 않았다. 보부상 단체의 폭력을 이용해 만민공동회를 1차 진압한 직후인 1898년 11월 26일 황제가 내린 조서에서는 전제군주정으로의 행보를 명백히 하고 있다.14)

그런데 전제군주정은 왕조시대와 같은 모습은 아니었고, 근대법 체제를 차용하여 나타났다. 1899년 2월부터 6월 사이에 구질서를 고수하고자 하는 법부 대신 신기선(申箕善)이 그동안의 신법들을 육

'집회 조례'를 제정하여, 정치 집회·결사의 허가제, '국가의 안녕에 방해가 된다고 인정되는' 결사 집회의 금지, 군인 경찰관 관공사립학교 교원 생도의 정치 집회 참가 금지 등을 규정하였다. 이어서 1882년부터 1883년 동안 앞의 '집회 조례', '신문 조례', '출판 조례' 등을 개정하고 1884년 '화약취체규칙', '폭발물취체규칙' 등을 공포하여 자유민권운동을 억압하였다(福島正夫 編, 《日本近代法體制の形成》上卷, 日本評論社, 1981, 326~327쪽 및 342~343쪽).
(13) 신용하, 앞의 책 495~496쪽.
(14) 《고종순종실록》 고종 35년 11월 26일자. "이처럼 깨우쳐 이른 이후에도 고집을 부리고 깨닫지 못한다면 독립의 기초가 공고할 수 없을 것이며 전제정치가 무너지고 손상될 것이니 이는 결코 너희들의 충애하는 본래 뜻이 아닐 것이다. 왕법은 삼엄하여 결코 용서치 않을 것이니 각자 삼가 따르라."

전(六典)의 체제에 기초하여 정리하고자 했을 때 고종은 이를 거부했으며, 본인 스스로가 수시로 임어할 수 있는 경운궁 내의 양옥에 법규교정소라는 기구를 설치하여 근대법 체제에 입각한 법전 정비를 요구했다.[15]

그 최초의 성과는 1899년 8월 17일의 '대한국국제(大韓國國制)' 선포였다. 전문 9개조로 구성된 이 법은 당시 국제법의 규정을 인용하면서도 모든 권력을 황제로 귀속시켰다. 대한제국이 만세불변의 전제정치임을 선언하고, 황제의 신성불가침, 육해군 통솔권과 계엄권, 법률의 제정권·공포권·집행권·사면권, 행정 각부 관제 제정권 및 문무관 봉급 규정권, 행정 명령 발포권, 문무관 임면권과 영전 수여권, 조약 체결권과 선전·강화권, 외교사절 파견권 등 국가의 대내적·대외적 주권이 모두 황제에 속함을 밝히고 있다.[16]

그런데 1890년부터 실시된 일본의 '제국 헌법'과 대한제국의 '대한국국제'를 비교해보면 흥미로운 결과를 발견할 수 있다. '제국 헌법'은 자유민권론자들이 요구한 민주주의적 헌법 제정 방법에 의해 제정된 것이 아니라, 천황이 위로부터 일본 '신민'에게 부여한 흠정헌법(欽定憲法)의 형식을 취하고 있듯이, '대한국국제' 역시 황제의 지시에 의해 만들어져 위로부터 부여된 '헌법'이라고 할 수 있다. '대한국국제'에 국민의 기본권 보장과 의회 등 권력 분립에 대한 규정이 없는 점을 들어 근대적 의미의 헌법이 아니라고 하는 견해도 있지만,[17] 전문(前文) 중에 "이것이야말로 법규의 대두뇌(大頭腦)이

---

(15) 도면회, 앞의 박사학위 논문, 198~202쪽.
(16) 田鳳德, 〈大韓國國制의 制定과 基本思想〉《法史學研究》제1호(1974).
(17) 김효전, 앞의 책, 42쪽 참조.

며, 대관건(大關鍵)이니"라는 표현에서 보듯이 모든 법규의 근원임을 자임하고 있으므로 '대한국국제'를 헌법으로 보아도 무방할 것이다.

또한 '제국 헌법'은 천황에게 법률의 재가 공포 및 집행, 제국 의회의 소집·폐회·정회 및 중의원의 해산, 긴급 칙령 반포, 문무관 임면, 육해군 통수 등 '대권 사항'을 규정하고, 국민의 권리도 자유민권론자가 주장했던 국가 이전의 권리 또는 국가 이상의 권리나 자유는 부정되었으며, '법률의 범위 내에서만' 자유와 권리를 부여하는 불충분한 것이었다.[18] '대한국국제'는 이보다 한 걸음 더 나아가 국민의 권리와 의무, 의회와 사법부의 권한 등 권력 분립에 대한 규정이 전혀 없고 오로지 신민의 복종 의무만 나열하고 있다.

이러한 차이가 나타나게 된 것은 일본의 경우 10여 년에 걸쳐 전국적으로 진행된 자유민권운동으로 인해 헌법이 제정되고 의회가 개설된 반면, 대한제국의 경우에는 1894년 동학농민전쟁으로 인해 혁명적 역량이 대거 파괴되고, 만민공동회운동도 기껏해야 2년 정도밖에 진행되지 못했던 사회운동 역량의 빈약함에서 찾을 수 있을 것이다. 그럼에도 불구하고 '대한국국제'가 이 시기에 와서 제정된 것은 조선 왕조 500년 동안 왕권 또는 황제권의 존재 자체가 전혀 의문시된 적이 없었던 것에 비하면 놀라운 변화라고 보아야 할 것이다. 즉, 최고 권력 스스로 자신을 근대법적으로 규정하지 않을 수 없을 만큼 위기감을 느끼게 된 바로 그 점에 만민공동회운동의 근대성이 내포되어 있었던 것이다.

---

(18) 井ヶ田良治 外, 1982 《日本近代法史》 法律文化社, 79~83쪽.

한편 황제는 전제정치의 정통성의 근원을 1700년대 말의 국왕 정조를 계승하는 데서 찾았는데, 이를 위해서 정조의 친부인 사도세자를 추숭하는 작업을 동년 8월 한 달 동안 친위 상소운동을 벌이게 하여 완성했다.[19] 아울러 황실에 대한 충성을 유도하기 위한 작업과 제국의 외양을 갖추기 위한 작업들을 벌였다. 1900년 11월 장충단(奬忠檀)을 설치하여 1894년 농민전쟁 이래 왕실을 위해 전사한 장졸들의 제사를 해마다 올리게 하고 1902년 8월 국가를 선정하게 함으로써[20] 황제에 대한 충성을 유도했다.

제국으로서의 외양을 갖추기 위한 각종 조치가 이어졌다. 1901년 12월 천자라면 천하 명산대천과 오악(五岳)·오진(五鎭)·사해(四海)·사독(四瀆)에 제사를 지내야 된다고 하며 장소를 지정하라는 조칙을 내려 1903년 3월에 이르러 각 장소를 결정했다. 1895년에 정한 국기 외에 어기(御旗)·예기(睿旗)·친왕기(親王旗)·군기(軍旗)를 정하게 하는 한편, 1902년 2월 이후 평양을 서경(西京)으로, 경주와 남원을 동경(東京)과 남경(南京)으로 개칭하면서 각각의 지역에 행궁(幸宮)을 건축하는 사업을 추진하기도 했다.[21]

전제군주제의 외양을 갖추어가는 다른 한편에서는 황실 사무를 담당하는 궁내부와 그 산하 재정기관인 내장원으로 권력과 국가 재원을 집중시키는 조치가 병행되었다. 정부 소속의 많은 재원을 계속

---

[19] 사도세자에 대한 논의는 100여 년 전인 영조 때부터 사형(死刑)으로 금지한 사항이었다.
[20] 이러한 작업은 그 이전 독립협회운동 세력의 주도하에 만들어진 '애국가'나 '자주독립가'와 차원을 달리하는 것이었다. 독립협회운동 세력의 작업이 충군애국을 기조로 하여 '국민 만들기'에 초점을 둔 반면, 奬忠檀의 설치와 國歌 제정은 황제와 그 국가에 대한 충성을 목적으로 한 것이었다.
[21] 도면회, 앞의 박사학위 논문, 204~205쪽.

해서 궁내부의 내장원 관리하로 이관시켰으니, 1899년부터 1900년까지 둔토(屯土)·목장토(牧場土)·역토(驛土) 등의 토지를 정부 관할로부터 내장원으로 이속시켰으며, 광세(鑛稅)와 전국의 광산 경영권, 홍삼 전매권, 연강세(沿江稅), 어세·염세·선세·인삼세 등을 궁내부로 이속시켰다.[22] 탁지부 산하기관인 전환국도 황제 직속의 기관으로 개편하여 화폐 주조 이익의 절반 이상을 황실 재정으로 흡수했으며, 상인들이 합자하여 만들었던 천일은행(天一銀行)도 황실의 사금고(私金庫)로 만들었다.[23] 결과적으로 정부 재정은 심각한 위기 상황으로 빠져들고 황실 재정만 비대해졌다. 국가를 황제의 사유물로 만든 것이다.

이처럼 황제의 독자적인 재원을 확보하고 황실 재정을 확충하려고 한 데에는 일본의 예도 참고한 것으로 보인다. 일본에서는 1882년 이와쿠라 도모미(岩倉具視)가 헌법 제정 이전에 천황의 독립성을 확보하기 위한 황실 재정의 확충이 시급하다고 주장한 이후, 1889년부터 1890년 동안 경제적 가치가 있는 대규모의 관유지가 '어료지(御料地)'로 설정되었고, 1889년 사도(佐渡)·이쿠노(生野) 광산이 정부 재원으로부터 어료국(御料局)으로 이관되었다. 1884년 이후 일본은행·일본정금은행·일본우선회사 등의 주식 860만 엔이 황실 재산으로 편입되었다. 물론 이러한 황실 재산도 명목상으로만 천황의 소유일 뿐 실질적으로는 메이지 정부를 이끄는 '원로'들이 자의적으로 사용할 수 있는 것이었지만, 대한제국 황제 입장에서 보았

---

(22) 이윤상, 〈1894~1910년 재정제도와 운영의 변화〉 서울대 박사학위 논문(1996), 158~185쪽.
(23) 도면회, 〈갑오개혁 이후의 근대적 금융기관〉《國史館論叢》 77집(국사편찬위원회, 1997).

을 때 이러한 일본의 동향은 충분히 참고할 만한 것이었다고 할 수 있다.[24]

황제 권력이 강화되어 가는 한편에서는 징세권·사법권·경찰권을 장악하고 있었던 지방관들의 인민 수탈도 심화되어 갔다. 독립협회운동 세력이 정부 대신들을 고소하여 처벌받게 하는 등 여러 차례 승리를 거둔 경험은 1898년 이후 인민들의 수령에 대한 고소를 폭증시켰다. 그러나 고소, 고발한다고 하여 그 대상들이 모두 처벌을 받는 것은 아니었다. 권세 있는 가문 출신의 수령인 경우에는 무혐의 처리되거나 오히려 고소한 사람들이 무고죄로 처벌을 받았다. 고소당한 지방관이 고소한 자의 친족을 직접 체포하여 악형을 가하거나 고소인을 맞고소하는 예도 많았다. 이처럼 수령의 탐학을 관찰부 평리원(최고 재판소) 법부 및 정부의 각부 등에 호소해도 올바로 조사하고 처리해주지 않을 경우 사람들은 마지막으로 신문사에 투서하기도 했지만, 이름이 알려지게 되면 화를 입게 되므로 가명 또는 익명으로 신문사에 편지를 보내는 편법을 쓸 정도였다.[25]

3. 러일전쟁 이후 근대국가 담론의 개화

1) 동양주의와 민족주의의 병진

국내의 개혁 세력은 독립협회운동의 좌절 이후 일본에 망명해 있던 박영효·유길준 등과 연관해 쿠데타를 도모하다가 체포되는 경우

---

[24] 이윤상, 앞의 박사학위 논문, 88~89쪽의 각주 142)번 내용 참조.
[25] 도면회, 앞의 박사학위 논문, 259~265쪽.

가 빈번했으며, 사회 분위기는 엄혹하게 변모되었다.[26] 특히 신학문을 배우는 학생들이나 일본에서 돌아온 유학생들은 엄중한 감시 속에 놓여 있었다. 1901년 11월 덕어학교(德語學校)에서 매주 토요일에 개최하던 교육 토론회 중 학생들이 "요즈음 외국에 유학하여 학문을 닦더라도 무익할 뿐만 아니라 귀국하는 날 갈 곳은 경무청이다"라고 한 말이 문제가 되어 토론회를 담당한 교관과 학생들이 학부에 불려가 조사를 받고 징역 3년에 처해졌다.[27] 또 일본에 유학한 자와 친분이 있으면 군수 등 지방관이 이를 빙자하여 재물을 토색하는 사례 등이 벌어지기도 했다.[28]

러일전쟁은 이러한 상황을 반전시키는 계기가 되었다. 러일전쟁 이후 일본군의 한반도 주둔, '시정 개선' 명목하에 이루어진 재정고문·외교고문의 초빙, 1905년 을사조약 강제 체결 등은 황제권을 제약했고, 이들 개혁 세력의 지향을 실천할 수 있는 정치적 공간을 열어주는 역할을 하기도 했다.

1880년대 이래 한국의 문명 개화론자들은 서양 자본주의 열강의 침략을 막아내기 위해서는 일본을 중심으로 한 동양 삼국 또는 한일 양국 간의 단결 또는 동맹을 구상해왔다. 이것은 1880년대 김옥균(金玉均)의 '삼화주의(三和主義)', 1890년대 후반 독립협회운동 세력의 '한일 제휴론', 1900년 안경수(安駉壽)의 '일청한동맹론(日淸

---

[26] 박영효·유길준과 연관된 쿠데타 음모에 관해서는 윤병희, 〈제2차 일본 망명 시절 박영효의 쿠데타 음모사건〉《이기백선생 고희기념 한국사학논총》(下)(일조각, 1995) 및 유동준, 《兪吉濬傳》(일조각, 1987) 232~250쪽 참조.
[27] 《皇城新聞》 광무 5년 11월 22일 잡보 〈德校討論〉; 같은 신문 광무 6년 2월 6일 잡보 〈兩姓處役〉.
[28] 〈訓令 平理院〉 《訓指起案》 〈奎 17277의 5〉 제6책 광무 5년 11월 14일.

韓同盟論)', 천도교주 손병희(孫秉熙)의 '삼전론(三戰論)', 1905년 이후 대한자강회 대한협회 등의 '일본의 한국부식론(韓國扶植論)', 1909년경 안중근의 '동양평화론' 등으로 나타나고 있었다.29) 여기서는 이를 일단 '오리엔탈리즘'과 구별하기 위해 '동양주의'로 지칭하기로 하겠다.

　그동안 한국 사학계에서 '동양주의'는 사회진화론에 입각해 일본의 제국주의적 침략성을 명확하게 인식하지 못하게 함으로써 한국인들을 친일로 경사하게 만든 침략 사상으로 지목되어 왔지만, 척사론에 근거하고 있는 양반 유생들을 제외하면 '동양주의'는 1894년 이후 사상계의 주류를 이루고 있는 것이었다.30) 즉 《독립신문》, 《황성신문》 등에 논설과 기고문을 게재했던 문명 개화론자들은 물론이고, 개신 유학 계열의 인물들 모두 한국의 독립을 유지하기 위해서는 일본을 맹주로 한·중·일 삼국이 연대하여 서양 백인종의 제국주의적 침략을 방어해야 한다는 논리를 가지고 있었다. 그것은 당시

---

(29) 19세기 말 20세기 초 한국 지식인의 동양 삼국관계에 대한 인식론에 대해서는 이광린, 〈개화기 한국인의 아시아연대론〉《개화파와 개화사상연구》(일조각, 1989); 김도형, 《대한제국기의 정치사상연구》(지식산업사, 1994); 박찬승, 《한국근대정치사상사연구》(역사비평사, 1992); 김도형, 〈대한제국기 계몽주의 계열 지식층의 '삼국제휴론'〉《한국근현대사연구》 13(2000); 조재곤, 〈한말 조선 지식인의 동아시아 삼국제휴 인식과 논리〉《역사와현실》 37호(2000); 백동현, 〈대한제국기 언론에 나타난 동양주의 논리와 그 극복〉《한국사상사학》 제17집(2001) 등을 참조할 수 있다.

(30) 일본의 침략에 분기하여 1906년 의병 봉기한 최익현도 국제 공법의 논리를 수용하고 있었을 뿐만 아니라, 을사조약의 강제 체결 이전까지는 "동쪽으로 침략해오는 서세(西勢)를 홀로 막을 수 없으므로 한국·일본·청 삼국이 서로 의지한 연후에야 동양의 대국을 보전할 수 있다는 사실은 누구나 알고 있었기에, 귀국(일본–필자)을 불신하면서도 양국의 화친을 상하지 않으려 하여"라고 하여 일종의 '동양주의'적 논리를 수용하고 있었음을 볼 수 있다(鄭喬, 《大韓季年史》 下, 212쪽).

풍미하던 사회진화론적 세계관에 입각한 것이었다.[31] 아울러 이러한 인식은 일본의 을사조약 강제 체결 이후 일본의 한국 부식론으로 연결되면서, 일본의 보호 통치하에 산업 진흥과 신식 교육 창달로 한국의 부강을 달성해야 한다는 실력 양성론으로 전개되었다.

따라서 '동양주의'는 외형상 외세, 특히 일본에 대한 종속과 의존을 표방함으로써 '반민족적' 논리로 보이지만 본질적으로는 항상 한국의 '독립'을 추구하는 '민족주의'를 내포하고 있었던 점을 간과해서는 안 된다. '동양주의' 논리가 수용되는 과정의 다른 한편에서는 1895년 시모노세키조약 이후 청국으로부터의 독립을 상징하는 독립문과 독립관의 건설, 아관파천 이후 왕권 강화와 함께 국제법 논리를 받아들인 대한제국의 수립과 황제 즉위, 《독립신문》의 논설에서 나타나는 '충군애국' 논리의 보급과 '만수성절(萬壽聖節)',

---

(31) 사회진화론은 영국의 사회과학자 스펜서(H. Spencer)가 라마르크, 멜더스 등의 이론과 다윈의 진화론을 근거로 하여 창안한 사회철학이다. 사회도 생물과 같이 하나의 유기체이므로 생물의 발전 법칙처럼 적응과 자연 도태를 통하여 저급 단계에서 고급 단계로, 단순 사회에서 복잡 사회로, 열등 사회에서 우등 사회로 발전한다고 주장하였다. 19세기 후반에서 20세기 초 사회진화론이 서구 산업사회에서는 부르주아 계급과 노동자 계급 사이의 사회적 불평등이나 인종적 불평등, 제국주의적 침략을 합리화하는 이데올로기로 기능한 반면, 동양 삼국에서는 매우 상이한 방식으로 수용되었다. 일본에서는 1870년 전후 수용되어 1880년대 이후에는 국가 유기체설과 이론적으로 결합하여 메이지 헌법을 정당화하는 기능을 하면서 천황의 권위와 그 관료 지배를 강화해주는 이론으로 역할을 하였다. 반면 중국과 한국에서는 일본보다 조금 늦은 1890년 중엽에 들어 수용되었으며, 중국의 경우 전제군주의 절대성을 부정하는 국가주권설과 입헌 국가 설립의 필요성을 역설하고 제한적이나마 민권 확대를 주장하며 냉혹한 국제 정치 현실에서 국가를 방어하기 위한 국민 통합의 이데올로기 기능을 하였다. 한국은 일본과 중국을 경유하여 사회진화론을 수용하였는데, 중국과 마찬가지로 '강자'가 되기 위한 실력양성운동을 이론적으로 뒷받침하고 계몽운동을 통해 유교의 부정적이고 봉건적 측면을 비판하면서 근대적 국가사상과 민권사상 보급의 필요성을 주장하는 데 이용하였다. 아울러 당시 국제 환경을 황인종과 백인종의 인종 경쟁의 시기로 파악하여 황인종 사이의 반목은 백인종의 아시아 침탈과 그 지배를 초래한다는 명목하에 일본을 맹주로 하는 황인종의 단결을 주장하게 한 이론으로 사용하였다.

'천추경절(千秋慶節)', '계천기원절(繼天紀元節)', '홍경절(興慶節)' 등 국경일 제정과 국기 게양, 애국가 제창, '동포' 개념의 적용과 확산[32] 등이 이루어지고 있었던 점에 주목할 필요가 있다. 이는 '민족주의'라는 용어가 사용되고 있지 않았어도 이미 1898년 전후에 '민족주의' 담론이 보급되고 있음을 보여주는 것이다. 이러한 '민족주의' 담론이 황제의 전제권 강화로 인해 1899년 이후 '국민' 개념이 배제되어 확산되다가 러일전쟁을 계기로 부활한 것이다.[33]

따라서 민족주의의 일반적 특징인 대외적 배타주의는 동양주의의 당초 목표, 즉 일본의 힘에 의존한 근대국가 수립이라는 목표가 완전히 상실되는 단계까지는 잠복하여 그와 병행할 수밖에 없었다. 특히 당시 개혁 세력은 대한제국의 황제권을 전복시킬 만한 정치력 또는 물리력을 갖추지 못했던 형편이었기 때문에 유길준처럼 혁명일심회 및 국내 정치 세력과 손잡고 정변을 준비하거나 손병희처럼

---

(32) 月脚達彦, 〈獨立協會の '國民' 創出運動〉 《朝鮮學報》 제172집(1999); 權用基, 〈독립신문에 나타난 '동포'의 검토〉 《한국사상사학》 제12집(1999).

(33) 러일전쟁은 1904년 2월 8일 일본 함대가 인천과 여순의 러시아 함대를 기습 공격하고 2월 10일 선전 포고함으로써 시작되었다. 일본은 1905년 3월 만주의 봉천 대회전에서 러시아 육군을 패퇴시키고 5월 대한해협에서 러시아 발틱 함대를 전멸시켰으나 병력과 전쟁 비용 부족으로 한계에 도달하였다. 군사비의 반을 영국·미국에서 도입한 외채로 조달하였으나 더 이상 외채 모집이 곤란하였다. 대한해협 전투 이후 일본은 미국에 알선을 의뢰하여 1905년 미국 포츠머스에서 러시아와 강화조약을 체결하였다. 일본이 획득한 이권은 ① 한국에 대한 일본의 지도·감독권 인정, ② 여순·대련의 조차권과 남만주 철도의 양도, ③ 사할린 남부 할양 등이었다. 러시아로부터 12억 엔의 배상금을 받으려 했던 일본의 구상은 좌절되었으며, 전쟁에 많은 희생을 치른 국민들은 불만족스럽기 짝이 없었다. 1905년 9월 5일 조약 조인을 기하여 도쿄 히비야 공원에서는 강화 반대 국민대회가 개최되었고 폭동으로까지 확대되었다. 그럼에도 불구하고 러일전쟁은 일본이 동아시아의 패권을 확보하고 일본 자본주의가 산업혁명을 달성하여 제국주의 단계로 이행하는 계기를 이루었으며, 일본 국민으로서의 정체성을 대중적으로 확산시키는 역할을 한 점 등에서 일본 역사상 중요한 결절점을 이루었다.

일본 군부와 결탁하여 정변을 준비하는 사례가 나타났던 것이다.[34)]

그러나 일본군의 한국에서의 횡포와 한일의정서에 의한 한국 정부의 재정 외교권 장악, 1905년 을사조약의 강제 체결, 1907년 헤이그밀사 사건을 빌미로 한 고종 황제의 강제 퇴위 등 일련의 주권 침탈 사태를 겪으면서 개혁 세력 내에서는 한국 인종 또는 한국 국가를 보존해야 한다는 '보종(保種) 보국론(保國論)'이 등장하기 시작했다. 즉 일본과의 동맹, 일본의 원조를 희구하면서도 일본 정책에 대한 의심이 머리를 들기 시작한 것이다. 이러한 의심은 1907년 7월 이후가 되면 박은식(朴殷植)·신채호(申采浩) 등의 '국수보전론(國粹保全論)', '한국 민족주의'로 귀결되지만,[35)] 신민회 세력을 제외하고는 1910년 한일합병에 이르기까지 대부분의 개혁 세력은 여전히 동양주의 논리를 견지하면서 한국의 근대국가 수립을 구상하고 있었다.

2) 근대국가론의 백화제방

황제 중심의 전제정치 권력이 제약되기 시작한 1904년 이후의 정세는 수많은 단체와 학회가 등장하여 동양주의를 바탕에 깔고 일본을 통해 수입된 근대 국민국가 담론을 확산시키는 상황이었다.[36)] 그

---

(34) 박찬승, 《한국근대정치사상사연구》(역사비평사, 1992), 50~51쪽.
(35) 백동현, 앞의 글; 백동현, 〈러·일전쟁 전후 '민족' 용어의 등장과 민족의식〉《한국사학보》 제10호(2001).
(36) 일반적으로 이 시기 이후 전개된 언론·출판·집회·교육 운동 등을 '애국계몽운동' 또는 '자강운동'이라고 하지만, 운동의 양상을 상세히 분석해보면 오히려 입헌군주제에 입각한 근대국가 수립운동으로 보는 것이 더 적실할 것이다.

러나 이 단계의 국민국가론은 독립협회운동이 고조기에 달했던 1898년 전후 《독립신문》, 《제국신문》 등에서 자연법사상에 입각한 천부인권설을 주장하던 것과는 큰 차이를 보이고 있었다. 이는 독립협회운동 좌절 이후 1904년경까지 국내 정국이 경색되어 정치적 억압이 몇 년간 지속된데다가 국가주권의 위기를 목도하면서 민권보다 국권이 더욱 중요시되었기 때문이라고 할 수 있을 것이다.

그 사례는 러일전쟁 직후인 1904년 3월 장도(張燾), 장지연(張志淵), 김상연(金祥演) 등이 중추원에 헌의한 시정 개선안 55개조를 보면 알 수 있다.[37] 이들은 당시까지의 정치적 분위기로 인해 '입헌군주제'라는 개념은 사용하지 못했으나, 황제권으로부터 행정·사법의 제한적 분리, 대한국 신민의 공무 취임권, 법률 제약 내에서의 언론·저작·집회·결사·신교(信敎)의 자유, 신체의 자유와 재산권, 중추원의 준의회(準議會)로의 개정 등 근대 국민국가로의 개혁 필요성을 주장하고 있다. 또한 유성준(兪星濬)이 저술한 《법학통론》(1905)에서는 국가 권력과 신민의 권리는 '법률로 계역(界域)을 획정하여' 행사할 수 있다고 서술하고 있는데, 이는 권리의 자연법적 성격을 부인하는 것이며 신민의 권리는 군주의 흠정(欽定)으로, 즉 위에서 내려주는 하사품으로 이해하는 군주주의적 법이론을 따르고 있는 것이라고 할 수 있다.[38]

이보다는 조금 더 급진적인 성격을 띠고 있는 《국민수지(國民須

---

[37] 《황성신문》 광무 8년 3월 19일 잡보 〈樞院獻議〉. 장도와 김상연은 각각 일본 동경법학원(중앙대학의 전신)과 와세다(早稻田)대학에서 법학과 정치학을 전공한 유학생 출신이며, 장지연은 개신 유학 계열의 인물로 을사조약 강제 체결을 비판하는 논설 〈시일야방성대곡(是日也放聲大哭)〉으로 유명한 인물이다.

[38] 金孝全, 《근대한국의 국가사상》(철학과 현실사, 2000) 107~108쪽.

知)》(1906)는 헌정연구회가 펴낸《헌정요의(憲政要義)》(1905)와 거의 동일한 내용이며, 1905년 중반《황성신문》에도 연재되면서 당시 지식계에 상당한 충격을 주었다. 여기서는 전제군주제의 폐단으로 인해 국가와 군주를 동일시한다는 점, 국가는 군주 한 사람의 사유물이 아닌 국민 모두의 공동체라는 점 등을 천명하고 국민의 의무와 권리를 상세히 설명함으로써 입헌군주제의 필연성을 주장하고 있다.[39]

이러한 형편이었기에 러일전쟁 직후부터 1910년 합병에 이르기까지 등장했던 소위 '애국계몽운동단체'나 '자강운동단체'들은 신민회와 같이 미국 공립협회 집단 등이 주도하여 결성한 단체를 제외하고는[40] 새로 수립할 근대국가의 정체로 대부분 입헌군주제를 구상했던 것이다. 1905년 5월에 결성된 헌정연구회는 그 취지서에서 헌법이 전세계의 대세인데 이를 온화하게 받아들인 경우는 영국·일본과 같은 군주 헌법이며, 폭렬(暴烈)하게 수용한 경우는 미국과 프랑스라고 전제한 후 한국은 전자인 군주 헌법을 채택하는 것이 마땅하다고 주장했다.[41] 을사조약 강제 체결 이후인 1906년 3월 헌정연구회 멤버를 주축으로 조직된 대한자강회 역시 공화정체가 가장 진보적이고 우월한 정체로 인식하고 있었으나 한국 사회에 실현가능

(39) 김효전,《서양 헌법이론의 초기 수용》(철학과 현실사, 1996) 410~431쪽.
(40) 신민회는 1907년 4월《대한매일신보》, 상동교회(尙洞敎會), 무관층(武官層), 자본가, 미국 공립협회 등 5개 집단이 모여서 만든 비밀 결사로서 안창호 등이 미국에서 기초한〈신민회취지서〉,〈신민회통용장정〉을 초안대로 통과시켰고, 그들의 국가 구상은 열국 보호하에 공화정체의 독립국가를 추구하는 데 있었다고 한다(李松姬,〈애국계몽단체〉《한국사》43, 국사편찬위원회, 206~208쪽 참조).
(41) 崔起榮,〈憲政研究會에 관한 一考察〉趙恒來 編,《1990年代의 愛國啓蒙運動硏究》(亞細亞文化社, 1993), 16~17쪽.

한 정치체제로서 전제정체에 대한 대안으로 입헌정체를 구상하고 그 채용을 주장한 바 있다. 그리고 대한자강회 강제 해산 이후 1907년 11월 천도교 세력과 대한자강회 구성원들을 중심으로 조직된 대한협회 역시 국민주권론을 펴면서 입헌군주제를 주장했다.[42]

근대국가 수립을 주장한 것은 매국적 친일단체로 평가받고 있는 일진회도 마찬가지였다. 일진회·진보회가 1904년 12월경 합동하여 만든 (통합)일진회는 주로 보부상, 독립협회 출신 인사, 동학 교도, 일반 농민 등으로 구성되어 있었고 앞의 '애국계몽운동단체'들보다 더욱 큰 세력과 회원 규모를 과시하고 있었다.[43] 일진회의 국정개혁론은 4대 강령으로 요약되는데 ①황실을 존중케 하고 국가 기초를 공고히 할 것, ②인민의 생명 재산을 보호케 할 것, ③정부는 개선 정치를 실시케 할 것, ④군정·재정을 정리할 것이 그것이다.[44] 이러한 강령은 6년 전 독립협회운동기에 제기되었던 '헌의 6조'와 크게 다르지 않았으며, 이들은 창립 초기부터 인민의 언론·저작과 집회·결사의 자유를 제기했고, 황제권은 존중하되 헌법의 제정과 국회의 개설을 요구하는 등 입헌군주제의 수립을 표방했다.[45]

일진회의 개혁 강령과 활동으로 인해 이미 1904년 10월경에 "갑오 전후 이래로 각 군수와 관찰사에게 탐학하여 돈을 빼앗긴 자들이

---

(42) 柳永烈, 〈애국계몽사상〉《한국사》 43(국사편찬위원회), 262~277쪽.
(43) 金度亨, 〈일제침략초기(1905~1919) 친일세력의 정치론 연구〉《계명사학》 제3집, 22~23쪽. 한편, 1910년 총독부에 의해 강제 해산 직전 각 단체의 회원 수만 보면, 일진회 14만여 명, 대한협회 7천 3백여 명, 서북학회 2천 3백여 명이다(金正明 編,《日韓外交資料集成》 別冊《朝鮮駐箚軍歷史》, 294~295쪽).
(44) 《韓國一進會日誌》《朝鮮統治史料》 제4권, 韓國史料研究所, 369쪽).
(45) 일진회의 강령과 기타 사회개혁론과 주장에 대해서는 金度亨, 앞의 글 참조.

근일에 상경하여 일진회에 들었다 칭하고 세력에 의지하여 다시 찾으려 한다는 데 전직 관찰사와 군수들이 많이 욕을 보는" 상황이 나타나고 있었다.[46]

통감부가 설치된 1906년 이후 일진회는 일본군의 암묵적 보호 속에서 사법 치안을 담당한 법부 대신, 내부 대신에게 계속 항의 문서를 전달하여 불공정한 재판을 한 사법관과 탐학한 관찰사 군수에 대한 면관 및 처벌을 요구했다. 1906년 2월 27일에는 재판에 오결을 많이 한 평리원판사 이건호(李建鎬), 백성을 학대하고 재물을 토색한 전주군수 권직상(權直相)을 면관하라는 공함을 정부에 보냈다.[47] 6월 12일에는 평리원판사 이규환(李圭桓)과 검사 이건호에 대한 비난 및 이들이 면관될 때까지 민형사 소송 제기를 중지하자는 내용을 각 신문 광고에 싣고 한성부 거리에 벽보를 붙이기도 했다.[48] 한성재판소 수반판사 이병휘(李秉輝)에 대해서도 재판을 거부하여 결국 이들 법관이 사직 청원서를 제출하도록 만들 정도였다.[49]

이처럼 1904년 러일전쟁 이후의 사태는 사회 개혁론과 새로운 국가 건설론이 백화제방하고 있던 때였다. 한국사 연구에서의 일반적인 통설은 이들 단체가 제국주의 침략과 국권 피탈이라는 위기를 극복하기 위해 실력 양성이 필요하다고 하면서, 민권사상·애국정신·국가의식을 고취하고 교육·산업의 진흥과 정치 개혁을 주장했다고

---

(46) 《大韓每日申報》 광무 8년 10월 28일 잡보 〈탐학관장견욕〉.
(47) 《韓國一進會日誌》 광무 7년 2월 27일(《朝鮮統治史料》 제4권, 한국사료연구소), 599쪽.
(48) 앞의 책, 607쪽. 당시 이건호는 평리원 판사직을 떠나 검사로 임명된 후였다(《舊韓國官報》 광무 10년 5월 9일).
(49) 《皇城新聞》 광무 10년 6월 20일 잡보 〈首判請願〉 및 광무 10년 6월 23일 잡보 〈會議未開〉.

한다. 그러나 제국주의 침략이 가져온 국가주권의 위기는 그동안 전제적 권력을 휘둘러왔던 황제 권력의 취약화를 수반하는 것이었기에 황제의 전제정치에 억눌렸던 민권운동 세력의 부활을 가능하게 했다.

물론 앞에서 서술했듯이 이들 세력이 주장한 국민국가론이 국가의 정책으로 실현된 적은 없었다. 그러나 입헌군주제론을 제외한다면 국민의 권리에 대한 담론이 최소한 정책적으로 반영된 사례를 찾아볼 수 있으니, 그것은 대한제국 정부가 1906년 8월부터 시작해 1907년 6월경에 완성한 '형법대전'의 개정 작업이다. 그러나 그 결과는 1907년 헤이그밀사 사건과 고종 황제의 강제 퇴위로 인해 공포되지 못했고, 통감부에 파견된 일본인 판검사의 손을 거쳐 1년 후인 1908년 7월 23일에야 반포되었다.

그렇다면 당초의 '형법대전'에 비해 볼 때 1907년 6월 법부가 개정 완료한 '형법대전'(이하 '법부안'), 그리고 1908년 7월에 개정된 '형법대전'(이하 '통감부안')은 각각 어떠한 계승 관련을 갖고 있었는가? 이는 한국 정부가 자주적으로 시도한 형법 개정 작업과 일본 통감부측의 주도에 의해 이루어진 개정 작업의 의의를 파악하는 측면에서 매우 중요한 의미가 있을 것이다.

'법부안'은 국민의 공권, 치외법권의 적용, 태형 폐지와 자유형의 전면 도입, 관민간 범죄시의 체가·체감 처벌 폐지, 친속간 범죄시의 체가·체감 처벌 완화, 근대적 사회 통제와 개인의 독립성 보장, 죄형 법정주의, 예심 제도의 도입 등 국민국가적 통치를 위한 요소들을 법조항에 대거 도입하고 있어 대한제국 시절부터 제기되어 온 사회 개혁의 요구를 형사법 체계 내로 흡수하고 있음을 알 수 있다. 이에 비해 '통감부안'은 치외법권이나 공권 규정의 부재, 태형의 존치, 친속간 범죄시 체가·체벌 규정의 유지, 사법관의 자의적 판결 여지의 온존 등 '법부안' 보다 근대적 사법제도의 요소들이 축소되어 있다.[50]

그럼에도 불구하고 1908년 8월 1일 '통감부안'과 더불어 실시된 신재판소 개청과 민형사 재판 관련 신규 법령은 많은 기대를 모았다. 이미 정미7조약의 내용이 반포된 1907년 7월 말에 조약의 식민지성을 지적하는 논설에서도 사법 사무를 행정과 구분한다는 제3조에 대해서만은 상당한 기대를 하고 있음을 볼 수 있다.[51] 또 위의 개혁 법률들이 시행된 지 한 달 정도 지난 1908년 9월에는 "일반 인민 중에는 구재판소(區裁判所)가 설치되어 군수에게 재판권이 없는 고로 사법권이 독립되었다 칭하고 인민이 문명한 판결을 받아 권리가 보호되겠다고 환영한다더라"[52]고 하는 기사가 나올 정도였다. 대한협회도 이에 대해 1908년 9월 "대한법계(大韓法界)의 신일월(新日月)이 비추니 장래 인민 행복은 모두 알 바"라는 찬사를 보냈으며, 개혁된 재판제도 하에서 전국민의 억울한 사정을 대표하고 생명 재산의 보호를 담보하기 위한 신리강구소(伸理講究所)라는 기구를 만들기까지 했다.[53]

---

(50) 두 개정안에 대한 비교는 都冕會, 〈갑오개혁 이후 근대적 법령 제정과정 -형사법을 중심으로-〉《한국문화》 27 (서울대 한국문화연구소, 2001) 참조.
(51) 《大韓每日申報》 광무 11년 7월 27일 논설 〈新協約〉.
(52) 《皇城新聞》 융희 2년 9월 16일 잡보 〈민법의 환영〉.
(53) 《皇城新聞》 융희 2년 9월 19일 잡보 〈伸理講究所〉.

4. 통감부 지배하 정치 권력 투쟁과 식민지적 근대의 도래

을사조약 강제 체결 이후 박제순(朴齊純)이 주도했던 의정부는 일진회의 치열한 대정부 비판 및 개혁운동이나 국내 인민의 을사오적에 대한 테러운동 등으로 국정 주도권을 장악할 수 없었다. 이로 인해 1907년 5월 22일 이완용(李完用) 내각이 성립했는데, 이들은 대부분 이완용 또는 이토와 밀접한 관련을 맺고 있던 인물들이었다. 특히 일진회 송병준(宋秉畯)의 입각은 대정부 비판과 친일적 개화운동을 전개하고 있던 일진회 세력을 흡수하여 한국 통치에 활용하려 한 이토의 정치적 고려하에서 이루어진 일이었다.[54] 같은 시기에 일진회 간부 중 5명이 관찰사, 3명은 중앙 정부와 최고 재판기관의 판사와 검사로, 기타 20여 명이 군수로 임명되었다.

1907년 6월 헤이그밀사 사건을 계기로 일본의 대한정책이 강경하게 변함에 따라 고종 황제가 강제 퇴위당하고 동년 7월 '정미7조약'에 의거해 일본인이 대거 한국 정부의 고위 관료로 임명되었다. 이 국면은 황제권을 위축시키고 입헌군주정을 수립하고자 했던 국내 정치 세력들에게 또 하나의 기회가 될 수 있었다. 그러나 정국은 이완용의 독주로 진전되었다. 이완용은 친인척과 측근 인물들 수십 여 명을 정부에 배치시키고 '보안법', '신문지법' 등 언론·출판·집회의 자유를 제한하는 조치를 취했다.

이로 인해 《대한매일신보》나 대한협회, 일진회 등의 단체는 이완용이 정치 개선에는 힘쓰지 않고 '가족 정부'에만 몰두한다고 비난

---

(54) 都冕會, 〈일제 식민통치기구의 초기 형성과정〉《일제식민통치연구》 1(백산서당, 1999), 24~25쪽.

하면서 그의 사직운동을 전개하기 시작했다. 이러한 대립 속에는 이완용의 '양반적' 지향과 일진회의 '평민적' 지향의 대립, 일진회·이완용 내각과 대한협회의 대립도 포함되어 있었다. 즉 이완용의 의도는 보호국 상태에서 군주제를 유지하는 것으로, 그 경우 정체는 양반, 귀족 주도의 정치를 구상했던 반면, 일진회는 조선 정체의 개변, 구래의 양반 질서의 해체를 지향하고 있었다.[55] 또한 대한협회는 정당을 자임하면서 통감부의 보호 통치를 유지하며 입헌군주정 수립을 지향하는 입장이었기에 이완용 내각의 국정 독주는 물론 일진회의 친일적 행위도 비판하고 있었다.[56]

이처럼 1908년 이후 정국은 통감부의 보호 통치하에서 정치 권력을 장악하기 위한 각축전의 양상을 띠고 있었다. 그렇기에 1909년 9월 일진회·대한협회·서북학회 등 3개 단체는 1909년 9월 이완용 내각을 붕괴시키기 위한 3파 연합을 출발시켰다. 그러나 그 직후 돌발한 안중근의 이토 히로부미 저격 사건이 정국을 급변시켰다.[57] 대한협회 서북학회는 3파 연합 논의를 파기하고 시국을 관망하면서 예의 실력양성론을 주장했다. 이완용은 정국의 주도권을 장악하기 위해 1909년 11월 말 합방 5개조를 일본의 가쓰라 수상에게 제출한

---

(55) 森山茂德(金世民 역), 1994《近代韓日關係史研究》玄晉社, 217, 230쪽.
(56) 韓明根, 2000〈일제의 한국침략론과 한국정치세력의 대응〉숭실대학교 박사학위 논문, 140~143쪽
(57) 이토 히로부미 저격 사건은 엄청난 충격을 국내에 몰고왔다. 일본의 대한정책이 당장이라도 전면적 합병으로 치달을지 몰라 황제 이하 대부분의 정치사회 단체들이 전전긍긍하였고, 여러 차례에 걸쳐 '이등박문 추도회'가 개최되면서 국내 정치 세력들이 일진회 중심으로 재편되어 갔다. 이에 대해서는 李庸昌,〈「伊藤博文追悼會」開催 前後「社會勢力」의 動向과 親日 정치세력의 형성〉《史學研究》제69호(한국사학회, 2003) 참조.

반면, 일진회는 동년 12월 4일 '정합방론(政合邦論)'에 기초한 합방 성명서를 공개적으로 발표했다.

이후 이완용은 국민대연설회를 개최하여 일진회의 합방 성명서에 대한 공개적인 반대를 표명함으로써 정국의 주도권을 장악하려 했고, 일진회는 자신들의 '정합방론'을 지속적으로 유지했지만 1909년 3월 이후 한국병합방침을 확정한 일본 정부의 방침에 의해 이들의 소망은 좌절되고 말았다.[58]

1910년 7월 제3대 통감으로 부임한 데라우치는 일진회와 이완용 내각의 대립관계를 이용해 합병을 추진했다. 이 과정에서 이완용 내각은 황제 칭호를 태공으로 격하하는 대신 왕의 칭호로 격상하고 왕실을 우대할 것, 국민의 생활 방도에 힘쓸 것, 조선인에 대해 일본인과 동등한 교육을 실시할 것, 종래 기득권을 유지해왔던 사족층의 지위를 보장할 것 등의 요구 조건을 실현시켰다.

일진회는 송병준과 이용구의 합방 구상이 달랐음에도 불구하고 통치권 전부를 일본 천황에게 전적으로 양도하는 것으로 결정했다. 그들은 합방 이후 한국 내에서의 자치권을 부여받아 그들이 정치 개혁의 중심 세력으로서 구래의 악정에서 탈출해 문명화를 앞당길 수 있다고 판단했기 때문이다. 반면 일진회와 이완용을 비판하면서 합방 반대론을 펴던 정치사회 단체들 대부분은 합방과 관련해 화를 자초할지 몰라 공포에 떨거나 혹은 합방은 거스를 수 없는 대세이기 때문에 한국의 명맥은 이미 정해졌다고 체념할 뿐이었다.[59]

---

(58) 金東明,〈一進會と日本 - '政合邦'と倂合〉《朝鮮史硏究會論文集》제31집(1993); 한명근, 앞의 논문, 144~168쪽.
(59) 한명근, 앞의 논문, 69~74, 133~138, 167~168쪽.

이렇게 해서 1910년 8월 대한제국은 소멸하고 일본제국의 '식민지'로 편입되었다. 초대 총독 데라우치 마사타케는 "일한의 관계는…… 순치(脣齒)와 같이 서로 의지하여 예부터 밀접한 이해관계를 가지고 있었을 뿐만 아니라 동종동문(同種同文)으로서 습속풍교(習俗風敎)도 역시 큰 차이가 없으므로 서로 융합, 동화할 수 있다"[60]고 하여 한국에 동화정책을 실시한다고 했다.

그리하여 한반도 주민은 식민지적 근대를 맞이하게 되었는데, 그 사회경제적인 양상은 앞에서 언급한 것과 같이 일본이 서양의 근대성을 수입하여 재현한 모습이 한반도에 옮겨진 것, 즉 일본을 통해 이식된 서양 근대성이었다. 즉, 한국 사회에는 자본주의 경제의 확립을 위한 화폐와 도량형 통일, 조세제도의 개혁, 토지·임야 조사 사업과 등기제도에 의한 토지사유권의 법인, 호적 정리와 국세(國勢) 조사, 철도·도로·항만 건설 등 수많은 인프라 구축 사업이 펼쳐졌다. 또한 일본의 지배 정책에 합치되는 한도 내에서이기는 했지만, 교육·문화·종교·의료·위생 등의 분야에서도 근대 일본의 모습을 닮은 정책들이 실시됨으로써 한국 사회는 대한제국 시기보다 더욱 문명화되었다.

그러나 일본은 한국의 민정, 풍속 및 관습 등이 일본과 다르고 그 문화의 정도가 일본과 동일하지 않기 때문에 잠정적으로 한국 통치에는 제국 헌법을 적용하지 않으며, 한국인의 생활을 안정시키고 그 행복을 증진시키기에 적절한 시정을 할 필요에 기초하여 총독의 대

---

(60) 山本四郎 編,《寺內正毅關係文書-首相以前-》(京都女子大學硏究叢刊 9, 1984) 178쪽.
(61) 앞의 책, 69쪽.

권으로 직접 한국을 통치한다는 차별화정책을 동시에 추진했다.[61] 따라서 한국에 일본의 형법·민법·형사소송법·민사소송법 등 근대적 법체계를 도입하더라도 그것은 전면적인 도입이 아니라 '조선형사령', '조선민사령' 등에 의해 일본법을 차용하는 방식을 취함으로써 항상 식민지적 특례 조항을 두었다.[62]

게다가 한국에 거류하고 있던 일본인들 역시 "우월한 백성에게는 우월한 제도를 요하며 미개한 백성에게는 미개한 제도를 요한다. 실제로 일선인(日鮮人) 간에는 그 능력·성정(性情)·습관 등에서 단시일 내에 일치될 수 없는 거리가 있으므로 만연히 양자를 혼효하여 동일 제도하에 있게 한다는 것은 공평을 앞세워 난계(亂階)를 초래할 우려가 없지 않은 바이다. 평등한 가운데 차별을 두고 민도(民度)에 따라 제도를 정해야 한다"고 주장하면서 차별정책을 요구하고 있었다.[63]

따라서 일본제국 판도로의 편입이라는 동화정책 속에서 한국 사회의 근대적 변혁이 표방되었지만, 그것은 항상 차별을 내포하는 것이었다. 따라서 이는 한국인 엘리트들로 하여금 동양주의와 병존하던 민족주의를 분리시키고, 입헌군주제가 아닌 공화제를 지향하도록 유도하는 역할을 했다. 즉 '동화정책 속의 차별'은 자주적 근대를 추구했던 대한제국기 정치사회 단체의 잔존 세력들로 하여금

---

(62) Chulwoo Lee, "Modernity, Legality, and Power in Korea Under Japanese Rule", Gi-Wook Shin & Michael Robinson ed., *Colonial Modernity in Korea*(Cambridge, Mass.: Harvard University Press, 1999), 26~27쪽.
(63) 青柳綱太郎, 《總督政治史論》(京城新聞社, 1928) 126쪽.
(64) 1919년 3·1 운동을 준비했던 '민족 대표' 33인은 기독교계 15명, 천도교계 16명, 불교계 2명으로 구성되었다. 김창숙·곽종석 등 유생들이 3·1 운동 발발 이후 뒤늦게 파리장서운동을

1919년의 3·1 운동을 준비하게 하는 추동력이 되었다.[64] 그런 측면에서 일본의 한국 강점은 대한제국기에 인민을 억누르고 있었던 황제 권력을 전복시켜 근대적 사회경제 구조를 형성시켰지만, 역설적으로 그것은 또 한국인들이 스스로 정치적 권력을 장악하고자 하는 민족주의적 반향을 불러일으킨 것이기도 하다.

그런 점에서 한일합병 2개월 전에 게재된 아래의 글은 식민지화의 원인을 정면으로 직시하면서도 식민지적 근대 속에서 자주적 근대를 모색하는 민족주의적 호소로 기억될 수 있을 것이다.

> 우리 한국은 원래로 군주가 주권을 장악하던 나라라……정부와 인민이 지체(肢體)와 같이 합성(合成)하여야 국권도 가히 만회하고 민권도 가히 복생(復生)할지니……현금(現今) 아한(我韓)의 국세(國勢)가 급업(岌嶪)하야……생명과 재산이 난보(難保)할 경우에 이르렀은 즉 그 책임이 어디에 돌아가리오. 정부에서 인민의 권력을 박탈한 까닭이라 하노니 권력을 잃은 인민이 무슨 의무가 있으며 무슨 세력이 있으리오마는…….[65]

5. 얽혀 있는 근대

1894년 갑오개혁은 일본 메이지유신의 경험을 '표준'으로 삼은

전개하였지만, 이들 3·1 운동의 초기 국면을 준비 창출한 세력은 대한제국기 전제군주정을 비판하고 입헌군주정 또는 더 나아가서 공화정을 주장한 세력과 연결되고 있다. 이 점에서도 식민지적 근대는 부정되었던 '자주적 근대'가 다시 공공의 의제로 제기될 수 있는 산파역을 한 것이다.
(65) 《대한매일신보》(1910년 6월 19일) 논설 〈국민의 권한〉.

'자주적 근대' 국가의 구상이었다. 이에 의해 수백 건의 법령이 공포되고 외형적으로는 근대국가의 체제를 실현시킬 수 있었다. 그러나 1898년까지는 근대국가의 정치체제를 어떻게 구성할 것인가의 문제를 둘러싸고 독립협회로 대표되는 민권 세력과 황제로 대표되는 전제왕권 세력 사이에 치열한 헤게모니 쟁탈전이 벌어진 시기였다.

그러나 독립협회 세력도 고종 황제를 제외하고는 정권을 장악할 만한 상징적 인물이 없었다. 이 점이 그들의 치명적인 약점이었다. 결국 군대를 동원한 권력에 의해 민권 세력은 패퇴당했고, 이러한 상황은 다음해 제정된 '대한국국제'에 국민 개념의 부재와 전제정치의 천명으로 귀결되었다.

1899년부터 1904년까지 황제가 주도하는 또 다른 '자주적 근대' 국가 만들기가 진행되었으나, 이는 사실상 국가를 황제의 사유물로 만드는 작업이었을 뿐 국가의 공적 성격을 담보할 수 있는 것은 아니었다. 러일전쟁에서 일본의 승세가 확실시된 이후 황제 중심의 국가체제가 좌절되는 과정은 그동안 잠복해 있거나 망명했던 정치 세력들이 부활하는 과정이었다.

이들은 일진회·헌정연구회·대한자강회·대한협회·서북학회 등 정치 단체를 조직하여 동양주의와 민족주의를 병진시키면서 국민주권론, 입헌군주제론 등 근대 국민국가 담론을 확산시켰으며 그러한 담론은 불완전하나마 '형법대전' 개정 작업에도 반영되었다.

1907년 7월을 계기로 일본의 대한정책이 급선회한 이후 보호국 통치하에서나마 정치 권력을 장악하기 위한 투쟁이 이완용 내각과 일진회 사이에서 치열하게 전개되었으나, 1909년 초 일본의 한국

병합정책이 결정된 후에는 좌절되어 결국 식민지적 근대로 귀결되었다.

일본에 의해 한국인이 겪어야 했던 식민지적 근대란 국가 민족 형성과 유지의 주체가 일본이라는 국가로부터 나온 것이었을 뿐, 일본이 수입하여 정착시킨 서양 근대성의 또 다른 재현물에 지나지 않았다. 그러나 일본이 동화정책을 표방하면서도 조선인에 대한 차별 대우를 하지 않을 수 없었기 때문에 한국인 엘리트는 '자주적 근대'라는 민족주의적 담론에 기울게 되었다.

이처럼 한국 근대사에서 '자주적 근대'와 '식민지적 근대'는 분리·대립되어 있었다기보다는 서로 얽혀서 전개되었던 것이다.

식민지 근대와 대중사회의 등장

윤해동(尹海東)

1959년에 태어나 서울대학교 국사학과에서 박사학위를 받았다. 1986년부터 역사문제연구소 간사, 사무국장, 연구원 등과 일본 와세다대학교 외국인 연구원을 거쳤다. 서울대학과 서원대학 등에서 강의했다.
한국 근대 민족운동과 사회사 등에 관심을 가지고 공부했다. 1990년대 후반 이후 민족주의와 민족국가의 본래성에 의문을 품고, 민족국가의 공상적 실천을 뒷받침하는 근대 역사학 구조를 해체하는 데에 몰두하고 있다. 지구화하는 네트워크 사회의 시공간 구조의 변화에 대응하여, 새로운 사회적 삶을 모색하는 학문적 실천을 위한 인식 구조와 방법론을 모색하려 한다.

〈일제하 물산장려운동의 배경과 그 이념〉,《한국사론 27》서울대 국사학과, 1992
〈친일과 반일의 폐쇄회로에서 벗어나기〉《당대비평 21》, 2001.
《식민지의 회색지대》역사비평사, 2003
《일제하 전시체제기 정책자료총서(전98권)》(공편), 한국학술정보, 2001.

1. 식민지 근대의 주요한 속성

대개 어느 곳에서든 식민지배하에서의 '근대'란 그 형성 자체가 오랫동안 부정되어 왔지만, 최근 한국에서는 오히려 당연한 듯이 '식민지 근대(colonial modernity)'의 성격을 둘러싼 논의가 전개되고 있다.[1] 어느 사이에 식민지배하에서 '형성되어 가는' 근대의 성격(근대성)에 대한 논의가 무성하게 된 것은 어떤 측면에서건 식민지 근대의 형성을 부정할 수 없게 된 사정이 가로놓여 있을 것이다.[2] 이는 한편으로 근대를 이념형(ideal type)으로 설정할 수 없게 된 사정 때문이겠지만, 그럼으로써 근대와 거리를 둘 수 있게 되고 비판을 할 수 있게 된 상황과도 관련되어 있을 것이다. 식민지 근대란 무엇인가? 근대적 합리성의 발현 양상을 중심으로 식민지 근대의 특성을 살펴봄으로써 '근대가 동반하는 고유한 식민성'[3]의 양상을 드러낼 수 있을 것이다. 나아가 이를 통해서 식민지 근대의 해명에도 일조할 수 있을 것이다.

---

(1) 식민지하 근대 논의의 부재를 한국만의 독특한 현상이라고 볼 수는 없다. '식민지 근대'라는 개념을 사용하여 동아시아 근대화를 비판하고자 한 의미 있는 시도는 다음의 책에서 처음으로 찾을 수 있다. Tani E. Barlow ed., *Formation of Colonial Modernity in East Asia*, Duke University Press, 1997. 이 개념을 사용하여 식민지 조선을 본격적으로 분석한 연구서로는 Gi-Wook Shin and Michael Robinson, eds., *Colonial Modernity in Korea*, Harvard University Asia Center, 1999가 있다.

(2) 한국의 식민지 근대에 대한 최근의 논의를 요령 있게 정리한 글로 다음을 참고하라. 松本武祝,〈朝鮮における'植民地近代'に關する近年の硏究動向-論点の整理と再構成の試圖〉《アジア經濟》43~49, 2002; 並木眞人,〈朝鮮における'植民地近代性'·'植民地公共性'·對日協力-植民地政治史·社會史硏究のための豫備的考察〉《國際交流硏究》(フェリス女學院大學國際交流學部紀要) 5號, 2003.

(3) 식민주의가 서구 근대의 이면을 구성하고 있으므로, 반대로 근대란 식민주의를 빼고는 제대로 해명할 수 없을 것이다.

3·1 운동을 계기로 전개되는 '대중운동'은 '대중의 창출'이라는 관점에서 접근할 수 있고, 이는 식민지배가 관철하는 근대적(도구적) 합리성과 연관시켜 이해할 수 있다. 3·1 운동이 '거족적(擧族的)' 항거였다는 데는 이의를 제기하기 힘들지만, 거족적이라는 직접적인 표현은 여러 가지로 음미해보아야 할 요소를 동반하고 있다. 3·1 운동을 계기로 공화제적 인민주권주의에 대한 자각이 전면화되고, 이를 바탕으로 민족주의 이데올로기가 발현하여 '민족' 형성의 결정적 계기가 되었다.

　민족 형성은 대중의 창출 과정으로 파악되어야 할 것이다. 대중의 형성은 사회적 합리성에 그 토대를 두고 있는데, 사회적 합리성이란 무엇인가? 식민지배하의 사회적 합리성은 식민정책의 전개, 즉 근대적 관료 행정의 시행과 자본주의의 제도화 과정을 통해 형성되는 것으로, 이를 수용하고 저항하는 과정에서 사회적 합리성은 그 식민지적 특수성을 구성하게 된다. 이것이 바로 식민지 근대의 주요한 속성을 구성하게 되는 것이다. 곧 사회적 분화와 '합리성의 폭발적 발현'이라는 과정을 통해 대중이 형성되고, 대중의 재주술화를 둘러싸고 식민지 권력과 이에 대한 식민지민의 저항운동은 경쟁하게 되는 것이다. 나아가 대중의 형성이라는 사회적 현상을 통해 식민지민의 저항운동과 식민 권력에 대한 '협력' 활동의 여러 양상을 새로이 이해할 수 있게 될 것이다.

2. '식민지 근대'에 대하여

근대성(modernity)은 역사적으로 언제, 어디에서나 찾을 수 있지만, 근대(modern)란 언제나 독자적이고 일회적이다. 하지만 서구 문명론의 수용 이후, 그리고 1920년대 맑시즘과 근대화론의 수용 이후 직선적이고 추종적인 의미에서의 근대관만이 수용됨으로써 한국에서 근대란 단지 따라잡기 또는 비약만이 문제가 되었다. 서구적 근대관에 입각한 근대관은 식민지에서의 근대의 부재 또는 과잉만을 문제삼아 왔다. 문명의 부재, 혹은 역사의 부재라는 발상은 헤겔적 의미에서 역사의 종말에 대응하는 발상이지만, 이것이 식민지에 적용될 때는 언제나 불가능한 미래를 위해 유예되어야 하는 현재라는 방식으로 수용될 뿐이었다. 근대란 언젠가는 수행되어야 할 미래이므로, 현재란 항상 미래를 위해 유예되어야 할 대상이 되었다. 또는 서구 근대를 분해하면 부분적으로 식민지에서도 근대가 달성될 수 있다고 보기도 했지만 부분적으로 달성된 근대도 전체적으로는 언제나 미완일 뿐이었다.[4]

---

[4] 식민지배와 근대화의 연관에 대한 질문은 지금까지 적어도 2개의 역사적 국면에서 논란이 되어왔다. 먼저 일본 정부 또는 우익이 견지해온 '식민지 시혜론'과 한국 정부 또는 학계가 견지해온 '수탈론'의 입장 차이가 첫 번째 국면을 구성한다. 아마 이런 논란은 구제국주의 국가와 식민지 국가 일반이 부딪쳐온 문제를 대표하는 것이라고 하겠다. 다음으로 1980년대 후반 이후 단속적으로 진행되어 온 '수탈론'과 '식민지 근대화론'의 논쟁이 두 번째의 국면을 구성한다. 식민지배가 초래하는 개발의 측면을 중시하는 후자의 입장은 전자의 태도를 변화시키지는 못했지만, 전체적으로 식민지 인식의 변화에 명시적이든 묵시적이든, 긍정적이든 부정적이든 상당한 영향을 끼친 것으로 볼 수 있을 것이다. 하지만 2개의 논쟁 모두 식민지배와 근대화의 연관에 대한 질문에 근본적으로 답변하고 있다고 보기는 어렵다. 식민지 근대 논의에서는 식민지배 하의 '근대화'를 국민국가적 입장이나, 정치-경제적 차원에 국한하여 파악하는 방식을 거부한다.

이런 근대관에 대한 반성의 방식은 어떠해야 하는가? 서구에서 생산한 근대관을 일방적으로 수용한 방식에 대한 반성으로서의 의미를 가지는 것이 바로 '식민지 근대'라는 발상이다. 서구는 항상 식민지를 대상화하고 이를 자신들의 근대관 속에 편입시켜 사고해왔다. 식민지를 제외한 채 서구 근대를 이해할 수 없는 것은 바로 이런 이유 때문이다. 그러나 식민지는 언제나 서구 근대를 대상화하지 못하고 자신의 외부로서 추종해 따라잡아야 할 목표로 간주해왔다. 이런 방식의 서구 근대 이해에서 서구 근대란 식민지 자신 속에 내재화되어야 할 외부이며, 이에 따라 언제나 외부화될 수 없는 내부이다. 하지만 식민지 근대는 식민지에서 서구 근대를 대상화하고자 하는 시도이다. 서구 근대는 식민지에 언제나 내부화되어 있지만 항상 외부화될 수밖에 없는 내부로서 사유하고자 한다.[5] 이런 문제의식을 전유하고자 하는 발상이 바로 식민지 근대라고 규정할 수 있지 않을까? 이런 맥락에서 '식민지 근대'의 발상은 언제나 서구 근대를 사유의 틀 속에 끌어들이지 않으면 안 된다. 그리고 내부화된 서구 근대를 언제나 대상화하고자 한다. 이것이 바로 비판적으로 서구 근대에 접근해야 하는 이유이기도 하다. 서구 근대는 식민지 근대라는 문제의식에 의해서만 그 본질이 드러나게 될 것이다.

이런 맥락에서 '식민지 근대'를 사유할 때 식민지와 근대를 분리하거나 더욱이 이를 대립적인 어떤 것으로 간주하는 것은 문명-야

---

(5) 근대를 따라잡아야 할 至善의 가치로 간주하게 되면 근대는 언제나 식민지의 외부에 존재하게 된다. 그러나 근대는 식민지 사회 내부 깊숙이 침투해 있었으므로 이런 인식 태도는 정당한 것이 아니다. 그렇다고 해서 식민지에 침투한 근대를 그저 수용하는 방식으로는 식민지를 제대로 인식할 수 없게 될 것이다.

만의 이항대립적 근대 설정의 연장선 위에 있는 것에 지나지 않는다. 식민지 근대란 '식민지성'과 '근대성'이 결합한 것일 수는 없다. 언제나 근대는 위계적인 사회적 맥락 속에서만 의미를 가지는 것이었다. 즉 식민지 근대를 포함하여 어떤 맥락에서의 근대든 모더니티(근대성)의 존재 여부로 근대의 존재나 성격이 결정될 수는 없는 것이다.

그렇다면 서구 근대적 기준이 아닌 새로운 근대의 기준을 제시하고 이를 바탕으로 다원적인 근대상을 제시하는 것은 어떤 의미가 있을까? 서구적 근대성의 억압성에 저항하기 위한 시도로서 곧 서구 근대를 비판하기 위해 근대의 다양성을 상정하는 것, 다시 말하면 '비유럽적 근대' 또는 '다원적 근대'를 설정하는 방식으로는 근대의 순환논리에서 벗어나기 어렵다. 식민지 근대가 근대 비판으로서만 의미를 가지고 있다는 지적은 바로 이런 이유 때문이다. 근대 비판으로서의 식민지 근대 설정은 '새로운 근대'를 설정하고자 하는 시도는 아니다. 그리고 식민지 근대를 서구 근대(제국주의 근대)의 '대항 개념'으로 설정하고자 하는 것도 아니다. 모더니티의 배치 문제로서 '식민지 근대'는 성립할 수 있고, 서구 근대와 맞물려서 돌아가는 근대의 한 양상으로서만 '식민지 근대'라는 문제 설정이 가능한 것이다. '식민지 근대'란 '이식된 근대'의 합리화된 체계를 적대적으로 수용함으로써 서구 근대의 합리화 과정의 도구성에 맹목적이게 하는 것 바로 그것을 말하는 것이 아닐까? 이런 맥락에서의 '식민지 근대'를 다음 장에서 적극적으로 해명해보고자 한다.

3. 식민지 근대의 형성[6]

1) 식민지 근대의 합리성 — 근대적 합리성의 제1차원

조선총독부는 면제(面制)를 조선 지방통치를 위한 핵심적 제도로 간주했다. 면제의 시행을 계기로 지방에서도 근대적 관료 행정이 자리잡게 되었다. 먼저 1914년 면 구역의 폐합이 단행되자 면수는 반감되고, 이를 기초로 재정의 정리를 도모할 수 있게 되었다. 인구는 8백호를 기준으로 하고, 면적은 4방리를 기준으로 삼아 폐합을 단행함으로써 공간의 양적 균일성이 확보되었다고 할 수 있다. '행정 동리'를 편제한 것도 이를 보완하기 위한 것이었다.

근대 관료주의적 지배는 인격적 지배를 배제하는 것이 핵심으로 행정 절차에서 '문서주의(文書主義)'가 확립되는 것은 비인격적 지배를 위한 중요한 조치였다. 제국주의가 추구하는 목적으로부터 분리된 효율적이고 합리적인 행정 수단을 도입함으로써 수단으로서의 비인격적 지배가 성립된다. 명망가나 유력자가 아닌 행정 전문가 또는 '수완가'로서의 면장 또는 면 행정 담당자가 자리잡게 된 것도 면 행정이 인격적 지배를 탈피하고 있음을 반증하는 것이었다. 또한 통계제도를 확립함으로써 행정에서의 계산가능성이 증대되었다. 이런 과정이 종족적 배제와 행정적 폭력에 대한 공포에 바탕을 둔 것이었다고 하더라도, 이처럼 근대적 관료 행정이 확립되고 더욱이 근

---

[6] 본문 2와 3에서 전개하는 구체적인 논의에 대해서 일일이 주를 붙이지 못한 데 대해서는 독자들의 양해를 구하고자 한다. 여기에서 전개된 논의의 분석적 과정은 다른 형태로 곧 발표할 예정이다.

대적 조세제도가 도입됨으로써 한국 사회는 '합리화된 체계'로 전환되었다. 이것이 바로 관료적 규제를 통한 합리성의 증가 과정이었다. 베버적 의미에서도 합리적 체계란 원래 '합리화된 체계'였을 뿐이다. 합리화 과정이 개인의 가치-합리성을 담보하지 않으며, 합리화된 체계는 언제나 개인에게 억압적인 것일 뿐이다.

이제 개인의 특수 시간은 보편적이고 강력한 '국가 시간'으로 대체되었다. 이처럼 면제가 도입됨으로써 관료 행정의 비인격적 지배가 성립하고, 적어도 행정 단위에서는 이전의 질적인 공간관과 시간관을 대체하는 양화되고 균질적인 시공간 관념이 성립되는 계기가 주어지게 되었던 것이다. 이것을 근대적 합리성의 제1차원이라고 할 수 있다.

1910년대 시행된 토지조사사업을 계기로 배타적 토지소유권이 확립되었다. 이로 인해 전근대적 재산권의 존재양식은 변화하고 공동체의 연대는 동요하게 되었다. 토지소유권의 공동체로부터의 이탈은 가속화되었으며, 농업 인구의 사회적 분화는 촉진되었다. 토지를 중심으로 한 부와 권력 사이의 연계가 깨지고, 동산이 자체로 자율적인 것이 되어 전체의 부 가운데 우세한 측면으로 드러났다. 토지도 이제 상품으로 기능할 수 있게 됨으로써 이런 토지와 권력의 연계는 더욱 확연하게 분리되어 갔다. 이것 역시 정치와 경제의 분리 과정을 상징적으로 드러내는 것이기도 하다.

여기에 종래의 '입회지(入會地)' 대부분에 대해 '지반소유권(地盤所有權)'의 존재를 부정하고 그 소유권을 박탈함으로써 소농 경영의 공동체로부터의 이탈은 더욱 가속화되었다. 식민 권력에 의한 입회권 부정의 과정은 '국가에 의한 식민지판 인클로저운동'이라고도 할 수 있다. 이로 인해 전통적 의미에서의 소농의 공유지가 다양하게 분화될 수 있는 가능성은 원천적으로 봉쇄되었으며, 식민 권력에 의한 자본주의적 사유화와 국유화만이 현실적인 가능성으로 남아 있을 수 있었다. 이후 식민 권력은 입회지의 상당 부분을 농민에게 양여하지만 이는 이미 공동체의 태내에서는 이탈한 것이었고, 소농의 영세성을 극복하는 데도 도움이 되지 않았다.

이리하여 소유분해가 급속하게 진행됨으로써 경작 단위의 세분화는 가속화되었으며, 이 때문에 소작 문제를 바탕으로 한 농업 문제는 사회 문제화되고 사회적 불안 요소로 작용하게 되었다. 주지하다시피 1920년대 초중반 소작쟁의에서 '소작권 이동 반대'와 '소작료 인상 반대'라는 암울한 쟁점이 대부분을 차지하고 있었던 사실이 이를 반증하고 있다. 농촌에서의 사회적 분화는 급속하게 진전되고 있었다.

또한 토지조사사업과 이를 계기로 도입된 등기제도는 토지의 상품화를 급속하게 추동했다. 물론 이것 때문만은 아니지만 1910년대 후반부터 이른바 '기업열(企業熱)'이 발흥하고, 이후에도 생산의 구성 전체에서 차지하고 있던 양적인 비중이 가볍다고 하더라도 조선인 공업의 성장은 지속되었다. 또한 식민 영농의 추진에 힘입어 상업적 영농이 진전되고 '농촌 진흥'이 농업정책의 슬로건으로 자리 잡게 되면서 '농촌의 지식화', '농촌의 경제화'가 가장 중요한 과제로 부각되었다. 사회적 효율성의 증대가 무엇보다 중요한 목표로 설정되었다. 식민지 경제가 내건 구호는 그야말로 '사회를 시장으로 바꿔라'는 것이었다.

이로 인해 다른 모든 사회적 제도와 기능으로부터 '경제'는 이탈했다. 전근대 경제가 국가와 사회 속에 묻혀 있던 동안에 생산과 분배 행위는 직접적으로 그 행위 자체를 목적으로 하는 것이 아니라, 다른 중요한 제도들의 존속과 재생산을 지향하는 여러 사회적 규범들의 압력에 종속된 것이었다. 이른바 '도덕 경제'가 바로 그것이다. 그러나 자본주의 경제는 도덕 경제를 위해 작동하던 다른 모든 외적 규범들을 부적절한 것으로 만들고, 경제를 생산과 계산이라는 행위를 위한 규칙의 영역으로 해방시켰다.

식민지 관료 행정에 의해 추진, 관리되는 식민지 자본주의는 어떤 근대와 마찬가지로 새로이 형성되는 식민지 국가와 사회의 모든 부면을 자본주의 경제의 하위기구로 묶어버렸다. 이제 자본주의 경제가 전 사회를 지배하는 제도로 그 모습을 드러내면서 식민지 근대는 자본주의적 근대로 자리잡고 있다. 여타의 모든 근대적 부면은 이제 그에 예속된다. 예를 들어 조선에서는 1925년부터 적용되던 치안유지법에서 일본의 국체와 아울러 사유재산을 가장 중요한 보호 법익으로 내세우고 있었다. 또한 사상 문제의 기초를 권력과 사유재산의 문제로 보는 것이 일반화되어 있었는데, 이 문제를 개인주의·자유주의로부터 파생된 것으로 간주하고 있었다.

이처럼 식민 권력은 일반적 국민국가와 마찬가지로 군사력의 독점에 의해 폭력을 독점하고, 근대적 관료 행정을 확립함으로써 국내를 평정한다. 이를 통해 상품 유통을 원활화하고 자본주의의 발전을 가속화하며 이에 따라 노동의 상품화도 진전된다. 근대적 자본주의 상품 사회의 재생산은 국가의 권력적 작용에 기인하는 것이었고, 이는 사회적 부를 자본으로 그리고 사회 구성원을 노동으로 재상품화하는 데 기여하는 것이었다. 국가의 폭력의 독점과 자율성의 증대[7)]

는 이전까지 독립적이고 주도적으로 작동하던 모든 중간적 영역, 즉 하위의 독립적 영역의 정치적 자원을 몰수하는 방식으로 기능하게 되었다. 그 대신에 경제적 영역의 자율성을 강화함으로써 사적 경제의 이윤을 보장하는 방식을 통해 보상하고자 했다. 이는 역설적으로 정치에 대한 경제의 승리를 표현하는 것이기도 했다. 이런 점에서 식민 권력은 전통적 의미에서의 '자본주의 국가'의 사회적 역할과 전혀 다르지 않는 역할을 수행하고 있었다.

이런 식민 권력의 성격을 '식민지 의제국가'로 표현할 수 있다. 식민 권력에게는 대외적 주권뿐만 아니라 인민 주권도 인정되지 않았기 때문에 근대국가로서의 주권은 완벽하게 박탈되어 있었다. 그러나 국제적·국내적 정책 목표를 독자적으로 형성하고 추구할 수 있는 독립적인 행위 능력, 즉 국가의 실제적인 능력인 국가의 자율성을 제한적으로나마 갖고 있기 때문에 주권 없는 자율성을 가진 '의제국가'로 설정해도 무리가 없을 것이다. 한편 식민지는 '제국 헌법'의 바깥에 놓여 있었다. 그러나 제국 헌법의 바깥에 놓여 있었다는 것은 언젠가 헌법을 내부화할 수 있는 가능성을 남겨둔 것이었고, 의제국가의 최대 과제는 바로 헌법의 실현, 즉 내부화였다. 헌법의 내부화란 바로 의제국가의 소멸이 아닌가? 식민지 의제국가란 자신의 소멸을 최대의 과제로 삼았던 그런 근대적 권력이었다고 할 수 있을 것이다. 다시 말하면 식민지 의제국가란 근대 국민국가의 역할을 내부적으로 수행하지만 이른바 제국주의의 딜레마[8]를 잘 표

---

(7) 이전 시기에는 다른 여러 영역이 나누어 가지고 있던 '폭력' 사용권을 국가가 독점하고, 이를 바탕으로 다른 어떤 영역으로부터도 자율적인 권력을 확보하게 되었다는 점이 근대국가의 가장 큰 특징이라고 할 수 있다.

현하고 있는 과도기적인 국가인 것이다. 이로 인해 식민지 의제국가는 근대 국민국가의 이면을 구성하는 한편, 식민지 근대의 가장 표현적이고 적나라한 형식을 보여준다고 할 수 있을 것이다.

2) 식민지 근대와 근대를 둘러싼 여러 양상

식민지 근대적 합리성은 순수하게 그 자체의 힘만으로 나아가는 것인가? 그 이면에는 '비근대'의 존재가 광범위하게 존재하고 있는 것은 아닌가? 식민지하 '도구주의적 근대(도구적 합리성)'에 대한 비판적 태도는 대개 다음과 같이 나눌 수 있다. 먼저 전근대(pre-modern)적 태도를 들 수 있는데, 이는 도구주의적 근대로부터 벗어나 있는 태도를 지칭하는 것이다. 그러나 이런 요소도 도구주의적 근대의 세례로부터 완전히 벗어나 있는 것으로 간주할 수는 없다. 이런 전근대적 태도는 다만 회고 또는 '과거'만을 무기로 삼는 경우가 많고, 적극적인 세계 구성력을 가지기는 어렵다. 다음으로 반근대(anti-modern)의 추구를 들 수 있는데, 일상에서 근대의 메커니즘을 부정하고 회피하려는 경향을 말하는 것이다. 가령 외부로부터 강제되는 '근대적' 시간표를 거부한다거나, 물질적 진보의 가능성을 부정하는 등의 태도를 말하는 것이지만, 이런 경우에도 논리화되고 적극적인 세계를 확인하기는 어렵다. 마지막으로 대안근대

---

(8) '제국주의의 딜레마'란 한나 아렌트가 개념화한 것으로, 국민국가가 정복자로 나타나면 반드시 피정복 민족은 민족의식과 자치에 대한 요구를 자각하게 된다는 것을 말한다. Hanna Arendt, *Origins of Totalitarianism*; 가라타니 고진(柄谷行人), 송태욱 옮김, 〈언어와 국가〉《일본정신의 기원》 2002, imagine, 11~49쪽 참조.

(counter-modern)적 지향을 들 수 있다. 기존의 근대적 메커니즘, 즉 도구주의적이고 기술적인 합리성의 세계를 거부하고, 대안적인 메커니즘을 추구하는 경우를 말하는 것이다. 여기에서 '비근대' 라는 개념은 일단 전근대적·반근대적·대안근대적 태도를 모두 포괄하는 것으로 정의하고자 한다.

이제 근대적 합리성과 공존하는 비근대의 존재 양상을 촌락의 분화 양상을 통해 접근해보자. 관료 행정과 자본주의제도가 초래한 변화를 바탕으로 전통적 자치기구로서의 '동계류조직(洞契類組織)'은 급속하게 진행된 분화를 통해 변용되었다. 생산기구와 생활기구의 분리는 특히 급속히 진행되었다. 첫째, 생산기구로서의 계나 공동 노동조직을 조합으로 재편성하고자 한 행정 권력과 지주 자본의 힘에 의해 분화는 확대되었다. 공동 노동조직은 두레로 남아 있거나 농계(農契)로 변형되기도 했으나 그 기능은 약화되었다. 농촌 내부 계층 분화의 진전을 드러내는 사례로는 '청부농계(請負農契)'가 전형적인 것으로, 이는 농업 노동자들의 조직이었다. 농계로부터 농사개량 실행조합이나 농가소조합으로 이행하거나 촌락 내에 새로운 농가소조합이 대거 설립되었다.

둘째, 계의 기능은 주로 생활기구 그 중에서도 관혼상제에 치중하는 것이 일반적인 상황이었다. 생활기구로서의 계가 확대된 배경으로는 유교 의례의 확대와 유교 의식의 공유를 들 수 있다. 즉 비슷한 신분이나 계층이 생활방식을 공유하게 된 것이 중요한 계기이지만, 여기에는 문중의 형성이나 혼상, 제사 등의 유교 의례가 하층으로 확대되었다는 사정이 존재한다. 그러므로 이를 자본주의적 측면에서만 바라볼 수는 없지만, 19세기 이래 지속적으로 확대되어 오던 상호부조조직이 자본주의적 상품 교환관계를 적용하여 이를 더욱 확대시켰다는 것은 명백하다.

식민 권력은 1930년대 '의례준칙(儀禮準則)'의 시행을 통해 촌락을 통제하고, 나아가 생활 개선을 도모하고자 했다. 그러나 생활 개선과 정신 작흥을 강조한 것은 근대적 가치와 전근대적 가치의 충돌을 의미하는 것이기도 했다. 즉 생활은 가족의 개별적인 관계로 해소되고, 여기에 근대적 생활방식이 강요되었다. 즉 상호부조는 약화되고 허례 폐지 절약 저축 등이 강조되었다.

다음 계의 기능으로 금융 기능이 점차 증가했는데 여기에는 일본식 무진(無盡), 강(講)의 확대와 아울러 자본의 침투가 배경을 이루고 있다. 또한 생활기구로서의 계에도 이식적 측면은 더욱 강화되었다. 행정 당국에서는 이를 합법적 조합조직으로 유도하고자 했다. 또한 자본의 안정성을 유지하기 위해 상호연대조직, 즉 '인보조직(隣保組織)'을 활용했는데 1920년대 영업무진이 침투하면서 보증조합을 활용하거나, 금융조합이 1920년대 후반부터 상호연대보증제도를 전통적 '오가작통제도(五家作統制度)'를 활용하여 제도화한 것이 그것이다.

이처럼 촌락사회는 급속하게 분화하고 있었지만 그 분화의 이면에는 일종의 '비근대'가 자리하고 있었다. 동계류조직으로부터 분화하거나 새로이 생성되기 시작한 생산기구, 생활기구, 금융기구로서의 촌락 조직은 비근대에 의해 뒷받침되고 공존하고 있었던 것이다. 이와 아울러 촌락 단위 조직도 위로부터의 방식에 의해 정비되었지만 그 역시 주로 전통적인 '향약(鄕約)' 조직과 정신에 의해 그 정당성이 지지되고 있었다. 근대적 합리성의 이면을 이루고 있었던 것은 바로 이런 비근대의 존재였다.

그렇다면 다시 '식민지 근대'란 무엇인가? '근대'란 한 시대가 아니다. 근대란 일종의 제도이기도 하고 또는 동시대와 연관된 생활양식, 태도, 자세 등 일종의 에토스(ethos)이다.[9] 또한 근대의 에토스란 도구적 합리성에 기초하는 것으로, 월러스타인의 분류에 의하면 양면적 근대의 한쪽 측면을 구성하는 것이다. '기술의 근대'와 '해방의 근대' 중 '기술의 근대'가 바로 그것이다. '기술의 근대'는 외부 강제에 의한 산물이지만, 식민지민의 열망에 기초한 것이기도 하다. 이런 점에서 '식민지 근대성'은 '잡종성'(혼종성, hybrid)으로 표현되며, '식민지 근대'가 잡종화할 운명은 '제국주의 근대'(일본)의 잡종화로 이어질 수밖에 없다. '식민지 근대'와 '제국주의 근대'의 잡종성은 근대의 역사적 특성을 구성한다.

이런 상호작용의 관계는 식민지의 존재가 문화의 교류를 전제로 한 것이라면 당연히 문화변용(문화접변, acculturation)의 방식을 문제삼게 한다. '기술적 근대'의 '도구적 합리성'은 일종의 모듈(module)로서 외부로부터 강제되었으나 스스로 학습하고 변용하여 내면화함으로써 식민지 근대의 특성을 이루는 것이다. 비록 적대적인 자세를 취하지만 이것은 정당한 문화 융합의 한 모습을 이룬다. 이런 측면에서라면 해방운동의 저항성이라는 것도 제국주의적 근대의 모방이나 그 변용과 다르지 않다.

또한 기술의 근대는 해방의 근대의 토대를 이루기도 한다. 식민지하 전통(비근대)이란 대개의 경우 근대의 입장에서 재단된 변화

---

(9) 이에 대해서는 미셸 푸코, 《사회를 보호해야 한다》, 1998, 동문선 참조.

지 못한 잔여의 부분으로 간주되는 경우가 많지만 간직해야 할 어떤 가치로 간주되기도 한다. 이에 따라 기술의 근대에 의해 재단된 전통은 해방의 근대로 귀속되어야 할 그 무엇으로 전용되기도 하지만, 해방의 근대에 귀속된 전통은 역으로 해방의 근대 그 자체의 성격을 왜곡시키기도 한다.

'식민지 근대'는 지배와 수용의 양식으로부터 그 특성이 발현하는 것은 아닐까? 식민지 지배체제는 식민지민의 자율성 인정을 거부하고, 식민지민은 그들이 수용하고 내면화한 합리성에 대해 인정하기를 거부한다. 이는 바로 식민지에서의 자유 혹은 자율성의 성격과 연관되어 있다. 식민지를 식민지이게 하는 근본적인 성격이란 바로 이런 자유의 성격에서부터 출발한다. 새로이 통치체제를 구성해야 한다는 식민지 권력의 입장에서 보면, 식민지의 상황은 매우 우려스러운 것임에 틀림없었다. 그것은 기본적으로 식민지민이 통치의 담당자로 식민지 권력을 인정하지 않는다는 근본적인 조건으로부터 주어지는 것이었다. 통치의 대상으로부터 통치의 담당자로 인정되기를 거부당한 통치 권력이 사회적 통제와 질서를 유지한다는 것은 매우 어려운 일이 될 수밖에 없는 것이지만, 그것은 사회적 질서가 그 자체로 유지될 수 없는 것으로 간주되었다는 점에서 출발하는 것이었다. 그러므로 사회적 질서에 대한 위협으로 간주되지 않고 주어질 수 있는 자유, 나아가 자율성이라는 것은 항상 통치 권력에 의해 주어지는 것이 되었다. 그러므로 사회적 자유는 언제나 통제를 통해서 제한적으로 주어지는 것으로서 항상 부정적인 차원이 되었던 것이다. 식민지 근대의 여러 차원이 이제까지 제대로 인식될 수 없었던 것은 너무나 강력한 이런 사회적 자유의 통제적 성격으로부터 출발했기 때문이었다. 그러나 그 때문에 식민지 근대의 여러 측면들을 제대로 인식하지 않는다는 것은 자유의 제한성 자체를 제대로 인식할 수 없게 하는 상황을 초래할 뿐이다.[10]

근대적 합리성은 일상생활 속의 무의식이나 잠재의식 속으로 침잠하며, 또한 무의식화나 내면화의 기제를 통해 발현한다.[11] 나아가 합리성의 무의식적 내면화는 식민지적 분열 현상을 구성한다. 합리성은 무의식에 내면화하지만 식민화된 지배방식에는 강력하게 거부하거나 저항한다. 이것이 바로 '무의식의 식민화'로서 탈식민이 탈근대의 문제의식으로 이어지는 것은 바로 이런 이유 때문일 것이다.

한말의 개화 지식인들이 공통으로 지녔던 지향은 문명-개화와 이를 통한 근대적 국민화, 즉 국민국가의 수립이라는 지향이었다. 이런 지향은 문명-야만의 2원 구도에 의해 구성되어 있었다는 점에서 서구 근대 '문명'에 대한 절대적 열망을 기초로 한 것이었고, 어떤 면에서는 근대국가 간 체제의 위계성을 인정하는 인식론적 기반 위에 선 것이었다. 이는 사회진화론을 수용하게 되면 더욱 강화되는 것으로, 양자는 상호보완의 논리적 순환 고리를 형성하고 있었다. 이런 논리적 순환을 타파하지 못하면 외부의 힘에 의지하는 문명-개화는 어쩌면 당연한 것으로 수용되는 것이었을 수도 있다.

일제의 조선 병합 이후 이런 문명화의 열망, 즉 서구 선망=모방

---

(10) 지그문트 바우만, 문성원 옮김, 《자유》 2002, 이후 참조. 식민지에서의 자유 또는 자율성의 전개 방식에 대해서는 서구에서 자유의 진전 과정이 사회적 관계의 산물이라는 바우만의 논의로부터 시사받은 바 크다.
(11) 근대적 합리성은 무의식에 내면화하는 방식으로 작동할 때 생활을 지배하는 특성으로 자리잡게 될 것이다. 무의식의 식민화를 운위할 수 있는 것은 바로 이 때문이다.

의 경향은 일본의 지배에 대한 저항이 강하면 강할수록 더욱 정당화될 수 있었다. 문명-개화와 국민화의 논리적 기초는 식민지하에서 문화주의와 '민족'의 논리로 연장, 발전되고 있었고, 이런 기반 위에서 서구 선망=모방은 관념적으로 강화되고 있었다. 1920년대 문화주의-문화운동은 일방적인 서구 수용의 열망 위에 기초한 것이었으며, 이런 경향은 좌파라고 해서 예외는 아니었다. 부정된 서구 문명으로서의 사회주의 소련은 대안적 서구 문명으로서 좌파들의 '대안적 근대'에 대한 열망을 충족시켜주기에 좋은 관념적 대상물일 뿐이었다. 즉 반일 민족주의와 내면화된 '식민주의'(서구 선망)는 상호 순기능적으로 결합할 수 있었는데, 이는 식민적 분열 증상을 강화하는 것에 지나지 않았다. 이런 식민적 분열 증상은 서구 문명(문화)이나 도구적 합리성의 수용을 용이하게 하는 것이었고, 한국인들의 독특한 근대에 대한 태도를 형성하는 것이었다. 해방 이후 미국에 대한 선망은 이런 분열 증상을 표현하는 것에 지나지 않는 것이었다.

4. '대중'에 대하여

대중의 대두는 세계사적 과정의 일환을 이룬다.[12] 19세기 후반 서구의 두 번째 산업혁명은 노동생산성의 향상을 초래함으로써 노동자의 보수는 빠르게 증가했다. 이에 노동자의 생활 수준도 꾸준히 상승했다. 또한 상품의 표준화가 진행됨에 따라 노동자들도 중산층

---

[12] 제국주의든 식민지든 자본주의가 도입되고 사회의 분화 현상이 나타나는 지역에서는 대중적 현상이 대두하게 된다는 점에서 그러하다.

과 동일한 상품을 사용할 수 있는 여력을 가지게 되었다. 의무교육이 진전됨으로써 문맹은 퇴치되었으며, 언론매체가 확산됨으로써 사회에 대한 인식의 공유 현상이 나타나게 되었다. 이런 과정에서 탄생한 것이 바로 대중이었다. 대중의 탄생은 사회의 단일화 과정이 진행된 결과였다. 그러나 대중이 사회의 전면에 대두함으로써 다양한 대응이 촉발되었다. 계층의 다양화와 차별화가 진행된 것은 물론이고, 배타주의와 국수주의적 애국주의에 기반한 민족주의가 만개하게 된 것 역시 이런 대응의 한 양상으로 볼 수 있다.[13]

19세기 후반 이래 대중의 대두에 대해 서구에서는 다양한 우려가 표출되어 왔다. 그 가운데 대중적 현상의 대두에 대해 가장 적대적이고 비관적인 견해를 드러냈던 사람이 바로 르봉이었다. 19세기 후반부터 20세기 초반에 걸쳐 활동했던 프랑스의 사회학자인 르봉은 대중의 집합 행동이 비합리적이고 충동적이며 야만적인 것으로 합리적 행동과는 배치되는 것으로 규정했고, 대중은 지도자의 결의에 의해 인도되어야 한다고 보았다. 대중운동은 비합리적 힘을 이용할 수 있도록 대중에게 동기를 부여할 수 있을 때 성공할 수 있다는 것이다. 르봉의 주요 저서는 이미 1910년 대일본문명협회라는 단체에 의해 《민족 발전의 심리》라는 제목으로 일부가 번역되었다. 1915년에는 《민족심리 및 군중심리》라는 제목으로 전역되었으며, 이 책은 일본과 식민지 조선의 지식인에게 큰 영향을 끼쳤음에 틀림없다.[14]

---

(13) 어니스트 메이, 〈정부 업무 영역의 확장〉, 조셉 나이 편, 《국민은 왜 정부를 믿지 않는가》, 2001, 굿인포메이션 참조.
(14) 19세기 후반부터 20세기 초반에 걸친 대중의 진출에 관한 논의에 대해서는 세르게이 모스코비치, 이상률 역, 《군중의 시대》 1996, 문예출판사 참조.

르봉의 대중관에 촉발되어 프로이트 역시 대중적 현상을 분석한 논문을 발표했다. 프로이트가 말하는 대중은 양면성을 가진 것이었다. 대중에의 참여는 개인에게 비합리적이고 격정적인 행동을 통해 본능적 충동을 발산할 수 있는 기회를 제공하는데, 이는 사회적 감성을 유발하고 타자에 대해 개방적일 수 있는 계기가 되는 것으로, 대중화 현상의 긍정적 측면이다. 그러나 이런 과정이 중지될 때 대중의 야만적이고 공격적인 충동은 발산된다. 하지만 프로이트의 대중관은 대중이란 기본적으로 게으르고 비지성적인 존재라는 점에 입각한 것으로서, 이는 노동의 재상품화를 원활하게 하는 데 기여하는 것이었다. 노동에 대한 사회적 필요 때문에 사회는 언제나 사람들을 문명화된 조절의 규칙에 복종하도록 유도한다고 프로이트는 보고 있었다.[15]

이처럼 대중 또는 대중적 현상의 대두는 근대를 전제하지 않으면 해명이 불가능한 대상이다. 세계 체제적 의미에서 언제나 민족주의적 성격을 띤 반체제운동은 대중적 현상으로만 존재해왔다. 그게 어떤 운동의 형태를 띠고 있던 그 반체제운동이 세계 체제에 대한 저항의 의미를 띤다는 것은 대중적 현상의 대두를 전제하지 않으면 이해할 수 없는 운동의 새로운 형태이다. 이른바 '망명자사관'[16]의 탈피를 위해서도, 나아가 식민지하 독립운동(또는 민족운동)의 진전된

---

(15) 프로이트의 대중관에 대해서는 모스코비치, 앞의 책 참조.
(16) 나미키(並木眞人)는 앞의 논문에서 식민지기 해외의 민족해방투쟁의 정통성에 근거를 둔 이른바 망명자사관이 식민지기를 중심으로 한 한국의 근현대사 연구에 대하여 〈이단심문권〉을 행사하고 있다고 하면서, 한국의 주류적 근현대사 해석에 대하여 가혹한 비판을 가하고 있다. 일률적으로 이런 비판을 적용할 수 있는가에 대해서는 의문이 있지만, 전혀 근거 없지는 않다는 점 또한 인정할 수밖에 없다.

이해를 위해서도 대중의 대두는 전제되어야 한다. 반대로 말하면 독립운동이 가능한 혹은 가능하지 않았던 사회적 조건은 무엇이었던가, 나아가 일제 말기 통치체제에 대한 사회적 협력이 늘어나는 조건은 무엇이었던가를 이해하기 위한 조건이기도 하다는 것이다.

5. '근대인'의 형성과 대중사회의 도래

1) '발전론'의 수용과 '근대인'의 형성 —근대적 합리성의 제2차원

개별화된 존재의 차원에서는 근대적 시공간관의 수용과 발전관의 확립을 통해 '근대인'이 형성된다. 이것은 바로 합리화의 과정이자 탈주술화의 과정이었다. 자신들의 삶의 조건에 대해 스스로 이해할 수 있고, 이는 계산을 통해 지배될 수 있다는 믿음의 확산 과정이 바로 탈주술화의 과정이었다.

서구 근대의 시계 시간이 확산되면서 양화된 시간관은 점차 개별적인 차원에서도 수용되기 시작했다. 이른바 '교육열(教育熱)'을 통해 초등학교 교육이 확대되면서 양화된 시간관은 본격적으로 확산되었다. 여기에 때마침 대두하던 문화주의가 기여하게 되었다. 문화주의는 근대적 합리성에 대한 열망에 기초한 것으로, 문화주의의 바탕을 이루는 인격주의 내지 수양주의는 그 수양 내지 인격의 확립을 위해서라도 근대적 합리성의 수용에 매진할 수밖에 없었다. 곧 인격의 수양은 근대적 시간관의 수용을 통해 그리고 '시간의 여행(勵行)'을 통해 달성될 성질의 것이었다.[17]

농촌에서도 시간표 시간이 강요됨으로써 근대적 시간 관념이 확산되었다. 순환적 시간 질서에 입각한 농촌생활 속에서 양화된 시간을 수용하는 것이 쉬운 일은 아니었겠지만, 촌락을 통한 행정 합리성의 침투가 본격화되면서 일별, 주별, 월별, 연별 시간표는 외부에서 강제되었다. 이는 생산력의 증대를 위한 것이자, 일상의 합리화를 위한 것이었다. 하지만 전근대적 시간관의 공존은 끈질지게 지속되었다. 책력도 양력이 강제되었지만 음력의 사용은 순환적 생산활동에 더욱 적합한 것이었고, 유교 의례에 비추어서도 타당한 것이었다. 이처럼 농촌의 일상에서 시간표 시간은 순환적 시간과 공존하고 있었다. 하지만 외부로부터 강제되는 시간표 시간은 규율 권력화의 과정이기도 했다.

전근대적·자연적 '시간 공동체'는 이리하여 서서히 파괴되어 갔다. 대신 그 자리에 근대적 '동시성의 시간'이 들어서기 시작했다. 국가 시간으로 대표되는 동일성의 시간이 생활을 지배하기 시작한 것이다. 국가로부터의 경제의 분리와 인클로저운동(입회권의 부정)은 두레와 동제와 같은 전근대적 페스티벌의 후퇴를 초래했다. 이는 공동 노동의 후퇴와도 궤를 같이하는 것이었다. 농촌의 전통적인 시간이 추방된 이 자리에는 '도시의 시간'이 들어서기 시작했다. 도시의 시간은 식민지의 것이 아니라 제국의 것이었으며, 지구적 시간이었고 근대적 동시성의 시간이었다. 대표적으로 식민지하 언론매체

---

(17) 식민지배하 인격수양론은 대개 근대적이고 양화된 시간관을 수용한 위에서 시간을 아끼고 잘 활용하며 규칙적인 생활을 함으로써 인격 수양을 달성할 수 있을 것으로 보았다. 시간을 잘 지키지 않는 것을 두고 한국적 시간(Korean time)이라고 비난한다든지, '시간은 돈이다' 그러므로 시간을 잘 활용해야만 근대적 생활을 영위할 수 있다고 하는 슬로건 등은 모두 이런 인식에 토대를 둔 것이다.

는 전지구적인 '현재'의 탄생을 알리는 것이자 근대적 동시성의 시간을 대표하는 것이었다. 일간지의 헤드라인은 '동시성의 시(詩)'라고 표현되고 있었다.[18] 그러나 동시성은 고도로 정치적이고 억압적이다. 이러한 동시성의 시간이 드러내는 억압성은 '합리화된 체계'와 전근대적 젖줄로부터 분리된 개인의 파편성에서 확인할 수 있지 않을까?

앞에서 언급한 것과 같이 재편된 공간, 즉 면제를 중심으로 성립한 균질적이고 양화된 공간을 통해 이러한 공간관은 개인의 일상에서도 수용되기 시작했다. 재편된 행정구역의 공간은 일상에서도 수용되었다. 더욱이 철도와 도로가 확대되고 근대적 교통수단이 일상화되며, 근대적 통신수단이 확대되고, 신문과 잡지가 일상에 침투하면서 곧 근대적 문명의 이기가 확산되면서 양화된 공간은 더욱 강력하게 일상화되고 수용되었다. 근대 문명을 통한 식민통치의 문명화 작용은 근대적 시공간관의 전파에 절대적으로 공헌했다. 물론 '풍수지리설'과 전근대적 공간관은 끈질기게 잔존했으며 근대적 공간과 공존하고 있었다.

이런 양화되고 균질적인 시공간관의 확산과 수용은 서구적 진보관념을 확립하는 토대가 되었다. 진보관념은 현재적 시점에서 과거와 미래를 전체적으로 전망할 수 있는 현재적 시간의 인식과 직선적 시간관의 수용을 바탕으로 확립된다. 사회진화론의 재해석과 실력양성론은 이런 진보관을 수용하는 토대가 되었다. 집단적 경쟁을 중심으로 한 사회진화론은 사회 내 개인의 경쟁을 중심으로 재해석되

---

(18) 1914년 《파리 미디》의 한 사설은 일간지의 헤드라인을 '동시성의 시'라고 표현했다고 한다. 제이 그리피스(Jay Griffiths), 《시계 밖의 시간》 2002, 당대, 41~42쪽.

고, 인격의 수양이 강조되면서 실력 양성은 개인의 변화를 통해야 하는 것으로 간주되었다. 이런 자율론적 개인관의 확립은 집단에 부속된 개인, 즉 지도의 대상으로서의 개인이라는 관념에 의해 제약되었다. 하지만 재해석된 진화론적 세계와 자율적 개인관이 합류함으로써 현재적 시간관은 더욱 확고하게 자리잡을 수 있었다. 여기에 식민지 경제의 양적 성장과 자력갱생적 농촌정책의 시행은 경제적 진보관, 즉 발전론을 개인적으로 내면화하는 계기가 되었다.

농촌진흥의 슬로건은 농민의 일상에까지 가계부 등의 작성을 통해 '문서주의'를 침투시켰으며, 상업 경영이 증대하면서 일상에서의 계산가능성도 점차 확대되었다. 개인의 일상에서도 계산가능성이 증가하고 생활의 탈주술화가 진행되었던 것이다. 예를 들면 기업열, 교육열 등은 바로 합리성의 폭발을 상징하고 있는 것이 아닌가? 이런 합리성의 폭발은 근대적 개인의 형성을 가능하게 하는 것이었고, 이를 바탕으로 대중은 '폭발적'으로 창출될 수 있었던 것이다. 이것이 근대적 합리성의 제2차원을 구성하는 것이다. 이런 의미에서의 근대성은 식민지 조선이라고 예외를 인정하지 않았으며, 때문에 '온 천지'에 미만해 있었다. 이런 맥락에서 보면 도시와 농촌을 구분하고 그 위에서 부드러운 근대(soft modern)와 딱딱한 근대(hard modern)[19]를 구분함으로써 식민지 근대의 단계적이고 제한적인 성격을 강조하는 것은 별 의미가 없어 보인다.

---

(19) 자본주의, 국민국가, 시민사회 등 근대의 제도적인 측면을 딱딱한 근대로 규정하고, 이와는 달리 도시 생활을 중심으로 문화적 측면에서 대두되는 근대적 특징을 부드러운 근대로 규정하는 논의가 있다.

2) 근대적 대중의 창출과 '재주술화(再呪術化)'

근대적 합리성의 내면화는 개별적 존재를 통해 근대인의 포즈를 취하게 하고 이를 통해 대중은 창출되는 것이다. 물론 이런 과정이 시간적 계기로서 설정되는 것은 아니다. 3·1운동으로 폭발한 초기적 대중화 현상은 역으로 개인에게 합리화의 기회를 제공했다. 합리화된 개인, 즉 근대인을 기초로 해서만 대중화 현상(대중운동)은 전개될 수 있는 것이었다. 대중화 현상과 근대인의 형성은 상호계기를 통해 진행되는 것이다. 탈주술화 과정은 '가치 다신교'와 합리화 과정을 진전시키지만 대중화 과정은 자기 자신을 신성으로 재주술화하는 과정이었다.

앞에서 언급한 것과 같이 경제의 분리는 사회의 영역을 강화하는데, 이렇게 성립된 '사회'는 국가와의 교섭 기능 면에서는 매우 제한되어 있었다. 경제가 분리되고 사회가 독자적인 영역으로 성립하는 과정은 주로 식민지 의제국가에 의해 주도되었으므로 사회적 자율성의 제한과 개별 영역의 미성숙으로 인해 초래되는 제약성은 매우 강했다고 할 수 있을 것이다. 사회의 성립, 즉 '사회적인 것'의 성립=사회의 국가로부터의 분리의 과정과 내용은 어떠한 것인가? 1920년대 이후 식민지 조선에서는 적어도 다음의 여섯 가지의 사회적인 것, 하위 사회의 영역이 분리되어 있었다. 행정관료적 영역, 경제적 영역, 종교적 영역, 문화적 영역, 집합적 운동의 영역, 하위 지역적 영역이 그것이다. 앞의 2개의 영역은 국가로부터의 분리가 아직은 의심스러운 부분이기는 하지만 서서히 분화하는 양상을 보이고 있었다고 할 수 있다. 나머지 3개의 영역은 1920년대 이후 명확히 분화하는 모습을 보이고 있었다. 물론 어느 영역이나 이념형적인 것이기는 하지만 사회적인 영역의 분리는 명확히 진행되고 있었다. 이처럼 식민지하 대중의 형성은 근대적 사회의 '형성'과 궤를 같이 하는 것이었다.

한편 여기에서 거론된 사회적인 영역은 일상적으로는 정치적인 성격을 상실한 영역이다. 그러나 어떤 계기로 사적인 특성이 공적인 것으로 부상하는 순간, 항상 '정치적인 것'과 부딪치게 된다. 이런 정치적인 것이 부상하게 될 때 공공연한 저항의 영역과 협력의 영역이 분리되게 마련이다. 저항과 협력은 동전의 양면을 형성하는 것이며, 이런 정치적인 행위가 부상하는 과정은 사회적 영역의 독립이 보장되지 않으면 불가능한 성격의 것이었다.[20]

하지만 이제 대중화 현상은 두 가지의 재주술화를 계기로 역진한다. 개인적 주체를 대중적 정체성과 동일시하는 현상를 재주술화라고 한다면 탈주술화의 결과를 매개해서만 재주술화는 진행된다. 이러한 재주술화는 식민지 '계몽'과 연관된 것이기도 했다. 식민지기 계몽은 대중으로 하여금 '합리화된 체계'를 구성하게끔 유도했다. 식민지 의제국가에 의해 위로부터 창출, 확대되는 사회적 합리성과 이를 통해 분리된 사회 속에서 식민지 지식인인 엘리트가 수행하는 사회적 계몽의 분리 속에서 대중의 합리화는 진행되었다. 둘 다 위로부터의 계몽의 기획이라는 점에서 그리고 사회적 합리성의 확대라는 점에서는 일치하지만, 서구 근대의 초기 국면에서 양자가 협조한 것과 같은 관련을 맺지는 않았다. 물론 기본적으로 공존하는 현

---

[20] 위의 사회의 분화에 대해서는 윤해동, 〈친일과 반일의 폐쇄회로에서 벗어나기〉 《당대비평》, 2003년 봄호를 참조하라.

실을 인정해야 하지만 양자는 오히려 적대적인 측면을 더 강하게 드러내었다. 이러한 식민지기 계몽의 역설 위에서 구축된 것이 바로 대중의 재주술화 과정이었다. 합리화는 권력의 한 양상을 구성하지만 다른 한편으로 계몽을 둘러싸고 권력과 저항운동은 대립한다. 이처럼 식민 권력의 합리화 과정과 식민지 지식인의 사회적 계몽은 동일한 '합리화된 체계'를 구성하고자 함으로써 가장 강력하게 대중의 재주술화를 위한 연합군을 구성하는 이데올로기 체계라고 할 수 있다.

이처럼 대중을 재주술화하는 두 계기는 대중운동의 전개와 식민지 지배정책의 시행을 통해 주어졌다. 식민지하 대중은 정치적 맥락에 강력하게 연계되어 있었다. 3·1 운동 전후에 등장한 대중은 근대적 대중인 동시에 이제 막 전근대의 태내에서 벗어난 미성숙한 대중이었다. 고유한 양면성을 가진 근대적 대중은 이런 점에서 식민지적 특수성을 더욱 강하게 드러낸다고 하겠다.

3·1 운동 이후 광범위하게 전개된 대중운동은 첫 번째 재주술화의 계기로서 주어진 것이다. 대중운동이 전개되면서 대중은 좌우익에 의해 각각 '민중'과 '계급'으로 전유되었다. 물론 이는 민족 형성의 계기로도 작용했다. 우익의 민중은 대중적 현상에 대한 공포와 견제로서 구성되었다. 전형적으로 르봉적 대중관에 근거한 이광수의 경우를 예로 들 수 있다. 대중운동은 대중의 비합리성을 제어하고 계몽적 지식인에 의해 인도되어야 하는 것으로 이해되고 있었다.[21] 1920년대 강력하게 대두된 대부분의 민중론은 이와 크게 다르지 않았다. 이는 황민화정책의 파시즘적 정신구조와 유사성을 가지는 것이었다. 나아가 좌익의 '계급'은 노농동맹을 결성하기 위한

전술의 대상으로 간주되었고 분해된 농촌 대중은 다만 프롤레타리아의 헤게모니하에 재구성되어야 할 대상으로 간주되었다. 또한 계급은 민족의 형식으로 표출되어야 하지만 이는 프롤레타리아 헤게모니 아래서 전위당이 전유해야 할 대상이었다.

식민 권력은 민중이라는 용어를 이미 병합 당시부터 사용하고 있었지만, 초기에는 군려(群黎), 중서(衆庶) 등의 용어가 주로 사용되었다. 그러나 3·1 운동 이후 민중이라는 용어를 전면에 내걸기 시작했는데, 이는 대중을 집단적 실체로 인정하고 있었음을 의미한다. 민중을 애무한다든지, 민중의 복리를 증진시킨다든지 하는 수사는 바로 대중에 대한 이런 입장을 잘 드러내고 있는 것이다. 사회적 분화에 동반되는 관료 행정의 통합 기능은 대중화작용에 기여하는 것이었다. 그러나 황국신민화정책은 '대중사회의 정치학'이라는 측면에서는 파시즘의 근본적 성격과 연계된다. 파시즘으로서의 황국신민화정책은 여전히 민중의 복리라는 슬로건을 남발하고 있었지만, 피지배 민족을 동화-'말살' 한 위에 세계적 사명을 띤 새로운 일본 민족을 신화화하고 전쟁을 신성시하며 신화적 과거를 불러내어 피지배 민족과 동일화하고자 했다. 이를 통해 식민지 대중은 제국 민족에 의해 재주술화한다. 이처럼 대중의 재수술화 과정이란 바로 새로운 신성(神性 : 민족, 국가)으로의 동일화 과정이었고, 이는 민족지상과 국가지상의 경쟁이라는 모습으로 드러났다. 대중운동과 총동

---

(21) 물론 이광수의 이런 대중관에는 사회주의사상이나 운동이 대중을 전유하는 것에 대한 강한 경계심이 자리하고 있었다. 이런 측면 역시 르봉의 대중관과 일치하는 것이었고, 이광수가 그런 논의를 쉽게 수용할 수 있는 바탕이 되었다. 이에 대해서는 김현주, 《이광수의 문화 이념 연구》 2002, 연세대 국어국문학과 박사학위 논문 참조.

원체제는 내부에서 그리고 서로를 상대로 대중을 정치적으로 전유하기 위해 경쟁하는 관계에 있었다. 그리고 이는 식민지하 근대적 대중의 재주술화를 위한 투쟁이기도 했다.

이와 아울러 협력 활동에 대한 재해석 작업도 이러한 근대적 합리성과 대중의 대두라는 사회적 현상을 전제로 할 때 가능한 것이 아닐까 한다. 협력 활동은 민족이라는 신성을 국가라는 신성의 하위 체계로 밀어넣은 것으로서, 이런 의미에서 협력 활동은 그 내부에서 신성의 경쟁을 넘어선 어떤 세계를 구축하고자 하는 움직임이기도 했다고 볼 수는 없을까?

6. 탈권위화된 '민중'을 위하여

식민지 근대는 '근대 비판으로서의 근대'를 구성한다. 합리화 과정을 통해 근대적 사회의 분화가 추동되고, 이를 바탕으로 권력과 운동은 대중을 적대적으로 전유함으로써 근대의 덫에 함몰되고 말았다. 이 과정에서 권력과 운동은 합리화 과정과 그 목적을 공유함으로써 다시 말하면 국가나 민족 담론 속에 이러한 함정이 은폐됨으로써 대중의 전유 과정은 합리적으로 정당화될 수 있었다.

역으로 '민중의 신화'는 이렇게 형성되었고 정당화되었다. 해방 이후에도 다른 사회와는 달리 문화적 관점에 선 대중관은 거의 자리 잡지 못했고, 식민지배 이후 유지되어 온 정치론으로서의 민중론이 지속되어 왔다. 이제 이런 정치론으로서의 민중론에 대해서 자기성찰이 필요한 때라고 생각한다. 1950년대 피해 대중론으로서의 민중론이나 1970년대 민족경제론, 민중사회학, 민중신학 등에서 표현되던 민중론은 국민으로서의 민중, 내이션빌딩(nation-building)을 위한 민중론이었다. 1980년대에도 계급환원론적 지향을 바탕으로 이런 경향은 지속되었는데 '민중사학(民衆史學)'이 가진 국민사로서의 성향이 이를 증명한다.

국가에 의해 전유된 대중을 거부하고 민족을 매개함으로써 민중의 원초적 생명력을 복구하고자 하는 발상에 바탕을 두고 있는 것이 바로 정치론으로서의 민중론이자, 신화로서의 민중론이라고 생각한다. 하지만 이런 민중론은 바로 식민지 근대 이후 형성되어 온 근대의 덫에서 한 발짝도 벗어나지 못한 것이라는 점 또한 명백한 사실이다. 이제 대중의 복수성에 대해 인정해야 하지 않을까? 지배받는 대중과 자각적인 대중(민중)은 결코 분리된 모습으로 존재하지 않는다. 대중은 언제, 어떤 모습으로든 나타날 수 있다. 이런 의미에서 '저항하는 민중'은 '대중 독재'의 지지자일 수도 있다.

그리하여 근대적 합리성에 포박되고 규율화된 대중이 아니라 새로운 연대의 틀로서의 민중은 근대적 국민국가로부터 분리되어 있는 민중이고, 분절화된 시공간을 점유하는 '새로운 진보'를 담지해야 할 주체로서의 민중이다. 독립적이고 자율적인 개인과 그의 연대에 의한 사회의 형성이라는 과제는 바로 이런 민중관에 의해서 지지될 수 있을 것이다. 식민지 근대는 다만 사적영역과 관제영역(offical realm)만이 성립하고 정치적 토론이 가능한 공적영역(public sphere)의 형성이 결여되거나 매우 부진한 상황을 만들었다. 문제는 간주관적(間主觀的) 또는 상호주체적으로 공유된 공적 세계로서의 민중이 아닐까?

조선왕조의 상징 공간과 박물관

이성시(李成市)

1952년 일본 나고야(名古屋)에서 태어나 와세다대학 문학부 동양사학과를 졸업했으며, 같은 대학 대학원 문학연구과 박사 과정을 수료했다. 요코하마 국립대학 조교수를 거쳐 현재 와세다대학 문학부 교수로 재직 중이다. 1998~1999년 서울대학교 한국문화연구소 객원 연구원으로도 활동했다.

그의 전공은 신라, 고구려, 발해로 불리는 고대국가 형성사나 동시대 중국 왕조나 고대 일본과의 관계사를 중심으로 한 동아시아 역사 연구이다. 또 근대 국민국가의 형성과 역사학, 식민주의와 역사학이라는 관점으로부터 사학사를 연구하고 있다. 1996년 이래 동아시아 공통의 역사 교과서 작성을 목표로 한 '동아시아 역사 교육 연구회'에 참가하여 일본·한국·중국 등의 국제(國制)를 가진 역사 연구자들과 함께 《동아시아의 역사》편수, 집필에 참여하기도 했다. 2000년에 개최된 재단법인 조선장학회 백주년기념 '고대사 심포지엄'에서는 기획위원으로 준비 작업에 관여하여, 한국·북한의 학자를 초대하고 해방 후 고대사연구의 성과를 토의하여 그 성과를 《고대조선의 고고(考古)와 역사(古代朝鮮の考古と歷史)》(공편, 雄山閣)로 간행했다. 동아시아에서 역사 인식 문제를 시민의 입장에서 생각하기 위해 2001년 임지현·박환무 등과 '비판과 연대를 위한 포럼'을 결성했다.

《東アジアの王權と交易》青木書店, 1997; 《동아시아의 왕권과 교역》청년사, 1999.
《古代東アジアの民族と國家》岩波書店, 1998.
《東アジア文化圈の形成》山川出版社, 2000.
《만들어진 고대》삼인, 2001.

1. 조선 박물관 설립의 의미

근대 조선의 박물관은 일본에 의한 식민지화 과정에서 일본인 주도로 설립되었다. 그것은 얼핏 보기에는 근대 일본의 박물관 설립 과정을 모방한 듯하지만 그 설립이 지닌 의미는 매우 다르다.

이 글에서는 통감부시대에 설립된 이왕가(李王家)박물관, 조선총독부에 의해 설립된 총독부박물관, 이왕가박물관의 계보를 잇는 이왕가미술관의 설립 과정을 통해 그 역사적 성격을 밝히고자 한다. 최근 몇 년 사이에 기초적인 연구가 잇따라 발표되어 비약적인 진전을 보이고 있기는 하지만, 연구 시각에 대한 이견과 그 연구들로부터 많은 시사를 받으면서 개인적인 생각과 함께 큰 전망을 얻고자 한다.[1]

특히 유의해야 할 점은 근대 일본이 조선 땅에서 박물관을 어떠한 경로로, 어떠한 의도를 가지고, 어디에, 어떻게 설치했는가 하는 구체적인 사실의 해명이다. 이왕가박물관, 조선총독부박물관, 이왕가미술관은 통감부와 조선총독부에 의해 설립되었지만 설립 경위에 대한 역사적 사실 자체에 아직 해명되지 않은 점이 많고, 식민정책과의 관련이나 각 박물관, 미술관이 지닌 역사적 성격에 대해서는 전혀 논의된 바 없다.

---

(1) 지금까지 식민지 조선에서의 박물관에 대해 논한 것으로, 전경수 〈한국박물관의 식민주의적 경험과 민주주의적 경험 및 세계주의적 전망-이데올로기지배와 문화표상의 정치인류학〉(송현이광규교수정년기념논총위원회 편 《한국인류학의 성과와 전망》 1998, 송현이광규교수정년기념논총위원회), 宋起炯 〈'창경궁박물관' 또는 '李王家박물관'의 연대기〉(《歷史敎育》 72, 1999년), 睦秀炫 〈일제하 이왕가박물관(李王家博物館)의 식민지적 성격〉(《美術史學研究》 227, 2000년 9월), 伊東純 〈李王家博物館開設前後の狀況と初期の活動〉(《考古學史研究》 9, 2001년 5월).

근대 조선에서의 박물관 설립 의도나 역사적 성격을 밝히는 일은 쉽지 않지만 일본에서의 박물관 설립 경위나 그 변천 과정에 주목함으로써 비교의 관점에서 양자간의 차이를 부각시키면서 그 실마리를 찾고자 한다.

근대적 시선의 장(場)은 전람회에서 전형적으로 드러나며, 동물원·식물원, 박물관이나 미술관, 각종 전람회나 견본시 등이 오늘날에도 우리 일상 속에 편재(遍在)하지만, 근대 조선의 식민지화 과정에서 설립된 이왕가박물관, 조선총독부박물관, 이왕가미술관을 통해서 식민주의와 근대화의 한 측면에 접근해보고자 한다.

2. 창경궁 이왕가박물관

근대 일본은 식민통치 이전 시기인 1907년에 이미 조선 국내에 박물관의 설립을 시도해 1908년 9월에는 그것을 실행에 옮기고 개관했다. 이 박물관은 일반적으로는 이왕가박물관[2]이라 불렸지만 그 외에 황실박물관, 이왕가사설박물관, 창덕궁박물관, 창경원박물관, 이왕직박물관 등 때에 따라서 다른 호칭도 남겼다.[3]

설치된 장소는 현재 서울 시내에 소재하는 창경궁이다. 그곳은 벽을 사이에 두고 서쪽으로 창덕궁이 인접해 있었고, 남쪽에는 과거

---

(2) 이왕가박물관에 관해서는 李王職編 《李王家博物館所藏品寫眞帖》(李王職, 1912년, 京城), 李王職編 《李王家美術館要覽》(李王職, 1938년, 京城), 《서울六百年史》 3권(서울特別市, 1979년), 李蘭暎 《신판 博物館學入門》(三和出版社, 1996년) 등을 통해 그 개요를 파악할 수 있는데, 설립에 이르는 상세한 경위에 대해서는 宋起炯 〈'창경궁박물관' 또는 '李王家박물관'의 연대기〉와 睦秀炫 〈일제하 이왕가박물관(李王家博物館)의 식민지적 성격〉이라는 2개 논고에 의해 비약적으로 밝혀지게 되었다. 이 글은 宋起炯·睦秀炫 두 분의 연구에 많은 부분을 의거했다.

동궁이 있었는데 그것과 합쳐서 동궐(東闕)이라고 불렀다. 조선 왕조 후기에는 경복궁을 북궐, 경희궁을 서궐이라 칭했으며, 이 셋을 아울러서 삼궁궐이라고 했다.

동궐 내의 동쪽에 위치한 창경궁은 성종 15년(1484)에 창설되었는데 원래 왕비의 거처로 사용된 이궁(離宮)이었다. 창경궁에는 동쪽에 홍화문이 있고 정면으로 들어가면 그 안에 정전인 명정전이 동쪽을 향해 서 있다. 동면하는 궁전은 조선 왕조 궁전 중에서도 드물며 그 건축양식 또한 초기 형식을 전해주는 것으로 주목을 받아왔다.[4]

이 창경궁 서쪽에 인접하는 창덕궁은 두 번째 왕궁으로서 태종 5년(1405)에 건립되었다. 임진왜란 때 경복궁과 더불어 소실되었다가 1607년에 재건된 이후 1868년에 대원군이 경복궁을 재건하여 왕궁을 옮길 때까지 260여 년 동안 일시적인 이전을 제외하고는 왕궁으로 존재했다. 뒤에서 다시 이야기하겠지만 1907년 10월에 즉위한 지 얼마 되지 않은 순종이 창덕궁으로 옮겨 다시 왕궁으로 사용되었다.

---

(3) 宋起炯, 앞의 글 및 睦秀炫, 앞의 글에 의하면 한일합병 이전에는 이왕가박물관에 대한 공식적인 호칭은 없었다고 한다. 최근에 한국 국립중앙박물관에서 나온 간행물에는 '제실박물관'이 사용되는 일이 있지만 그 근거로 보이는 《대한매일신보》에서는 분명히 일반명사로 사용되고 있다. 한일합병 이후에는 이왕가사설박물관, 이왕가박물관, 창경궁박물관, 창덕궁박물관 등 여러 가지로 불렸는데 이 글에서는 식민지 이전 시기를 포함해 편의적으로 '이왕가박물관'을 사용하기로 한다.
(4) 세키노 타다시(關野貞)는 1902년에 조선의 고건축을 조사해 그 성과를 《韓國建築調査報告》(東京帝國大學工科學術報告第6號, 1904년)로 정리했는데 이에 의하면 "경성 왕궁의 주요한 것이 셋이 있다"며 창경궁, 창덕궁, 경복궁을 거론했다. 그 중에서도 창경궁이 '당대 초기'의 건축양식을 전해주는 것으로, 이조 500년의 건축을 이해하는 데 중요하다는 점을 강조하고 있다. 같은 책, 123~128쪽.

이러한 창경궁 내에 이왕가박물관이 설치되었는데 개관에 이르기까지의 경위는 대략 다음과 같다. 1907년 11월 대한제국 궁내부 차관인 고미야 미호마쓰(小宮三保松)에 의해 창경궁에 박물관과 동식물원을 병설하고 싶다는 뜻이 내각총리대신인 이완용과 궁내부대신인 이윤용에게 제의되고, 이듬해 8월에는 박물관·동물원·식물원 사업의 관장부서인 어원(御苑)사무국을 신설했으며, 9월에 진열이 완성되자 순종과 이토 히로부미(伊藤博文) 통감, 한국 대신들이 관람했고 1909년 11월에는 창경궁 내에 동물원·식물원이 준공되어 개원식이 거행된 후 일반에게 공개되었다.[5] 이때에는 창경궁의 정전인 명정전을 비롯한 전각(殿閣)을 보수공사한 후 박물관 시설로 정비하여 이들을 진열관으로 사용했지만 1911년 3월에는 명정전 동북쪽에 인접한 약간 높은 언덕 위에 일본풍의 벽돌로 만든 2층짜리 박물관을 지어서 박물 본관으로 삼았다.[6]

종래 이러한 이왕가박물관 설립에 이르는 경위나 그 목적에 대해서는 전혀 논의되지 않았다. 최근에 이르러서야 겨우 이왕가박물관에 대한 관심이 높아져 그 설립 과정이 규명되고 있다.[7] 여기서 다

---

(5) 李王職編《李王家美術館要覽》(李王職, 1938년, 京城)에 실린 고미야 미호마쓰의 서론에 의거했다. 참고로 박물관 설립 과정에 대해서는 宋起炯, 앞의 글이 자료들의 고증·검토를 통해 자세하게 기술하고 있다.
(6) 이때 이용한 전각으로는 명정전, 문정전, 숭문당, 환경전, 경춘전, 통명전, 양화당, 영춘헌, 함인정, 승화루 등이 전해지고 있으며, 이들은 정전인 명정전 동북쪽 주변에 위치한다. 宋起炯, 앞의 글 참조. 그리고 1911년 11월에 본관이 건립되자 본관에는 불상·고려시대 토기·금속·목죽류·옥석기·신라시대의 석기류를, 명정전 행각에는 조선시대의 금속류 및 토속품류, 경춘전에는 조선시대의 토기·목죽류·옥석기류, 통명전에는 회화류, 양화당에는 평안남도 강서군의 고구려 고분벽화 모사를 각각 전시했으며, 함인정에는 일본과 중국에서 제작된 것이 참고품 명목으로 전시되었다고 한다. 睦秀炫, 앞의 글, 87쪽 참조.

시 문제삼고자 하는 것은 박물관 설립의 의도에 대해서이다. 지금까지도 식민정책과의 관련성은 추구되어 왔지만 그 설립 의도와 목적에 대해서는 충분한 검토가 이루어지지 않았다.

박물관 설립에 관여한 당사자 중 한 명인 이왕직사무관 스에마쓰 구마히코(末松熊彦)에 의하면 설립 경위는 "원래 이왕가 일가에게 취미를 제공함과 동시에 조선의 고미술을 보호·수집하려는 희망을 가지고" 고미야 미호마쓰가 건의했다고 한다.[8] 그러나 고미야 본인에 의하면 1907년 11월 4일에 이완용과 이윤용이 수리공사 중인 창덕궁을 찾아와 공사 감독을 하던 고미야에게 신황제가 창덕궁에 이어(移御)할 때 새로운 생활에 취미를 느낄 수 있도록 만들어달라고 의뢰하자, 그 뜻을 받아 고미야가 계획을 입안한 후 6일에는 궁내부 대신에게 동물원·식물원과 더불어 박물관의 창설을 제의해 궁내부 대신의 찬동을 얻었다고 한다.[9]

즉 이왕가박물관 설립은 고미야 단독으로 제의된 것이 아니라 어디까지나 이완용과 이윤용 등의 의향에 따른 것임이 본인에 의해 강조되고 있다.[10] 그래서 이왕가박물관은 순종의 "위락을 위해 창덕

---

(7) 이왕가박물관에 대해서는 각주 (2)에서도 언급했듯이 본격적인 논의는 全京秀, 앞의 글로부터 시작되었다.
(8) 末松熊彦〈朝鮮の古美術保護と昌德宮博物館〉《朝鮮及滿洲》69, 京城朝鮮雜誌社, 1913년 4월). 그러나 원문에는 "명치 41년에 처음 설치된 것으로 고미야 차관의 건축에서 나온 것이다"로 되어 있다. 《李王家美術館要覽》에 따라서 '건축'은 '건의'라고 판단했다. 스에마쓰 구마히코는 대한제국기에는 세관 사무관이었으나 박물관 개관 준비가 진행되는 1908년 5월에 박물관·동물원·식물원 서무 및 회계를 위촉받았다. 1911년 2월 1일에 공포된 '이왕직분장규정'에 의하면 창경궁의 박물관·동물원·식물원은 장원계(掌苑係)이며, 스에마쓰는 박물관 사무를 통괄하는 주임이었다.
(9) 《李王家博物館所藏品寫眞帖》의 고미야 미호마쓰 '서언(緒言).'

궁 수리공사 과정에서 즉흥적으로 발의되었다"라는 지적도 있다.[11] 그러나 과연 당시 상황으로 보아 박물관 설립을 그와 같이 파악하는 것이 가능한지는 검토해볼 필요가 있다.

먼저 유의해야 할 점은 고미야가 일본인으로서 대한제국 궁내부 차관이 되어 발언권을 가지게 된 경위이다. 즉 박물관 설립 제의가 이루어지기 5개월 전(6월)에는 고종 황제가 일본의 보호조약 무효를 열강에 호소하려다가 발각된 헤이그밀사 사건이 있었으며, 7월에 일본 정부는 이 사건을 빌미로 한국 국내의 전권을 장악한다는 방침을 각의에서 결정했다. 이에 따라 이토 통감과 이완용 내각은 황태자에게 양위할 것을 고종에게 강요했으며, 순종이 즉위하자 순종을 덕수궁에서 창경궁으로 이어시켰다.

일본 정부는 고종 퇴위 강요에 대항하는 다양한 움직임들을 탄압하는 가운데 제3차 한일협약을 체결하고(7월 24일), 이를 계기로 차관 이하의 일본인 관리를 통해서 한국의 내정지배권을 확립했으며 그러한 과정을 거쳐 궁내부차관에 취임한 것이 바로 고미야였다. 앞에서 언급했듯이 박물관 등의 설립은 고미야가 한국 정부측의 의향에 응한 것이라고는 하지만 이러한 상황 속에서 한국측의 의향에 따라 '즉흥적으로 발의되었다'라고는 생각하기 어렵다.

(10) 日本博物館協會 《博物館研究》 814(1935년 4월)에 수록된 〈李王家昌慶宮〉에는 "창경궁은 이왕가가 경영하는 별항과 같은 박물관, 동식물원의 총칭이며", "본원은 명치 41년에 한국 총리 대신 이완용의 발기에 의해 계획된 것으로 당초에는 이왕 전하에게 위락을 제공하는 목적이었다"라고 되어 있다. 또 〈朝鮮の博物館と陳列館(其一)〉《朝鮮》 277, 1938년 6월)에는 "고 이왕 전하가 덕수궁에서 새로이 창덕궁으로 이거(移居)하시는 데 있어서 당시의 총리대신 고 이완용 후작 및 궁내부대신 이윤용 남작의 발의에 의거해 전하께 위락을 제공하는 취지로 동식물원과 더불어 동부창경궁터에 설치되었다"라고 되어 있다.
(11) 睦秀炫, 앞의 글, 85쪽.

왜냐하면 고미야는 이 즈음에 대한제국 제실재산정리국장을 겸임하고 있었으며, 1906년에 통감부가 설치된 후 일본 정부는 대한제국의 궁중 숙정에 나서 '궁금령(宮禁令)'을 발포시켜 일본인 경찰을 궁중 각 문에 배치시키는 등 궁중의 단속을 강화했기 때문이다. 이어서 궁내부 관제를 개혁시켜 대한제국 황실에 관한 일체 사무 및 소속 관리들의 감독은 모두 궁내부대신의 책임하에 두고 1907년 3월까지 약 1만 명의 인원 삭감을 단행했다.[12]

당시 통감부는 "황제의 허영심에 영합해 여러 가지 구실 아래 내탕(內帑)을 낭비하고, 황실비의 대부분을 거의 이들 소인잡배들의 사복을 채우는" 점에 대해 철저히 감시했다고 한다.[13] 관제 증설과 토목공사 경비를 수반하는 박물관·동물원·식물원 창설은 이러한 통감부 정책에 역행하는 것이었다.

그런데 박물관이 궁내부와 깊이 관련되어 있었다는 점에서 상기해야 할 것은 일본의 사례이다. 조선에서의 박물관 설치에 앞서 근대 일본에서의 박물관은 1872년에 설립된 문부성박물관이 효시이다. 그 후 박물관은 짧은 기간 내에 그 성격이 변하면서 그 소관 또한 박람회 사무국 내무성(1875)→농상무성(1881)→궁내성(1886)으로 이관되었다. 이러한 과정에서 주목해야 할 점은 농상무성의 소관이었던 박물관이 1886년 궁내성으로 이관된 점이다. 이것은 그 전년의 내각제도 발족을 계기로 황실 재산 형성을 비롯한 황실의 기

---

(12) 〈總督府施設歷史調査書類 大正四年十一月〉第一章 舊韓國皇室及宮內府ノ整理 第一節 制度及經費(山本四郎編《寺內正毅關係文書首相以前》1984년, 京都女子大學) 수록, 192~193쪽.
(13) 위의 책, 193쪽.

초 확립 문제 등과 관련되어 있다는 지적이 있다.[14] 예를 들어 내각 제도 발족을 계기로 천황제 확립을 기도하면서 황실의 권위 신장을 문화재보호정책과 결부시켜 유럽의 왕립박물관을 모델로 박물관을 충실화하려 시도한 俊것이다.[15]

또한 동물원은 박물관 부속으로 1882년 3월에 발족했다.[16] 이때 농상무성에 이관된 박물관이 우에노(上野)공원에 신축되어 개관식이 국가적 행사로 거행되었으며, 식물원과 더불어 동물원이 공개되었다. 박물관 시설에 동물원과 식물원이 수반되어야 한다는 주장은 1872년으로 거슬러올라가지만,[17] 그 구체적인 모습은 이때 실현되었다고 볼 수 있다.[18] 1886년에 박물관이 궁내성으로 이관되자 동물원도 동시에 이관되었듯이 동물원은 박물관과 일체화된 시설이었다.

그 후 1888년 9월에는 궁내성 임시전국보물취조국(臨時全國寶物

---

(14) 東京國立博物館編《東京國立博物館百年史》(第一法規出版, 1973년) 244쪽.
(15) 東京國立博物館編, 앞의 책 및 金子淳《博物館の政治學》(靑弓社, 2001년) 25쪽 참조.
(16) 東京國立博物館編, 앞의 책, 206쪽.
(17) 박물관의 일환으로서의 동물원 설치에 대해서는 1872년의 '박물관 등 건설 안'으로 거슬러올라가며 박물관의 우에노 이전에 앞서 동물원 건설지 조사가 이루어진 바 있다. 문부성 박물국의 마치다 히사나리(町田久成)는 박물관과 더불어 도서관이나 동식물원을 포괄한 박물관 구상을 1873년에 상신한 바 있는데 이것은 파리의 '자르댕 데 플랑트(Jardin des Plantes)를 염두에 둔 것이었다고 한다. 東京國立博物館編, 앞의 책, 206쪽 및 臺東區史編纂專門委員會編《臺東區史 通史篇Ⅲ上卷》(東京都臺東區, 2002년) 57쪽. 또 잘 알려진 글로 1875년 정부에 제출된 사노 쓰네타미(佐野常民)의〈澳國博覽會報告書〉에는 다음과 같은 구절이 있다. "또 관 주변을 광장청려(廣壯淸麗)한 공원으로 하고 동물원과 식물원을 그 안에 열며 여기서 노는 자로 하여금 먼저 일시적인 쾌락을 취하고 정신을 함양할 뿐더러 한편으로 안목의 가르침을 받고 자기도 모르는 사이에 훈도시킨다면 박물관을 보통 개화의 배움의 장이라 함도 헛된 말이라 아니할 수 없으리."
(18) 東京國立博物館編, 앞의 책, 206쪽.

取調局) 취체위원장(取締委員長)이었던 구키 류이치(九鬼隆一)는 궁내대신 이토 히로부미를 도와 제국박물관 창설에 진력했고, 이듬해 5월에 제국박물관을 설치해 초대 총장으로 취임했으며, 그의 지휘 아래 새로이 제국 교토(京都)박물관, 제국 나라(奈良)박물관을 설치했다. 이것이 근대 일본의 박물관 사상 큰 획기가 되었다.[19] 이 구키에 의한 제국박물관 구상의 출발점이 된 궁내성으로의 박물관 이관은 궁내대신 이토가 발안했다고 알려져 있다.[20]

이상과 같은 일본에서의 박물관 설립 과정을 살펴보면 고미야의 박물관과 동식물원 설립 제의는 이완용 등의 의향에 의한 것이라기보다는 궁내성 소관하에 확립된 일본의 박물관제도를 염두에 두고서 통감부측이 사전에 계획을 주도한 것으로 볼 수 있다. 실제로 1906년에 통감부가 설치된 이래로 이토는 통감으로서 먼저 "궁내부의 분계(分界)를 분명히 하고 정부의 책임 소재를 확정시킴과 동시에 궁중을 숙정해 잡배를 구축하고 구폐를 일소할" 필요 때문에 고종으로 하여 궁금령을 내리게 하는 등 궁중 개혁에 부심하고 있었다.[21]

그러나 일본 국내에서 내각 총리대신과 궁내대신을 겸임하며 내각제 발족에 따라 궁중과 부중을 분리시켜 독립된 궁중에 권위를 부여하기 위해 박물관을 궁내성에 이관시킨 이토였지만, 통감으로서 대한제국 궁중에서 행한 개혁은 분명히 비슷하지만 다른 것이었다.

---

(19) 東京國立博物館編, 앞의 책, 248쪽.
(20) 구키의 제국박물관 구상의 출발점이 된 궁내성으로의 이관은 궁내대신 이토의 발안이었다고 이야기되고 있다. 東京國立博物館編, 앞의 책, 246쪽 및 金子淳, 앞의 책, 25쪽.
(21) 山本四郎編, 앞의 책, 193쪽.

병합에 의해 "이제 그 신변에서 종전의 편영(便佞)한 도배"를 제거하여 이왕(순종)·이태왕(고종)으로 하여금 "국사(國事)의 번루(煩累)를 면하여 유유자적 가장 행복한 환경"에 이르게 한 총독부는 시정 4년을 총괄하면서 통감부 이래 '구한국 황실 및 궁내부 정비'의 성과로서 '각종 사업의 경영' 첫머리에서 '구궁 내부에 어원사무국을 설치해 창덕궁에 인접한 구창경궁 건물을 수리 또는 개축해서 박물관 및 동식물원을 신설' 했다는 것을 대서특필했다.[22]

요컨대 통감부 아래서 대한제국 궁내부를 일본의 뜻대로 움직이게 하는 개혁이 집요하게 진행되고 있었으며, 박물관과 동식물원 설치는 중요 시정의 일환으로 인식되고 있었던 것이다. 따라서 창경궁에 박물관과 동식물원을 설치하는 것은 먼저 이토를 비롯한 통감부의 분명한 의지가 있었다고 보아야 할 것이다. 1908년 9월에 순종이 관람하면서 이토와 대신들이 함께 배관(陪觀)한 데서 보듯이 창경궁에 박물관을 설립한 것에는 이토의 의지가 크게 작용했을 가능성이 높다.[23]

1910년 합병 후 대한제국 황제(순종)는 왕으로 책봉되어 일본 황실 대우를 받게 되었고 12월에는 황실령에 따라 이왕가의 가정(家政)을 처리하기 위해 새로이 이왕직을 설치했으며 이왕직은 궁내대신 관리 아래 두었다. 이리하여 대한제국 궁내부의 사무는 이왕직으로 이관되었고 그 사무 및 직원 감독은 조선총독부 소관이 되었

---

(22) 위와 같음.
(23) 후지타 료사쿠(藤田亮策)는 "이왕가의 창덕궁 동원에 설치된 박물관·동물원·식물원은 이토 통감의 시사에 의한 것으로 알려져 있다"라고 지적했다. 藤田亮策〈朝鮮古蹟調査〉(黒板博士記念會編《古文化の保存と研究－黒板博士の業績を中心に》吉川弘文館, 1953년) 336쪽.

다.[24]

박물관은 궁내부 어원사무국의 소관이었으나 1911년 2월 1일에 이왕직관제(1910년 12월 30일 공포)가 시행되자 이왕직사무분장규정에 따라서 이왕직의 장원계(掌苑係)가 박물관 및 동물원과 식물원을 관장하게 되었다.[25] 나아가 같은 해 4월 26일에는 박물관과 동물원, 식물원을 합해 창경궁 일대를 창경원이라 부르게 되면서 궁궐로서의 면모는 더욱 희미해지게 되었다.

특히 동물원과 식물원 설치 당초부터 일본에서 수입한 200그루의 벚꽃나무가 후에 그 종류와 수가 늘어나자 1924년부터는 밤 벚꽃 구경을 위해 야간에 공개되는 등[26] 창경원은 식민지 조선에서 최대의 행락지가 되었다.[27] 조선 왕조의 왕궁으로서의 상징 공간을 창경원이라는 이름 아래 경관을 일변시킨 것이다.

3. 경복궁 · 총독부박물관

경복궁은 1395년 조선 왕조의 왕궁으로 창건되었으며, 중간에 개경으로 천도한 기간을 제외하고 1421년부터 1592년 임진왜란으로 소실될 때까지 왕궁으로서의 지위를 유지했다. 그 후 270년이란 오

---

(24) 山本四郞編, 앞의 책, 194쪽.
(25) 1915년 3월에는 이왕직사무분장규정이 개정되어 一司(掌侍司), 6과(사무과, 회계과, 주전과, 제사과, 농사과, 장원과)가 설치되고 박물관·동물원·식물원·정원은 장원과가 관장하게 된다. 나아가 이듬해 6월에도 사무분장규정이 개정되어 1사, 7과(의식과가 추가됨)가 설치되었으나 장원과가 그대로 관장했다.
(26) 《朝鮮日報》 1938년 3월 26일자.
(27) 〈李王家昌慶苑〉(《博物館硏究》 8-4, 1935년 4월) 58쪽에는 "조선은 물론 내지에서도 찾아보기 어려운 일대낙원으로 알려지기에 이르렀다"라고 나와 있다.

랜 기간 동안 방치되던 경복궁은 고종 즉위 후 대원군의 집정에 의해 1865년부터 재건공사가 시작되었으며, 1868년 7월에 준공된 후 고종이 1896년에 러시아공사관으로 파천할 때까지 왕궁으로 사용되었다.

1896년 이후 폐궁(廢宮)이 되었던 경복궁에서 한일합병 후 간간이 건물이 철거되었으나, 1915년 9월에 경복궁에서 시정 5주년 기념 조선물산공진회가 개최면서 옛 왕궁은 박람회 회장이 되었다. 그 때 근정전 동쪽에 새로 미술관을 건립했는데, 여기서는 물산공진회를 이용해서 조선 고래의 그림·조각·불상·불구·서적·공예 등 많은 문화재가 수집, 진열되었다.[28]

물산공진회 때에는 가설 건축이 많이 건립되었으나 이 미술관만은 영구적 건축으로 남겨졌으며,[29] 같은 해 12월에는 그 당시 전시된 수집품을 기반으로 조선총독부박물관으로 개관되었다. 백악(석회석)으로 이루어진 서양식 이층 건물로 정면에 석단주(石段柱)를 배열하고 내부는 중앙의 큰 홀을 중심으로 좌우 2칸씩 모두 6칸으로

---

(28) 藤田亮策, 〈朝鮮古跡調査〉, 앞의 책, 234쪽.
(29) 藤田亮策〈ビリケン總督—朝鮮の思い出(1)〉(《親和》52, 1958년 1월, 2쪽)에 의하면 공진회미술관을 박물관으로 상설할 것은 데라우치 총독의 명령으로 처음부터 계획되어 있었으며, 조선호텔을 설계한 독일인 기사에 의해 경복궁 궁전 보존계획과 함께 그 동쪽에 세워질 큰 박물관 건축 설계도가 이미 완성되었으며, 미술관은 그 정면 입구로 고안되었다고 한다.
(30) 박물관 본관 건물은 해방 후 학술원·예술원 소관 시설로 이용되었으나, 1997년 총독부 청사와 함께 철거되었다.
(31) 총독부박물관의 전시방식과 내용에 대해서는 朝鮮總督府博物館, 《博物館略案內》(朝鮮總督府, 1931년); 小泉顯夫, 〈朝鮮博物館見學旅日記〉(《ドルメン》1933년 4월호); 〈朝鮮總督府博物館〉(《博物館研究》814, 1935년 4월), 有光敎一, 〈私の朝鮮考古學〉(姜在彦·李進熙 편, 《朝鮮學事始め》青丘文化社, 1997년) 등을 참조할 것.

나눠서 여기에 주요 진열품을 전시했다.[30] 또한 창경궁 내 이왕직박물관처럼 경복궁 내 전각(殿閣)을 박물관 시설로 이용했다.[31]

박물관 사무실은 고종의 양모인 신정왕후가 거처하던 자경전을 이용하고 경복궁 정전인 근정전 뒤에 있던 사정전(思政殿), 만춘전(萬春殿), 천추전(千秋殿)과 복도는 창고로 이용했으며, 근정전 회랑에는 근세의 여러 병기(兵器), 고려 석관, 석불 등을 전시했다. 또한 수정전(修政殿)에는 오타니 고즈이(大谷光瑞) 등이 서역에서 가져온 벽화, 유물을 전시하고, 경회루(慶會樓)에서 광화문에 이르는 공간에는 조선 각지에서 반입한 석탑·비석·석등을 진열했다. 경복궁은 '12만여 평의 대박물관'[32]이 된 것이다.

이러한 전시 시설을 가진 총독부박물관은 조직상 조선총독부 내무부의 고적조사와 총독부 학무국 편집과의 자료조사라는 두 가지 사업을 통일하고, 그 사업에서 수집한 유물을 진열해서 일반인에게 관람할 수 있도록 제공함과 동시에 조선 전 지역의 고적조사와 보존을 꾀할 목적으로 데라우치 마사타케(寺內正毅) 총독의 '열정적인 원조'에 의해 성립되었다.[33]

총독부박물관 설립의 목적은 통감부시대부터 착수했던 국가사업으로서의 고적조사사업을 통해 수집, 정리한 확실한 자료를 진열하고 한반도의 문화를 밝히는 데 있었다.[34] 총독부박물관의 설립은 고적조사사업과 불가분의 관계에 있었던 것이다.

총독부박물관이 개관된 이듬해인 1916년 7월 '고적 및 유물보존

---

(32) 藤田亮策,〈朝鮮古蹟調査〉, 앞의 책, 334쪽.
(33) 藤田亮策,〈朝鮮に於ける古蹟の調査及び保存の沿革〉,《朝鮮》199, 1931년 12월), 91쪽.
(34) 朝鮮總督府博物館,《博物館略案內》, 앞의 책, 1쪽.

규칙'이 발포되었으며, 일본 제국 내에서 처음으로 고적에 관한 단속·보존·조사 강목을 규정하는 등 조선총독부박물관의 설립과 함께 고적조사사업의 법제상의 정비와 사업의 본격적인 조직화가 진전되었다. 총독부박물관의 특징은 독립된 기관으로서 당초에는 총독부 서무국 소속이었다가[35] 그 후 소속 부서가 자주 바뀌기는 했으나 총독부 소속기관이라는 지위에는 변함이 없었다는 점이다. 일본의 패전에 의해 폐관될 때까지 독립된 직제(職制) 없이 총독부 소속 사무관이 주임으로서 박물관 업무를 통괄했고, 기사 2, 3명과 고원(雇員) 5, 6명의 최소한 인원으로 운영되었다. 그러나 그 업무는 고적조사 연차계획, 고건축물 수리공사, 박물관의 진열과 진열품 수집 및 구입, 고적 도보와 보고서 등의 출판, 국보 보존, 고사사(古寺社) 수리, 사적 지정 등과 더불어 발굴, 연구까지 광범위하게 담당했다.[36]

그런데 총독부박물관은 앞에서 서술한 바와 같이 총독부 스스로가 조사 연구한 확실한 자료를 진열하고 조선 고문화의 특색과 대륙

(35) 박물관 및 고적조사 사무는 당초 총독부 서무국 총무과 소속이었지만, 그 후 서무부 문서과로 이관되고 중추원 서기관 중에서 겸임 박물관 주임을 대표로 하여 업무를 통일했으며, 박물관 촉탁 이하의 박물관원들이 모든 사무를 집행했다. 또한 1921년 10월에 사무분장규칙을 개정하여 종래 서무부 문서과에 소속된 박물관 및 고적조사사업과 학무국 종교과 소관의 古社 및 고건물 보존 보조에 관한 사무는 학무국 고적조사과가 담당했다. 1924년의 고적조사과 폐지에 따라 박물관과 고적·고건축물·명승천연기념물조사보존사업은 학무국 종교과로 이관되었다. 藤田亮策, 〈朝鮮に於ける古蹟の調査及び保存の沿革〉(《朝鮮》199, 1931년 12월), 91쪽.
(36) 藤田亮策, 〈朝鮮文化財の保存〉(《朝鮮學報》1, 1951년 5월).
(37) 高木博志, 〈日本美術史/ 朝鮮美術史の成立〉(본서 수록)에 의하면 조선총독부박물관이 '문화사적 연구로' 진열하는 데 비해 이왕가박물관은 고려·이조의 '미술적·감상적'으로 배열한다는 방침을 1925년 11월자 유아사(湯淺) 정무총감 二供閱書類(종교과)(小川敬吉문서 1208, 京都대학공학부 소장)에서 볼 수 있다.

및 일본과의 관계를 학술적으로 전시하는 것이 목적이었는데, 이 점이 미술공예관으로서의 성격을 가진 이왕가박물관과의 차이점으로 인식되었다.[37] 그러나 단순히 전시 내용이나 전시 방법의 차이만으로 이왕가박물관과 별도로 총독부박물관을 신설할 필요는 없었다.

이 점에서 유의해야 할 것은 구로이타 가쓰미(黑板勝美)가 1912년경부터 계속 주창하던 '국립박물관'에 관한 구상이다. 구로이타는 이제 박물관이 잡동사니 물품을 모아서 진열하는 시대가 아니며, 그런 진열에 만족하지 말고 어떻게 의미 있는 박물관을 만들 수 있을까를 연구해야 한다고 제기하고 있었다. 그리고 박물관과 더불어 사적보존이 이루어지지 않으면 그 효과는 반 이상을 잃게 됨으로 유럽 여러 나라에서는 이를 병행하지 않은 곳이 없으며, 나아가 "국립박물관이 그 사무를 감독해서 각지의 소 박물관을 비롯해 사적유물의 보관을 담당하고 있는 곳이 있을 정도이다"라고 역설하고 있었다.[38]

이 점은 1918년에 더욱 명확한 주장으로 나타났는데, "고분 발굴이나 그 발굴품의 처리 또한 국립박물관의 관장에 속해야 한다. 경우에 따라서는 국립박물관이 나서서 고분 등의 조사를 담당해야 한다"고 했으며, "사적보존 또한 국립박물관 임무의 하나임"도 강조하

---

(38) 黑板勝美, 〈博物館について〉(《東京朝日新聞》 1926년 가을 [原載], 《虛心文集》 4, 吉川弘文館, 1939년 [수록]), 481~487쪽. 총독부박물관에는 경주 분관, 부여 분관이 동일 계통하에 있고, 개성부립박물관, 평양부립박물관도 총독부박물관과 충분한 연락을 취하며 진열에 만전을 기하고 있었다. 齋藤忠, 〈朝鮮に於ける古蹟保存と調査事業とに就いて〉(《史蹟名勝天然記念物》 1518, 1940년 8월), 45쪽.
(39) 黑板勝美, 〈國立博物館について〉(《新公論》 3315, 1918년 5월 [原載], 《虛心文集》 4, 1939년, 吉川弘文館 [수록]), 516쪽.

고 있다.³⁹⁾ 요컨대 박물관과 고적조사사업 및 보존관리가 국립박물관이라는 하나의 기관에서 이루어져야 한다는 것이다.

총독부박물관 주임으로서 오랫동안 총책임자로 일했던 후지타 료사쿠(藤田亮策)는 조선에서는 "내지보다 한발 앞서 통일적인 조사와 정확한 결과를 보고할 수 있었던 것"을 자부하고, "국가가 지출하고 국가사업으로 조사·보존·진열이라는 3대 사업을 합하여" 하나의 기관에서 매우 이상적인 연구가 이루어져 왔다고 말했다. 즉 총독부박물관은 일본 본토에서는 할 수 없었던, 구로이타가 지향한 국립박물관이 해야 할 업무를 선구적으로 할 수 있었다고 볼 수 있다.⁴⁰⁾ 구로이타는 "제실(帝室)박물관은 어디까지나 제실어물(帝室御物)을 진열해서 국민에게 배관(拜觀) 하게 하는 곳으로 황실에 대한 국민의 사상을 더욱 강화하고 또 심화하기 위해서는 가장 필요한 기관"이었으며, 그것과 별도로 국가도 국립박물관을 세워 보존에 진력하고, 고사사(古寺社)의 국보를 진열하기 위한 설비와 아울러 개인 수집물을 국가 수준에서 진열할 필요가 있다고 주장했다.⁴¹⁾

따라서 구로이타가 제실박물관과는 별도의 국립박물관이 필요하

---

(40) 藤田亮策, 〈朝鮮考古學略史〉(《ドルメン》滿鮮特輯號, 1933년 4월), 13쪽. 후지타에 의하면 총독부박물관이 '빠듯한 경비로, 그것도 10명도 안 되는 적은 인원으로 古社寺국보보존회·사적명승천연기념물보존회와 제실박물관의 3대 사업에 비교할 만한 일을 전 조선에 걸쳐서' 요청받고 있었다는 점을 지적하고 있는데, 이 논문을 통해 총독부박물관이 구로이타의 '국립박물관' 구상에 의한 것이었음을 이해할 수 있다.
(41) 黑板勝美, 〈國立博物館について〉(앞의 책, 516쪽). 1900년에 제국박물관은 제실박물관으로 개칭되었다. '제국'을 '제실'로 바꾼 것은 제국의회, 제국대학, 제국도서관 등이 정부 소관이므로 제실 소속 박물관과 그들을 구별해서 소속을 명확하게 하기 위한 것이었다. 또한 이때의 신관제에 의해 공예부가 폐지되고 天産部도 정리되어, 역사·미술·미술공예의 3부가 중핵이 되어 역사 미술관으로서의 성격이 강조되었다. 東京國立博物館 編, 《東京國立博物館百年史》(앞의 책, 307~311쪽) 참조.

다는 것을 주장한 것처럼 이왕가박물관과는 별개로 국립박물관으로서의 역할을 가진 박물관으로 총독부박물관이 설립되었다고 볼 수 있다. 실제로 총독부박물관은 식민지에 설치되기는 했지만 조사방법에서도 가장 훌륭했고, 정밀한 학술적 연구에 있어서도 일본 본토의 조사연구에 미친 커다란 영향은 누구나 인정할 만한 의의를 가졌다고 당사자들은 인식하고 있었다.[42]

그런데 총독부박물관이 지향한 학술성에 관해 경시할 수 없는 점은 그 전시방법이다. 나중에 평양박물관장이 된 고이즈미 아키오(小泉顯夫)는 본관에 있는 6칸짜리 전시실 중 가장 중요한 것으로 '삼국시대 고분 출토품'과 '낙랑대방군시대 유물'을 전시한 2개의 방을 지적했는데,[43] 이 박물관 진열 순서를 보면 '한반도가 삼국시대에 이르기 전에 잇따라 한족(漢族)이 이주해 한인 식민지가 만들어진' 낙랑대방군시대부터 '후반기는 유학의 영향과 잇따른 전란, 내부적 당쟁으로 인해 산업도 공예도 쇠퇴해서 볼 만한 것이 적은' 조선시대가 관람자들에게 강한 인상을 주었다.[44]

고대와 조선 왕조 후기에 대한 이러한 시각은 조선총독부가 추진했던 역사편찬사업과 고적조사사업이 추구했던 바이기도 했다. 즉 조선총독부는 1916년 《조선반도사(朝鮮半島史)》 편찬사업에 착수했는데, 초대 조선총독 데라우치 마사타케의 '조선반도사 편찬 요지'에 의하면 조선반도사 편찬의 주안점은 첫째, 일본인과 조선인이 동

---

(42) 藤田亮策,〈朝鮮考古學略史〉(앞의 잡지), 14쪽.
(43) 小泉顯夫,〈朝鮮博物館見學旅日記〉(앞의 잡지).
(44) 朝鮮總督府博物館,《博物館略案內》(朝鮮總督, 1931년).
(45) 朝鮮總督府《朝鮮半島史編成ノ要旨及順序 朝鮮人名彙考編纂ノ要旨及順序》(朝鮮總督

족인 것을 밝히고 둘째, 고대로부터 시대를 거슬러 올라갈수록 피폐·빈약에 빠졌다고 서술하여 합병에 의해 인생 행복을 갖추게 되었다는 점을 논술하는 데 있다고 명기했다.[45]

고적조사사업은 조선사 편찬에서 중요시한 역사의 기원 문제에 고고학상의 근거를 제공했으며, 양자는 이른바 수레의 두 바퀴와도 같이 조선 지배를 정당화하는 데 중요한 역할을 했다. 이러한 두 가지 사업의 지침을 정한 자는 데라우치 총독이며, 그것을 적극적으로 추진한 사람은 도쿄제국대학 교수였던 구로이타 가쓰미였다.[46] 구로이타는 누구보다도 앞장서 한국 역사의 기원을 문제삼았는데, 그 획기(劃期)가 낙랑군 설치에 있다는 점을 반복해서 제기했다.[47]

동시에 구로이타는 근대 역사학과 고고학을 구사함으로써 조선인의 민족정신을 고무시키는 사서(史書)에 대항해 한일합병의 정당화를 역사 편찬과 고적조사사업을 통해 적극적으로 추진하던 데라우치 총독의 정책[48]을 학술적인 면에서 뒷받침해주었다.

경복궁에 설치된 총독부박물관은 일본의 조선 지배에 대한 이와 같은 국가적 사업의 성과를 전시하는 장이 된 것이다. 그곳은 조선왕조 건국 이래 신성한 공간이자 말기에 이르러 왕조의 마지막 불꽃

府, 1916) 4쪽에는 다음과 같이 기술되어 있다. "조선반도사의 주안으로 삼는 바는 대체로 다음과 같다. 첫째, 일선인(日鮮人 : 일본인과 조선인-역자)이 동족인 사실을 분명히 할 것 둘째, 상고로부터 이조(李朝)에 이르는 군웅(群雄)의 흥망 기복과 역대의 혁명역성에 의해 민중이 점차 피폐해지며 빈약에 빠진 실황을 수술하여 금대(今代)에 이르러 성세(聖世)의 혜택에 의해 비로소 인생의 행복을 누릴 수 있게 된 사실을 상술할 것."
(46) 李成市〈黒板勝美(구로이타 가쓰미)를 통해 본 식민지와 역사학〉《韓國文化》23호(서울大學校韓國文化研究所, 1999).
(47) 黒板勝美,〈大同江付近の史蹟〉《朝鮮彙報》1916년 11월).
(48) 藤田亮策,〈ビリケン總督—朝鮮の思い出(1)〉(앞의 잡지).

을 지킨 권력의 상징 공간이었다. 경복궁에서 개최한 시정 5주년 기념 조선물산공진회에 의해 경복궁이 지닌 옛 왕궁으로서의 공간이 재구성되었으며, 그곳에 담겨 있던 왕실의 권력은 사라져갔다. 더구나 총독부는 잔치 뒤에 남겨진 백악의 전당을 박물관으로 이용하여 역사적 유래가 명백한 유물을 전시함으로써 그 건물을 시간과 공간의 관리자가 누구인가를 여실히 증명해주는 기념비로 만들었으며, 성스러운 옛 공간은 완전히 새로운 공간을 형성하게 되었다.

총독부가 발굴한 낙랑군 이래의 고대 유적·유물은 단군 건국 이래의 유구한 역사를 자랑하며 일본 지배에 저항한 지식인들에게도 충격적인 위력을 발휘했다. 이 당시 '조선학'이라는 용어를 처음으로 사용한 최남선은 총독부의 고적조사사업을 "아마 세계 인류에게 영원한 감사를 받을 수 있을지 모르며, 또한 우리도 여기에 참여해서 응분의 감사를 바치는 것이 당연할지도 모른다"라고 하면서, "일본인의 손을 통해 처음으로 조선인 생명의 흔적이 천명된 것은 얼마나 큰 민족적 수치인지"라고 탄식했다.[49] 고적조사사업과 총독부박물관의 유물 전시가 조선인에게 미친 영향력이 얼마나 컸는가를 여기에서도 엿볼 수 있다.

4. 덕수궁 · 이왕가미술관

덕수궁은 원래 성종의 큰형인 월산대군의 개인 저택이었는데 임

---

(49) 崔南善, 〈朝鮮歷史通俗講話 開題〉(《週間 東明》 113~2111, 1922~1923). 高麗大學校 亞細亞問題研究所 六堂全集編纂委員會 編 《六堂 崔南善全集》 2, 현암사, 1973[수록].

진왜란 때 선조가 행궁으로 이용했다가 이어서 광해군이 행궁에서 즉위를 하자 이곳을 왕궁으로 삼아 경운궁이라고 불렀다. 그 후 1896년에 고종은 경복궁에서 러시아공사관으로 옮기면서 경운궁을 개수하고 이듬해 2월에 이곳으로 천어해서 왕궁으로 삼았다. 같은 해 10월 국호가 조선에서 대한으로 바뀌고 경운궁에서 대한제국이 탄생했다. 통감부의 압력으로 순종이 즉위하고 왕궁이 창덕궁으로 옮겨질 때까지 경운궁은 대한제국의 황궁이었다. 고종이 1907년 7월에 순종에게 양위하자 태황제궁은 덕수궁으로 바뀌고 경운궁 또한 덕수궁으로 불리게 되었다.[50]

덕수궁은 고종(이태왕)이 양위한 후에 말하자면 억류된 장소인데, 1919년에 고종이 사망하자 1933년에 이왕직은 궁전 내의 석조전에 덕수궁미술관(이왕가미술관)[51]을 설립했다. 석조전을 착공한 것은 덕수궁이 황궁이던 시기(1900)이며, 그 준공은 황궁을 창덕궁으로 옮긴 지 2년이 지난 후인 1909년이었다.

원래 석조전 축조의 발의는 탁지부 총세무사인 영국인 브라운에

---

(50) 小田省吾,《德壽宮史》(李王職, 1938년).
(51) 1933년 덕수궁에 설립된 미술관은 종종 이왕가미술관이라고 불리는데, 그것은 이왕가의 미술관을 가리키는 데 불과하며 고유명사로 사용된 것은 아니었다. 그 일본 미술품 전시 제1집 도록은《이왕가 덕수궁 진열 일본미술품 図錄》이며, 제5집 도록(1939)에는 '근대 일본 미술 진열인 석조전과 아울러 새로 명칭을 이왕가미술관' 으로 했다고 기록되어 있으며, 도록 표제는《이왕가미술관 진열 일본미술품 도록》이다. 또한 구로이타 가쓰미가 필두위원인 작품차용의뢰서(1925년 8월 18일)는 '덕수궁미술관' 명의로 제출되었다. 따라서 감히 정식 명칭을 추측한다면 '이왕가덕수궁미술관' 이라고 볼 수 있는데, 관견에 의하면 이러한 명칭을 문헌상에서는 볼 수 없다. 이 글에서는 편의상 덕수궁미술관으로 한다.
(52) 小田省吾,《德壽宮史》, 앞의 책, 69쪽.
(53) 小田省吾,《德壽宮史》, 앞의 책, 70쪽.

의한 것이었으며, 설계는 영국인 기사 하딩이 담당했다. 기초공사는 조선인 기사가 추진했으나 1902년에 공사가 중단되고 1903년에 일본 오쿠라구미(大倉組)가 맡았다.[52] 이것이 현재 '석조전 동관'으로 불리는 것이며, 129만 엔이라는 거액을 들여서 조영했다고 한다.[53] 1918년에 이완용은 화려한 양관(洋館)·석조전이 있는 덕수궁이야 말로 이왕 전하의 처소로 적합하다고 하며 창덕궁에서 이곳으로 거처를 옮길 것을 사이토 마코토(齊藤實) 총독에게 상신(上申)했다.[54] 덕수궁 석조전의 웅장하고 아름다운 모습은 당시부터 주목을 받았다.

위에서 언급한 것과 같이 덕수궁은 대한제국기의 고종과 인연이 있는 궁전으로, 덕수궁미술관의 창설을 계기로 그곳이 역사적으로도 유서 깊은 궁전이라는 사실이 다양하게 선전되었다.[55] 그러나 실제로는 고종이 사망한 뒤 그곳은 황폐한 상태로 방치되었다.[56] 이러한 가운데 1932년 4월부터 덕수궁 내 전각의 수리, 정원의 수축이 진행되었으며,[57] 이듬해 5월에는 총공사비 약 5만 엔으로 석조전 내부를 개수하고 미술관으로 만든다는 사실이 보도되었다.[58]

---

(54) 문서는 조선총독 하세가와 요시미치(長谷川好道)로부터 내각총리대신 하라 다카시(原敬) 앞으로 보낸 '경성에 離宮 설치의 건'(1918년 7월 8일, 국립공문서관, 公文雜纂 권25)에 첨부된 일본어 '번역문'에 있다. 상신서 취지는 이왕직의 재정을 압박하는 창덕궁을 황실에게 헌납하고 다이쇼(大正) 천황의 離宮으로 만드는 것을 건의한 것이다.
(55) 1933년 이래 개최하고 그때마다 간행된 《이왕가미술관 진열 일본미술품 도록》의 시작 부분에는 이왕직 장관의 서문이 있는데, 거기서 덕수궁이 순종(이왕 전하)의 탄생지이며, 고래 유서 깊은 궁전이라는 점이 반복해서 강조되었다.
(56) 小田省吾, 《德壽宮史》, 앞의 책, 4쪽.
(57) 〈德壽宮を府民に開放〉, 《朝鮮》 221, 1933년 10월).
(58) 《조선일보》 1933년 5월 9일.

당초 덕수궁미술관은 9월 개관을 목표로 했으나, 공사 지연으로 연기되어 10월 1일에 개관했다. 이날을 기해 덕수궁도 일반 시민들에게 널리 개방되었으며, 정전인 중화전도 내부로 들어가서 배관(陪觀)할 수 있게 했다.

주목할 만한 점은 덕수궁미술관의 개관에 이르는 경위이다. 당초 총독부는 신문을 통해 이왕가가 소장하고 있는 고서화(古書畵)나 '동경도제실(東京都帝室)박물관이나 기타 소장자로부터 명작을 빌려와서' 석조전에 진열하겠다고 밝혔다.[59] 우선 5월 단계에서는 석조전을 미술품 전시가 가능하도록 개수한다는 계획을 발표했고, 개수 후의 석조전에는 이왕가가 소장하고 있는 조선의 고화(古畵)를 전시한다는 내용을 《동아일보》나 《조선일보》가 보도하기도 했다.[60] 그러나 개관일이 다가오자 석조전에서의 전시는 근대 일본 미술품이 중심이 되고, 개관 직전에는 조선 미술품 전시가 취소되어 버렸다. 이것이 석조전에서 1933년부터 1943년까지 계속 개최된 '이왕가 덕수궁 일본 미술품 전시'이다.[61]

후지타 료사쿠에 의하면 이 일본 미술 전시는 구로이타 가쓰미와 이왕직장관이던 시노다 지사쿠(篠田治策)와의 담합에 의해 실현된 것이라고 한다.[62] 구로이타는 덕수궁에 건립된 이왕가미술관에서 명치 초기 이래의 일본 그림·조각·공예 등의 근대 작품을 10년 이

(59) 《조선일보》1933년 5월 9일. 9월 7일자 《조선일보》에는 "이왕직이 소장하는 고미술과 현재 미술가들의 대표작"이라고 실렸다.
(60) 이미나, 〈李王家德壽宮日本美術品展示―植民地朝鮮における美術の役割〉《東アジア/繪畵の近代》靜岡縣立美術館, 1999년), 123~124쪽.
(61) 이미나, 〈李王家德壽宮日本美術品展示―植民地朝鮮における美術の役割〉(앞의 책).
(62) 藤田亮策, 〈朝鮮古蹟調査〉(앞의 책), 337쪽.

상 진열을 바꿔가면서 전시했다. 이는 당시 도쿄에서도 하기 힘든 일이었다. 그 목적은 "조선 재주자의 미술의식을 높이고 근대 예술에 직접 접하게 하여 풍부한 생활로 이끈다"[63]라는 것이었다.

그러나 원래 덕수궁 이왕가미술관에 전시될 예정이었던 미술품은 근대 일본 미술과 상관이 없는 이왕가가 소장하고 있던 조선의 고화였다. 조선인의 기대를 배반한 덕수궁 내의 일본 미술품 전시는 많은 한국인들에게 불신감을 안겨주었다. 무엇보다 옛 왕궁이 미술품의 전시장이 되었다는 점에 대한 반응은 복잡했다.

시인 모윤숙은 "영원의 문이 열리지 않았더라면 오히려 사랑스러운 동경(憧憬)의 궁전으로 볼 수 있었을 텐데"라고 하면서 덕수궁이 시민에게 개방된 것을 탄식했다.[64] 조선 왕조의 상징 공간에 대한 애석한 마음은 모윤숙 한 사람만에 국한된 것은 아니었을 것이다. 이러한 조선인의 반응을 알고 있었기 때문에 덕수궁 일본 미술품 전시를 개최 직전까지 숨기면서 이왕가가 소장하고 있던 고서화 전시를 기대하게끔 선전할 수밖에 없었을 것이다.

석조전에서는 일본 미술품 전시가 매년 개최되었는데, 석조전 서쪽에 인접한 신관(석조전 서관)을 1936년 8월에 착공해서 1938년 3월에 준공했다. 이것은 창경원의 이왕가박물관 신관으로 계획된 것이었다. 신관을 조영한 이유로 이왕가박물관의 진열관이 여기저기 분산된 점, 궁전을 이용했기 때문에 좁고, 채광과 진열품 보존에 결

---

(63) 藤田亮策, 〈朝鮮古蹟調査〉(앞의 책), 337쪽. 또한 편집부, 〈朝鮮の博物館と陳列館(其一)〉(《朝鮮》 277, 1938년 6월)에서는 '주로 일본 근대 대가의 작품에 이렇게 현란한 미술품을 진열하여, 하나는 그러므로 이런 최고 예술품에 접할 기회가 적은 반도 재주자에게 관상할 기회를 제공하고, 하나는 그러므로 반도의 그 방면의 啓發師表이고자 할 것을 기도하신 것'이라고 했다.
(64) 권구현, '덕수궁 석조전의 일본미술을 보고 (상)'(《동아일보》 1933년 11월 9일).

함이 있다는 점 등을 들었으며, 여기에 더해서 석조전에서 근대 일본 미술품을 상설 진열하게 됨으로써 "그 필요를 매우 통감하게 되었다"고 했다.[65]

1938년 6월에는 창경궁에 있던 이왕가박물관 소장품 중 신라, 고려, 조선시대 도자기와 그림 등 1만 1천여 점을 신관(서관)으로 이전하고, 앞서 개관한 동관(덕수궁미술관)과 합쳐서 이왕가미술관으로 개칭했다.[66] 이렇게 해서 이왕가미술관은 개관되었고, 이에 따라 창경원의 이왕가박물관만 덕수궁으로 옮기게 되었다.

표면적으로 보면 이 기간의 변화는 이왕가박물관 소장품을 창경궁에서 덕수궁 서관으로 이전하여 이왕가미술관으로 명칭을 바꾼 것에 불과한 것처럼 보이지만 그러나 이 무렵 일본에서의 제실박물관 동향을 살펴보면 흥미로운 사실에 주목할 수 있다. 즉 1924년 황태자 성혼 때에 제실박물관이 관장하고 있던 우에노공원과 동물원이 도쿄도(都)에, 교토제실박물관이 교토시에 하사되어 도쿄제실박물관은 역사 미술박물관으로서의 업무에 충실하게 되었던 것이다. 이런 조치는 전년의 관동 대지진으로 대부분의 진열관과 진열품을 소실한 것이 계기가 된 것이다.[67] 그 뒤 제실박물관 부흥관(復興館)은 1932년 12월에 착공하여 1936년 11월에 준공했고, 이듬해 11월 개관 때부터 시행될 제실박물관 관제가 개정되었다. 여기서 제실박

---

(65) 佐藤明道, 〈李王家美術館成る〉,《博物館研究》1117·8, 1938년 7월).
(66) 이왕가박물관을 이왕가미술관으로 고쳤다는 것인데, 이왕직장관 李恒九는 "이왕가박물관은 시운의 추세에 순응하여 또한 조선총독부박물관과의 병립을 피하고 박물관 명칭을 폐지해서 이왕가미술관으로 고치며, 1938년 6월 5일부터 이를 공개함에 이르렀다"고 기술했다.《李王家美術館陳列日本美術品圖錄 제7집》(이왕직, 1941년).
(67) 東京國立博物館 編,《東京國立博物館百年史》(앞의 책), 400~410쪽.

물관은 "고금의 기예품을 수집해서 공중(公衆)의 관람에 제공하는 곳"에서 "고금의 미술품을 수집해서 공중의 관람에 제공하고, 아울러 미술의 발달에 이바지하는 사업을 하는 곳"으로 개정하고, 진열품을 '미술품'으로 바꾸는 등 미술박물관으로서의 성격을 명확하게 했다.[68]

그것은 마침 석조전 서관이 착공된 1936년 8월부터 준공된 1938년 3월 사이에 해당되는데, 이왕가미술관이 그해 6월에 개관했다는 경위에서 본다면, 이왕가박물관이 이왕가미술관으로 바뀐 배경에는 제실박물관이 미술박물관으로 개편된 사실이 그 전제가 되었다고 보아야 할 것이다. 즉 이왕가박물관 개편은 제실박물관 개편과 연동하고 있었다고 추측할 수 있다.

단, 이왕가박물관은 단지 동식물원을 분리시켜 미술박물관으로 그 성격을 바꾼 것만은 아니었다. 이왕가미술관은 새로 세워진 석조전 서관과 일본 미술품 전시를 매년 개최하던 동관을 복도로 연결하고 '신고(新古) 미술을 한눈에 전람할' 수 있도록 설계되었다. 그리고 '조선 고미술의 집대성'과 '명치·대정 이래 현대 일본 미술의 정화(精華)를 관람할 수 있'도록 만듦으로써 '반도 문화의 계발 향상에 이바지하는 것'이 기대되었던 것이다.[69]

이왕가박물관은 덕수궁미술관과 합쳐져 이왕가미술관으로 개편되었는데, 그 전시에는 특별한 의미가 덧붙여졌다. 조선의 미술품은 관람자에게 근대 일본 미술품과의 대조를 통해서 비로소 그 의미를 발휘하는 것에 지나지 않았다. 르네상스양식의 두 건물인 석조전에

---

(68) 東京國立博物館 編,《東京國立博物館百年史》(앞의 책), 522~535쪽.
(69) 佐藤明道,〈李王家美術館成る〉(앞의 잡지).

진열된 조선 고미술과 근대 일본 미술의 대조(콘트라스트)는 말 그대로 조선 '문화의 계발 향상'으로 이끄는 총독부 정책을 대변하는 것이었다.

5. 왕조의 해체와 권위의 박탈 과정

이상에서 일본의 통감부시대에서부터 식민지 통치시대에 걸쳐 창경궁, 경복궁, 덕수궁의 각 왕궁에 건립된 이왕가박물관, 총독부박물관, 이왕가미술관의 설립 경위에 대해 검토해보았다. 이처럼 세 궁전은 19세기부터 20세기에 걸쳐 왕궁으로 이용된 권력의 상징 공간이었으나, 일본 정부의 강력한 의지에 의해 박물관·미술관이 건립된 사실을 확인했다.

마지막으로 지금까지의 고찰에 기초해서 두 가지 점을 지적하고자 한다. 첫째, 설립된 공간과 박물관의 관계이다. 이미 지적한 것과 같이 이왕가박물관의 모델이 된 제국박물관(후에 제실박물관)의 획기가 된 것은 1886년 농상무성에서 궁내성으로의 이관이었다. 이때 우에노공원 전 지역이 '어료지(御料地)'가 되어 궁내성 관리하에 두었는데, 우에노공원에 동물원·식물원과 함께 박물관이 신축된 것은 그보다 앞선 1882년이었다.

우에노공원 부지 내에는 원래 덴카이승정(天海僧正)이 건립한 간에이사(寬永寺)가 있고, 도쿠가와가(家)의 묘가 있었다. 박물관은 간에이사의 목방(木坊)터 구내에 본관과 2개의 진열관이 세워지고, 또한 동물원은 이전에 간쇼인(寒松院)이 있었던 터(寒松院ガ原)에 창설되었다. 간쇼인 옆에는 그 우에노 토쇼구(上野東照宮)가 위치하고 있었다. 주지하듯이 토쇼구는 도쿠가와 300년, 15대에 걸친 에도막부의 개조 이에야스를 모신 궁사(宮社)이며, 에도성의 진수로서 존숭된 사릉(社陵)이었다. 게다가 본방(本坊) 뒤에는 도쿠가와가의 묘가 있었다.[70]

요컨대 조선에 앞서 일본에서도 도쿠가와 구체제의 성스러운 공간에 박물관과 동식물원이 설립되어 있었으며, 그것이 통감부 설치 이래 조선 땅에서도 반복되었던 것이다. 그렇다면 근대 일본이 실시한 정책의 일환으로 조선에 박물관을 설치한 일의 역사적 의미를 묻지 않을 수 없다.

간단히 말하면 조선의 내정권을 확립하자마자 통감부는 왕궁과 인접한 창경궁에 박물관과 동식물원을 설치하고, 그 뒤에 일반 시민에게 널리 개방하지만, 그것에 의해 조선 왕조의 성스러운 공간은 대일본제국 공간으로 편입되었다고 보아도 좋을 것이다. 그 과정은 일본 국내에서 예전의 각 번(藩)의 성곽이 박람회에 의해 서민에게 널리 공개된 것과 일맥상통한다.[71] 이러한 과정을 거쳐 성성(聖

---

[70] 간쇼인은 이에야스의 은고를 입던 다이묘(大名) 도도 다카토라(藤堂高虎)가 간에이사의 자원(子院)이자 우에노 토쇼구 별당사(別當寺)로서 건립한 것으로 여기에 다카토라의 묘도 있었다. 우에노 토쇼구 건립 또한 다카토라의 건의에 의한 것이었다. 그 간쇼인은 동물원이 개설된 당시, 우뚝 솟은 수령 300년이나 되는 거목들로 낮에도 어두웠으며 마치 토쇼구가 있는 닛코(日光) 주변을 방불케 하는 명승지였다고 한다. 이러한 곳에 동물원이 창설되었다. 東京都臺東區役所編《臺東區史 社會文化篇》(臺東區役所, 1966년) 100~110쪽.
[71] P·H·コーニッキ,〈明治五年の和歌山博覽會とその周邊〉(吉田光邦編,《萬國博覽會の研究》思文閣出版, 1986년).
[72] 村松伸,〈討伐支配の文法―大東亞共榮圈建築史序說〉(《現代思想》23110, 1995년 10월), 20쪽.

性)의 박탈과 무화(無化)가 진행되었다. 또 일본 열도의 여러 번이 근대 일본의 지방도시로 편성되었듯이 서울 또한 근대 일본의 지방도시로 편입된 것이다. "과거의 권위를 찬탈하고 근대성으로 덧칠하는 그 토벌 지배의 공간 수법"은 일본 홋카이도와 류큐에서 생겨 대만에서 시행되고 조선 왕조의 왕도인 한성에서 성숙한 방식으로 재현되었다.[73] 이러한 의미에서 조선 왕궁에서의 박물관 설치는 식민지 권력에 의한 교화 대상으로서의 조선인 창출이기도 했다고 이야기할 수 있을 것이다.

더욱이 근대 일본의 한 지방도시로 포섭된 서울의 신성한 공간은 일반 시민에게 개방되었고, 그곳에 설치된 박물관에는 조선 미술품과 고고유물이 전시되었다. 근대 일본은 조선 전통 문화의 관리자라는 위치에 서서 조선 땅에 군림했다. 옛 조선 왕조의 왕궁에 설치된 박물관은 식민지 경영의 이데올로기 장치로서 기능한 것이다.

두 번째로 지적하고 싶은 것은 식민지화 과정에서 조선에 설립된 박물관의 역사적 성격에 대해서이다. 이미 서술한 바와 같이 이왕가박물관과 총독부박물관의 설치, 나아가 이왕가박물관에서 이왕가미술관으로의 개편 과정은 일본의 제실박물관 설립 과정과 밀접한 관계를 가지고 있다. 그러나 그것은 단지 일본을 모델로 설립되었다는 것에 그치지 않고, 새로운 기능과 역할을 내포하고 있었다. 일본에서는 제실박물관 형성 과정이 권력의 탈취를 정당화하고, 새로운 권위의 수립 과정이었던 데 비해, 한국에서는 왕조 권력의 해체와 권

---

(73) 高木博志, 〈近代天皇制と古代文化―國の精華としての正倉院·天皇陵〉《岩波講座 天皇と王權を考える》5, 岩波書店, 2002년).

위 및 성성의 박탈 과정 그 자체였다. 그것은 박물관에 진열된 고미술을 다루는 것에도 단적으로 드러났다. 예를 들면 일본 국내에서 도다이사(東大寺) 쇼소인(正倉院) 소장품이 어물(御物)로서 은닉된 것[73]과 대조적으로 조선의 고대 미술품은 철저하게 개방되어 쇠퇴의 상징으로 간주된 조선 왕조의 미술품 및 근대 일본 미술과 대비되면서 전시되었다.

또한 전시 과정에서는 일본 박물관에서는 이루어질 수 없는 조사·연구의 이상이 추구되었다. 즉 국가사업으로 고적조사가 전개되어 발굴 기술, 기록작성법, 조사체제의 편성 등 전후 일본의 고고학계가 채용하게 되는 발굴조사의 기본적인 틀이 식민지 조선에서 박물관이 수행한 고적조사에 의해 준비되었던 것이다.[74] 행정 지원하에 유적조사가 공공사업으로 계속 진행된 곳은 일본 본토가 아니라 오직 식민지 조선에서였다. 총독부박물관은 이런 고적조사사업을 총괄하여 조사, 보존, 진열의 일원화를 체현시키기 위한 것이었다. 식민지 권력하에서 배양되고 축적된 풍부한 경험은 오늘날까지 이어지고 있다. 이런 의미에서 이 글의 주제는 전후 및 해방 후를 거론하지 않으면 완결되지 않겠지만, 그것은 다음의 과제로 미루어두고자 한다.

—번역 후지이 다케시(한국현대사, 성균관대)

안자코 유카(한국근대사, 고려대)

허수(한국근대사, 서울대)

---

(74) 內田好昭,〈日本統治下の朝鮮半島における考古學的發掘調査〉《考古學研究》9, 2001년 5월), 59쪽.

4부

분열된 정체성

식민지의 '우울'
―한 농촌청년의 일기를 통해본 식민지 근대
이타가키 류타(板垣龍太)

이효석과 식민지 근대―분열의 기억을 위하여
신형기(辛炯基)

식민지 시기 재일조선인의 문화 아이덴티티 재고
도노무라 마사루(外村大)

식민지의 '우울' —
한 농촌청년의 일기를 통해 본 식민지 근대

이타가키 류타(板垣龍太)

1972년 사도가시마(佐渡島)에서 태어나 '농촌청년'으로 자랐다. 도쿄(東京)대학 입학과 함께 도시 생활을 시작, 문화인류학을 전공하고 '한국근대사회사'를 공부하고 있다. 2003년 박사 과정을 수료하고 현재 도쿄대학 한국조선문화연구실 조수로 활동하고 있다.

학부 시절 한국의 마당극과 민주화운동에 대해 관심이 많아 한국 연구를 시작했으며, 석사 과정 때는 식민지 관료제가 한국 농촌사회에 어떻게 침투했는가를 연구했다. 99년부터 2년 반 동안 한국에 유학. 서울대 인류학과에서 공부하면서 경상북도 상주에서 필드 워크, 근대를 중심으로 한 향촌사회사에 대한 연구를 진행했다.

자기 연구 외의 영역에서는 한·일간의 '비판과 연대'를 위하여 한국 연구자들의 논문을 일본에 번역 소개하고 있다. 한국의 계간지 《당대비평》의 객원 편집위원으로 활동하면서 일본의 논문을 한국에 소개하는 역할도 하고 있다. 지금은 일본의 반동적인 사회 상황을 우려하면서 국기·국가, 미디어, 감시 사회 등의 문제에 대한 사회 활동에 참여하고 있다.

〈농촌진흥운동에서 관료제와 촌락〉,《朝鮮學報 175》, 2000.
〈식민지기 조선의 식자(識字)조사〉,《『アジア アフリカ言語文化研究 58》, 1999.
〈식민지 조선의 지역사회에서의 '유지'의 동향〉,《東アジア近代史6》, 2003.
《세계의 프라이버시권운동과 감시사회》(공편), 明石書店, 2003.

1. 식민지 사회에서의 일상

'식민지 사회에서의 일상'이란 어떤 것인가? 변해가는 조선 사회의 한구석에 몸을 맡기고는 어떻게 세계를 바라보고, 무엇을 생각했던 것일까? 이 글은 이런 소박한 물음에 맞서려고 하는 시도이다.

'식민지 사회'란 무엇인가를 생각할 때, 이제까지는 거대한 통치시스템으로서의 식민지주의에 대한 비판적 검토, 압도적인 힘을 가져온 자본주의로의 편입과 지주소작제라는 경제시스템의 분석, 식민지 국가에 의한 무력 탄압, 고문, 강제 연행, 전시 성폭력의 범죄성에 대한 진상 구명 등의 작업이 계속되어 왔고 앞으로도 계속될 필요가 있다. 그러나 식민지 근대의 관계성(關係性) 속에 놓인 사람들, 다시 말하면 그런 시대를 이미 살아온 사람들에게 도대체 그것은 어떤 시대의 경험이었는가라는 물음은 그것과는 또 다른 시각으로부터의 사실에 대한 희명(照明)을 요구한다.

이러한 '경험된 식민지'를 생각할 때 바로 떠오르는 근심은 그것이 거시적인 모순과 대립을 모호하게 하거나, 덮어 가려버리지는 않을까 하는 점이다. 그런 식으로 문제를 회피하는 것이 아니라, 오히려 모순을 다른 방향에서 조명하는 형태로 역사를 응시하기 위한 틀짜기와 방법이 요구되고 있다. 특히 '일상' 내지 '일상생활'의 개념은 보통은 많은 사물의 배제와 분리에 의해 구성되어 있는 것처럼 생각되고 있다. 예를 들어 노동자의 일상생활이라고 할 때는 노동하지 않을 때의 노동자의 생활방식을 상기하고, 전시 때의 일상생활은 전투를 하고 있을 때도 공중 폭격에 쫓기는 때도 아닌 시간을 떠올리고, 식민지하의 일상생활은 수탈되어 빈곤에 허덕이고 있는 모습이나 또는 적극적으로 사회운동에 참여하는 모습이 아닌, 어딘가 목가적인 분위기 속의 풍경을 이미지화하는 것 같은 그러한 배제와 분리인 것이다. 이와 같이 '보통 사람들'을 둘러싼 언설(言說)도 아마 '보통이 아닌 사람들'을 제외함으로써 성립하는 것이 아닐까라고 생각된다.

이런 부정과 분리에 의해 성립하는 '일상'과 '보통'이 아니라, '일상이 아닌 것'과 '보통이 아닌 것'과의 연속성 위에서 식민지 사회의 '보통 사람들'의 '일상'을 다시 볼 수는 없을까? 그러한 일상성에서 '식민지 권력'과 '근대'라는 것이 어떻게 드러나고 또 경험되는 것인가라는 시각에서 볼 수는 없을까?

이 글은 1930년대에 쓰여진 일기[1]를 바탕으로 그 일기의 필자인 S씨가 '식민지 근대'와 어떻게 직면했는가를 생각하는 하나의 시도이다.[2] 이것이 시도에 지나지 않는 것은 일기라는 소재가 내가 던진 질문에 직접 답변해주는 것이 아니기 때문이다. 식민지 근대의 흔적은 S씨 일기의 여러 곳에 남아 있다고 생각되지만, 그것이 반드시 명시적으로 드러나는 것은 아니다. S씨 앞에 식민지 근대라고 하는 거대한 시스템이 전모를 드러내지는 않았다. 그것은 극히 '평범'한

---

(1) 여기에서 대상으로 삼은 일기는 1931년부터 1933년, 1935년부터 1938년에 걸쳐 쓰여진 것으로 전부 7책이다. 1책을 제외하고 모두 도쿄의 라이온 치약 본점에서 발행하고 있던 《라이온 當用日記》(정가 50전, 46판)라는 일기장에 기입되어 있다. 자제에 의하면 이 이후에도 계속해서 일기를 썼다고 하며, 1931년 이전에도 썼던 것 같지만, 유감스럽게도 아직 그 현물은 접할 수가 없다. 또 프라이버시 문제도 있고 해서 인명이나 구체적인 지명 등은 기호화했다.
(2) 이 일기에 대해서는 다른 각도에서 검토한 졸고 〈新舊の間で―日記からみた1930年代農村靑年の消費行動と社會認識〉(《韓國朝鮮の文化と社會》 2號, 2003年, 風響社)가 있다. 위의 글은 S씨의 소비 행동에 초점을 맞춘 것으로 이 글과 아울러 참조하기 바란다.

일상 기술(記述)의 한구석에 조금, 그러나 구체적인 모습으로 드러나는 것에 지나지 않는다. 그런 '평범함' 속에서 스며나오는 '근대' '식민지'를 부상(浮上)시키는 작업을 함으로써 '일상생활'이 어떻게 보다 큰 역사에 대해 열려졌는가를 구체적인 수준에서 확인하는 것이 이 글의 목적이다.

2. 일기와 그 배경

1) S씨가 그렸던 궤적

이 글의 주인공인 S씨는 1914년 1월 경상북도 상주군(현재 상주시) P리에서 태어났다. 1920년에는 P리에서 2km 정도 떨어진 이웃마을에 보통학교가 개교했고, 1924년에는 철도가 개통되어 마을로부터 2.5km 정도 떨어진 지점에 역이 개설될 정도로 P리는 지리적으로 '신식' 문화에 비교적 접하기 쉬운 환경에 놓여 있었다.

1926년 부친이 사망한 S씨 댁에서는 일기를 쓴 기간 동안에는 네 살 위의 형이 중심이 되어 농가를 경영하고 있었다. S씨에게는 처와 1930년에 태어난 아들이 있고, 그 밖에 형수, 조모, 모친, 여동생이 함께 살고 있었다. S씨가(家)의 토지 소유 형태는 중간 규모의 자영지주에 속했다.

S씨는 1923년 근처의 보통학교에 입학했다. 이 시기에는 입학 전에 가정이나 서당에서 한문 교육을 받는 아동이 종종 있었으나, S씨는 이 교육은 받지 않은 듯하다.[3] 1929년에 보통학교를 졸업하고, 1년 후 지방도시인 대구에 있는 사립 중등 교육기관에 입학했다. 당

시 상주에는 공립 농잠학교(農蠶學校 : 현 상주대학교의 전신)가 있어 중등 교육기관으로서의 역할을 수행하고 있었으나 보통 교육은 아니었으므로 대구에 있는 상급 학교로 진학했는지도 모른다. 대구에서는 형의 송금으로 하숙 생활을 하고 있었다. 일기는 이 대구에서의 학교 생활부터 시작하고 있다.

그런데 입학 1년 뒤인 1931년 3월 말에 학교를 자퇴하고 고향으로 돌아와야만 했는데, 이유는 '금전(金錢)의 곤란(困難)'이라고 기록되어 있다. P리에 돌아온 그는 집안의 농사 일을 거들게 되었다. 그렇다고는 해도 자영 지주가의 차남이라는 점도 있어 기본적인 농사는 '고인(雇人)'이 하고 있었고, S씨가 거드는 일은 소의 사료인 쇠죽 끓이기, 모내기 때의 줄잡기, 운반 거들기, 벼 타작 등의 작업에 한정되어 있었다. 나머지 시간에는 책을 읽거나, 친구나 동사(洞舍)의 노인과 잡담을 하는 등 그 자신의 표현을 빌면 '농촌에서 고등유민(高等遊民)'(311004)으로 지내고 있었다. 농잠학교에 시험을 치기도 하고(1932), 학교 자료를 받아보기도 했으나 결실을 맺지 못하고 농촌에 남게 되었다. 결국 당시 '경성'의 지식인 중심으로 유행하던 말인 '룸펜' 생활을 하게 되었다.

그러나 1935년경이 되면서 S씨는 P리에서 몇 가지 일을 맡게 되었는데, 당시의 행정 용어로 말하면 '중견인물(中堅人物)'로서의 역

(3) 학교가 소장하고 있는 학적부에는 '입학전 경력' 란이 있는데, '없음'이라고 기입되어 있는 것을 확인하였다. 학적부의 '경력' 분석에 대해서는 拙稿〈植民地下의 普通學校와 地域社會 : 慶北尙州の一學校を中心に〉《朝鮮史研究會論文集》No.40, 2002년을 참조할 것. 단〈兄이 千字冊을 가주와 원문(諺文-역자) 다라달나 길어 다라 주고〉(1933년 3월 15일, 이하 '330315'(yymmdd)라는 형식으로 표기한다)라는 기술이 있는 것으로 보아 천자문 정도의 한문 교육은 받았을 가능성이 있다.

할을 수행하게 되었다. 1936년에는 취직 활동의 결과 4월부터 군농회의 잠업지도원으로 채용되어 정규직에 취직하게 되었다. 이후 일기가 끝날 때까지 큰 신분의 변동은 없었다.

이상이 일기가 쓰여진 기간 동안 S씨가 그렸던 궤적이다. 크게 시기 구분을 하면 1931년부터 1934년까지를 '귀향, 농사 거들기 시대', 1935년부터 1936년 4월까지를 '중견인물 시대', 그 이후를 '농업지도원 시대'로 구분할 수 있다. S씨의 연령으로 보면 만 17~24세의 청년기에 해당한다.

2) 일기의 특징

S씨는 이 기간에 거의 매일 빠짐없이 일기와 금전출납부를 기록했다. 왜 기록했는지의 동기에 대해서는 아무런 기술이 없다. 간혹 일기를 다시 읽으면서 추억에 빠지는 일도 있었으나, 나중에 회상하는 것이 목적이었다고 할 수도 없을 것이다. 1930년대의 농촌진흥운동하에서 가계부와 농업 일기를 적는 것이 장려되고 있었으나[4] 단순히 정책에 호응한 것이라고 할 수도 없다. S씨의 일기와 금전출납부의 특징은 '농가'를 단위로 한 기록보다는 어디까지나 개인적인 기록이라는 점이다. 특히 금전출납부는 S씨 개인의 금전 관리의 색채가 농후하고, 아마 이것은 차남이라는 지위와도 관련되어 있을 것이다. 그런 의미에서 농촌진흥운동하에서 요구되었던 것과 외형상으로는 비슷하지만 기본적으로는 다른 것이었다.

(4) 가계부 등의 기장 장려에 대해서는 拙稿〈農村振興運動における官僚制と村落：その文書主義に注目して〉《朝鮮學報》175, 2000년 참조.

⟨표 1⟩ 복자(伏字)의 사용(1931~35)

1931년			1932년			1933년			1935년		
월	본문	금전	월	본문	금전	월	본문	금전	월	본문	금전
1월	0	0	1월	14	0	1월	41	4	1월	3	0
2월	0	0	2월	26	0	2월	11	2	2월	1	0
3월	0	0	3월	11	0	3월	8	1	3월	0	0
4월	0	0	4월	6	0	4월	10	2	4월	0	0
5월	3	0	5월	5	2	5월	9	0	5월	0	0
6월	0	0	6월	7	0	6월	2	0	6월	0	1
7월	11	0	7월	8	1	7월	3	2	7월	0	0
8월	54	1	8월	7	2	8월	8	2	8월	0	0
9월	57	2	9월	3	0	9월	2	0	9월	0	0
10월	28	0	10월	23	2	10월	5	1	10월	0	0
11월	54	0	11월	24	4	11월	31	5	11월	0	0
12월	67	1	12월	11	1	12월	3	0	12월	0	0

비고 : 동일(同日)에 여러 곳에서 나온 것도 각각 계산했다. 1936년 이래의 본문(本文)에는 복자가 없다.

   일기를 쓰는 의식의 문제로서 한 가지 흥미로운 것은 복자(伏字)의 존재이다. 일기에는 자주 '××'라는 복자가 등장한다. 은폐된 부분에는 일정한 특징이 있는데, 주로 개인의 이름이나 금전출납부의 수입원에 집중되어 있다. ⟨표 1⟩은 월별 복자 사용의 변천을 나타낸 것이다. 복자는 귀향 후 1개월째(1931년 5월)부터 시작되어 1935년 중간부터 없어진다는 점에서 흥미롭다. 복자를 사용한 것은 대구에서 귀향하여 일기가 남에게 읽힐 가능성이 높았다는 것이 하나의 원인으로 생각되는데, 일기 서술과 프라이버시 공간의 관계를 생각하는 데에 시사하는 바가 있다. 또한 복자가 사라진 것은 확실하지는 않지만 1935년 이후 공적인 활동이 증가하는 것과도 어떤 관련이 있을 것이다. 그렇다고 하더라도 복자의 존재는 일기의 '독자'를 자신 이외의 타인을 염두에 두었다고 보기보다는 오히려 철저하게 자신만을 독자로 만들기 위한 것이었다고 생각하는 것이 타당할 것이다.

일기는 1쪽이 1일분이고, 본문 기사, 특별 기사, 편지의 송수신, 날씨, 기온, 기상·취침 시간을 써넣는 난이 미리 인쇄되어 있었다. 또 월초에 '예정', 월말에 '감상', 연말에 1년을 회상하는 '거래금(去來今)'란, 권말에는 금전출납부가 있었다. S씨는 일기장의 공란을 혐오하기라도 하는 듯 이 양식의 틀 안에서 만년필의 정성스러운 글자체로 하루도 거르지 않았다. S씨의 자제가 자명종 옆에 일기장을 두고 자는 부친의 모습을 기억하고 있는 점으로 미루어보아 기록하는 것이 일과처럼 자기목적화하고 있었다고 생각된다.

어쨋든 이 일기장 덕분에 S씨의 세계가 다시 발견되었다.[5] 가족이나 마을에 살고 있는 나이 많은 노인들은 S씨를 기억하고 있지만 그러한 인간관계보다 더 넓은 범위 내에서는 S씨의 흔적을 찾아볼 수 없었다. 일기장이 없었다면 S씨는 농촌에 거주하는 '평범'한 한 청년으로서 이 시대 역사 서술의 등장인물이 될 수는 없었을 것이다. 하지만 이 글의 목적은 S씨라는 인물을 '발굴'하여 기존의 '정사'에 편입시키는 것이 아니라, S씨 자신이 남긴 기록을 토대로 이와는 다른 시각에서 이 시대를 조명하는 것에 있다.

---

(5) 이 표현은 앨런 코르반에 의한 《루이=플란서와 피나고의 다시 발견된 세계 - 한 무명한 사람의 흔적을 추적하며》(일본어역 《記錄を殘さなかった男の歷史-ある木靴職人の世界……1798~1876》渡邊響子譯, 藤原書店)에서 시사를 받았다. 다만 S씨는 피나고와 달리 기록을 충분히 남기고 있다.

3. 농촌의 우울과 '민족' : 상상과 현실의 교착

베네딕트 앤더슨의 상상된 공동체론을 빌릴 것도 없이 만난 적도 없고, 경우에 따라서는 그 이름조차 모르는 타자와의 관계성은 상상에 의해 구성될 수밖에 없지만, 미디어는 이 상상의 구축(構築)을 매개하는 장치라고 할 수 있다. 그런 의미에서 어떻게 미디어에 접했는가, 또는 접하지 않았는가 하는 점은 당시의 리얼리티가 어떻게 구성되어 있었는지 이해하는 데에도 대단히 중요하다.[6]

S씨의 행동 범위는 마을, 면사무소 소재지, 읍내가 기본이 되어 있고, 교우관계도 가족, 친족, 마을 사람들 그리고 1936년 이후에는 직장 관계로 알게 된 사람들이 중심이 되어 있었다. 그러나 S씨의 사회에 대한 상상력은 그런 대면적인 인간관계에 의해서만 규정되어 있었던 것은 아니다. 특히 S씨는 당시 농촌에서는 진기할 정도의 독서가였다. 상세한 것은 별고(주2 참조)에서 분석했으나, 《삼천리》, 《신동아》, 《신가정》, 《별건곤》, 《동광》 등 비교적 큰 잡지와 《비판》과 같은 비주류적인 잡지까지 2~4일에 한 번 정도는 책을 접하고 있었고, 신문을 구독하던 때에는 매일 지면과 접하고 있었다(〈표 2〉 참조).

이런 독서 실천을 통해 S씨는 농촌에 살고 있으면서도 당시 서울을 중심으로 조선어에 의해 형성되고 있던 언설에 상당히 긴밀히 접하고 있었다. 여기에서 주목해야 할 부분은 스스로의 존재가 그런 언설에 의해 명명되는 상황이다. 특히 1920년대부터 1930년대에 걸

---

(6) 말할 필요도 없이 미디어에 인해서 생긴 상상의 관계성이 환상이라고 말하고 싶은 것이 아니다. 오히려 역으로 그 상상 자체가 리얼리티를 가지게 되는 현상에 주목하고 싶다.

〈표 2〉 S씨의 독서 행위(1932~33년)

	잡지	신문	소설	기타	비고
1932년					(연간 강독 잡지는 《삼천리》)
1월	9	10	2	9	잡지는 《학생》, 《별건곤》, 《기타》는 교과서
2월	7	11	1	7	잡지는 《삼천리》
3월	4	8	0	8	잡지는 《삼천리》, 《별건곤》
4월	9	14	4	2	잡지는 《삼천리》, 《별건곤》
5월	10	17	2	0	잡지는 《삼천리》
6월	7	17	0	0	잡지는 《삼천리》
7월	8	12	0	0	잡지는 《삼천리》, 《별건곤》, 《비판》
8월	9	15	0	0	잡지는 《삼천리》, 《별건곤》
9월	3	10	0	0	잡지는 《삼천리》
10월	7	2	2	0	잡지는 《삼천리》, 《동아일보》 배달 중지
11월	0	1	2	0	소설은 《怪靑年》, 《玉丹春傳》
12월	13	2	2	0	잡지는 《삼천리》
1933년					(연간 강독 잡지는 《신동아》)
1월	12	3	1	0	잡지는 《문예공론》, 《신소설》, 《청년》
2월	9	0	0	0	잡지는 《신동아》, 《삼천리》, 《동광》
3월	8	0	3	0	잡지는 《신동아》, 《동광》
4월	6	3	2	0	잡지는 《신동아》, 소설은 《심청전》, 《아리랑》
5월	9	0	5	2	잡지는 《신동아》, 소설은 《낙원의 봄》
6월	13	1	0	0	잡지는 《신동아》, 《삼천리》
7월	10	0	0	0	잡지는 《신동아》
8월	9	0	0	2	잡지는 《신동아》, 《삼천리》, 《時兆》
9월	9	0	0	0	잡지는 《신동아》, 《삼천리》
10월	6	14	0	0	잡지는 《신동아》, 《조선일보》 배달 시작
11월	7	10	0	0	잡지는 《신동아》, 《조선일보》 배달 정지
12월	15	0	0	0	잡지는 《신동아》, 《삼천리》, 《時兆》

비고 : 숫자는 당해 월분의 일기 본문에서 '~을 읽었다' 등으로 등장하는 횟수를 나타낸다.

처 서울에서 발송되던 잡지 등의 출판물에서 농촌 지역은 '농촌 문제'로 논의되는 대상이었고, 그곳에 사는 사람들을 '농민'이라 부르고 있었다.7) 1930년대에는 이른바 '농민 문학'도 본격적으로 등장하고 있었다. 직접 그런 작품을 읽지는 않았다고 해도 적어도 그런 작품이 성립되는 언설 공간을 접하고 있었던 S씨는 농촌에 살고 있으면서 '농촌'을 어떻게 보고 있었을까? 일기의 기술을 보면 그가 읽은 것을 어떻게 평가하고 있었는지는 '재미있게 읽었다'라는 정도에 지나지 않고, 평가라고 할 만한 것은 찾아볼 수 없다. 그러나 그가 쓴 문장 자체에 당시 언설과의 동시대성이 새겨져 있다. '농촌'에 대한 S씨의 그런 기술을 몇 개 인용하면 다음과 같다.

> 農村에 사는 사람은 실로 기막힌다. (……) 하로 죽 한그럭 못 먹어서 우는 우리 故鄕에는 참으로 번안하다 우리 故鄕분 아니라 三千里江山에 사는 우리 民族이 다 그렇겟치요(310402).
>
> 날이 갈수록 大邱는 漸漸 그리다 아! 農村! 農村! 人生에 悲慘한 굿은 農村! 人間사리에 苦痛을 주는 農村! 사람이라 하는 것은 終日勞動하여 飮食는 죽 한거륵 못 먹어서 에를 다는 悲慘한 農村!(310507)
>
> 무선 究理를 하다가는 신문를 보기 始作하엿다 〔……〕 鮮內

---

(7) 소렌센은 진전하는 식민지 근대의 상황 속에서 1920년대 이후 '농민' 개념이 민족 아이덴티티와 관련되면서 사용되었다고 분석하고 있다. Clark Sorensen, "National Identity and the Creation of the Category 'Peasant' in Colonial Korea" Shin and Robinson eds, *Colonial Modernity in Korea*, Harvard Univ. Press, 1999. 이러한 언설 분석은 유용하지만, 그러나 그런 언설이 사회 속에서 어떤 위치를 차지하고 있었는지는 탐구의 대상이 되지 않는다. 본고는 이러한 언설과 접한 독자의 위치에서 이런 물음에 답하고자 하는 것이다.

에만 日本人資本金이 鮮人에 十三倍나드 잇스니 무엇시라 할가요 果然 참! 우리 同胞는 어두로 갈가요 죽긋가요 世上에 나지말가요 우리만 좃갯섬니가? 가슴 답々합니다 果然 눈물 남니다! 우리가 努力하여야지요 父母兄弟들이시여! 부듸 酒汀 좀 가지마시요 우리도 只今부터 努力합시다. (310509)

雜誌 갓든 굿설 보와도 農村人間 야촉하다고 하더라 아! 그러면 ＝＝(자기 이름)도 農村人間에 한 사람인가!(310512)

아! 빨어다 丹楓! 野原! 丹楓닢는 붉어서 비단이 대고요 野菊는 히서 눈빗치 대였다 稻作는 누르서 黃金色이 대고요! (……) 谷谷마다 煙氣 汽車煙氣와 같치 보인다 野原一帶는 黃金色! 農夫들의 豊年에 노래소리가 稻作田畔에서 隱隱히 들니고요 각씨들의 빨내 소리 들니는 시내는 맑은 물이 潺潺 헐어고 農家집집마다 秋夕이 온다고 무어슬 準備하니라고야단이다!(310922)

이 인용만으로도 S씨의 '농촌' 인식에 대한 흥미 깊은 논점이 몇 가지 떠오르는데 여기에서는 세 가지를 지적하고자 한다.

먼저 대구와 같은 도시와의 대비로부터 '농촌'이 기술되고 있는 점이다. 이것은 본의 아니게 대구를 떠날 수밖에 없었다는 점도 크게 작용하고 있었을 테지만, 활자를 통해 일상적으로 접하는 도시문화와 눈앞의 현실 사이의 벽도 관계가 있다고 생각된다. 또 S씨는 대구 등지에 있는 친구와 편지 왕래를 하고 있었기 때문에 그것도 작용하고 있었을 것이다. "우리도 金錢만 만히 잇서면 都會로 가자!"(310406)라고 쓰고 있는 것처럼 그것은 가능하면 나가고 싶다는 생각으로 이어졌다.

그러나 그것은 '대구'에 대한 '연모'로만 표출되고 실제로 도시로 진출한 것은 아니었다. 근처의 집주인이 "××집에 家主가 日本 돈 별노 깟다가 病어로 因하야! 死亡하였다고 妻가 편지를 밧고"(310803), 남만주에 간 친지의 임금 상황을 듣고 탄식한다든지 하는 것에서(310804), 일본이나 만주에 가도 좋은 것만은 아니라는 인식을 가지고 있었을 것이다. 농촌에 있어도 기분이 나쁘고 그렇다고 해서 도시로 나갈 수도 없는 그런 상황에 있었으므로, 도시에서 보내온 잡지에서 스스로가 '농촌 사람'이라고 불리는 것을 읽고 '그러면 나도 농촌 사람의 한 사람인가!'라는 동의가 아닌 당혹스러움을 드러냈던 것은 아닐까라고 생각한다.[8]

다음으로 '농촌'의 비참함이 '민족'의 비참함으로 연결되어 상상되면서 기술되고 있다. 그것은 당시 형성되고 있던 언설에 호응하는 모습으로 이루어져 있다. S씨는 신문 등으로부터 '일본인'과의 관계에서도 '조선인', '동포'의 비참함을 인식하고 있었고, 그것과 현실 농촌의 비참함이 연속적으로 상상되고 있었다. 그러나 그런 민족 모순의 존재를 느끼면서도 그러면 어떻게 할 것인가라는 질문에 답변해주는 명확한 언어나 수단을 가지고 있지는 않았다. 그래서 술집에 가지 않는다든지, 노력한다든지 등의 실력 양성론적인 인식에 멈출 수밖에 없었다. 그것이 일기에 연발되는 '아!'라는 탄식과 연결되어

---

[8] 1930년대 서울의 언설로부터 오늘날로 이어지는 '현대성'을 독해하는 연구가 나와 있고 그것은 시사하는 바가 매우 크지만(김진송 《서울에 댄스홀을 許하라-현대성의 형성》현실문화연구, 1999), 그와 동시에 이런 '현대성'을 먼 시야로 보고 있었던, 또는 보는 것조차 불가능했던 사람들이 동시대적으로 존재하고 있었던 사실을 어떻게 생각할 것인가 하는 문제는 커다란 과제로 남아 있다고 할 수 있겠다.

있다고 할 수 있다. 어떤 의미에서 S씨의 일기는 그런 위기의 상황에서 쓰여지고 있었다고 할 수 있을 것이다.

마지막으로 그것과도 관계되는 것이지만, '농촌', '농가', '농부'라는 것을 일반적으로 대상화하여 말하는 방식과 그 변용이다. 많은 경우가 비참한 농촌으로 기록되어 있으나, 때로는 농촌 풍경이 미화되어 묘사되는 경우도 있었다. 이것은 언뜻 보아서는 대립하는 것으로 볼 수 있지만, '기차 굴뚝'까지 농촌 풍경으로 대상화되어 있다는 점에서 근대의 '풍경'에 대한 양면적인 상상력에 바탕을 둔 것이라고 할 수 있다.

그런데 이렇게 '농촌' 일반을 대상화하여 말하거나, '민족'과 결부시키는 등의 기술은 1931년부터 1932년에 많고 그 뒤로는 차츰 적어지는 것을 볼 수 있다. 그 대신 그날 어떤 농업 지도를 했는지 등의 사실이 담담하게 나열되었다. 그와 동시에 농촌의 '비참'함을 탄식하는 대신 종종 '우울증(憂鬱症)'이라는 말을 통해 생활에 대한 생각을 토로하기도 했다. 심할 때는 신체의 부진까지도 초래했던 이 '우울증'에 대해 아는 사람의 연줄로 찾아간 도립병원의 의사는 '신경쇠약'이라는 진단을 내리고 있다.[9]

낭만주의로부터 리얼리즘이라고도 할 수 있을 이 서술상의 변화는 귀향하고서 시간이 지났다는 점과 사회에서 일정한 지위를 얻었다는 점, 차남이라는 지위의 불안정과 사춘기의 문제 또는 독서의 페이스가 떨어졌다는 점 등의 개인사적 측면에서 분석할 수도 있고,

---

[9] "九時 頃에 鄭宅主人하고 道立病院에 같아 鄭宅主人 족하 鄭一醫師가 親切하게 診察을 하야 주어 大段 感謝하여다 病名은 神經衰弱症이 激度로 드룻다고 한다"(360213).

1930년대 조선에서의 언설의 변화와 대응하고 있을 가능성도 있다. 그 요인을 특정할 수는 없으나 그 변화에 상상과 눈앞의 현실이 교착(交錯)하는 1930년대 농촌의 리얼리티가 새겨져 있는 것은 틀림없다.

4. '일본'은 어디에 있는 것인가?

S씨의 일기에 '식민지'라는 단어는 등장하지 않는다. '국가'도 '폭력'도 '차별'도 말로서 일기에 드러나는 경우도 없다. 노골적인 폭력이 행사되는 장면도, 명백하게 수탈에 허덕이는 묘사도 없다. '일본' 일반이나 '일본인' 일반에게 특별한 증오를 드러내는 듯한 기술도 없다. 소지주의 집안이라는 위치로부터 노골적인 억압성이 자각되지 않았을 가능성도 없는 것은 아니다. 단 가령 그렇다고 해도 그것은 그나 그의 주변에서 '식민지'라는 것이 경험되지 않았던 것을 의미하는 것일까? 그런 단순한 이야기는 아닐 것이다. 지금부터는 이 점을 일기에 의거해 조금 더 깊이 파고들어가 보고자 한다.

'일본'이라는 존재 우선 S씨에게 '일본'은 도대체 어떤 존재였는가라는 질문이 매우 마음에 걸리기는 하지만, 이것에 대한 대답도 의외로 어렵다. 왜냐하면 '일본'이나 그에 대한 소감이 일기에 명시적으로 기록되어 있지 않기 때문이다. 원래 일본인이 그리 많지 않

---

(10) 1935년 국세조사에 의하면 S씨가 거주하는 면은 호수 2,324, 인구 12,274명이고, 그 가운데 일본인 18호, 89명으로 되어 있다(《昭和十年朝鮮國勢調査報告 道編 第六卷 慶尙北道》朝鮮總督府, 1938년). 또 상주의 일본인·조선인 인구에 대해서는 졸고 〈植民地朝鮮の地域社會における'有志'の動向-慶北尙州の支配構造の變容と持續〉《東アジア近代史》6號(2003) 참조.

는 지역에 살고 있었고,[10] 또 일본인과 직접 접촉하는 기회가 적다는 점에서 읍내나 도시와는 다르다.[11] 그러나 '일본인', '일본어', '일본'에 대한 몇 개의 기술로부터 그 인식을 재구성하는 것이 불가능하지는 않다.

'일본인'에 대해 이야기하면 우선 실제로 얼굴을 맞대며 접하고 있던 사람이 몇 사람 있었다. 특히 농회에 취직한 뒤로는 오노(小野) 부장, 노다(野田) 주임, 우시지마(牛島) 기수라는 이름이 산견되고 있다. 다만 상세한 서술은 없고 말다툼을 하는 모습이 조금 보이기는 하지만, 인물평 같은 것이 쓰여 있지는 않다. 이처럼 일상적으로 얼굴을 맞대는 실명(實名)의 일본인이 있었던 한편에 더욱 익명적이고 일반적인 '일본인'이 존재하고 있었다. 즉 앞의 인용(330509)처럼 신문 등을 통해서 만난 '일본인(日本人)'이 바로 그들이다. 이런 '일본인'도 또 S씨의 리얼리티를 구성하는 일부였다고 생각된다. 다시 말하면 구체적이고 실명으로 접하는 '일본인'과 익명이고 추상적인 '일본인'이 어떤 때는 따로따로, 또 어떤 때는 혼연일체가 되어 있었다고 할 수 있지 않을까?[12]

다음으로 '일본어'이다. S씨는 보통학교를 졸업하고 중등교육까지 받았기 때문에 일본어의 읽고쓰기와 회화는 상당한 수준이었다

---

(11) 예를 들어 그것은 서울을 중심으로 활동한 지식인인 윤치호의 일기에 빈번하게 일본인이 등장하는 것과 비교하여 보면 명확하다. 김상태 《윤치호일기 1926~1943 : 한 지식인의 내면세계를 통해본 식민지시기》(역사비평사, 2001).

(12) 그것과 함께 중요한 것은 "新聞 내보니 朝鮮사람 悲慘한 겻설 보앗셧다 우리 民는 지금 日本에 土地를 六割三分나 바라타 하니 인재 엇지하며 사라갈가요"(330424)라고도 하는 것처럼 미디어를 통하여 '일본인'과 '우리 民', '우리 동포'를 동시에 상상하고 있었다는 것이다. 즉 '민족'도 '일본인'과 마찬가지로 극히 실명적인 것과 익명이고 일반적인 것이 혼재하고 있었다고 할 수 있다.

고 생각해도 좋을 것이다.[13] S씨가 이동하는 공간에서 어느 정도로 일본어와 접할 기회가 있었는지는 확실하지 않다. 적어도 앞에서 언급한 일본인과 대화를 나눌 때에는 일본어를 사용했을 것이고, 직장에 통달되는 문서도 일본어로 기재되어 있었을 것이다. 1937년에는 다음와 같은 기술이 있다. "郡公文에 區長한대 公文도 日語로 所內에서도 日語로 對話하라고 面長이 나한대 付托을 하다 困難한 点이 만어나 하는 수 없다"(370405). 다시 말하면 적어도 이 무렵까지는 면사무소에 송달되는 문서는 일본어가 사용되었겠지만, 면사무소 내의 회화나 면에서 구장에게 보내는 통달은 조선어가 주였다고 할 수 있을 것이다. 그러나 서서히 '일본어'를 사용하는 공간은 이후에도 확대되고 있었다고 생각된다. 그리하여 일본어를 잘하는 S씨에게도 '곤란'함이 강요된 것이다.

또한 그것과는 조금 차원이 다른 '일본어'가 있었다. 일기가 국한문 혼용으로 쓰여 있는 것은 앞에서도 이야기했지만, 가나나 일본어의 한글 표기가 섞인 것이 종종 보이기도 한다. 그 대부분이 물품의 명칭이다. 예를 들면 'ハブラシ'(칫솔-역자), 'スケ-ト'(스케이트-역자), 'ペン'(펜-역자), 'ベッチ'(콩과의 식물로 잡초 억제 효과가 있다-원주) 등 가타카나로 표기되어 있는 것이 있고, '호야(램프의 火屋=호야)', '지카타비'는 일본어이지만 한글로 표기되어 있다. 이것들은 물건에 붙여진 명칭으로, 그것이 원어가 일본어인지, 영어인지는 그다지 관계없이 사용되고 있었다고 생각된다. 해방 후 '일

---

(13) 일기에서는 '일어'를 공부하고 있다는 기술 이외에 어떤 일본어 책을 읽고 있었는지를 알 수는 없지만, 자제 분에 의하면 책 시렁에 세계문학전집, 메이지문학전집과 나쓰메 소세키(夏目漱石)의 소설 등이 채워져 있었다고 한다.

본어'의 잔존 방식을 생각할 때 위와 같이 읽고쓰기 회화로 강요된 '일본어'와 물건이나 기술에 부수(附隨)되어 일본어라고도 할 수 없는 '일본어' 사이의 차원의 차이는 고려해둘 필요가 있을 것이다.

또 '일본'이라는 용어는 지리적인 의미에서 사용되고 있다. '일본'은 친척 등이 도일했다든지, 돌아왔다든지, 편지를 주고받는(또는 대필을 하는)다는 기술에서 종종 등장하고 있다.[14] 당시 행정 용어로서 '일본'은 '내지'라고 불리고 있었지만, '내지'라는 용어는 일기에서는 발견되지 않았다. 1936년 각 동리에 일장기가 배포된 사실을 기록하고 있는데, S씨는 이것을 '일본기'라고 부르고 있다.[15] 마찬가지로 '내지인'이나 '국어'라는 표현도 등장하지 않는다. S씨는 '병합' 후에 태어났음에도 '일본'이라는 카테고리 속에 '조선'을 포함시키고, 거기에 '내지'를 대치시키는 것과 같은 당시 관료의 개념 조작에는 순치되지 않았다고 할 수 있을 것이다.

이처럼 S씨의 '일본'은 구체와 추상이 뒤섞인 것이었다. 양자 사이에 어느 정도의 연결이 있었는지는 알 수 없다. 예를 들면 일기의 양식은 일본어로 쓰여져 있고, 일본의 달력이 기재되어 있으며, 다양한 일본의 역사적 사실에 대한 지식이 인쇄되어 있었으나 그렇다고 해서 매일 접하는 이런 양식을 어느 정도로 '일본의 것'으로 생각하고 있었는지는 알 수 없다.

행정과의 거리 식민지 행정기관과의 거리는 어느 정도였을까?

---

(14) 예를 들어 "八寸누가 親家 왓다고 와서 日本 잇는 自己夫한대 片紙 쓰달라 하길어 이야기을 하면 片紙 쓰고 나이 點心!"(330201), "(일본에서 돌아온)— 兄과 日本이야기로 붙어 別別 雜雜 이야기울 하다 歸家!"(350608)

(15) "洞里集合所 놀어 같아 가니 日本旗을 洞里에 配布한다"(360205).

지방의 행정기관이라면 우선 군청(및 그 주변 기관), 그리고 1910년대를 전후하여 그 아래에 면사무소가 정비되어 있었다. 면사무소가 공식적으로는 최말단 행정기관이었으나 총독부는 1930년대가 되면 구래의 마을(구동리)을 '부락' 이라고 불러 조직화를 진전시키고 농촌진흥운동을 비롯한 다양한 행정의 밑받침대로 삼았다.[16] 그 과정에서 '동사(洞舍)' 등으로 불리는 마을의 자치적인 건물도 행정 목적으로 사용되는 모습을 볼 수 있게 된다.[17] 이상의 배경을 전제로 〈표 3〉에 S씨가 '중견 인물' 로 활동하고 있을 무렵인 1935년에 한정해 군청-면사무소-동사에 간 회수를 그 목적 내지 그곳에서의 행동에 따라 정리했다.

우선 가까운 곳 동사(洞舍 : 마을 회관-역자)에는 마을의 노인들이 모이고, S씨와 같은 청년이 종종 들러 근황 보고 등을 하고 있었다. 그런 의미에서 일기에 '놀러갔다' 고 썼다고 하여 단순히 글자 그대로 '놀고 있었다' 라고 해석해서는 안 되며, 마을의 사회관계상의 커뮤니케이션이었다고 생각된다. '농업 기타' 로 정리한 것은 양잠 등을 비롯한 농업 관련의 목적이 있어서 갔던 경우 등을 가리키고, 그 속에는 예를 들면 진흥조합, 동회(洞會), 종자 배포, 농사 지도, 농사 강화(講話)라고 부르는 것도 포함된다. 곧 마을의 자치를 기초로 한 공간에 간혹 구장 등이 들르는 등의 형태로 행정적으로 이용하는 모습이 발견되기도 한다.[18]

---

(16) 金翼漢〈植民地期朝鮮における地方支配體制の構築科程と農村社會變動〉東京大學人文社會系研究科博士學位論文, 1995년. 김영희,〈일제시대 농촌통제정책 연구〉경인문화사, 2003년
(17) 앞의 拙稿〈農村振興運動における官僚制と村落〉.
(18) 예를 들어 "洞舍 놀어 갔어니 區長께서 春蠶種申迭을 바다 돌나 길어 점뜸만 받어 주고" (350401)라고 하여 구장이 일을 시킨다든지 하고 있었다.

다음은 면사무소인데, 이곳은 말단 행정기관이면서 S씨의 친지가 있었기 때문에 '놀러' 가는 일이 빈번했다. 이것은 정말로 심심파적의 '놀러가기'였다고 생각된다. 또 이 해에는 임시직으로 농업 지도를 하고 있었던 관계로 시기에 따라서 면사무소를 방문하곤 했다. 그러나 면사무소에 수속을 목적으로 방문한 것은 연간 몇 회에 지나지 않았고, 실제로 그 전해에는 그 정도로 빈번하게 들르지는 않았다.

그리고 읍내에 있는 군청이나 세무서의 경우에는 '놀러'라는 표현은 완전히 사라지고, 강습을 받는다거나 세금을 납부하는 등의 목적에 한정되었다. 즉 군청은 순수하게 '관청'이었던 것이다.

이상은 S씨 스스로 행정 관련 시설로 발을 옮긴 경우이지만, 반대로 행정 쪽에서 온 경우도 자주 있었다. 그 중에서도 마을을 가장 소란스럽게 했던 경우는 세무서의 '밀주' 조사였다.[19] 1935년에는 S씨의 조모 대상을 위해 탁주를 집에서 양조하다가 세무서원에게 발각되어 벌금 90원(圓), 주세 7원 14전이라는 거액의 금액을 지불하기도 했다.[20] 순사도 여러 가지 경위로 나타났다. 동사에 '놀러' 온 S씨에게 '호적조사'(호구조사인가? - 원문)를 돕게 한다거나,[21] 마을 사람에게 한글을 가르치는 야학에 갑자기 '허가가 없다'고 트집을 잡

---

(19) 예를 들면 "老人들과 雜談을 하드라니 密酒調査 왔다고 洞里가 야단!"(331120), 點心後 稅務署에서 七·八人이 密酒調査를 와 洞里가 一時騷動! 松洞宅에는 酵母(누룩) 三枚들끼 가주고 끝없는 苦難을 當한다. (350129)라는 상황이었다. 또 '밀주'라고 해도 식민지하에서 도입된 주세법에 의하여 자가 양조조차 징세 대상으로 만들어버렸기 때문에 관습적인 양조가 '밀주'인 것처럼 되어버린 것은 말할 나위도 없다.

(20) "十時頃에 尙州稅務署員이 密酒麴子 調査를 하로 不知中에 왓다 家庭과 隣家까지 徹底的으로 調査하야 洞舍 같아오니 結局은 署員께 發見대엿다— 酒造場에서 祭祀 數日內라고 通知한 뜻!"(350215), "祖母任 大祥 대들긴 酒類罰金이 稅務署서 왓다 罰金九拾圓 酒稅 七圓拾四錢 百圓을 같아줄 生覺을 하니 앗득!"(350310)

〈표 3〉 행정관련 시설의 출입 상황(1935년 상반기)

	洞舍		소재지			상주 읍내
	놀러가기	농업 외	면사무소		우편국	
			놀러가기	농업		
1월	11	3	5		1	
2월	7	1	1	1		세무서 1
3월	14	2	5	3		세무서 1
4월	7	6	4	9	1	군농회 1
5월	6	2	6	13		
6월	12		12			

는다거나,[22] 자전거에 전등이 없다고 하여 단속하는 등이었다.[23] 또 마을 사람의 흰옷 염색을 갑자기 면사무소에서 맡기는 경우도 있었다.[24] 더욱이 1937년 7월의 노구교(盧溝橋) 사건 이후 행정은 더욱 빈번하게 마을과 S씨 주변에 적극적으로 접근하기 시작해 '시국'에 관한 선전과 사업을 행하게 된다. 예를 들면 출정군인축하식(371017), 시국간담회(371104), 면직원의 군용 견피(犬皮) 수집 독려(380129), 농촌진흥위원회 후에 군대 전송(380207), 기원절(紀元節) 축하회(380211), 보통학교 강당에서의 시국 강연(380517), 보

---

(21) "前田巡査가 本洞區長은 麥播種 같이고 戶籍調査 좀 같이하자 길어 洞舍서 이리저리 大綱하였다"(350309).
(22) "洞舍가니 여재 巡査部長이 와 夜學을 許可 없다고 못하구로 한다고 한다"(351216). 그러나 그 바로 뒤에 "저녁에 夜學의 가서 가르끼고 왔다"고 쓰고 있고, 실제로 중단된 흔적은 없다.
(23) "밤의 燈없씨 自轉車 타다 駐在員에게 들끼드니 自轉車取締規則違反이라고 科料 壹圓이 나와 限없이 마음이 不愉快하다"(361029).
(24) "도라오니 우리집에서 洞里사람들 衣服染色한다고 面所서 우리집을 指定한 긋이드라. 아! 大紛雜! 終日! 午後六時까지 洞里사람들을 衣服을 가주와 染色! 나는 終日 室內서 空想과 雜誌를 耽讀! 七時에 合計! 染色買收金을!"(361217).

통학교에서 시국에 대한 활동 사진이 상영되어 '전부락민이 총출동'(380523), 한구(漢口) 함락 축하식에서 기(旗) 행렬, 등화(燈火) 행렬(381028) 등이 있다. 이처럼 차츰 '전쟁'이 먹구름처럼 다가오는 조짐을 엿볼 수 있는데, 1939년 이래 이런 압력은 더욱 심해졌을 것이다.

이상이 S씨를 통해 본 '일본'과 식민지 행정의 존재방식이다. 앞에서 거론한 것과 같은 다양한 경로를 통해서 '일본'과 관련된 경험이 이루어지고 이미지가 형성되고 있었다고 생각된다. 거기에는 명확히 외부로 존재하는 '일본'도 있고, '일본'이라고 부를 수 있을지 의심스러운 것도 혼재하고 있다. 이런 중층적인 경험을 하나의 범주로 정리할 수는 없는데, 이는 다음에 서술하는 '중견 인물'을 둘러싼 논의에도 해당되는 것이다.

5. '중견 인물'이 된다는 것

마지막으로 고찰해야 할 미묘한 문제가 있다. 그것은 S씨가 이런 상황 속에서 '중견 인물' 또는 농회 직원으로서 농업 지도에 종사하게 된 경위와 그의 인식이다. S씨의 일기는 그 점에 대해서도 실마리가 되는 기술을 남기고 있는데, 그것은 친일과 항일 반일이라는 이분법에 의해서는 볼 수 없는 광범위한 '식민지의 회색지대'[25]에 접근하기 위해서도 귀중한 시사를 하고 있다고 생각한다.

이와 같은 생각의 중요한 점은 S씨의 노동관이다. 농사 거들기 시

---

(25) 尹海東 〈植民地認識のグレーゾーン―日帝下の公共性と規律權力〉(藤井たけし譯 《現代思想》 2002년 5월호).

대의 S씨는 아마 먹는 데는 어려움이 없었을 것이라고 생각되지만, 분가하여 독립하고자 하는 생각이 있었던 모양이다.[26] 저축을 꾸준히 하고 있었던 것도 그 목적과 관계가 있었다고 생각된다. 그러나 농업 경영에 관계되는 소득은 기본적으로 형에게 속하는 것이었고, 농사도 거드는 정도에 지나지 않았다. 그 결과 일은 하고 싶지만 할 수 있는 일이 없는 상황에 놓여 있었을 것이다.

그 때문인지 '시간의 낭비'라는 말이 S씨의 일기에 자주 등장하고 있다. 예를 들면 다음과 같다. "每日과 같이 雜誌! 雜誌! 같은 글만 朗讀하면 時日만 浪費!"(330113), "房에서 무엇! 무엇 瞑想을 하면 時間만 浪費!"(331121). 이처럼 독서를 하는 것도 경우에 따라서는 쓸데없는 일로 생각하고 있었던 모양이다. 이런 생각은 큰 틀에서 보면 1930년대에 극대화하고 있던 '농촌 과잉 인구'의 한단면을 반영하고 있는 것이라고 생각된다. 실제로 면의 사방소(砂防所)에서 시험을 치렀을 때 지망자가 40여 명이나 쇄도했다는 기술이 있는데(350307), 이것도 그런 과잉 인구의 한 예를 보여주는 것이라고 생각된다.

그런 때에 기회가 제공되었다. 1935년에 맡겨진 일만 해도 농촌진흥조합 간사(350110), 춘추잠종최청(春秋蠶種催靑) 교사(350419), 묘대(苗代) 지도원(350507), 녹비재배 지도(350929), 야학 강사(1935~1936년 겨울) 등을 들 수 있다. S씨에게 이러한 농촌에서의 다양한 일들은 '시간의 낭비'로부터의 탈출이라고 생각되고

---

(26) 적어도 1933년경에는 분가 이야기가 나오고 있고(330918), 1935년에는 신축이라는 이야기도 나오고 있다(351014). 실제로 1940년 전후에는 집을 지었고 그 집은 아직도 남아 있는데, 일기에는 분가한 시점까지는 남아 있지 않다.

있었던 것이다. 그렇기 때문에 아래의 인용처럼 임시적인 일이 끝나면 '쓸습다'고 적고, 새로운 일이 결정되면 '고마운 일'이라고 기록하고 있다고 생각된다.

> 今日로 (秋繭의) 共同販賣을 完了하다하니 大端 쓸습다 貳拾日 內 慰安處드니 共同販賣 完了하면 쓸쓸한 家庭에서 끝없은 空想과 家族들에 눈초리뿐일 굿을! 面事務所 普通係에서 綠肥栽培指導을 一週日間 하여 달나고 付託한다 大段 고마운 일!(350929)

그리하여 이력서를 제출한다든지, 면장에게 신청한다든지 하는 등의 취직을 위한 '운동'을 한 결과, 1936년에 잠업 지도원이 되었던 것이다.

그렇지만 S씨가 '중견 인물'이나 '지도원'이 되었다고 해서 유쾌하게 일했다고 할 수는 없다. 예를 들어 농촌진흥조합 간사로서 도박 금지와 주막에서의 음주 금지를 결정하고 '도박 금지 순회인'으로 선발되었는데, 3일 후에 친구와 주막에서 술을 마시고 있었다.[27] 임시 지도원이라는 일도 그다지 이미지가 좋지 않다고 생각한 듯하다.[28] 또 잠업 지도원으로 부역을 인솔할 때 마을 사람이 반발하여 어려움에 빠진 적도 있었다.[29] 결국 일을 하고 싶다는 동기와 실제 일의 내용이 일치하지는 않았고, 그것이 일종의 딜레마로 존재하고

---

[27] "洞會한다 하야 洞會 같어드니 賭博禁止로 因하야 酒幕에 술 사먹는 굿까지 禁止를 하기로 規約하야 振興組合에서 賭博禁止巡廻人까지 九人 選擇中 當選대엿다"(350206), "夕食後 一 兄과 妹君들과 酒幕에 가 술을 바다 먹어다 賭博巡廻人이 돌이여 술을 사먹고보니 돌이여 罪다"(350209).

있었던 것 같다. 혹시 그것이 '우울증'의 원인 중 하나였을지도 모른다.

6. 맺음말―농촌에 새겨진 식민지 근대의 흔적

'아래로부터의' 역사라고 할 때의 '아래'란 무엇인가? 지주의 가정이 아니라 소작을, 읽고 쓸 수 있는 사람이 아니라 읽고 쓸 수 없는 사람을, 남자가 아니라 여자를…… 이라고 하는 것처럼 가장 '하층'의, 가장 '주변'의, 가장 '억압'된 인간을 대상으로 하지 않으면 '아래'라고 할 수 없다는 사고방식도 있을 것이다. 그런 점에서 보면 S씨는 '아래'는 아니었다. 그러나 그런 사고에는 이미 일정한 기준에 의해 상/하와 중심/주연(周緣)을 구분하고 대상화한다는 전제가 존재하고 있는 것이며, 그것을 자명하다고 보는 것 자체가 '위로부터의' 시점인 것이다. '민중'의 개념에 대해서도 비슷한 문제가 포함되어 있다고 볼 수 있다. 이 글은 상/하, 도시/농촌, 일본/조선이라는 카테고리를 주어진 것으로 강요한 것이 아니라, S씨의 구체적인 경험과 서술로부터 카테고리의 생성 과정을 내재적으로 구성해가고자 했다.

경험이라는 것은 원래 개인적인 개념이므로 그 의미에서는 타자의 경험을 내가 경험할 수는 없다. 타자의 경험을 상상할 수는 있어

---

(28) 퇴비 지도원으로 채용되었을 때 "추하고 천한 指導員 노릇을 할나하니 他人이 모두 辱하는 굿 같아"라고 말하기도 한다(350713).
(29) "餘裕의 時間이 있기에 ―2區 가서 賦役을 일꿀나하니 部落民들이 反對하기에 마음이 傷하다"(370128).

도 그것은 타자의 경험 그 자체는 아닌 것이다. 그런 의미에서 경험은 어디까지나 교환불가능한 고유성을 지니고 있다. 또한 인간이 고립되어 살아가는 것이 아닌 이상 경험에는 항상 사회성이 존재하게 마련이다. 문자와 증언 등에 의해 개인적인 경험이 표출될 때, 그것이 어떤 종류의 사회성 내지는 공공성을 가지는 것은 바로 그 때문이다. 이 글은 S씨가 남긴 일기의 기술을 적극적으로 독해함으로써 1930년대 조선 농촌에서의 식민지 근대란 어떤 경험이었는지를 알아보고자 하는 시도였다.

다만 S씨에게 있어서 식민지 근대는 직접적으로 언어화되어 있었던 것은 아니다. 그것은 일기의 구절구절에서 드러나는 징후로서 존재하고 있다. 그것을 역으로 말하면 일상생활의 구비구비에서 '근대'라는 것, '식민지'라는 것에 구체적인 사물을 통해 직면하는 장이 존재하고 있었다는 것이기도 하다. 그러한 일상적인 장의 경험은 자본주의가 초래한 모순과 식민지주의가 가진 이치에 닿지 않는 폭력성으로부터는 멀리 떨어져 있었다고 해도 결코 그것으로부터 단절되어 있는 것이 아니라 어떤 관계성 속에 놓여 있다. 일기의 서술을 통해서 농촌에 대한 양면적인 생각, 도시에 대한 동경, 분열한 '일본'의 존재, 일하는 것에 대한 생각 등 사회에 대한 S씨의 시선을 찾아볼 수 있었지만 그러한 중층적인 경험의 영역 속에 눈앞의 빈곤으로부터 '동포'를 상상하거나 면사무소에서 일본어가 강제되면서 '곤난'함을 느끼거나 '우울증'에 시달리는 모순과 폭력의 흔적을 엿볼 수 있었다. 그것은 개인적인 경험이면서도 공유가능한 공공성을 가진 경험이기도 하다. 그러한 구체적인 경험의 영역, 혹은 공유가능한 상상력이 획득되는 장으로부터 잠재적인 공공성으로 나아가는 계기를 발견해 나갈 필요가 있지 않을까?

 마지막으로 가설적인 것을 말하자면 S씨의 '우울증'도 단순히 개인적인 병이라기보다는 사회적인 것으로 생각할 필요가 있지 않을까? 한방의가 주는 약도, 양의가 주는 약도, 독서도, 술도, 자주 탐닉했던 축음기도, 또는 바라고 있었던 일도 그의 '우울증'을 해소시키지는 못했다. 이러한 불안정한 주체의 존재방식에 조선 농촌에서의 식민지 근대의 흔적이 새겨져 있다는 느낌이 드는 것이다.

이효석과 식민지 근대—분열의 기억을 위하여*

신형기(辛炯基)

1955년 경상남도 마산에서 태어나 1988년 2월 〈해방 직후의 문학운동 연구〉로 연세대학교에서 문학박사 학위를 받았다. 공군사관학교 교관, 부산 경성대학교 교수를 거쳐 현재 연세대학교 국문학과 교수로 재직 중이다.

식민지 시대와 해방 직후의 문학, 특히 문학 논의에 관한 실증적인 연구로 학문 활동을 시작했으며, 이후 북한문학에 대한 관심을 가지면서 민족 이야기(nation narrative)에 대한 고찰을 시작했다. 한국의 근대에서 민족 이야기가 어떤 기능과 역할을 했는지는 여전히 그가 천착하고 있는 주제이다.

《북한소설의 이해》 실천문학사, 1996.
《북한문학사:항일혁명문학에서 주체문학까지》(공저), 평민사, 2000.
《문학 안의 파시즘》(공저) 삼인, 2001.
《민족이야기를 넘어서》 삼인, 2003.

*이 글은 《민족이야기를 넘어서》에 게재되었습니다.
*《국사의 신화를 넘어서》에 게재를 허락해주신 '역사포럼' 측에 감사드립니다.

1. 향토의 '발견'

 이효석이 오늘날의 젊은 독서 대중에게 여전히 인기 있는 과거의 작가 중 한 사람이라는 기사를 본 적이 있다. 아닌게아니라 그의 대표작인 《메밀꽃 필 무렵》(1936)은 수십 년 동안 각종 문학 교과서나 교재에서 다루어왔기 때문에 중등교육을 받은 한국인이라면 한 번쯤은 접했을 소설이다. 그러나 그가 가히 '국민 작가'의 반열에 오른 이유를 이렇게만 설명할 수는 없을 것이다. 예를 들면 역시 필독서 목록에 오르내리는 염상섭의 소설들은 이효석의 경우와 같이 '인기'를 누리고 있지 못한 것이 분명하기 때문이다. 《메밀꽃 필 무렵》에 상대적으로 더 잘 읽히고 읽을 만하다(readable)고 여겨진 부분이 있다면 그것은 과연 무엇일까?

 사실 《메밀꽃 필 무렵》이 '향토적 서정'을 담아낸 수작이라는 평가를 받은 지는 이미 오래 전이다.[1] 이는 그런 독법이 일찍이 정착되었고 많은 사람들이 그것을 익숙하게 읽어왔음을 의미한다. 향토적 서정이란 향토를 서정적으로 심미화해낸 것이기 때문에 향토를 잃어야 했던 한국인들 사이에서 그것은 이미 상당한 수요가 있는 아이템이었음이 분명하다. 물론 향토가 《메밀꽃 필 무렵》에서만 제시되었던 것은 아니다. 순결하고 아름다운 전원, 그러나 '빼앗긴 들'[2]의 정경이 환기되면서 향토를 그리는 일은 한국 근대문학의 중요한 주제 중 하나가 되었다. 《상록수》(1935)의 목가적 농촌이나 해방 후

---

(1) '향토적 정서'를 세련되게 일깨웠다는 점에서 이효석을 '한국적 로망주의의 일인자'였다고 평가한 정한모(鄭漢模)의 《효석론》(1957)은 그 한 경우일 것이다.
(2) 이상화(李相和)의 시 〈빼앗긴 들에도 봄은 오는가〉(1926)에서 따온 표현.

청록파의 '자연', 그리고 김동리나 서정주가 다룬 '토속'의 세계 등은 향토를 심미적으로 떠올리게 하는 대표적인 예로 꼽을 수 있는 것들이다. 향토가 불러냈던 것은 공동체의 기억이었다. 과거의 역사를 돌이키고 문화나 전통이라고 생각되는 것을 구성해낸 민족 이야기(nation narrative)는 민족을 상상하게 했다. 향토는 종종 민족 이야기의 무대일 수 있었다.

이렇게 볼 때《메밀꽃 필 무렵》역시 한국인으로서의 동질성을 확인시키는 역할을 해왔으리라 짐작할 수 있다. 예를 들어 장돌뱅이나 메밀꽃을 실제로 보지 못한 경우일지라도 나귀 고삐를 쥔 장돌뱅이가 달빛에 젖은 메밀밭을 지나는 그림이 낯선 한국인은 드물 것이다. 감각적 인상으로서의 정서가 집단적 정체성을 확인시켰다는 점은 이 소설이 '민족 중흥'의 시대 이래 국민적 읽을거리가 된 중요한 이유였다고 생각한다. 상상된 기억과 그로 인한 향수의 감정이 민족의 이름으로 모두를 동원해내려 했던 시대, '우리도 한 번 잘 살아보자'는 다짐 속에 모든 것을 바꾸고 파헤치려 했던 시대에서 어떠한 역할을 해왔다고 보는 것이다. 이 난폭한 개발의 시대야말로 향수가 요청되었던 때일 수 있다. 향수는 상실의 감정이다. 개발의 시대는 가혹한 상실의 시대였다. 그러나 그것이 목표로 한 민족 중흥의 꿈은 '궁극적 터전'의 상상을 통해서만 정당화될 수 있는 것이었다. 향토적 서정이 이런 필요에 부응했을 개연성은 크다.

그렇다면 정작 작가인 이효석은 어떠했던가. 그에 관한 '전문가'들의 연구물들이 밝히고 있듯이 이효석은 고유한 것에 특별히 관심을 가졌던 작가는 아니었다. 물론 향토에 대한 애착이 남달랐다고 보기도 힘들다. 오히려 그는 자신의 취향이 대단히 서구적임을 감추지 않았다. 그가 제일 좋아하는 음식으로 꼽은 것은 버터였는데, 소설 속에서조차 종종 "진짜 빠터를 먹는" 행복론을 펼칠 정도였다 (《일요일》, 3-199).[3] 커피에 대한 애착의 표현은 더욱 유난스러웠다. 유명한 수필《낙엽을 태우면서》(1938)에서도 언급한 것과 같이 커피는 그를 이국적 상상의 세계로 인도하는 매개물 같은 것이기도 했다. 물론 버터나 커피를 좋아한다고 해서 향토를 그리지 말란 법은 없다. 그러나 버터의 맛이나 커피향에 대한 기호와 향토적 서정 사이에는 상당한 감각적 거리가 있다. 향토가 과연 무엇이었는가를 묻기 위해서 이 거리는 설명되어야 한다.《메밀꽃 필 무렵》의 향토가 버터의 맛이나 커피향을 즐긴 입장에서 새롭게 '발견' 된 것은 아닐까라고 생각한다. 즉 이 향토를 민족의 고유한 터전으로서가 아니라 새로운 감각의 산물로 보려 한다는 뜻이다. 때문에 향토가 아니라 향토를 발견한 시선에 먼저 관심을 갖게 된다.

　이효석은 줄곧 '밖' 을 동경했다. 미지의 세계에 대한 매혹으로서의 이국 취향은 길지 않은 삶을 사는 동안 이 작가를 줄곧 사로잡았던 주제였다. 그는 국제적 공간에서 자유와 변모의 가능성을 찾으려 했다. 그의 소설에는 봉천과 하얼빈, 혹은 연해주의 항구 도시(아마도 블라디보스토크쯤 되는) 등이 등장하는데, 그는 소설의 무대를 국외로 옮긴 많지 않은 작가 중 한 사람이다. 그의 소설 속 주인공들 가운데 몇몇은 국경을 넘어 세계인이 되는 꿈을 피력하기도 했다. 장편소설《벽공무한(碧空無限)》(1941)에 등장하는 작가의 바람이 투사된 이상적 분신이라 할 활달하고 매력 있는 '문화평론가' '천일

---

(3) 《일요일》이라는 단편에서다. (3-199)는 전집의 권호와 쪽수. 이후 전집의 인용은 특별한 경우가 아니면 이와 같이 표시한다.

마(千一馬)'는 하얼빈에서 만난 러시아 무희에게 "국경이 없다는 것이 얼마나 아름다운 생각이오?"(5-84)라고 이야기한다. 소설은 그가 이 러시아 여인과 결혼하는 것으로 끝이 나는데, 이야기 속에서나마 그는 '아름다운 생각'을 실천한 셈이다. 물론 이런 상상적 월경(越境)은 당시의 만주(滿洲)가 '오족협화(五族協和)'의 슬로건 아래 국민국가의 틀을 넘는 다민족 공동체를 실험한 공간[4]이었기에 가능했던 것이며, 작가 이효석이 제국에 의해 확장된 세계를 구경할 수 있었던 결과이기도 하다. 그러나 어쨌든 천일마는 스스로 세계인이 되고자 한 형상이었다. 세계인이 된다는 것은 민족이나 국가적인 구획의 폭력에서 벗어나는 길이었다. 그리고 더 이상 식민지인이 되지 않는 방법이기도 했다.

향토를 발견한 것은 세계를 내다보는 시선이었다. 밖을 동경하는 입장에서 안을 다시 보게 된 것이다. 그 원리는 이국 취향에 빠지는 원리와 동일한 것이 아닐까라고 생각한다. 이국적인 것에 대한 감각적 추구에서 시작해 이국의 상상에 몰입하게 되는 것이 이국 취향이라면, 향토적 서정의 향토 역시 단지 경험적으로 묘사된 것이 아니라 새롭게 감각되고 특별하게 심미화된 공간일 것이다. 향토의 차별화는 이로 인해 가능했다. 《메밀꽃 필 무렵》은 향토에 주관적 감정을 쏟아붓거나 전원주의(田園主義)적 풍경화를 펼치는 대신 표현이 절제되어 매우 인상적인 효과를 내는 장면들을 제시하고 있다. 이효석은 향토를 액자 속에 넣은 작가였다.

---

(4) 川村 湊, 〈五族協和と滿洲國—プロローグ〉, 《文學から見る '滿洲'》(吉川弘文館, 1998) 18쪽.

심미적 감상의 대상으로 발견된 향토를 공동체의 기억을 환기시키는 것으로 읽는 오독이 전유(專有)의 방식이었다면, 그 과정은 어떤 부분이 부정되고 잊혀져온 과정일 것이다. 필자는 향토를 발견한 것이 식민지 근대가 낳은 혼종(hybrid)의 시선이었다고 본다. 이효석으로 하여금 세계를 내다볼 수 있게 한 것은 식민지 근대이다. 세계를 내다보았기에 향토가 새롭게 발견되었다고 할 때 그 향토는 식민지 근대의 산물이 아닐 수 없다. 그러나 향토의 독서는 오히려 한국인이라는 순종(純種)의 정체성을 일깨워온 것이다. 망각된 것은 혼종성이었다. 더불어 다음과 같은 추론의 가능성은 애당초 봉쇄되었다. 즉 이효석의 향토적 서정은 버터와 커피를 즐기고 하얼빈으로 기차여행을 할 수 있었던 혼종의 감각적 창조물이었다. 혼종성의 공간으로서 식민지 근대는 향토를 새롭게 발견하도록 했을 뿐만 아니라 그것을 감상하는 소비 행위 또한 가능하게 했다. 그리고 이 소비 행위를 통해 민족이 상상되었다면 민족의 발원지는 식민지 근대인 것이다.

먼저 이 글에서 향토가 발견된 메커니즘에 대해 논의해보자. 혼종의 시선이 어떻게 작동했는가를 살피려는 것이다. 식민지 근대는 혼종을 생산한 혼종의 공간이었다. 필자는 식민지 근대가 노정한 '극단적인 복합성'이 그러한 혼종성의 이해를 통해 부분적으로나마 이해될 수 있기를 기대하며, 나아가 향토에서 공동체의 기억을 떠올린 오독-전유의 메커니즘에 대해서도 언급하고자 한다. 향토적 서정이 그동안 대중적으로 소비되어 왔다는 것은 향토를 발견한 시선이 집단적으로 수용되었음을 의미한다. 그런데 이 수용은 오독의 방식으로 이루어졌다. 결국 오독은 대중적 소비의 형태일 것이므로 그것이 진행된 경위 역시 식민지 근대와 관련하여 설명되어져야 할 것으로 본다.

2. 모더니즘, 시선의 분리, 혼종성의 인식

《메밀꽃 필 무렵》이 쓰여지던 식민지의 1930년대는 문학사적으로도 여러 의미를 갖는 기간이었지만 무엇보다 자신과 자신의 현실이 다시 보여진 시기이기도 했다. 시정(市井)의 세태를 묘사한 이른바 세태소설(世態小說)은 그 한 형식으로서, 주관은 물론 대상의 '익숙함'으로부터도 분리된 시선을 견지하려 한 것이었다. 시선의 분리와 그 효과는 자신의 내면을 탐구하려 한 내성소설(內省小說)에서 더욱 두드러졌다. 자신이 자신의 관찰자가 된다는 기존에는 없었던 일을 시도했기 때문이다. 분리된 시선은 대상을 낯선 것으로 만들었다. 이 효과 때문에 몇몇 소설들은 리얼리즘을 확대하고 심화시켰다는 평가[5]를 받기도 했지만, 그것을 모더니즘의 성과로 보는 견해가 보다 일반적이었다.

분리된 시선은 단지 기법적인 선택의 결과가 아니다. 그것은 내면이 다양하고 복잡할 수밖에 없는 근대인의 시선이었다. 시선을 객관화함으로써 대상을 객관화한다는 기획은 근대적 세계관 내지 근대의 근본적인 성격과 관련하여 이해될 필요가 있다. 세계를 기계로 보는 기계론적 세계상은 근대 기술을 낳은 세계 이해의 틀이었다.[6]

---

(5) 박태원(朴泰遠)의 소설 《천변풍경(川邊風景)》(1936)과 이상(李箱)의 소설 《날개》(1936)에 대한 최재서(崔載瑞)의 평문 《리얼리즘의 확대와 심화》(1936)를 참고할 것(최재서, 《문학과 지성》人文社, 1938).

현실을 주관적 의지가 틈입될 수 없는 객관적 법칙의 세계로 그려내려 한 19세기 유럽의 자연주의는 이러한 입장을 극단화한 경우라고 할 수 있을 것이다. 무정한 기계로서의 자연을 해부하기 위해 졸라(E. Zola)가 과학적 관찰의 방법을 내세웠을 때 요구되지 않을 수 없었던 것은 냉철하고 엄정한 시선이었다. 시선의 객관성이란 주관적 예단(豫斷)이나 도덕적 기대와 같은 것들로부터 절연됨으로써 확보되는 것이었다. 관습과 통념으로부터의 탈피가 요구되었던 상황은 이미 내면의 분열이 불가피해진 상황일 수 있다. 그런데 내면의 분열이 모더니즘의 조건이었다면 모더니즘은 자연주의를 통해서 보아야 한다. 자연주의의 자연이 시선의 분리를 통해 관찰되는 것이었듯 확대된 세계를 대상으로 한 감각적 추구라는 모더니즘의 과제 역시 시선의 분리를 통해서 수행될 수 있었다.

식민지의 모더니즘에서도 주관적 정서의 과잉은 가장 배격되어야 할 것으로 지목되었다. 비만한 '동양적 센티멘털리즘'[7]등과 같이 감정적으로 확대된 자신에 갇혀서는 어지럽게 펼쳐지는 세계와 대면할 수 없다는 생각에서였다. 그 세계는 제국과 자본이 위용(偉容)을 뽐내고 갖가지 유혹과 자극이 넘치며, 변화의 속도가 빠른 만큼 그로부터 소외된 그늘이 황량하게 음각(陰刻)되는 다면적 공간이었다. 식민지 모더니즘은 이 세계가 위협적으로 육박해왔던 상황을 감당해야 했던 것이다. 모더니스트들은 거리(街)를 관찰하고 일상을 분해했으며 자기를 바라보는 자의식의 한계를 시험했다. 그들

---

(6) 이마무라 히토시(今村仁司), 이수정 옮김, 《근대성의 구조(近代性の構造)》(민음사, 1996) 53쪽.
(7) 김기림(金起林), 《오전(午前)의 시론》(조선일보, 1935. 4. 28).

의 대상은 주로 도시가 될 수밖에 없었는데, 여기서 도시는 밖으로 이어진 공간이며 특별한 지역이라기보다는 확대된 세계의 한 부분이었다. 그러나 분리된 시선에 의해 보여진 세계는 피상적 외면이나 파편화된 이미지들, 혹은 막연한 정조(情調)의 조합으로 나타날 수도 있었다. 모더니즘의 감각은 세계를 총체적으로 구성해내려는 것이 아니었다. 게다가 분리된 시선은 분열된 시선이기도 해서 통일된 자신이라는 것은 없었다. 때문에 모더니즘이 세계를 비쳐낼 뿐인 것이었다면 시선의 분리란 세계에 대한 수동성을 면책하기 위한 것이라는 비판 역시 가능했다.

식민지시대와 그 이후 모더니즘에 가해진 비판은 크게 좌파적 입장과 민족주의적인 시각에 기반한 것으로 대별할 수 있다. 대체적으로 비판은 시선의 분리 문제와 분열된 내면의 몰주체성에 모아졌다.

좌파적 관점에서 볼 때 모더니즘은 언제나 자본주의의 '말기적(末期的)' 현상이었다. 특히 1930년대의 모더니즘은 카프(KAPF)가 해산되고, 이른바 이념적 지도성이 소거되었던 상황을 반영하는 수동적 후퇴의 징후로 간주되었다. 시선의 분리 및 내면의 분열이란 인식과 실천을 통합하는 주체인 프롤레타리아에게는 있을 수 없는 것이었다. 그것은 프롤레타리아 계급이 갖는 (시선의) 헤게모니를 부정하려는 저급한 기도에 불과했다. 정당한 계급적 관점에서 자본운동의 심부를 꿰뚫어볼 능력이 없는 시선은 다만 감각적 피상에 머물러 스스로를 소외시킬 뿐이었다. 눈앞의 세계를 수동적으로 승인하는 것이야말로 그 결과일 것이었다. 예를 들면 현재를 유물(遺物)로 바라보려는 고현학(考現學)[8]의 시선은 현재를 과거화하는 것이며, 이는 현상(現狀)을 그대로 인정하는 하나의 방식일 수 있다. 비판은 결국 분리된 시선이 궁극적으로 누구의 것인가를 묻게 되어 있었다. 그 시선이 단지 자본주의를 방관하는 것이었다면 이미 그것은 자본주의의 시선이었다. 모더니스트들의 관찰 대상이 되었던 식민지의 도시는 착취의 무대였다. 부화(浮華)한 가로(街路)를 거니는 자못 여유로워 보이는 '산책자(flâneur)'들은 이 무대의 전면(前面)만을 볼 뿐 숨겨진 착취의 장치들을 타파할 생각도 의지도 갖지 못했다는 점에서 감각적인 소비의 환영에 넋이 빠진 군상과 다를 바 없었다. 좌파들에게 식민자본주의가 연출한 착취의 시대를 단지 감각적으로 뒤쫓는 것은 역사적 낭비이자 곧 반동을 뜻했다. 식민지 근대는 혁명에 의해 부정되어야 할 것이었다.

  식민지 모더니즘에 대한 비판은 또 식민지 근대를 오직 식민지배와 수탈의 시간으로 간주하는 민족주의적 시각에서 이루어졌다. 민족 주체가 강제적으로 부정된 속에서는 어떤 근대도 왜곡되게 마련이라는 것이 민족주의의 입장이다. 그리고 이 상황에서는 민족 주체를 등진 어떤 것도 의미가 있을 수 없었다. 식민지 모더니즘은 바로 그 경우였다. 식민지 근대를 통해 이식(移植)된 식민지 모더니즘은 강간이 낳은 기형아였던 셈이다. 나아가 식민지 근대가 자생적 근대의 싹을 꺾었다고 보는 입장에서 식민지 모더니즘은 민족 문화의 연속성을 단절시킨 외래지향의 모조품에 불과했다. 그것은 민족적 주체 또는 정체성의 상실이 초래한 자기 훼손의 흔적이었다. 왜곡된 근대를 청산하고 굳건한 민족적 주체를 수립해나가야 한다고 했을

---

(8) 고고학(考古學)이 아닌 고현학(modernology). 식민지시대 박태원(朴泰遠)과 같은 작가는 고현학적 탐색을 했다고 설명되고 있다.

때 뿌리 없는 모더니즘은 마땅히 배격되어야 했다.

과연 식민지 모더니즘은 식민체제를 긍정하는 데 그친 것인가? 식민지 모더니즘의 부정은 식민지적 근대를 부정하는 역사적 입장을 바탕으로 이루어졌다. 먼저 식민지적 근대를 부정하는 행위의 효과나 의도에 대해 의문을 갖게 된다. 부정되었던 이 시간이 아직도 지속되고 있다는 판단에서다. 해방과 더불어 '식민 잔재'는 하나같이 민족을 앞세운 혁명 주체들에 의해 무엇보다 시급하게 청산해야 할 대상으로 지목되었지만 남북한이 걸어온 과정은 줄곧 과거를 반복한 것이었다. 사회주의 혁명의 기치를 내걸든 민족 중흥을 외치든 새로운 시대를 열고자 했던 기획은 전면적인 동원체제를 강화함으로써 번번이 국가 관료주의를 재연했다. 거듭된 혁명들은 폭력적인 배제의 경험이나 각인된 공포의 기억을 일깨웠다. 관리와 지도의 대상으로서 국민(國民)의 생산은 중단되었던 적이 없다. 모든 것을 일거에 바꾸려는 대담하고 잔혹한 계획들이 비약을 통한 과거와의 단절을 기도해왔음에도 불구하고 과거는 청산되지 않았던 것이다. 그런데도 우리가 새로운 시대를 살고 있다고 생각해왔다면 과거의 부정이야말로 망각을 유도한 방식이 아닐 수 없다. 식민지 근대라는 시간은 오히려 이런 부정을 통해 지속된 것이 아닐까?

식민지 근대가 어떤 형태로든 지속되고 있다고 할 때 식민지 모더니즘을 그저 부정하려는 것은 옳은 태도라고 할 수 없다. 식민지 근대를 추동했던 자본주의와 세계는 또 다른 방식으로 여전히 오늘을 규정하고 있다. 식민자본주의와 그것을 통해 확대된 세계가 식민지 모더니즘을 발생시킨 조건이었다면, 이 모더니즘은 자본주의와 세계에 대한 나름의 자각을 보여주는 것임에 틀림없다. 분리된 시선이란 어떤 정체성에도 안주하지 못하는 것이었다. 분리된 시선은 분열된 시선이었다. 분열의 필연성, 혹은 불가피성이 바로 모더니즘의 필연성이고 불가피성이었다. 분열을 통해 모더니즘은 자신이 누구인가라는 물음을 새롭게 던진 것이다. 그리고 이로써 모더니즘은 어떻게도 간단히 규정되지 않는 혼종성을 드러내 보여주었다. 분열의 필연성은 혼종의 필연성이었다. 이는 결코 간과되어서는 안 될 부분이다.

좌파나 민족주의적 입장에서 보았을 때 정체성을 거부하는 분열의 상태란 허용될 수 없는 것이었다. 필자는 그 궁극적 이유가 동원의 정치학을 통해 설명되어져야 한다고 본다. 동원의 정치학에서 정체성의 부여는 최우선의 목표다. 그것이 동원의 전제이기 때문이다.

이효석은 도시 빈민의 고단한 삶을 비추고 '북국(北國)'을 동경한 점 때문에 동반자(同伴者) 작가라는 명칭을 얻기도 했다. 그러나 그를 모더니스트로 보고자 한다. 향토를 액자 속에 넣어 보여준 그가 아니었던가. 그의 향토는 역시 분리된 시선을 통해 발견된 것이었다고 생각한다. 시선의 분리가 향토를 발견한 메커니즘의 원리였다고 여기는 것이다. 향토를 오래된 터전으로 읽는 오독은 분리의 메커니즘을 외면하는 것이다. 이런 오독의 의지는 정체성을 확인하려는 강박에 의해 추동되었던 것이 아닌가라고 생각한다.

3. '자연주의'라는 시선

자연으로의 귀의를 외치고 성애(性愛)의 세계를 대담하게 그렸다는 이유로 자연주의는 이효석의 소설 앞에 붙여졌던 수식어이다. 이 자연주의가 무엇이었는지를 분석함으로써 향토가 발견된 사정을 좀 더 구체적으로 살필 수 있을 것이다. 필자의 판단이 맞다면 그에게 서 자연은 분리된 시선이 발견한 또 다른 세계였다.

문명에 대한 거부로서의 자연주의는 두루 알다시피 매우 근대적 인 현상이다. 문명을 통해 자연을 볼 수 있던 것이다. 결국 이 자연 주의란 자연과 문명을 대조하는 것일 텐데, 여기서 문명의 시간이란 근원적이고 본래적인 원리로서의 자연을 거스른 것이었다. '자연으 로 돌아가라' 는 선언에도 나타났듯이 자연주의는 본래의 질서를 지 향한다. 훼손된 문명의 시간을 넘어 본래를 완성하려는 것이 자연주 의의 기획이다.

자연주의에 의하면 인간은 자연의 한 종(種)이다. 자연의 일부로 서 인간이 갖는 본성은 규제할 수도 문책할 수도 없는 것이다. 자연 은 이러한 점에서 자유의 영역이다. 자유로운 상태로서의 자연은 여 러 번 이효석 소설의 무대가 되었다. '학교를 퇴학맞은' 《들》(1936) 의 화자(話者)에게 자연은 안식과 기쁨을 주는 피난처였다. 끊임없 이 신비한 조화(造化)를 일으키는 자연은 감각적 매혹의 세계일 뿐 만 아니라 고삐 풀린 행동을 허여(許與)하는 공간이기도 하다. '옥 분' 과의 정사는 아무렇지도 않게 일어난 것으로, 성교는 마치 '들딸 기' 를 한번 맛보는 행위와 다를 바 없다. 그들은 자연으로 환원된 것이고 따라서 사회적 책임은 면제된 듯하다. 그래서인지 결말도 심 각하지 않다. 의외의 정사는 단지 향취로만 남을 뿐 "멍석딸기 나무 딸기의 신선한 감각에 마음은 흐뭇이 찼다"(2-17).《메밀꽃 필 무 렵》에서 강제된 결혼을 피해 물방앗간에 숨은 처녀와 '달이 하도 밝 아' 옷을 벗으러 들어간 장돌뱅이의 성교(놀랍게도 그들은 서로 모르는 사이였다) 역시 다르지 않은 방식으로 이루어졌던 것이리라. 결국 모든 것은 자연의 책임이 된다. 그런데 통제되지 않은 욕정의 세계가 반드시 산이나 들이 무대로만 그려졌던 것은 아니다. 등장인물들이 어지럽게 성관계를 맺는 중편소설 《화분(花粉)》(1939)은 담장이넝쿨로 뒤덮인 평양 교외의 한적한 주택에서 벌어지는 이야기이다. 자연은 어디에든 있을 수 있었다. 이효석의 자연은 편재(遍在)하는 감각적 세계-매혹적인 색(色)의 세계였던 것이다. 자연의 세계로 들어서기 위해서는 오히려 현실에서 발을 떼어야 했다. 자연은 환상의 공간이었다. 이효석은 환상에 대해 다음과 같이 이야기한 적이 있다.

"신비 없는 생활은 자살을 의미한다. 환상 없이 사람이 순시(瞬時)라도 살 수 있을까?[9]

그는 커피 속에서 '원시의 욕망'을 보며 처녀상(像)으로부터 노골적이고 적극적인 이브의 모습을 즐긴다(《두 처녀상》, 7-36). 목욕물을 데우면서도 뒷산을 이용해 스키를 타는 꿈을 꾸기도 한다(《낙엽기(落葉記)》, 2-101). 환상 속에서 매혹적인 색의 세계는 오히려 선명하게 떠오른다. 자연은 현실을 대체하는 과잉된 감각이었다. 이효석의 자연주의는 자연과 문명의 대립을 자연과 현실의 대립으로 바꾸고 있다. 환상(자연)이 없는 현실은 참담한 것이며 공포 그 자체였다. 끊임없이 매혹적인 색의 세계를 좇으려 한 것이 이효석의

[9] 《청포도의 사상》(7-92).

자연주의였다.

　자연이 환상을 통해 보여지는 것이었다는 점에서 이효석의 자연주의는 졸라 등의 자연주의와는 다르다. 졸라는 자본주의의 병리를 진단하고 해부하려 했다. 그의 주제였던 '야수적 인간'은 이 현실의 존재였지 원시적 자연인이 아니었다. 자연은 완고한 결정론의 세계로서 문명의, 결코 교화(敎化)되지 않을 잔혹한 이면이었던 것이다. 그러나 과학을 내세우든 감각적 환상을 좇든 자연주의에서 자연은 우선성을 갖는다. 졸라가 강조한 관찰과 실험이 대상의 엄격하고 정밀한 모사(模寫)라는 자연주의의 오랜 원칙을 수용하는 방식이었다고 할 때, 동반되지 않을 수 없었던 것은 감각적 정련(精鍊)의 요구이다. 대상에 가장 상응하는 언어를 찾아야 한다는 플로베르(G. Flaubert)의 '일물일어설(一物一語說)'과 같은 주장은 감각적 정련의 이상을 표한 것으로서, 역설적이게도 여기서 자연주의는 모더니즘과의 접점을 마련한다. 감각적 정련은 대상에 대한 거리두기를 조건으로 하는 것이고, 그런 상황에서 정밀한 모사란 이미 대상의 문제가 아니라 감각이자 언어의 문제였기 때문이다. 자연주의 - 모더니즘이 자본주의의 진행에 따르는 소외와 수동성의 증가를 반영할 뿐이라고 비판하기 위해서는 왜 현실적 대상과 언어(감각)의 분리가 일어났는지에 대해 검토해야 한다. 실제적 삶과 감각적 세계의 괴리가 점점 크게 벌어졌던 것은 근대의 일반적인 현상이다. 감각의 확장은 근대를 관류하는 동력이었던 것이다. 매혹적인 색의 세계로서의 환상을 좇는 이효석의 자연주의 역시 이런 관점에서 파악될 필요가 있다.

　이효석에게 지리적 구획이나 장소, 예를 들면 고향과 같은 것은 무의미했다. 그는 스스로 고향이 없다고 말했다. 자연이라는 자유의 공간을 꿈꾼 그로서 지역적 소속감 따위는 거추장스러운 것에 불과했다. 《메밀꽃 필 무렵》을 쓰게 한 배경이 되었을 평창 역시 특별히 애착이 가는 대상은 아니었던 듯하다. 그의 경우 자연 예찬은 일반적인 향수의 감정과 무관한 것이었다. 평창 출신이지만 네 살 때 가족이 서울로 이사했고, 다시 '일단' 평창으로 내려가 보통학교를 다녔다는 그의 술회는 그저 담담할 뿐이다(《영서(嶺西)의 기억》, 7-102). 그러나 정처 없는 마음은 도리어 번란(煩亂)했다. 찻집의 낭만과 음악이 그를 이끌었고, 감각적 환상 속에서는 이국(異國) 또한 멀리 있는 것이 아니었기 때문이다. 그는 주을온천(朱乙溫泉)의 오지(奧地)에서도 《샹송 도토오느》의 파리를 떠올리곤 했다.

> 나는 가령 베를레느가 친히 지냈을 파리나 혹은 근교의 가을 풍경을 눈앞에 떠올릴 수 있다. 거리의 군밤 장수와 굴(oyster를 가리킨 것인 듯하다-인용자) 장수가 나타날 날도 멀지 않은 파리. 수풍금이 울고 마차가 한층 시취(詩趣)를 띠어 가고 산양 유(乳) 장수가 구슬픈 피리를 불며 염소 무리를 몰고 거리에 나타나기 시작한 파리. 멀리 노틀담이 바라보이는 안개가 아리숭하게 낀 이제는 벌써 낚시질하는 사람도 드물어진 세느강……(중략) 파리의 가을이 역력히 눈앞에 떠오른다. 이보다 더 아름다운 풍경도 드물 것이다. 베를레느의 시구에서 족히 이 풍경이 보여오는 것이다.[10]

(10) 《샹송 도토오느》(7-99).

환상의 파리는 어느 고향보다도 아름답고 '역력한' 것이었다. 파리는 바로 자연이었다. 왜냐하면 그것은 매혹적인 색의 세계였기 때문이다. 감각이 현실의 경계를 넘어서는 데서 자연은 펼쳐진다. 자연은 감각적 해방의 공간이었다. 그리고 그것은 바로 자연을 향한 동경이 새로운 세계를 향한 동경이었던 이유이다. 동경의 시선이 투사해낸 세계는 아름답고 그렇기에 역력한 것일 수 있었다.

서구에 대한 예찬은 식민지 지식인들이 보였던 어느 정도 일반적인 현상이었다. 이효석에게 서구(파리뿐만 아니라)는 풍성한 색의 세계였다. 그는 곳곳에서 러시아 여인의 아름다움을 찬탄했는데, 예를 들면 다음과 같다. "미의 특정의 기준이 다른 것은 없겠으나 바닷빛 눈과 낙엽빛 머리카락이 단색의 검은 그것보다는 한층 자연율에 합치되는 것이며, 따라서 월등히 아름다움은 사실이다"(《화춘의장(花春意匠)》, 7-141). 《메밀꽃 필 무렵》은 서구를 향해 있던 시선이 찾아낸 토산품의 세계였다. 즉 푸른 눈과 노란 머리카락을 '바닷빛 눈'과 '낙엽빛 머리카락'으로 본 시선의 메커니즘이 곧 향토를 발견한 메커니즘이었던 것이다. 향토는 고향으로서가 아니라 식민지 혼종의 내면을 이루는 또 하나의 환상으로 제시된 것이었다.

동경의 시선은 스스로 정처를 두지 않으려는 시선이었다. 식민지라는 낙후되고 제한된 공간-"무엇하나 아름답게 자라지 못하는 여윈 땅"(《화춘의장》, 7-140)에 갇혀 있을 수는 없는 노릇이었다. 이효석은 집요하게 경계를 넘는 꿈을 꾸었다. 어디에도 본래의 것은 없고 언제까지 굳건한 것도 없을 것이었다. 민족적 경계 역시 마찬가지였다. 이런 생각에서 조선인 남자와 동거하는 일본인 처녀 '아사미(阿佐美)'로 하여금 한복을 입고 덕수궁을 찾아가, "이렇게 옛날 그대로의 고풍스런 건물 사이에 서 있으면 나도 이 의상대로 이 땅에서 태어나 여기서 자란 것 같은 느낌이 들어요"(《엉겅퀴의 장(章)》1941, 3-139)라고 말하게 했던 것이다. 하지만 아사미와의 결혼이 가족과 주위의 반대로 벽에 부딪치듯 '세계인'이 되는 꿈은 한낱 꿈에 불과할 따름이었다. 마음은 언제나 여행자였지만 환상 속에서 빛나는 매혹적인 색의 세계는 손에 남아 있지 않았다. 사실 자유로운 자연은 어디에도 없었다. 동경의 시선은 쉽게 낙망에 이를 수 있었고, 환상이 다하는 끝에서 맞닥뜨리게 될 것은 부재(不在)의 적막이었다. 이 같은 심회는 이미 《메밀꽃 필 무렵》에서부터 엿볼 수 있다.

《메밀꽃 필 무렵》의 장돌뱅이들은 쓰러지는 날까지 떠돌아다녀야 하는 운명이었다. 고향은 없었다. "장에서 장으로 가는 길의 아름다운 강산이 그대로 그리운 고향이었다"(2-91). 물론 그들을 엮는 얄궂은 인연은 그들의 의지 너머의 것이었다. 그들은 단지 흘러왔고, 흘러갈 따름이었다. 그들은 자율적인 존재가 아니며, 욕망하는 육체일 때에도 본성적 열정으로 가득 찬 건강한 나신(裸身)[11]은 더욱 아니었다. 소설은 도처에서 쓸쓸하고 퇴색된 분위기를 연출하고 있다. 주인공 '허생원'은 쇠락(衰落)해가는 황혼의 형상으로 그려졌다.[12] 이 정경에서 드러나는 것은 역시 붙박을 곳을 찾지 못해 떠돌 수밖

---

[11] 여기에서 나신은 유럽인들에게 보인 토인의 나신을 가리킨다. 토인은 문명의 폐해를 입지 않은, 따라서 자율적이고 즉각적인 존재들로 간주되었다. 나신은 이런 입장에서 심미화된 육체를 말한다. David Spurr, *The Rhetoric of Empire*, (Duke Univ. Press, 1993) pp.156~157.

[12] 그의 나귀를 통해 그려지는 '허생원'의 형상을 보라. "까스러진 목 뒤 털은 주인의 머리털과도 같이 바스러지고, 개진개진 젖은 눈은 주인의 눈과 같이 눈곱을 흘렸다. 몽당비처럼 짧게 슬리운 꼬리는 파리를 쫓으려고 기껏 휘저어 보아야 벌써 다리까지는 닿지 않았다(……)"(2-90).

에 없는 식민지적 혼종의 내적 상모(相貌)이다. 그에게 향토란 역시 환상이었고, 따라서 부재하는 것이었다. 메밀꽃이 흐드러지게 핀 그윽한 달밤과 같은 이 소설의 시공간은 과거의 것으로 제시되었다. 과거화는 부재를 표현하는 서술형식으로서, 향토의 심미화는 과거화를 통해서 이루어졌다. 향토를 감상의 대상으로 만든 액자는 바로 과거화라는 액자였다.

색의 세계를 누구도 거부할 수 없는 '위대한' 세계로 만든 것은 근대와 자본운동이다. 감각(색)을 자연적인 것으로 보려 한 자연주의는 이 근대에 대한 수동성을 불가피한 것으로 인정한 태도일 수 있다. 이효석은 육박해오는 색의 세계에 적극적으로 몸을 맡기려 했던 경우 중 하나이다. 감각적 매혹은 감각적 탐닉을 불가피하게 했을 것이다. 그러나 탐닉의 끝은 소진(消盡)이며, 나아가 소멸일 것이었다. 위대한 색의 세계는 한 꺼풀 뒤에 가없는 적막을 감추고 있었다. 부재의 인식은 특별한 철학적 탐구로 얻어진 것이 아니다. 없음은 바로 매혹적인 색의 세계- '역력한' 환상의 이면이었다. 이효석은 희미하게나마 감각적 환상을 좇는 자연주의의 운명과 그 말로를 바라본 듯하다. 사라져갈 과거의 것으로서 색 바랜 토산품의 세계는 이러한 부재의 감각을 통해 조명되었던 것이다.

4. 민족을 상상하게 한 정신주의

과거화된 향토는 그리움이나 감상적(感傷的) 향수를 불러일으킬 수 있었을 것이다. 때때로 감상적 분위기에 빠져드는 것은 고향을 잃고 과거를 잊어야 했던 대중들이 자신을 위안하는 방식이었다.

《메밀꽃 필 무렵》 역시 그렇게 읽혀졌을 가능성이 크다. 그러나 감각적 환상으로서의 향토는 부재하는 것이었다. 부재의 추구는 정신주의적 형태를 취할 수밖에 없다. 향토가 오래된 터전으로 읽힌 것은 새롭게 감각된 향토가 정신적으로 추상된 결과이다. 이미 앞에서 이런 전유의 과정이 1970년을 전후해 본격화된다는 점을 주장했다. 감각을 정신으로 추상시킨 것이 오독-전유의 메커니즘이었다면 전유의 목적은 혼종이 아닌 순종으로서의 주체를 상상해내는 데 있었다.

근원-주체의 상상이란 감각적 수준을 넘어서야 하는 것이다. 향토가 정신적으로 추상된 과정에서 감각을 좇는 자연주의와는 다른 동력이 작용했다고 보며 그것을 정신주의로 부르고자 한다. 향토를 통해 민족이 상상된 과정은 정신주의의 작용으로 설명되어져야 한다고 생각한다. 정신주의는 자연주의와 대척되는 것이 분명하지만, 감각적 추구가 주체의 무산에 봉착되는 지점에서 정신주의적 전회(轉回)가 일어났다고 할 때 양자가 서로 맞물려 있는 것이라는 추정도 해볼 만하다. 감각적 매혹이 정신적 추상화의 동기일 수 있다는 점에서다. 그러나 이 상상된 주체는 분열을 허용하는 것이 아니었으며, 새로운 모색과 탐구의 가능성을 열어놓는 것은 더더욱 아니었다. 정신주의는 정신에 의한 일자적 통합을 요구하게 마련이다. 하나의 집단적 정체성을 부여하려 했다는 점은 정신주의가 동원의 정치학을 수행해왔다고 볼 수 있는 근거인 것이다. 정신주의의 작용을 살피기 위해서는 이 동력의 일반적이고 역사적인 성격을 좀더 조명할 필요가 있을 듯하다.

정신주의란 감각적 색의 세계를 초월하려는 것이고 그런 점에서 근본적으로 반자연주의적인 것이다. 색의 세계에 대한 동경과 추구

대신 정신주의가 취하는 것은 금욕의 태도이다. 색은 눈을 현혹하는 가상에 불과했다. 대신 정신주의는 보다 높은 추상적 원리나 법칙을 정신의 영역에 올려놓으며, 그에 준거함으로써 안식을 구하려고 한다. 사실 정신주의란 외부 세계의 변화가 어지럽게 진행되고 그와의 관계가 매우 복합적이게 되는 상황에 대한 반작용이기도 했다.[13]

추상적인 원리로서의 정신이 하나의 근원을 갖는 것으로 간주될 때 세계의 다차원성은 부정될 수밖에 없다. 색의 매혹이 끊임없이 변모하는 세계를 제시하는 것과는 달리 정신주의가 그리는 세계상은 단순화되게 마련이다. 정신주의의 목적은 충만한 정신의 상태를 유지하는 것이다. 그러기 위해서는 항상 정신의 출처인 초월적 근원이나 궁극적 존재와 결속되어 있어야 했다. 정신주의는 경건한 것일 수밖에 없다. 눈앞의 현란한 가상들은 사라질 것이고, 마침내 정신이 승리하는 미래가 도래할 것이라는 믿음은 정신주의의 중요한 부분이다. '몸을 깨끗이 한 자'가 구원을 받는다는 묵시록주의(apocalypticism)야말로 정신주의의 속성인 것이다. 밝은 미래를 향함에 있어 현재는 중요하지 않다. 정신주의는 시련과 고난을 흔쾌히 받아들이는 태도를 요구한다. 도덕은 흔히 앞세워질 수밖에 없었다. 옳고 그른 것, 마땅한 것과 그렇지 못한 것이 이미 구분되었기 때문이다. 도덕적 정신주의는 구원의 약속을 받은 사람들을 구획하고 그렇지 못한 사람들을 배제하는 선민주의(選民主義)를 동반할 수 있었다. 구획과 배제는 정신주의가 폭력으로 작용하는 방식이었다.

---

(13) Maria A. Morris, *Saints and Revolutionaries; The Ascetic Hero in Russian Literature*, (NewYork State Univ. Press, 1993) p.22.

정신의 대립항이 물질이라고 할 때 한국의 근대에서 물질은 흔히 외래적인 것으로 간주되었다. 반면 주체적인 것은 정신적인 것이었다. 일찍이 서구 문물은 '기기음교(奇技淫巧)'로 파악되기도 했으니, 정신으로 물질의 공세를 물리치려는 기획은 이후 끊임없이 반복되었다. 한국의 민족주의가 이 기획에서 출발한 것이었다고 생각한다. 민족의 주체적 근원은 항상 정신에 있었기 때문이다. 즉 민족 정신이 민족 주체였고, 민족적 통합은 정신적 통합이어야 했던 것이다. 민족적 영웅은 정신의 높이를 표상하는 통합의 지주였다. 정신은 민족주의의 역사론을 거룩한 것으로 만들었다. 민족의 과거는 위대한 정신의 보고(寶庫)였으며, 위대한 정신은 또 영광된 미래를 약속하는 것이었다.

이효석의 경우에서 볼 수 있듯이 감각적 해방을 꿈꾸는 자연주의가 탈영토화를 지향했던 것과는 달리, 정신주의는 영토적 구획을 기도하게 마련이었다. 정신적 통합은 불가피하게 영토의 경계를 긋는 것이었기 때문이다. 정신적 통합이 집단적 정체성을 부여하는 과정은 또 엄격한 위계화를 수반하게 되어 있었다. 정신적 통합은 정신에 의한 지배를 뜻했고 정신에 의한 지배는 정신적 중심이나 지주(支柱)를 향한 숭배, 혹은 절대적 추종을 요구하는 것이었다. 정신에 의한 통합은 경건하고 거룩한 일일 수 있다. 그러나 실제에 있어 그것은 훈육과 통제를 통해서 진행될 수밖에 없었다. 따라서 훈육 권력이 정신을 점유하고 생산하는 현상이 초래되기 쉬웠다. 이 과정을 잘 드러내준 것이 바로 남북한의 역사라고 생각한다. 분단을 지속시켜 온 이념적 구획처럼 정신주의적 폭력의 극단을 보여준 경우가 달리 또 있을까? 정치 지도자들은 흔히 정신적 지주를 자임했고,

그럼으로써 지배를 도덕화했지만 한 번도 따듯한 '안'이 제시되었던 적은 없었다. 배제의 선은 언제든 자의적(恣意的)으로 그어질 수 있었고, 누구든 그 금 밖으로 떨려나는 공포로부터 자유로울 수 없었던 상황에서 동원은 전면적이고 가혹하게 이루어졌다. 아마도 '새마을 정신'이나 '천리마 정신'은 정신에 의한 지배가 실제로 어떻게 진행되었는지를 보여주는 뚜렷한 증거일 것이다.

《메밀꽃 필 무렵》이 민족 중흥의 시대 이래 한국 근대소설을 대표하는 작품으로 간주되었던 것은 이효석의 자연주의가 수용되었던 결과가 아니다. 1970년 전후의 시기에 1930년대 모더니즘 문학은 특별한 조명을 받기 시작했는데, 과도한 이념성과 공식주의에 빠진 프롤레타리아 문학의 시대를 긋고 현대성의 탐색을 보여주었다는 것이 그에 대한 일반적인 평가였다. '현대문학'을 프롤레타리아 문학과 대비시킨 시각은 조연현(趙演鉉)에 의해 마련되었다. 반공 문화 전선에 앞장섬으로써 '문단 주체 세력'을 이끄는 존재가 되었던 그는 또한 문학사 서술을 통해 자신들의 입장을 관철시키려 했다. 그에 의하면 1930년대 중반은 프롤레타리아 문학이 소거되면서 현대문학의 시대가 시작되는 분수령이었다.[14] 해방 후 좌파들에 맞서 조연현 등이 주장했던 것은 '순수'였다. 그런데 현대문학의 시대를 연 1930년대 중반은 순수문학의 역사적 출발점이기도 했다. 이로써 조연현은 순수문학의 외연을 넓힌 것이다. 30년대 모더니즘에 대한 언급과 연구는 이와 같은 맥락에서 시작되었다. 그 대상 가운데 하나였던 이효석 역시 프롤레타리아 문학을 낡은 것으로 만든 존재였다.

---

(14) 조연현의《한국현대문학사》(인간사, 1968)를 보라.

물론 이효석의 감각적이고 심미적인 특성은 현대성의 증거가 아닐 수 없다. 그러나 현대문학은 이미 순수문학이었고 분명한 이념적 구획선을 긋고 있었다. 이념적 구획이 정신적 통합을 명령하는 것이었던 만큼 이효석의 현대성은 정신적인 것이 되어야 했다. 우파들이 외친 '순수'는 과학과 물질(계급사상이 말하는)의 구속에서 벗어나야 한다는 인간 해방론의 면모를 보이기도 했지만, 그 인간은 추상된 인간 일반으로서 모든 현실 문제에 눈감는 탈(脫)정치 이념의 등가물이었다. 때문에 이효석의 '미적 정서가 정신적 세계를 형성'[15] 시켰다고 했을 때 그 정신은 이념적 구획을 확인하는 정신일 수밖에 없었다. 이효석이 한국적 자연의 아름다움과 '원초적인 한국적 인간상'[16]을 그려냈다는 평가는 결국 그 정신이 무엇이었는지를 알려주는 것이었다. 향토라는 민족적 터전의 상상을 통해서 원초적 한국인이 또한 상상되었던 셈인데, 이 민족적 순종의 상상이 제시하고 있는 이념적 명령은 너무나도 명백한 것이었다.

 이 글에서 이야기하고자 하는 것은 이런 정신적 지배와 구속의 과정을 통해 분열의 기억이 지워졌다는 점이다. 새롭게 발견된 향토는 분열이 불가피해진 상황의 산물이었다. 향토의 발견은 혼종의 시선을 통해서 가능했다. 심미화된 향토란 사실 혼종의 분열된 내면 속에 있었다. 그러나 향토가 오래된 터전으로 읽힐 때 향토가 발견된 역사, 식민지적 근대의 경험은 잊혀지고 말 것이었다. 자신이 어쩔 수 없는 혼종이라는 사실 또한 외면되어야 했다.

---

(15) 조연현, 《현대한국작가론》(문명사, 1970) 131쪽.
(16) 이철범, 《한국문학대계(하)》(耕學社, 1972) 138~139쪽. 구인환, 《한국근대소설연구》(三英社, 1977) 289쪽.

그러나 망각된 것은 비단 이것만이 아니었다. 이미 근원을 상상하게 한 메커니즘 속에 정신적 통합을 기도하는 동력이 작용했고, 그것이 국가주의적 억압의 수단이 되어왔음을 거듭 지적했다. 그런데 정신의 지배가 지배자에 대한 절대적 추종을 요구하고 거대한 폭력의 위계를 통해 모두를 동원의 대상으로 만든 과정은 이미 식민지 근대에서 시작된 것이었다. 즉 정신에 의한 통합과 지배란 실로 식민지 근대의 거대한 유산이었던 것이다(일본 정신에 의한 국민적 통합이 중일전쟁 이후 전시 동원체제를 구축해가는 과정에서 식민지에도 강제되었음을 지적하는 것은 새삼스러운 일일 것이다. '정신'과 '역사'는 이후 신체제론을 구성하는 핵심적 화두였다). 분열의 기억을 지워버린 망각은 정신적 통합을 절대적인 과제로 만듦으로써 정신주의가 어디에서 비롯된 것인지를 또한 잊게 만들었다. 이런 방식으로 망각은 과거를 지속시켰다. 《메밀꽃 필 무렵》이 여전히 한국 소설의 대표작으로 읽히고 있는 현실은 정신적 통합의 시대가 끝나지 않았음을 뜻한다. 과거는 잊혀졌고, 이런 망각을 통해 또한 지속되고 있는 것이다.

5. 분열의 기억을 위하여

분열의 기억을 지워온 망각의 시간을 문제삼는 근본적인 이유는 오늘의 한국인들이 이미 분열되어 있는 데 있다. 한국인들이 혼종이라는 사실은 오랫동안 잊혀져왔다. 그러나 한국이 혼종 공간이 된 역사는 그만큼 길다. 근대라는 시간 내내 자신의 부정을 거듭 경험해야 했던 대부분의 한국인들에게 절멸에 대한 공포는 영혼 깊이 새겨졌던 것이다. 자신을 대주체에 귀속시키려는 열망은 이 공포로부터 벗어나려는 질주의 형태였다. 정신주의는 바로 이 공포에 의해 추동되었던 것이리라. 하지만 거룩한 정신을 받들어야 했던 시간이 한국인들에게 그들이 누구인가를 말해주었던 것은 아니다. 사실 모두를 하나로 묶어줄 근원으로서의 정신이라는 것은 애당초 존재하지 않았다. 결국 정신은 그들을 단지 동원의 대상으로 만들었을 뿐이다. 정신이 모두에게 부여한 동질적 정체성은 또한 모두를 익명적 전체로 묶어버렸다. 집단적인 익명화를 거부하지 못한 시간은 자신이 누구인가라는 질문을 할 기회 자체를 봉쇄해온 것이었다.

오늘날 이 상황은 또 하나의 전기를 맞고 있는 것이 분명하다. 냉전의 구도가 무너지면서 절대적 정신으로 군림해온 이념(정확하게는 반공 이데올로기)은 사회 곳곳에서 빠르게 퇴조하고 있다. 근원의 상상을 통해 거룩한 비전을 제시하려는 기도는 갖가지 형태로 이어지고, 그동안 어지럽게 그어진 구획의 선들은 여전히 사회적 폭력성을 재생산하고 있지만 정신으로 역사를 재구축한다는 것은 이제 더 이상 만만한 일이 아닌 듯하다. 북한에서도 역사는 빛을 잃었다고 보아야 할 것이다. 국가와 지도자가 공언해온 미래에 대한 북한 인민들의 기대와 믿음이 더 이상 굳건한 것으로 보이지 않기 때문이다. 그러나 세계화의 이름 아래 갖가지 영토적 경계가 무너지고 국제적 변화라는 것에 사회 전체가 휘둘려가는 현상 속에서 상황은 오히려 복잡해졌고, 문제의 뿌리들은 난마(亂麻)와 같이 엉켜 그것의 역사성을 이해하려는 노력을 비웃고 있는 것이 또한 오늘의 현실이다. 이효석의 자연주의는 식민지 근대의 필연적 면모를 드러낸 것이었다. 혼종성은 한국인들에게도 불가피했다. 그러나 이 사실을 부정해온 정신주의의 역사는 결과적으로 식민지의 동원체제를 답습했다.

　필자가 감히 이야기하고 싶은 것은 한국인들이 하나의 추상된 이미지, 하나의 역사 안에 자신을 가두어온 과정 역시 오늘의 위기를 만든 중요한 원인일 것이라는 점이다. 과거가 청산은커녕 옳게 인식되지도 않은 상태에서 새로운 시대를 제대로 맞는다는 것은 어려운 일이다. 물론 혼종성을 자인한다고 해서 당장 굉장한 수가 나오는 것은 아니다. 그러나 자신이 누구인가를 다시 묻지 않고 새로운 변화가 모색될 수 없는 것이라면 분열의 기억은 일깨워져야 한다. 이제 혼종성의 역사는 다시 조명되어야 한다.

식민지 시기 재일조선인의 문화 아이덴티티 재고

도노무라 마사루(外村大)

1966년 홋카이도 하코다테(函館)에서 태어나 1988년 와세다대학 제일(第一)문학부에서 일본사학을 전공했다. 같은 대학 대학원 문학연구과를 1995년에 수료한 뒤 와세다대학 사회과학연구소 조수(助手) 등을 거쳐 2003년 4월부터 와세다대학 문학연구과 객원 조교수로 재직 중이다. 2002년 10월 와세다대학 문학박사 학위를 받았다. 1999년 3월부터 2000년 3월까지 고려대학교 민족문화연구원 외국인 연구원으로 활동하기도 했다.

재일조선인의 역사를 연구하고 있다. 대학 시절인 1980년대 후반 재일조선인의 지문날인 거부 투쟁 당시 현장 가까이에 있었던 것이 이 주제를 탐구하게 된 계기가 되었다. 또 1980년대 후반 이후 주요 학회지나 매스컴에서도 재일조선인에 대한 논의가 활발하게 이루어졌는데, 그 대부분에 대해 거부감을 갖고 바라보았다. 실질적인 자료나 사료 수집이 충분히 이루어져 있지 않거나, 그와는 아무 관계없는 곳에서 논의되는 듯한 느낌이 들었기 때문이다. 그런 의미에서 동시대에 당사자가 남긴 사료를 우직하게 수집하고 구체적으로 독해하고 그것이 어떤 의미를 갖고 있는가를 연구한다는 극히 당연한 작업을 10년 이상이나 계속해오고 있다.

〈1930년대 중기의 재일조선인운동(1930年代中期の在日朝鮮人運動)〉《朝鮮史硏究會論文集 제28집》, 1990.
〈전전기 재일조선인사회의 리더층(戰前期在日朝鮮人社會のリ-ダ-層)〉《社會科學討究》, 1997.
〈재일조선인사회의 역사학적 연구(在日朝鮮人社會の歷史學的硏究—形成·構造·變容)》, 2002.

1. 식민지기의 재일조선인은 어떤 존재인가?

해방 전의 재일조선인에 대해서는 지금까지 줄곧 박해·학대의 역사나 일본 제국주의에 대한 저항의 역사가 언급되어 왔다. 그러나 그들의 문화와 귀속의식이 어떤 것이었는지는 전혀 문제되지 않았다. 이것은 아마도 그들은 '본국'의 조선인과 다르지 않은 존재였다는 인식 때문에 아무도 그들에 대해 깊이 고찰할 필요를 느끼지 못했기 때문일 것이다.

그러나 실은 해방 전부터 재일조선인의 문화는 개개인마다 달랐고, 그들이 '본국'과 관계하는 양상도 또한 국가와 민족에 대한 의식도 각양각색이었다. 따라서 재일조선인을 어떤 존재로 포착할까에 관한 동시대 지식인의 인식도 다양했다.

그 후 '조국'과의 일체성이 재일조선인 사이에서 오히려 강조된 것은 전시하의 동화정책과 해방 후의 상황 속에서 그러한 다양성이 억압된 결과는 아니었을까? 재일조선인의 문화와 귀속에 대한 필자의 대체적인 시각은 이상과 같다.

재일조선인에 대한 고권삼, 장혁주, 김사량 3인의 언설은 그 점을 뒷받침하고 있다. 고권삼은 국가 논리에 따르는 것이 아니라 고향의 문화와 사람들의 관계를 유지하면서 일본 내지에서 살아가는 조선인을 포착하여 그 지역적인 다문화주의와 네트워크의 승인을 추구했다. 장혁주는 '본국'과는 이미 다른 문화를 갖게 되어 일본에도 조선에도 귀속할 수 없는 재일조선인의 사정을 소설로 묘사했지만, 최종적으로 '내선(內鮮)'의 문화적 융합 = 일체화에 의해 그것을 해결하는 길을 지향했다. 김사량은 민족 해방을 전망하고 재일조선인과 '조국'의 유대를 그의 소설 속에서 시사했다.

그러나 전시하에서는 일본 국가 주도의 철저한 동화만이 재일조선인에게 허용된 길이었다. 그래서 '해방' 후의 재일조선인 단체 사이에서는 반대로 '조국'과의 유대만이 평가되고 강조되었다.

동화정책이 재일조선인의 인격을 해치는 것이었음은 두말 할 필요도 없지만 그렇다면 '조국'과 연결되어야 하는 것(궁극적으로는 '조국'으로 귀국하는 것)은 어떤 의미를 가졌을까. 물론 동화정책에 시달린 자에게는 진실로 해방의 의미가 포함되었음을 인정해야 한다. 그러나 그것은 조선 민족주의의 입장에서 국민국가의 원리를 관철시키는 것이었고, 어떤 경우에는 민중에 대해 억압성을 가질 수 있다. 최근 2, 3세나 '혼혈' 재일조선인의 정체성 문제가 제기되고, 제주도 출신자의 '독자성'에 관심이 모아지는 것은 바로 이 때문일 것이다.

해방 전 재일조선인이 가졌던, 그러나 잊혀진 귀속과 문화의 다양성 그리고 그것을 응시한 장혁주와 고권삼의 언설을 여기서 다룬 것은 민중 생활과 그곳에서 생기는 염원이 국민국가의 원리에 기반한 것은 아니었다는 점을 다시금 보여준다고 생각했기 때문이다.

재일조선인에 관심을 가지는 사람들에게 '식민지기의 재일조선인론'이라는 제목은 기이한 인상을 주게 마련이다. 왜냐하면 재일조선인은 어떤 존재일까, 어떠해야 하는가를 주제로 하는 '재일조선인론'('재일론')이 활발하게 거론된 것은 1970년대 이후의 일이기 때문이다.

이 시기에 재일조선인론이 활성화된 데에는 다음과 같은 점이 그 배경으로 작용했다. 그때까지 재일조선인의 다수가 귀국을 전제하고 있었음에도 불구하고 일본에서의 거주가 장기화되었고(혹은 장기화될 수밖에 없었고), 더구나 문화적으로나 언어적으로도 일본에 동화되어 가는 2세들(여기에서는 조선 태생을 1세, 일본 태생은 2세라는 식으로 출생지로 구분한다)이 무시할 수 없는 비중을 차지하게 된 점 등이 그것이다.

이 점을 다시 말하자면 그 이전에는 재일조선인 모두가 귀국을 전제로 했고, 젊은 세대 이외에는 민족성을 유지하고 있었던 것으로 간주되었다 할 수 있다. 적어도 식민지기의 재일조선인은 그러했을 것이다라는 막연한 인식은 오늘날에도 존재하고 있을 것이다.

그러나 그 전제를 우선 의심하고 싶다. 즉, 식민지기 재일조선인의 귀속과 문화를 둘러싼 상황은 그렇게 단순한 것은 아니었다고 생각한다. 따라서 그 실상을 탐구하는 것을 과제의 하나로 삼고, 나아가 그렇다면 식민지기 재일조선인의 귀속과 문화에 대한 문제가 어떻게 거론되고 있었을까를 명확하게 하며, 그것이 어떤 의미를 가지고 있었을까를 고찰하는 것을 또 하나의 과제로 삼고자 한다.

2. 귀속·문화의 다양성과 문제의 의식화

식민지기 재일조선인의 역사를 이야기할 때 종종 범하기 쉬운 잘못은 재일조선인이라는 사회 집단을 균질적인 것으로 포착해버리는 일이다. 그러나 경제적으로 보아도, 예를 들면 모든 조선인이 비참한 하층 민중이었던 것처럼 일반적으로 언급되고 있지만 실은 소수이기는 해도 성공한 조선인도 있었다. 정치적으로도 모두가 민족 해방을 원했을 리 없고, 그것과 다른 의식을 가진 사람들도 있었을 것이다. 또 귀속과 문화 그리고 그것을 규정하는 사람들의 생활 모습도 한결같지는 않았다.

재일조선인의 귀속과 문화라는 문제는 첫째, 체류 기간이나 일본인과의 접촉 양상, 둘째, 그 인물의 세대와 일본에서의 가족관계, 셋째, 일본에서 가진 여타 조선인과의 관계, 넷째, 도일(渡日) 이전에 그 사람이 습득하고 있던 문화, 다섯째, 한반도와의 유대·관계 양상 등과 밀접한 관계를 가지고 있을 것이다. 재일조선인이 형성되기 시작한 1910년대까지는 별개로 하더라도 1920년대 이후에는 재일조선인들 사이에서 많은 차이가 발생했다.

우선 체류 기간을 보면 기간이 10년, 20년으로 장기화하는 자가 있던 반면, 일본으로 건너갈 기회조차 없는 자, 수개월 정도의 체류를 반복하는 자, 1~2년의 체류만을 예정하고 있는 자 등이 있었다.

비록 오랜 기간 일본에 체류하고 있었더라도 많은 조선인들과 함께 생활한 경우도 있고, 그렇지 않은 경우도 있었다. 일본인과의 접촉 비율을 성별로 보면 여성은 비율이 낮고 남성의 경우는 높았다. 이 점은 일본어 문맹률의 성별 양상에도 영향을 주었는데, 일본어 문맹률의 경우, 남자는 22.69%에 머문 것에 비해 여자는 53.46%(1935년 시점의 교토시 거주자)로 높게 나타났다.[1] 세대별로 본다면 당연하게도 젊은 세대가 학교나 그 밖의 관계로 인해 일본인과의 접촉도 많았고, 이들은 대개 일본어를 사용했다.

남자 청년층에만 국한해서 보아도 일본인과의 접촉 양상은 다양하게 나타났다. 여기에는 직장의 사회관계, 즉 조선인으로만 구성되

---

(1) 京都市社會課, 《市內在住朝鮮出身者に關する調査》 1937.

어 노동하고 있는지의 여부 이외에 생활 공간의 조선인 인구 비율과 재일조선인 집단 거주지의 형성 모습이 영향을 미쳤다. 1920년대 이후 일본 각지, 특히 대도시에서는 조선인 노동자가 그 절대 수치에서 무시할 수 없는 정도를 차지하기에 이르렀다. 특히 1930년대 중반에는 조선인 집단 거주지가 모든 도시에 형성되었다. 그러나 조선인 인구 비율을 1935년의 국세조사를 통해 보면 오사카시에서 5.0%, 교토시 2.88%, 도쿄시 0.90%, 요코하마시 0.84%로 적지 않은 편차를 보이고 있다(전국 평균은 0.90%). 게다가 구(區) 차원에서 본다면 오사카의 경우 동성구(東成區)가 이미 10%를 넘었고, 서성구(西成區), 대정구(大正區), 욱구(旭區)도 7% 전후가 된 것에 비해 도쿄시에서는 상대적으로 조선인 인구가 많다고 하는 심천구(深川區), 성동구(城東區)에서도 2%대에 머물고 있다. 이런 점도 영향을 미쳐 오사카에서는 조선인 집단 거주지가 다수 그리고 광범위하게 형성되어 그곳에서 에스닉 비즈니스(ethnic business)가 발달하고 조선인 시장이 발달했으나 도쿄에서는 상대적으로 조선인을 겨냥한 상업·서비스업의 전개는 적었다.

이런 차이로 인해 생기는 일반적 경향으로서 오사카에서는 조선인들끼리의 접촉이 많은 반면, 도쿄에서는 재일조선인도 일본인에게 둘러싸인 채 그들을 의식하면서 살아야 하는 양상이 나타났다. 이런 사실을 뒷받침하는 것은 재일조선인을 둘러싼 배우자 관련 통계이다. 1939년 시점에서 남편이나 아내 중 어느 한쪽 혹은 양쪽 모두가 재일조선인으로 구성된 세대 가운데 부부의 나머지 한쪽이 일본인인 경우(당시의 용어로 말하면 '내선(內鮮) 결혼')는 전국 평균 4.49%였다. 오사카부(府)는 0.71%, 효고현 1.11%, 교토부 2.08%로

낮은 데 비해 도쿄부는 13.75%, 가나카와현은 12.53%로 높은 비율을 보이고 있다.[2)]

결혼의 형태에 관해 덧붙이자면 1930년대 후반의 신규 혼인신고서를 보면 일본인과의 혼인 비율이 이미 4% 전후가 될 만큼 흔해졌음을 알 수 있다.[3)] 이것은 재일조선인 청년층의 남녀 성비가 불균등한 사실에서 비롯되는 것이기도 했지만(당시는 남성이 압도적으로 많았다. 따라서 일본에서 '내선 결혼'은 대부분 조선인 남편, 일본인 아내로 짝을 이루었다), 젊은 세대의 경우 역시 일본인과의 접촉 기회가 많았다는 사실을 보여주는 것이기도 하다.

이상과 같은 상황에서 재일조선인은 자신들이 원하든 원하지 않든 일본 문화의 영향을 받았겠지만, 한편으로는 일본으로 건너가기 전의 문화가 유지되기도 했음은 물론이다. 다만 그 경우의 '문화' 또한 재일조선인 일반에게 공유되고 있던 것은 아니었다. 근대 교육을 받을 기회가 없어서 자신이 태어나고 자란 마을에서 한 번도 밖으로 나가지 못한 채 일본으로 건너가게 된 사람의 경우 원래 그가 몸에 익히고 있던 문화란 내셔널한 '조선 문화 일반'이 아니라 개별적인 고향 마을의 문화였기 때문이다.

조선과의 관계도 사람에 따라서 달랐다. 고향에 두고 온 가족에게 계속 송금하는 사람이 있는가 하면, 고향에는 아는 사람이 한 명

---

(2) 內務省警保局,〈內鮮通婚に對する朝鮮人の動向〉,《特高月報》1940년 9월, 同《社會運動の狀況》1939년에 기초하였다. 신규가 아니라 그 시점에서 혼인관계에 있는 세대에 관한 사실혼을 포함하는 통계이다.
(3) 朝鮮總督府,《朝鮮人口動態統計》각 연도. 단 森田芳夫,《數字が語る在日韓國・朝鮮人の歷史》明石書店, 1996년, 76쪽 참조.

도 없게 된 사람도 있었다. 또한 조선으로의 귀속과 유대도 반드시 내셔널한 것만은 아니었다. 경성부에서 발행하던 한글 신문의 인구당 배포수가 한반도에 거주하는 사람들보다 재일조선인들의 경우가 더 많다는 사실[4]을 염두에 둔다면, 재일조선인 가운데 조선 민족 전체에 대해 관심을 갖고 있던(혹은 일본에 있기 때문에 높은 관심을 가진) 사람들이 상당수 있었다는 점은 인정하지 않을 수 없다. 그러나 그 한글 신문에는 종종 지연(地緣)을 기반으로 한 단체가 자신의 고향 학교, 기타에 많은 금액을 기부한 사실을 전하는 기사가 게재되기도 했다.

물론 지역적인 귀속과 함께 혹은 그것을 매개로 해서 조선 전체로의 귀속을 의식하는 사람도 있었겠지만, 내셔널한 조선보다는 지역적인 고향에 더욱 관심을 기울인 경우도 있었을 것이다. 지연과 혈연을 좇아 직장과 주택을 확보하는 것이 일반적이며, 또 향우회가 활발하게 만들어지던 상황에서 이들이 가진 지역적인 귀속의식은 오늘날 우리가 생각하는 것보다 훨씬 더 유지되기 쉬웠던 것이다.

이와 같이 재일조선인의 귀속과 문화는 각 개인의 배경 및 그가 처한 상황에 따라 식민지기부터 이미 다양한 모습을 보여왔다. 이와 같이 조선인 집단 거주지나 조선인 시장의 모습을 전하는 사료에 의해 식민지기의 재일조선인들이 민족 문화를 유지하고 있었다라고 결론짓는 것은 너무 단순하다고 할 수 있다.

---

(4) 朝鮮總督府警務局,《出版警察狀況》1935년판과 국세조사에 의한 인구 통계로부터 인구 1인당 경성부에서 내고 있던 조선어 신문 4종의 배포수를 산출하면 조선재주 조선인은 1부가 되지 않지만, 재일조선인은 2부가 넘는다. 물론 재일조선인의 경우는 청년 남자층이 많다는 이유도 약간의 영향을 미쳤겠지만 경이적인 사실이다.

공동체가 집단 거주지라고 불릴 정도로 형성되지는 않은 경우 여기에 거주하는 조선 사람은 가정 밖으로 나가면 일본어의 세계에서 살았고 그곳의 문화로부터 영향을 받았다. 집단 거주지에 사는 조선 사람의 경우에도 아이들의 경우는 조선어가 통용되지 않았으며, 조선 사람이 경영하는 공장과 상점의 상호가 '일본풍'이거나, 일본인명과 조선인명의 2개의 상호가 사용되는 경우도 있었다. 또한 그곳의 어른들도 고향이 같은 사람들끼리 집단적으로 거주·취로하여 타 지역에서 온 조선 사람과는 교제할 기회가 없었을지도 모른다. 반면, 공장을 경영할 정도가 된 조선 사람은 동향 사람이나 타 지역 출신의 조선 사람 그리고 일본인과 접촉하면서 양쪽 언어를 적당히 선택해 사용했던 경우도 상정된다. 게다가 일본인 아내(혹은 아이에게는 엄마)를 둔 가정에서는 일본어가 집 안에서도 사용되었다.

결국 개인적인 배경과 사회관계에 따라서 문화와 귀속의 양상은 다양하며, 나아가서는 상황에 따라 언어를 적당히 선택해서 사용할 수 있는 중층적·복수적인 면도 있었던 것이다.

그런데 그러한 다양성이 있었다 하더라도 일본인의 입장에서 재일조선인은 한결같이 이질적인 문화를 가진 자들이었고, 일본 국가와 현 거주지에 대한 귀속의식이 박약한 존재로 인식되었다. 이에 대해 1930년대 중반 이후 행정 당국은 일본으로의 동화나 일본 국가로의 협력을 일상생활의 차원에까지 이르도록 설득하는 사업인 협화사업을 전개해나갔다.

이런 와중에 1930년대 중반에는 재일조선인들 스스로도 귀속과 문화의 문제를 의식하게 되었다.

예를 들면 1936년 조선일보사 주최로 개최된 '교토·오사카·고

베 조선인 문제 좌담회'[5]에서 재일조선인 사회의 지도자는 젊은 조선인이 "어떤 때에는 조선인이면서도 조선인이 아닌 꼴을 하는 경우가 있는데, 조선어를 잘 모르기 때문에 그러는 수도 있습니다"라고 한탄하고 있다. 같은 좌담회에서 조선인을 상대하는 유치원 교사가 "어떤 부모는 와서 조선어만을 가르쳐달라고 부탁하고, 어떤 부모는 이곳의 언어만을 가르쳐주십사 하고 말하기도 해서 정말 어려운 점이 있습니다"라고 말하고 있다.

또 도쿄에서 나오는 한글 신문인 《조선신문》 1936년 3월 1일자에는 '일본에 있는 우리들의 문화생활'이라는 제목의 사설이 실렸다. 이 사설에서는 "일본 땅에 와 있는 조선인들은 일본에 와 있기 때문에 한편에서는 일본 문화의 영향을 받고, 또 한편에서는 조선인 사이의 문화로부터 영향을 받고 있다. 예를 들면 언어 문제가 있다. 조선인이 모이는 곳에서는 보통 조선어를 사용하지만 일본어도 사용한다. 조선어를 말하고 있을 때 일본어를 사용해도 그것을 비난하는 경우는 없는 듯하다. 반조선어, 반일본어가 통용되는 형국이다"라고 지적하고 있다.

게다가 오사카에서 발행되고 있던 한글 신문 《민중시보》의 1936년 1월 1일자 기사 '각계 인사의 신년 소감'에서는 "조선인의 자녀이기 때문에 조선인들의 환경의 지배를 받는 것은 필연일 테죠. …… 조선어 교육에 힘을 쏟지 않으면 안 됩니다. …… 조선옷을 입으면 안 된다고 강요하는 일부의 정책은 이상합니다. 조선 민족이 있는 곳에 조선 정신이 있듯이 조선인의 감정에 맞는 의복은 조선옷

---

[5] 《朝鮮日報》 1936년 4월 29일~5월 7일자에 게재.

입니다"라는 문구를 발견할 수 있다.

이와 같은 내용에서 확인할 수 있는 것은 귀속과 문화를 둘러싼 재일조선인들 스스로의 의식화는 재일조선인 사회의 변화 및 다양성과 더불어 행정 당국의 동화정책으로부터 촉진되고 있다는 사실이다.

그렇다면 재일조선인의 귀속과 문화에 관한 문제는 어떻게 해결되어야 한다고 생각하고 있었을까. 지금부터는 이 문제를 생각했던 세 사람의 인물에 초점을 맞추고자 한다.

3. 지역적인 다문화주의와 네트워크 승인 요구 - 고권삼(高權三)의 《오사카와 반도인》 -

먼저 고권삼이 1938년에 일본어로 저술한 《오사카와 반도인》이라는 책을 들고 싶다. 저자 고권삼은 정치학을 전공하고 1930년에는 《조선근대정치사》,《조선정치사강(綱)》이라는 일본어 저서를 낸 바 있는 연구자이자 평론가이다. 출신은 제주도로 생각되는데, 1920년대 후반에는 도쿄에서 유학생활을 했다. 이 책을 쓴 시점에는 일본에 거처를 정하고 있지는 않았던 것으로 보이는데,[6] 저서를 집필하기 위해 오사카의 재일조선인 집단 거주지에 장기 체류하면서 그곳 사람들과 깊이 교제했음을 엿볼 수 있다.[7] 또 이 책을 출판한 '동

---

[6] 《오사카와 반도인》 23쪽에는 "나의 이번 내지 여행은 7년째이다"(7년 만이라는 의미인 듯)라는 글이 보인다.
[7] "내가 오사카에 살았을 때 猪飼野町에 숙박했다"라고 적혀 있는 이외에(같은책 26쪽), 오사카에서 여러 가지 보고 들은 것이 서술되어 있다.

광(東光)상회' 자체가 원래 도쿄의 전문적인 출판사가 아니라 조선인 집단 거주지에 점포를 둔 조선인 대상의 상점이다.[8]

정치적인 입장에서 보면 이 시기의 고권삼은 사회주의운동과 민족해방 투쟁에 참여하지 않고 조선총독부와 일본 정부의 정책에 대체로 찬성하고 있었다. 원래 《오사카와 반도인》의 서문에 따르면 이 책의 집필 동기는 '아시아 민족 해방'의 전제로서 '내선 동포의 일치단결'을 먼저 오사카에서 실현하는 것이었다.

그러나 이 책의 내용은 공허하고 추상적인 이론을 전개해 마지막에는 국책의 의의를 선양하는 것으로 끝나지는 않는다. 오히려 오사카에 거주하는 조선인의 구체적인 상황을 있는 그대로 파악하고, 그곳으로부터 이후 취해야 할 방책에 관해 솔직하게 서술하고 있는 부분이 많다. 이로 인해 고권삼이 호소하는 '내선 융화' 혹은 '내선 일체'의 내용은 당국자가 말하는 그것과 공통되는 내용이 있으면서도 다른 부분, 더 나아가 대립하는 듯한 요소를 포함하는 것이 되었다.

앞에서 언급한 것과 같이 고권삼은 대일본제국으로부터 조선이 분리, 독립하는 것을 부정했다. 바꾸어 말하면 일본인 중심의 지역과 공동체에 조선인도 귀속해야 한다는 입장을 취한 것이다. 그 점에서 본다면 확실히 고권삼은 당국자와 더불어 '내선 일체'를 지향하고 있었다고 볼 수 있다.

그러나 당국자가 '내선 일체'를 제기한 것은 조선인이 일본 국가에 진정한 의미로 편입될까라는 이따금 드는 의문을 해소하기 위해

---

(8) 동광상회의 주소는 오사카시 東成區 猪飼野町 中 3-4로 되어 있는데, 이곳은 당시부터 조선인을 상대로 한 상점이 집중되어 있던 장소이다. 또 《조선일보》 1934년 1월 3일자에는 같은 주소로 조선 레코드를 취급한다고 하는 '東光蓄音器商會' 광고가 게재되었다.

서이다. 그러나 반대로 고권삼은 확신을 가지고 오사카와 조선이 원래 깊은 인연으로 연결되어 있었다는 논리를 전개했다. 증거로 먼저 제시한 것은 고대의 사실(史實)이다. 고대에 왕인박사를 비롯해 높은 문화와 기술을 가진 조선인이 오사카에 건너온 점, 사천왕사(寺)도 '반도인 건축가에게 설계하게 하고 반도인 목수를 사용해 세웠다' 는 점, 도래인의 존재 등을 생각한다면 "오사카 토박이 중에는 조선인의 피를 받지 않는 자는 거의 없다"라고 서술하고 있다. 그리고 현실과 관련해서도 고권삼은 일본인의 차별에 대해서도 언급했지만, 실태를 볼 때 오히려 조선인이 오사카에서 이미 확고한 위치를 차지하고 있다는 인식을 보였다. 그런 인식은 그가 오사카에 와서 중소공장을 경영하는 성공한 사람들과 '서비스 걸, 타이피스트, 산파, 간호부, 사무원, 교사' 등의 '눈에 띄는' 활동을 하고 있는 여성들의 존재를 소개한 뒤, "오사카로부터 반도 동포를 귀환시킨다면 오사카의 대공장 기계는 거의 운전을 멈추게 될 것이다"라고 한 표현에 나타나 있다.

그렇다면 고권삼은 이와 같이 이미 생활 실태의 차원에서 오사카의 중요한 일원이 된 조선인들의 문화와 귀속이 어떠해야 한다고 생각했을까. 실은 이 부분에서 당국자가 말하는 '내선 일체' 와 대립하고 있다. 당국자가 말하는 '내선 일체' 가 결국 조선인의 문화를 부정하고 일본에 동화하라는 것인 데 반해 고권삼은 조선인들의 문화에서 가치를 발견하고 일본인도 그것을 인정하고 발전시켜야 한다고 주장했던 것이다.

그런 생각을 가장 잘 보여주고 있는 것이 조선 시장에 관한 서술 부분이다. 고권삼은 우선 오사카시의 이카이노(猪飼野)에 있는 조선

시장에 대해 민족의 색이 농후하고 활기에 넘치는 시장 모습을 생생하게 전달하고, '그리운 조선을 생각하게 하기에 충분했다'고 하여 그것을 극히 긍정적으로 소개하고 있다. 그 위에 다음과 같이 조선 시장의 존재 의의를 역설했다.

> 오사카에는 반도 동포가 30만 가까이나 살고 있다. 조선에서 제2의 도시라고 불리는 평양의 인구보다도 많다.
> 그들 또한 어린 시절에 먹던 음식이 먹고 싶고, 어릴 적에 입던 옷을 입고 싶다. 그것을 구하려면 이 조선 시장이 아니면 쉽지 않다. 조선 시장은 그들에게는 어디까지나 필요한 곳이다.
> 오사카府 혹은 大都市 당국이 이 조선인 시장을 어떻게 생각하고 있는지는 알 수 없지만, 내 의견으로는 부와 시당국이 이 시장에 보조를 하거나 공설 시장으로 승격시키고 시장을 신축하거나 해서 세계 제8위의 대(大)오사카라는 이름에 부끄럽지 않게 미관을 정비할 필요가 있다고 생각한다. 내선 일체의 모습도 이런 곳으로부터 드러나는 것이다.

이상과 같이 고권삼은 오사카에 이미 형성되어 있는 조선인의 사회와 문화를 존중해야 한다는 점을 이야기하고 있다. 이것은 오늘날 이야기하는 다문화주의적인 대응을 요구한 것이다.

그런데 이 경우의 다문화주의는 그 단위가 '일본', '조선'이 아니라는 점에도 주목하고 싶다. 이미 제시된 인용문 등에서도 알 수 있듯이(또한 서적의 제목에서도 알 수 있듯이) 고권삼이 주로 논의하는 것은 오사카에 관해서이다. 저서에서도 그는 오사카는 "경성보다 훨씬 도시적 가치가 갖추어져 있다", "그런데 그 물가는 일반적으로 경성보다 오사카가 싸다", "고려교(橋)나 백제역과 같은 이름을 가진 곳이 있는 것도 말할 수 없는 친밀감과 그리움을 느끼게 한다"라고 기록하여 조선인이 오사카에 애착과 자부심을 가질 것을 시사하고 있다(물론 고권삼은 오사카 거주 조선인이 일본에 귀속하는 점을 부정하려는 것은 아니다).

그리고 자신들을 내보낸 사회와의 유대에 관해 논하는 경우에도 그 단위는 국가보다 작은 영역이었다. 구체적으로 '조선인'과 '조선'이 아니라 제주도와 제주도 출신자들의 유대를 고권삼은 종종 다루었다. 고권삼은 덴무 천황대에 탐라국의 왕족 고(高)씨가 수행원과 함께 오사카에 왔다는 '사실'과 '제주도 개척자 고(高), 양(梁), 부(夫) 3인'의 부인은 일본 내지로부터 왔다는 설 등을 소개하고, "오사카 사람과 제주도 사람은 물심(物心)이 서로 통한다"라고 서술하고 있다. 혹은 조선에서 조선팔경을 선정할 때 한라산이 1위가 된 것에는 오사카에 거주하는 제주도 출신자의 투표수가 큰 힘이 되었음을 평가하고, "제주도 출신자들은 이 의기·노력으로 더욱더 제주도의 명예를 생각하고 은인자중해서 모든 일에 임하고자 하고 있다"라고 기록했다.

이상에서 본 것과 같이 고권삼이 1938년에 발표한 《오사카와 반도인》의 내용에는 지역적 다문화주의라 할 만한 주장이 풍부하게 담겨져 있었다. 그리고 그의 지역적 다문화주의는 이제부터 만들어 나가는 또는 쟁취해나가야 하는 것으로 언급되고 있지 않았다.

사회적 상승을 이룬 조선인이 생기고, 조선의 지방도시와 비슷할 만큼 조선인을 대상으로 하는 시장을 가졌으며, 제주도 출신자의 향우회가 활발히 활동하고 있는 것이 이미 현실이었는데 고권삼은 일본인과 행정 당국에 그것의 승인을 요구한 것이다.

4. 융합과 직접적 귀속의 희구 - 장혁주의 소설·평론에서 -

장혁주는 이른바 친일문학자이다. 그런 이미지가 강한 이유도 있고, 게다가 해방 후에 일본 국적을 취득하고 조선에 관한 발언을 적게 한 사실 때문인지 재일조선인의 역사에 관심을 가진 사람들도 오늘날 그에게 그다지 주목하지 않고 있다. 그의 작품 중에서도 자주 언급되는 것은(문학적 가치 이외의 요인으로 거론되겠지만) 재일조선인 지원병에게 '내'가 감동받고, 조선인의 황국신민화를 위해 신사에 기도한다는 내용의 《이와모토 지원병》[9]이다.[10]

그가 전시하의 황민화정책을 아래로부터 지지하는 역할을 수행한 것은 부정할 수 없는 사실이다. 그러나 그가 처음부터 황민화 선동으로 일관한 것은 아니었다. 또 《이와모토 지원병》 이전에도 재일조선인을 다룬 소설을 발표했고, 이때에도 재일조선인이라는 존재의 실상에 대해 진지하게 생각하지 않았던 것은 아니었다.

작가로 데뷔한 1930년대 초부터 일본어로 창작하고 일본 잡지에 작품을 발표해왔던 장혁주는 1936년 여름에 '반영주(半永住)'의 결

---

(9) 첫 기사는 《每日新聞》 1943년 8월 24일부터 9월 9일로, 일본어로 집필된 작품이다. 다음해 1월에는 興亞文化出版주식회사(녹기연맹의 출판 부문을 맡게 된다)에서 출판한 단행본 《이와모토 지원병》에 실렸다. 또 이 단편집에는 재일조선인 지원병을 다룬 〈새로운 출발〉, 〈꿈〉, 〈출발(방송극 시나리오)〉도 수록되어 있다.

(10) 단 문학 연구에서는 이미 白川豊, 〈張赫宙 研究〉(《植民地期朝鮮の作家と日本》 大學敎育出版, 1995에 수록) 등의 성과가 있다. 본고도 白川의 연구를 많이 참조했다.

의'를 가지고 도쿄로 이주했다. 재일조선인에 대한 관심이 생긴 것은 이 이후로 보여진다. 장혁주는 그 다음해에 재일조선인 집단 거주지에 대해 취재하여 탐방 기사 '조선인 취락을 가다'를 《개조》 6월호에 발표했다.[11]

그 직후에 발표한 단편소설 《우수인생(憂愁人生)》이 재일조선인을 주인공으로 하는 최초의 작품이다.[12] 이 소설의 줄거리는 다음과 같다. 주인공은 차별을 받으면서 성장하는데, 그 과정에서 아버지는 상해사건으로 투옥되며 어머니와 누이동생은 자살한다. 그 때문에 주인공은 조선에 사는 백부에게 맡겨지지만, 일자리가 없어 일본으로 돌아가지 않을 수 없게 된다. 그런데 설상가상으로 출옥해서 일하고 있던 아버지가 사고로 죽게 된다는 이야기이다. 암담함으로 가득 찬 이 소설에서 주목할 만한 것은 장혁주가 귀속과 문화를 둘러싼 문제의 복잡함을 의식하고 있는 듯한 점이다.

우선 주인공 김영일은 조선인 아버지와 일본인 어머니 사이에서 일본에서 태어나 자랐고, 문화적으로는 다른 일본인과 큰 차이가 없다. 그럼에도 불구하고 그는 일본 사회에 편입되지 못하는 존재이다. 그는 어렸을 때부터 '조선인의 아이'로 차별받는다. 아무리 자기 어머니는 일본인이라고 주장해도 '어머니는 일본 사람이라도 아버지는 조선인이다'라고 하여 괴롭힘을 당했다. 전학을 간 소학교에서는 '친절한' 담임 교사의 제의로 小坂영일과 같이 성을 일본식으로 말하면서 친구들과 잘 지내게 되었다. 그러나 아버지가 일으킨

---

(11) 《改造》 1937년 6월.
(12) 전자는 《日本評論》 1937년 10월호, 후자는 《改造》 1938년 10월호에 발표되었다.

상해사건 때문에 자신이 조선 사람이라는 사실이 알려지게 되면서 그곳에 있을 수 없게 되었다. 게다가 학교를 나온 뒤에도 '내지인'이 아닌 이유로 취직이 불가능했다.

그렇다면 조선과 주인공의 관계는 어떠했을까? 조선은 자신이 태어나고 자란 땅이 아니었기 때문에 주인공은 친밀감을 느끼지 못했다. 백부에게 몸을 의탁하면서 조선 풍경을 처음으로 대했는데, 이때 그의 감상은 '기이한 느낌'이었다.[13] 그러나 백부 일가는 주인공을 맡아서 학교에 보내는 등, 그곳에서는 그를 따뜻하게 맞이했다(경제적 이유도 있고, 백부의 집은 학교 졸업 후에는 머물 수 없게 되지만).

그러나 이 소설에는 그가 조선에서 완전히 배제된 존재는 아니지만 어떤 면에서는 조선인으로 취급될 수 없는 존재였음이 서술되어 있다. 조선어로 말을 걸어왔을 때 주인공이 일본어로 대답하자, 말을 건 노인이 "아! 일본인인가라는 얼굴"을 한다거나, 고향에서 만난 백부의 조선인 동료로부터는 "너의 얼굴은 내지인과 똑같고 언어도 능숙하고", "너는 원래 내지인 아니냐?"라는 말을 듣기도 했다.

장혁주는 《우수인생》에 이어 다음해 10월에 재일조선인 청년을 주인공으로 하는 단편소설 《노지(路地)》를 발표했다.[14] 이 작품은 조선인 집단 거주지가 무대인 학대받고 억압받는 동포를 위해 애쓰는 재일조선인 활동가 허진(許晉)을 주인공으로 했다. 주인공은 탄

---

(13) 단 주인공은 아버지의 고향으로 향할 때 열차 속에서 '따뜻하게 솟아오르는 그리움'을 느꼈다고 한다.
(14) 《改造》 1938년 10월에 게재.

압 때문에 자신이 종사하던 신문간행사업을 계속할 수 없게 되는데, 그의 마음을 끌던 여성인 안경희와 예전의 동료는 '이주 반도인을 내지화'하는 사업에 찬동하고 있다. 그런 가운데에서도 허진은 재일조선인을 대상으로 하는 인쇄사업으로 생계를 꾸리고, 안경희가 아닌 조선인 집단 거주지에 사는 가난한 여성인 성순영과의 결혼을 결심한다는 것이 이 소설의 내용이다.

《노지》는 곤경에 처해 있으면서도 동포를 배신하지 않고 살아가고자 하는 청년을 주인공으로 하고 있는데, 이것은 《우수인생》에서 비참한 상황에 처한 주인공이 지금까지의 인생을 '그립고 슬프게' 추억하는 장면으로 끝나는 모습과는 꽤 대조적이다. 그리고 이 시기의 장혁주가 동화정책에는 찬동하지 않았던 것도 확인할 수 있다.

다만 장혁주가 재일조선인을 단순히 조선에 귀속하는 것으로는 상정하지 않았다는 점도 확인해둘 필요가 있다. 이 소설의 주인공은 "조선에 돌아가도 친밀한 얼굴로 이야기할 만한 사람도, 농담을 주고받을 사람도 없"으며, "친척이다 고향 사람이다 해도 무슨 애정이 있을까"라고 생각하고, "이 도쿄 사람들에게서 친밀감을 훨씬 깊게 느낀다"고 이야기한다. 또 조선인 집단 거주지에 대한 묘사에서 '조선 고무신'이 아니라 '게다'를 신고 있는 여성을 등장시키는 것에서도 알 수 있듯이 장혁주는 집단 거주지에 사는 재일조선인의 문화조차도 조선 그대로가 아니라는 점도 묘사하고 있다.

이상을 보면 1930년대 후반 시점에서 장혁주는 재일조선인의 귀속과 문화라는 문제가 가진 어려움을 인식하고 있었음을 엿볼 수 있다. 장혁주가 의식한 것은 꼭 조선인이라고 해서 조선에 대한 그리움에 귀속해야 하는 것은 아니고, 역으로 일본에 살고 있음에도 불구하고 그곳에서 지위를 얻거나 편입될 수 없는 곤란함이 있다는 점이다. 다시 말하면 그는 그 문제의 해결을 강하게 희망했지만 그 해결이 어디에 있는지는 찾지 못한 상태에 있었다고 생각할 수 있다.

이 점과 관련해서 주목할 만한 것은 문화의 융합에 대한 그의 태도이다. 앞에서 이야기한 것과 같이 그는 《노지》에서 동화정책을 비판하고 있다. 즉 장혁주는 조선 문화의 완전한 부정과 일방적인 일본 문화의 강요는 참을 수 없는 것이라고 생각하고 있었을 것이다. 그러나 같은 시기에 그는 가부키 양식을 도입한 춘향전의 무대화에 몰두하고 있었다.[15] 여기서 그는 '순수한 조선 문화'를 보존하기보다는 조선 문화와 일본 문화를 융합해서 새로운 문화를 만들어가는 것에 많은 관심을 갖고 있었다.

다시 추측을 해보면 장혁주가 1940년대에 들어와서 이른바 내선일체의 입장을 취하게 된 이면에는 양자를 융합시켜 균질화하고 그럼으로써 귀속을 둘러싼 문제도 안정화시키고 싶다는 의도가 있었던 것은 아니었을까? 1942년에 장혁주는 《황도조선의 완성》이라는 제목의 문장을 발표했다.[16] 여기서 장혁주는 내선일체에는 '어느 정도의 내지화'가 물론 필요하지만 그것은 강요가 아니며, "오히려 반도민의 의식주가 지닌 장점은 내지 사람들에게 수용되고 있다"고 이야기하고 있다. 그리고 문화적으로는 조선을 동일 권역 안에 편입시킴으로써 '조선적 성격과 혼연일체를 이룬 바 놀랍도록 웅혼하고 강인한 신(新)일본 문화'가 만들어진다고 했다.

---

(15) 白川豊, 〈張赫宙戯曲 '春香傳'とその上演(1938年)〉(앞의 책 《植民地期朝鮮の作家と日本》에 수록).
(16) 《中央公論》 1942년 10월호에 게재.

동시에 내선일체란 '단순한 민족의 협화'는 '각 민족이 자주적인 상태에서 화합한다'는 상태라기보다 '이제 한단계 높고 깊어진 민족의 동화'라는 것을 그는 강조하고 있다. '조선 민족', '일본 민족'이라는 단위가 의미를 잃어버리는 상태가 실현되는 것이 내선일체이다. 즉 조선인이라는 사실을 통해 일본의 일원이 되는 것이 아니라 융합해서 이제 일체가 된 국가에 직접 연결된다는 것이다.

물론 동시대에 현실적으로 수행된 내선일체의 여러 정책에서 조선적인 것이 수용된 듯한 흔적은 없다. 또 조선인과 내지인이라는 구별과 차별은 계속해서 존재했다. 또 장혁주가 희망한 내선일체가 실현되었다 하더라도 개개의 조선인에게 커다란 고통을 주었을 것이다. 그러나 문화적인 융합과 직접적인 귀속의 실현은 재일조선인 2세와 한일 간의 혼혈아가 지닌 고뇌를 해결할 수 있는 유력한 방책으로 보였던 것은 확실하다. 적어도 장혁주는 그 가능성을 믿으려 했던 것이다.

이 《황도조선의 완성》을 발표한 다음해인 1943년에 장혁주는 앞에서 이야기한 《이와모토 지원병》을 비롯해서 재일조선인 2세의 병역 지원을 주제로 한 작품을 잇달아 집필했다.[17] 그 배경에는 조선에서의 징병제 시행 발표라는 시국과 국책의 요청이 있었을 것이다. 그러나 지금까지 살펴본 것과 같이 장혁주가 재일조선인의 귀속과 문화라는 문제가 가진 곤란함을 파악하고 그 해결방책을 모색한 노력이 그의 집필 동기에 포함되어 있었을 것이다.

---

(17) 〈岩本志願兵〉, 〈新しい出發〉, 〈夢〉, 〈出發(放送劇)〉의 네 작품이 그것이다. 모두 같은 해에 간행된 《岩本志願兵》에 실렸다.

5. 조국과의 유대와 민족성 회복의 제기 - 김사량(金史良)의 《빛 속으로(光の中に)》를 중심으로 -

김사량은 일본에 유학을 와서(조선어로 창작 활동을 하고 그 의의를 강하게 호소하고 있었지만) 일본어로 창작 활동을 수행한 작가이다. 김사량은 구제(舊制) 사가(佐賀)고교를 거쳐 도쿄제국대학에서 수학한 엘리트 코스를 걸었던 조선인이었으나, 차별과 빈곤 속에서 하루하루의 생활을 보내는 재일조선인을 소재로 몇 편의 작품을 발표했다. 그 중 하나로 1939년에 발표한 《빛 속으로(光の中に)》는 아쿠타카와상(芥川賞) 후보 작품에 올라 세간의 주목을 받기까지 했다.[18]

《빛 속으로》는 빈민 구호사업협회에서 활동하던 조선인 학생 남(南)을 주인공으로 하고 있다. 그는 S협회에서는 자신을 '미나미(南)'라고 부름으로써 민족적 출신을 숨겼다. 어느 날 주인공은 S협회에 다니는 노동자 이군으로부터 조선인이라는 사실을 밝히라는 재촉을 받는다. 그러던 중 S협회 아동부의 소년 야마타 하루오(山田春雄)에게 "선생은 조선인이죠?"라는 경멸을 당한다. 그러나 나중에는 야마타 하루오가 조선인을 어머니로 둔 조선인으로서 차별을 받고 있었던 점, 그 까닭에 "조선인은 내 어머니가 아니야"라고 하면서 어머니를 거부하고 있다는 점 등이 밝혀진다. 그리고 스스로의 민족성을 둘러싸고 고뇌하는 주인공의 심적 동요와 야마타 하루오,

---

[18] 처음 나온 것은 《文芸首都》 1939년 10월호이며, 그 후 《文芸春秋》 1940년 3월호에 전재되었다. 집필은 1939년 4월경 경성에서 이루어졌다고 되어 있다(《金史良年譜》, 金史良全集編集委員會, 《金史良全集 Ⅳ》 386~387쪽, 河出書房新社, 1973년).

하루오의 어머니 정순(貞順)의 접촉이 묘사되면서 소설은 하루오와 남의 다음과 같은 대화 장면으로 끝이 난다.

"선생님, 저는 선생님의 이름을 알아요."
"그래?" 나는 겸연쩍은 것을 숨기려고 웃어 보였다.
"말해보렴."
"남 선생님이죠."
말을 마치자마자 그는 …… 혼자서 뛰어내려갔다.
나도 어쩐지 구원받은 듯한 가벼운 발걸음으로 넘어질 듯하면서 그의 뒤를 좇아 내려갔다.

말할 필요도 없이 이것은 주인공이 자신이 조선인이라는 사실을 밝히며 살아가는 것, 나아가서는 야마타 하루오 소년이 스스로의 민족적 출신인(적어도 그 일부인) 조선 및 조선인 어머니를 인정할 수 있게 변해가는 것을 시사한 것이다.

그리고 이 작품에서는 남과 하루오 이외의 조선인 등장인물들도 스스로의 문화를 부정하지 않거나, 혹은 부정할 수 없는 존재로 묘사되고 있다. 원래 조선어밖에 할 수 없고 조선옷을 입고 있는 이군의 어머니는 물론이고, 이군 자신도 '성(姓) 때문에 여러 가지 곤란한 일이 많음'에도 불구하고 "왜곡하고 싶지도 않고, 또 비굴한 짓도 하고 싶지 않다"라고 하며 조선의 이름으로 생활한다. 게다가 야마타 정순은 조선이라고 말한 것만으로도 성난 남편에게 학대받고, 야마타라는 성을 가지고 서툰 일본어밖에 구사할 수 없으며, 자신의 아이들을 '내지인'으로 키우려고 애쓴다. 그런 그녀도 남편이 옥살

이를 하는 동안에 '그립기 때문에' 이군의 집에 '와서는 밥을 먹'고, 이군의 어머니와는 조선어로 이야기하고, 또 '고향 사람들이 그런 식으로 …… 하듯이' 잘게 썬 담배를 붙여 상처를 치료하고자 했다.

여기서는 김사량의 메시지가 감춰져 있다고 볼 수 있는데, 그것은 민족적 출신을 분명히 한 채 살아가는 것이 곤란하다는 점, 그리고 때로는 자신이 습득한 문화를 부정하지 않으면 살아갈 수 없는 일본 사회에 직면해서도 민족성을 유지 혹은 회복해가야 한다는 점 등이다.

그렇다면 이 작품에서는 재일조선인의 귀속 문제를 어떻게 묘사하고 있을까? 이 점에 관해서 주목할 만한 것은 야마타 정순과 주인공, 그리고 이군의 어머니 사이의 왕래이다. 남은 불한당같은 남편에게 박해당하는 정순에게 "당신이 하루오를 데리고 조선으로 돌아가는 것 외에는 방법이 없다고 생각"한다고 했고, 이군 어머니도 "도망쳐서 고향으로 돌아가라"고 권유한다. 그러나 정순은 남편이 무서워서 귀향을 결심할 수 없다고 말한다. 이것은 재일조선인의 경우 조선으로 귀속해야만 행복해질 것이라는 점, 그러나 식민지하인 현실에서는 그것이 충족될 수 없음을 암묵적인 비유로서 언급하고 있는 것은 아닐까?

김사량의 다른 작품에서도 귀향을 바라면서도 그것이 충족되지 않는 재일조선인의 비애가 종종 묘사되곤 한다. 《무궁일가(無窮一家)》에는 일본 내지에서 30년의 세월을 보낸 최 노인이 등장하는데, 그는 "1년이 더 가기 전에, 1년이 더 가기 전에", "나도 꼭 고향의 하늘이……"라고 중얼거린다. 마찬가지로 《기생충(蟲)》에서는 오랜 세월을 일본에서 보내 이제 머리가 이상해지고 고향의 기억조차 분명치 않은 '지기미'라는 인물이 등장한다. 그는 "먼 곳에서 생각하는 것만으로도 고향 마을은 틀림없이 있다"고 주장한다.

덧붙이자면 김사량은 조선에 대한 이러한 추억이 재일조선인 2세에게도 존재한다고 생각했다. 《무궁일가》에 등장하는 최동성(崔東成)은 '내지에서 태어나 내지에서 자랐기 때문에' 조선어가 서툰 재일조선인 2세이다. 그러나 그의 방에는 '3년 전에 태어난 이래 처음으로 조선에 돌아갔다가 사온 것으로, 다홍색의 아름다운 꽃이 촘촘히 자수되어 있는 조선 강산의 그림 액자'가 걸려 있다.

김사량의 작품에서 재일조선인과 조선의 유대는 구체적인 고향과의 유대가 아니라 내셔널한 차원의 그것으로 나타나 있다. 최동성의 방에 조선 강산의 액자가 걸려 있는 것도 그러하거니와 가장 상징적인 것은 《기생충》에서 '지기미'와 그림을 배우는 학생 사이의 대화이다. '지기미'는 그림을 배우는 학생에게서 구체적인 고향이 어디인가를 계속 추궁당하자 이렇게 답한다. "현해탄을 건너면 어디나 내 고향이지"라고.[19]

즉 이 시기에 김사량이 사용하고 있던 '고향'이라는 말은 종종 '조국'과 동의어였다.[20] 그러므로 그가 《기생충》을 비롯한 여러 작품을 모은 단편집 제목을 '고향'으로 정한 것은 '조국'에 대한 그의

---

[19] 게다가 그 후 회화 학생과의 대화 가운데 '지기미'가 실은 구한국시대의 '의용열사'였음이 밝혀진다. 즉 독립한 조선 국가의 이미지가 환기된 것이다.
[20] "당시 우리들 조선인에게는 '조국'이나 '고국'이라는 말은 완전히 금지되었다"는 것, 후술하는 김사량의 제2소설집인 《고향》의 발문에 관해서도 "그러므로 김사량이 여기서 쓰고 있는 '고향'이라는 말은 '고국' 혹은 '조국'인 것이다"라는 것은 이미 김달수에 의해서도 지적되었다(《金史良全集Ⅱ》 385쪽, 김달수에 의한 〈解題〉).

강한 추억을 드러내는 대목이다.

게다가 이 단편집의 발문을 읽어보면 그가 조국이란 따뜻한 것이며, 재일조선인에게도 조국과의 유대는 필연·당연한 것이고 소중히 유지해야 한다는 생각을 하고 있음을 알 수 있다. 발문은 다음과 같이 쓰여져 있다.

> 이 두 번째 소설집을 내면서 제목을 '고향'이라고 했다. 고향은 누구에게나 그리우면서도 동경해 마지않는 곳이리라. 나도 자신의 고향을 다시없이 소중한 것으로 생각하고 또 사랑한다. 어떤 의미에서는 고향을 사랑하지 않고서는 살 수 없는 숙명을 짊어지고 있는 듯한 느낌조차 든다. ······
>
> 여기에 담은 소설 속의 사람들도 한 둘의 예외를 제외하면 거의 모두가 나와 같이 고향을 사모하고 그 따뜻한 품속에서 쉬기를 간절히 바라고 있다. ······ 설령 그들이 각각 떨어져 고향을 멀리하고 일본 내지 혹은 북중국에서 고난의 생활을 하고 있다 하더라도.

이 글에서나 지금까지 본 그의 소설에서 김사량이 수행하고 있는 재일조선인에 대한 묘사를 좇아가 보면 그가 다음과 같은 점을 제기하고 있었던 것은 명확하다고 할 것이다. 즉 1930년대 말 이후의 곤란한 시기에 처해 있기 때문에 재일조선인은 민족성을 유지·회복하고 조국과의 유대를 계속 가져나가야 한다는 것이다.

6. 세 사람의 입론이 지닌 위치와 영향력

이상에서는 고권삼·장혁주·김사량 3인의 재일조선인론과 그 특징을 살펴보았다. 그렇다면 그들의 입론은 동시대에 실재하던 재일조선인, 특히 민중 층위에서의 생활과 의식 그리고 일본의 국가 시책 등과는 어떤 관계에 있었으며 또한 어떤 영향을 주었을까? 지금부터는 그 점에 관해서 살펴보고자 한다.

우선 김사량은 그 민족주의적 입장 때문에 일본 국가와는 명확한 긴장과 대립관계에 있었다. 그런데 그가 자신의 작품 속에 민족주의적인 요소를 넣을 수 있는 여지는 점점 적어져갔다. 주인공이 조선인 이름을 되찾는다는 《빛 속으로》가 발표된 다음해에는 창씨개명이 실시되어 1942년 1월의 《우두머리 코부세(親方コブセ)》(재일조선인을 소재로 한 최후의 작품이며, 그가 미·일 개전으로 예방 구금되기 직전에 쓰여졌다)에서 등장인물의 이름은 이산(李山)과 한원(韓原), 최본(崔本) 등이었다.

동시대 현실에 처했던 재일조선인 중 김사량의 작품을 접한 사람은(일본어 소설을 읽는 사람 자체가 그렇게 많지는 않았을 것이지만) 그것으로부터 민족성 회복 및 조국과의 유대관계 유지, 민족 해방이 언젠가는 올 것이라는 메시지 등을 확실히 읽어냈을지도 모른다. 그러나 그렇다 하더라도 당시의 상황에서는 그것을 마음에 담아둘 뿐 표면상으로는 황국신민이 될 수밖에 없었다.

또한 김사량의 입론이 반드시 민중들의 현실을 반영하는 것은 아니었다. 식민지기 조선인 민중 모두가 민족의 독립을 염원하며 행동했을 리 없듯이(만약 그렇다면 일본 제국주의는 몇십 년간 조선을 지배할 수 없었을 것이다), 재일조선인 모두가 민족성을 회복하고 조국으로 돌아가려는 희망을 가지고 살아갔다고는 이야기할 수 없다. 물론 김사량은 현실의 재일조선인과도 접촉을 했으므로, 그들에 대한 취재를 바탕으로 하여 민중들의 모습을 생동감 있게 묘사하고 있기는 하다. 그러나 여기서 나타나는 재일조선인의 이미지는 열악한 상황 속에서도 서로 돕고 조국을 동경하며 전심전력으로 살아가는 모습인데, 이것은 이른바 당위적인 모습이다.

그리고 그의 소설에 등장하는 서툰 조선어밖에 구사할 수 없는 재일조선인 2세와 한일 간의 혼혈아 등은 현실에 이미 존재하고 있었는데, 김사량의 민족주의적 입장은 이들의 귀속과 문화에 관한 문제를 어떻게 해결할 수 있을까에 대해서는 그 해답을 명확하게 제시하지 않고 있다.

다음으로 장혁주에 대해서 살펴보면 그의 1940년대 언설은 현실 재일조선인의 민중생활로부터 출발한 것은 아니다. 그러나 1930년대 후반의 장혁주는 민중 층위의 재일조선인 생활을(민족주의적 입장에서 보아 부정적인 측면도 포함해서) 매우 리얼하게 포착하고 있다. 《노지》에는 동포 여성을 팔아버리려 하는 재일조선인, 집단 거주지에 사는 조선인들의 자포자기적인 음주와 위생 관념 결여 등의 문제, 혹은 그러한 하층 조선인들에 대한 인텔리 조선인의 멸시, 생활을 개선한다고 하여 이전의 민족운동가가 협화사업에 협력하는 등등이 묘사되고 있는데, 이러한 모습들은 동시대 사료로부터 실제로 확인된 것들이다. 또한 《우수인생》에 등장하는 주인공, 즉 일본인으로부터는 조선인이라고 배제되고, 조선에 대한 그리움을 느낄 수도 없고, 조선인으로부터는 때때로 일본인으로 취급되는 한일 혼혈아도 이 시기 현실적으로 존재하고 있었다.

이와 같이 장혁주가 재일조선인의 실상을 잘 포착할 수 있었던 것은 그가 조선인 집단 거주지에 대해 취재를 수행했고, 실제로 하층 재일조선인과 접했기 때문이라고 생각된다. 그렇지만 동시에 이 점은 그 자신이 처해 있던 입장으로부터 영향받은 것은 아니었을까? 일본에 살면서 일본어로 창작 활동을 하고, 다른 작가와 다르지 않는 형태로 일본 문단의 일원처럼 생활하면서도 조선을 소재로 하는 '이색'적인 작가에 머물고, 그러면서도 조선 문단에는 소속될 수 없었던 장혁주의 입장은 재일조선인, 특히 2세들과 중첩되기도 한다. 그런 이유로 인해 그는 민중 층위의 재일조선인과 가까워졌을 것이다.

그러나 그가 민중 층위의 재일조선인 생활과 의식을 포착했다 하더라도 그곳에 있는 문제를 천착해서 무엇인가를 제시했는가 하면 이미 살펴본 바와 같이 그렇지는 않았다. 그가 보여준 것은 내선일체라는 틀 속의 논의이며, 객관적으로는 침략 전쟁에 조선인을 동원하기 위한 일종의 어용언설 그 이상은 아니었다. 그러므로 재일조선인에게 무엇인가 특별한 감명을 주었다고는 볼 수 없다.

고권삼의 저작은 에세이이며, 명확히 오사카 조선인을 주요 주제로 삼았기 때문에 현실의 재일조선인 생활을 가장 사실적으로 전달하고 있다. 그러나 그것은 대상 지역과 저자의 출신지에 규정된 편향이 있음에도 주의해야 할 것이다. 오사카 거주 조선인, 제주도 출신자의 동향이 과연 이 시기 재일조선인의 '전형'인가 하면 그렇지 않다. 에스닉 비즈니스와 동향자 집단의 네트워크가 발달한 사회는 이른바 오사카의 특수한 실태였다. 또 고권삼이 자주 거론한 것은 사회적 상승을 이룬, 즉 적어도 어느 정도 일본 사회에 편입된 조선인들이었다는 한계도 있다.

즉 고권삼이 본 것은 낙관주의적 긍정적인 현실이었다. 지역적인 다문화주의와 네트워크를 형성할 수 없는 소수의 조선인밖에 없는 지역에 사는 사람과 일본 사회에서 지위를 얻고 싶어도 배제될 수밖에 없는 대다수 조선인의 고뇌는 그다지 포착되지 않았다.[21]

그러나 현실적으로 점점 발생하는 다문화주의적 상황을 인정하고자 하는 고권삼의 주장에 대해 오사카 거주 조선인의 다수는 동의할 것이다. 그러나 그 실현가능성은 매우 이른 단계에서 상실되었다. 고권삼은 자신의 저서에서 조선인 시장을 행정 당국의 원조로 정비하라고 서술했는데, 그 2년 전인 1936년 오사카부 경찰부는 "특이한 집단을 양성해서 특이한 생활 형태를 지속하려는 조선인 대상의 식료품 판매 시장에 대한 신설 문제는 …… 그를 폐지케 한다"라는 방침을 계속 실행에 옮겼던 것이다.[22] 고권삼은 일본 국가와의 관계에서도 너무 낙관적이었다.

이상에서 살펴본 바에 의하면 고권삼·장혁주·김사량의 입론이 동시대의 현실에 처한 재일조선인들에게 준 영향은 그다지 크지 않았다고 말할 수 있다. 이것은 현실적인 민중 층위의 재일조선인들이 가진 의식과 생활로부터의 괴리나 천착 부족 등에서 기인한 것이라고 할 수 있다. 그러나 물론 더욱 커다란 장애 요인이 된 것은 일본

---

(21) 단 그것이 전혀 언급되지 않았던 것은 아니고, 취직 차별로 고민하는 청년 등의 일이 다루어지고 있다.
(22) 〈大阪府の在住鮮人同化方策實施に就て〉,《特高月報》 1936년 6월).

의 국가 권력이라는 존재이다. 당시에는 단도직입적으로 주장을 전하거나 의견 발표, 교환 등을 통해 논의를 심화하는 것 자체가 곤란했다.

7. 해방 후의 상황과 관련해서

이 글에서는 식민지기 재일조선인의 귀속과 문화에 대한 실태와 그것에 관한 조선인 지식인의 언설에 대해 검토했다. 이미 앞에서 살펴본 것과 같이 식민지기 재일조선인의 귀속과 문화는 매우 다양했고, 종종 종층적·복수적인 것이었다. 식민지 때부터 그러한 재일조선인의 실제 상황과 고뇌를 반영한 재일조선인론이 서술되고 있었다. 그러나 황민화정책의 압력이 강화되는 도중에는 재일조선인의 귀속과 문화가 어떠해야 하는가에 관한 논의가 심화될 수 없었고, 여러 재일조선인론은 커다란 영향력을 가질 수 없었다.

그러나 이 글에서 다룬 3인 가운데 해방 후 민족주의적인 재일조선인 단체(거기에는 맑시스트도 포함된다)로부터 높이 평가받은 인물이 있다. 두말 할 필요도 없이 김사량이다. 해방 후 재일조선인 단체는 민족성을 회복하고 조국과의 유대를 강화하는 활동을 추진했다. 그러므로 김사량이 평가되는 것은 당연하다. 식민지기 그의 주장은 그 선구라고 말할 수 있기 때문이다.

여기에 대해 장혁주는 내선일체를 제창한 민족의 반역자로 규탄받았다. 그리고 그는 1952년 일본 국적을 취득한 후 한국식 이름도 버렸다.

이렇게 본다면 ①식민지기의 김사량과 해방 후 재일조선인 운동

사이의 연속성, ②식민지기의 장혁주와 해방 후 장혁주 사이의 연속성이 확인됨과 아울러 ①과 ②는 대극적인 위치에 있다고 정리할 수 있다.

그러나 ①과 ②는 방향에서는 확실히 정반대이지만 형태에서는 상당히 유사하다. 즉 하나의 국가는 하나의 민족으로 구성된다는 전제 위에서 스스로의 문화와 귀속도 하나가 되어 틈을 없애 나간다라고 하는 점에서 공통적이었다. 1952년경 장혁주는 일본 국적을 신청했는데, 당시 일본 혁명을 위해 운동을 전개하던(즉 아직 소속을 조선과 함께 일본에도 두려고 했던) 맑시스트 재일조선인들에게 그가 "제군은 일본인에게 '외국인'"이므로 그것을 중지하라고 충고하는 점은 매우 흥미 있는 사실이다.[23]

김사량과 해방 후의 재일조선인 단체 그리고 장혁주는 모두 국민국가의 원리를 충실히 실행하려는 사고방식을 가지고 있었다. 그러나 그것에 의해 재일조선인의 귀속과 문화를 둘러싼 문제가 해결되었는가 하면 그렇지 않았다.

재일조선인 2세와 '혼혈' 인들이 해방 후에도 여러 문제를 내포한 채 살고 있는 점, 게다가 금일 새로운 이주자를 맞이하지 않을 수 없는 상황 등을 생각한다면, 해방 후 완전히 망각한 고권삼과 1930년대 후반 시점의 장혁주가 서술한 재일조선인론이 중요하다는 것을 알 수 있다. 2세 세대와 한일 혼혈아의 귀속 및 문화를 해결하기 곤란하다고 말한 장혁주의 언급과 지역적인 다문화주의와 네트워크

---

(23) 《讀賣新聞》 1952년 7월 15일 〈朝鮮同胞に告ぐ〉. 장혁주의 '충고'를 받아들인 것이 아니라 조선노동당과의 관계에 따른 것이었겠지만, 1955년에 조선총련이 결성되어 '공화국 공민'인 재일조선인이 일본 정치에 관여한 것은 잘못이라고 말했다.

존재에 대한 고권삼의 지적은 국민국가의 원리만을 고집해서는 해결될 수 없는 문제가 있다는 사실, 민중의 생활은 일본 국가와 조선 민족주의자의 논리와는 다른 차원에서 움직이고 있다는 점 등을(본인들이 자각하고 있는가는 별개의 문제로 치고) 이 단계에서 보여주고 있었던 것이다.

5부

외부의 시선 — 논평

■ 역사에서 벗겨내야 할 '신화들'
박지향(朴枝香)

■ 예리한 연구 성과를 시민사회로 환원하는 방법은?
나미키 마사히토(並木眞人)

■ 역사, 이론 및 민족국가 — 최근 아시아학의 이론적 동향
이남희(Namhee Lee)

■ 비대칭 속에서 식민지 근대화론에 관해 '일본인'이 생각한다
쓰보이 히데토(坪井 秀人)

■ 한국에서 '국사' 형성의 과정과 그 대안
이영호(李榮昊)

* 5편의 논평은 2003년 8월에 열린 공개 토론회 〈국사의 해체를 향하여〉에서 발표된 글입니다.
* 1, 2, 3, 4부의 본문, 특히 이영훈 교수의 글은 토론회 이후 수정, 가필하였으므로 논평과 다른 부분이 있을 수 있습니다.

역사에서 벗겨내야 할 '신화들'

박지향(朴枝香)

1953년 서울에서 태어나 서울대학교 문리과대학 서양사학과와 같은 대학 대학원을 졸업했다. 동아일보 기자를 잠시 거쳐 뉴욕 주립대학(스토니브룩 소재)에서 철학박사 학위를 받았다. 뉴욕의 Pratt Institute에서 가르친 후 1987년 인하대학교에 부임했고, 1992년부터 서울대학교 서양사학과 교수로 재직 중이다.

석박사 논문의 주제는 사회·노동사였지만, 그 후 영국 및 일본 제국주의에 관심을 가지게 되었다. 전통적 정치·경제적 접근에서 벗어나 문화적 양상과 젠더 측면 등을 제국주의 연구에 접목시키려 노력하고 있다. 또한 최근 포스트 식민주의 연구의 경향을 받아들여, 착취와 저항의 이분법적 분석 틀을 탈피하고 제국주의자와 종속민 간의 다양한 관계에 주의를 기울이고자 한다. 국내외 학술잡지에 40여 편의 논문을 발표했다.

Profit-Sharing and Industrial Co-partnership in British Industry 1880-1920: Class Conflict or Class Collaboration? (NY: Garland), 1987.
《영국사 : 보수와 개혁의 드라마》 까치, 1997.
《제국주의 : 신화와 현실》 서울대학교 출판부, 2000.
《슬픈 아일랜드》 새물결, 2002.
《일그러진 근대 : 100년 전 영국이 평가한 한국과 일본의 근대성》 푸른역사, 2003.

한국이나 일본 모두 국수주의적 민족주의가 여전히 맹위를 떨치고 있는 지금, 두 나라 지식인들이 그러한 압도적 분위기를 바꾸어 건전한 시민사회를 만들어보려는 의도로 추진하고 있는 노력에 경의를 표한다. 이 글에서는 개개 논문에 대한 평보다는 논문들에 상관없이 평소 생각해오던 문제점들에 대해 이야기하고자 한다. 그래서 한국사 전공자도, 일본사 전공자도 아닌 입장에서 그동안 민족주의 사학에 대해 나름대로 생각해오던 바를 말씀드리고자 한다. 일단 10개 논문들의 주제를 정리해보면 ① 국사에서 신화를 벗겨내려는 노력, ② 근대화 과정에서 나타나는 자주와 모방에 관한 문제, 즉 일본의 서구 근대의 모방과 일본에 의한 조선으로의 이식, 그리고 그 과정에서 나타나는 왜곡과 차별화, ③ 일국사적 시각에서 벗어나고자 하는 노력 등이 될 것이다. 이하 각 주제에 대해 이야기해보겠다.

민족주의 사학

특히 이영훈 교수의 논문이 민족주의 사학의 폐해를 잘 분석하고 있다. 이 교수는 민족주의 사학이 과거를 미화함으로써 역사를 왜곡한다는 사실에 그치지 않고 현실 정치, 특히 현재 우리의 최대 현안인 북한 문제에 현실적 함의를 갖는다는 사실을 잘 지적하고 있다. 민족 혹은 민족주의가 고래의 개념과 이념이라는 잘못된 인식이 팽배해 있는 실정에서 민족이란 신분적 차별이 존재하는 곳에서는 찾아볼 수 없는 것이라는 이영훈 교수의 주장은 옳은 지적이다. 조선시대처럼 동족을 노비로 두고 있는 집단을 민족으로 볼 수는 없는 것이다. 따라서 민족은 명목적으로는 19세기 말 갑오개혁 이후에나 언급될 수 있으며, 실제적으로는 그 후에도 여전히 만족되지 않은 개념이다. 개화파들의 논의에서도 자유롭고 평등한 주권 담지자로서의 국민이라는 개념은 발견되지 않기 때문이다. 특히 노비는 말할 것도 없고, 여성이나 백정 등 주변부적 존재들이 우리 역사에서 받은 대우를 생각할 때 민족 정체성이 민족 전체를 아우르는 개념이 아니었다는 사실은 분명해진다. 그런 민족을 마치 수천 년 전 원형이 만들어져 그대로 유지·보존되어 온 것인 양 가르쳐온 우리 국사학의 관행은 대단히 잘못된 것이다.

민족주의도 민족과 마찬가지로 근대의 산물임은 서양에서조차 그것이 18세기 말 이후에야 나타난 이념이라는 사실에서 드러난다. 필자 최근 발간한 《일그러진 근대》에서도 밝혔듯이 19세기 말에서 20세기 초 동아시아를 방문하고 관찰한 영국인들은 한국인들에게서 애국심이나 민족주의를 발견하지 못한다고 기록했다. 오늘날 한국민이 보여주는 맹렬한 애국주의와 민족주의에 비추어볼 때 이것은 놀라운 관찰인데, 이는 민족주의가 자연발생적인 것도, 불가피한 것도 아니라는 사실을 입증해주는 하나의 예이다. 민족주의는 식민주의에 대한 반작용으로 형성된 것이지 그 자체 독립적으로 존재한 현상은 아니었던 것이다. 민족주의의 폐해에 대해서는 임지현 교수 등이 그동안 꾸준히 지적해왔기 때문에 이 자리에서 반복할 필요는 없을 것 같다. 다만 민족국가가 정치적 권력을 확장하는 과정에서 도덕적 권위까지도 독점하여 지고의 가치로 둔갑하면서 극도의 집단주의와 획일성을 야기했고, 그 안에서 개인은 질식해버린다는 가장 기초적인 악폐만을 짚고 넘어가기로 하자. 최근 우리 사회에서 발견되고 있는 집단주의적 의식과 행위들이 바로 그 좋은 예이다. 여기서 민족주의가 인류 역사상 가장 심각한 폐해를 야기하는 이데올로기 중 하나라는 점도 잊지 말아야 할 것이다. 이스라엘과 팔레스타인을 위시한 중동 지역과 보스니아 등지에서 일어나고 있는 종족적 갈등은 말할 것도 없고, 당장 우리 사회에서 볼 수 있는 내부적 타자(他者) 만들기도 우려할 정도에 이르렀다. 특히 좌파 인사들이나 일부 학생들이 '민족' 개념을 전유하고, 그들 방식대로의 통일에 반대하는 보수 진영을 '민족'에서 배제하자고 주장하는 것은 아직도 '민족'이 전체를 아우르는 개념이 아니라는 좋은 예가 될 것이다.

민족과 민족주의를 본질화하는 역사는 역사학의 학문적 본성에도 어긋난다. 역사학은 변화의 과정을 추구하는 학문이다. 다양성과 복잡한 구성, 만들어지고 깨지고 다시 구성되는 과정을 보여주어야 하는 학문인 것이다. 민족도, 문화도, 종족도 마찬가지로 형성되고 붕괴되고 재형성되는 존재들이다. 이런 점에서 민족주의 사학은 역사학이 '절대 피해야 할 본질화의 오류'를 범하고 있으며, 에드워드 사이드가 지적하는 식의 오리엔탈리즘의 잘못을 그대로 답습하고 있는 것이다. 앞으로 한국사에서 민족이라는 개념이 어떻게 형성되고 변화하고 재구성되어 왔는가를 구체적 사료를 통해 비판적으로 분석하는 작업이 필요하다. 특히 이념형과 담론으로서의 민족과 현실 사회에서 구현되는 민족 사이의 괴리를 밝히는 작업이 중요하다. 여기서 '민족주의의 해방의 역사는 배신의 역사일 뿐'이라는 어느 인도 여성의 예리한 지적은 우리에게도 시사하는 바가 크리라 생각된다.

민족주의 사학이 낳은 또 하나의 문제점은 우리 사회에서 발견되는 우리 불행의 책임을 남에게 떠맡기는 태도이다. 이곳저곳에 기고

한 글에서도 지적했듯이 19세기 말에서 20세기 초 국망의 책임을 남에게 전가하는 태도가 그 대표이다. 물론 일본이라는 엄연한 범인의 존재로 인해 그것은 참으로 쉬운 작업이다. 그러나 그런 식의 책임 전가가 우리에게 더 나은 미래를 보장해줄 것인가? 우리를 책임감 있고 능력 있는 그래서 더 이상 국권 상실이라는 비극을 겪지 않을 자율적 존재로 만들어줄 것인가? 특히 고종과 당시 위정자들에 대한 책임 추궁은 도면회 교수가 이번 논문에서 언급한 것보다 더욱 철저하게 이루어져야 할 것이다. 국망의 책임을 남에게 전가하는 사람들의 또 다른 변명은 식민사관의 극복이라는 명분이다. 식민사관의 극복이라는 명분하에서 민족주의 사학은 과거 우리의 잘못조차 미화해왔다. 그러나 이제는 우리의 책임을 솔직하게 반성함과 동시에 반면교사로 삼아야 할 시점이다. '식민사관의 극복'이라는 명분은 미야지마 교수가 지적하고 있는 한국사의 내재적 발전론이나 중국·일본과의 연관성을 애써 무시하려는 일국사적 풍조와도 연관되는데, 이러한 자의적이고 편협한 역사 해석을 바로잡는다는 의미에서도 '식민사관의 극복을 극복' 하는 일은 중요하다고 생각한다.

민족주의 사학이 실제로 해체된 경우를 아일랜드 역사학에서 찾아볼 수 있다. 우리와 마찬가지로 식민지시대를 경험하고 영국이라는 강력한 '타자'로 인해 고통을 겪은 아일랜드인들의 역사 해석과 서술도 최근까지 압도적으로 국수주의적이었다. 게다가 우리와 마찬가지로 분단된 국가라는 현실 역시 이러한 민족주의적 성향을 부추겼다. 아일랜드 사람들은 스스로를 세상에서 '가장 슬프고 비참한 민족'이라고 부르며, 그러한 자신의 이미지에서 위안을 찾았다. 그들은 자신들의 외형적 허약함을 보상하고자 내적·정신적 순수함과 고결함으로 무장했으며, '가장 고통받는 자가 결국 승리한다'는 신화에 집착했다. 그러나 1970년대부터 시작된 '역사 다시 보기'의 노력으로 현재 아일랜드 역사에서는 신화가 많이 걷힌 상태이다. 한 나라의 역사가 예외적이라면 다른 많은 나라들도 '예외적으로 비극적이고 참혹한' 역사를 경험했다는 사실을 인식하고, 편협한 역사의식에서 벗어나 자국 역사를 객관적이고 보다 넓은 시각에서 바라보게 된 것이다.

그러한 결과를 얻게 된 이유는 아일랜드가 유럽연합에 가입하면서 섬나라적 전망에서 벗어나게 된 것과 경제적으로 발전하면서 자신감이 생기고 피해자로서의 자신이나 가해자로서의 영국에 대해 다시 생각하게 된 점 등을 들 수 있다. 현재 아일랜드의 일인당 국민소득은 영국의 일인당 국민소득보다 더 높다. 이제 아일랜드 사람들은 '제3세계적 의식'에서 '제1세계적 정체성'으로 전환한 것이다. 여기서 유추해보면 한반도라는 반도적 조망에서 벗어날 때 그리고 경제적으로도 일본보다 나아지게 될 때 우리도 역사 다시 보기가 수월해질지 모르겠다. 마지막으로 수정주의 역사학자들의 주도적 역할도 매우 중요했다. 1970~80년대 그들은 '매국노' 그리고 우리의 친일파에 상응하는 '친영파'라는 비난을 감수하면서도 '역사 다시 보기'를 시도했던 것이다.

근대, 근대화

발표된 논문들의 두 번째 주제는 근대화 과정에서 나타나는 보편성과 차이점, 모방과 변형, 근대화의 주체와 객체의 문제들이다. 일본의 근대 수용이 서구 중심주의를 답습한 점, 일본이 근대성을 한국에 이식하는 과정에서 고의로 한국의 과거를 왜곡하고 차별화한 사실 등은 앞으로도 계속되어야 할 중요한 연구 주제라고 생각된다. 특히 일본 천황의 묘는 손대지 못하게 하여 신성시하고 한국의 왕릉들은 발굴하여 공개했다든지, 이왕직미술관과 총독부미술관 건립을 통해 식민지로서의 조선과 식민지인으로서 개화되어야 할 조선인의 위치를 확립하려 했다는 사실 등을 재미있게 읽었다. 몇 편의 논문들은 또한 근대성이 가져다준 새로운 정체성의 문제, 식민지 시기 일본과의 관계 속에서 형성되고 재편되는 한국인들의 의식, 정체성 등의 문제를 다루고 있는데, 평범한 개인의 일상적 삶에 나타나는 근대성의 문제 등 이제까지 간과되어 온 부분들이 분석되고 있다는 점에서 참신하고 고무적이다.

그러나 필자는 근대의 개념에 대해 필자들 사이에 의견 정리가 제대로 안 된 것 같은 느낌을 받았다. 이영훈 교수가 서구의 근대 개념을 거의 그대로 수용하는 편이라면, 미야지마 교수는 서구와 다른 근대 개념을 정립하기 위한 요소로 주자학을 논하고 있으며, 다른 필자들의 논의에서도 근대는 모호한 모습으로 나타났다. 나아가 논문들은 대체로 경제적·정치적·제도적 변화를 중심에 놓음으로써 근대를 너무 좁게 정의하는 것이 아닌가 하는 느낌을 주고 있다. 서구의 근대는 자본주의 경제, 근대 국민국가 등의 외적인 성과물 외에 무엇보다도 자의식적 개인, 새로운 시대에 대한 의식, 그리고 그 새로운 시대가 과거보다 진보한 것이라는 역사의식을 포함하고 있다. 이런 점에서 미야지마 교수가 동아시아적 근대성의 기준이 될 수 있다고 제시한 과거제도는 집안과 문벌 배경이 아니라 개인의 능력을 평가했다는 의미에서 개인의 발견의 한 형태일 수 있지만, 그것이 새로운 시대에 대한 역사의식을 수반했는지를 살펴봐야 할 것이며, 근대성의 새로운 모델로는 미흡하지 않았나 생각된다.

근대에서 정신적·지적 토대가 중요하다면 우리가 이제까지 너무 근대화의 물질적 측면만을 중시해오지 않았는지 자성해볼 필요가 있다. 내재적 발전론이나 식민지 근대화론 모두 근대성의 경제적 면에 치중했다는 비판을 제기할 수 있는데, 앞으로 정신적 근대화와 물질적·제도적 근대화의 연관관계가 더욱 치밀하게 분석되어야 할 것이다. 19세기 말에서 20세기 초 일본을 관찰한 영국인들은 일본이 결국 근대화에 실패할 것이라는 결론을 내렸는데, 그 이유는 일본이 물질적으로는 서구를 따라오고 있지만 정신적 근대화는 이루어지지 않고 있다고 판단했기 때문이었다.

미야지마 교수의 비유럽적 근대성의 발굴 시도는 흥미 있는 작업이다. 그러나 나는 근대화의 비유럽적 모델이 굳이 필요한가에 대해서는 회의적이다. 물론 우리의 인식론이 드러내는 심각한 서구 중심주의는 비판될 소지가 있지만, 근대 자체가 서구에서 시작된 것이라면 그것을 기준으로 하는 것이 크게 자존심 상하는 일은 아니며 굳이 오리엔탈리즘적 사고라고 생각되지도 않는다. 어차피 서양에서조차 이념형에 맞아떨어지는 근대화는 존재하지 않기 때문이다. 영국이 아마도 이념형에 가장 근접했다면, 독일은 상당히 동떨어진 모습의 근대화를 이루었다. 오히려 필자가 강조하고 싶은 것은 근대성 자체에 대한 평가이다. 윤해동 선생이 식민지하 도구주의적 근대를 해방적 근대와 구분해서 언급하고 있지만, 대부분의 글들이 근대성의 긍정적 가치를 인정하고 있다는 인상을 받았다. 식민지시대 민족주의자들이나 사회주의자들도 마찬가지였다. 그들은 모두 자신들도 근대화할 능력이 있고 스스로를 통치할 수 있다는 주장하에 반식민주의운동을 전개했는데, 이러한 주장은 실상 근대성에 기반한 제국주의자들의 논의를 수용한 것에 불과했다. 제국주의에 대항하는 반식민주의 담론 역시 근대성에 기반한 제국주의자들의 담론에 기초한다는 모순에 빠져 있는 것이다. 그러나 최근의 포스트 식민주의(post-colonialism)나 서벌턴 논의에서 제기되고 있듯이 과연 근대가 그처럼 바람직한 것이었는가라는 의문을 갖게 된 근대와 근대성에 대한 비판적 분석이 더욱 필요하다고 생각된다.

근대화의 주체와 객체의 문제에서 우리가 기억해야 할 중요한 사실은 근대화가 일제에 의해 시작되었지만 그 사실이 자동적으로 한국인들을 단순한 소극적 수용자로 만들지는 않았다는 것이다. 일제의 의도와는 상관없이 한국인들은 근대성을 적극적으로 받아들이고 자신의 것으로 만들었으며 그 형성에 참여한 적극적 행위자였다. 그 기반 위에서 1960년대 이후의 근대화가 가능했다. 미야지마 교수의 지적대로 식민지기 개발정책도 일본 덕분이 아니라 식민 사회 내부에 그것을 수용할 기초가 이미 존재했기 때문에 성공할 수 있었던 것이다. 이 문제와 연관되어 전통 사회와 근대와의 연관성 혹은 단절의 문제가 보다 치밀하게 논의되고 식민지 근대성의 중층적이고 다원적인 구조와 효과가 드러나야 할 것이다.

여기서 혼종성(hybridity)의 문제가 제기될 수 있다. 몇몇 논문들이 혼종성을 다루고 있지만 논의는 주로 일본의 존재로 인해 야기된 조선인 안에서의 혼종성에 국한되어 있다. 이 모든 논의에서 일본은 여전히 압도적 권력자의 모습으로, 말없는 지시체로 존재하고 있다.

물론 식민지 지배자와 종속민이라는 차별적 존재 조건에서 힘의 불균형은 당연하지만 그럼에도 불구하고 압도적이고 일방적인 권력관계만이 존재했다고 볼 수는 없다. 식민지인들이 근대화의 수동적 수혜자가 아니었다면 식민 지배자들도 적극적 권력자는 아니었다. 지배자는 강제와 타협 사이를 그리고 종속민들의 대응도 폭력과 협상 사이를 왔다갔다했던 것이다. 최근 포스트 식민주의 연구는 모방, 상호 의존성, 혼종성, 전통문화, 주인과 노예 사이에 존재하는 복잡한 성격 등을 지적한다. 한편에 지배자를 증오하면서 찬탄하고 선망하고 모방하는 종속민의 정서가 있다면, 다른 한편에는 자신들이 제대로 이해할 수 없는 적대적 종속민들에 둘러쌓여 있는 소수 지배자들의 불안과 공포가 있는 것이다. 식민지 지배하에서 일어나는 저항과 협상, 모방과 도전, 변화와 재창조의 복잡한 과정이 앞으로 더욱 중점적으로 추적되어야 할 것이다. 예를 들면 농촌 청년의 일기에서도 이러한 지배자와 종속민의 복잡한 내부 구조가 분석되었다면 좋았겠다는 느낌을 받았다. 더 나아가 식민지 사회를 지배자와 종속민이 직접 만나는 접촉 지대로 또는 지배자와 종속민의 상호변형이 이루어지는 장소로 생각해보는 것도 바람직하다. 호미 바바의 주장대로 식민지 사회는 모방과 아이러니가 끊임없이 작용하는 현장이기 때문이다. 지배자와 피지배자가 서로에게 오염되어 있고 영향력을 미치는 존재들이라면 쌍방향적인 힘의 행사도 찾아봐야 할 것이다. 또한 식민지 지배하에서도 일본의 근대성에 무관하게 한국인들 스스로 발전시킨 근대성의 면면이 있었을 것이며, 식민국가와도 민족주의와도 사회주의와도 동떨어진 삶, 다른 차원에서의 사고도 있었을 것이다. 이러한 면면을 들여다보는 연구가 진척되어야 할 것이다.

일국사적 시각의 탈피

　일국사적 시각에서 벗어나고자 하는 시도는 특히 미야지마 교수의 글에서 잘 드러나고 있다. 미야지마 교수는 그것을 근대화라는 틀에서 시도하고 있는데, 그외 여러 방면에서 접근이 가능할 것이다. 필자의 전공과 관련지어 이야기한다면 비교사적 시각에서 일본 제국주의를 연구해보는 것도 가능하다. 일본 식민통치의 특성과 일반적 성향을 구분하여 평가하는 작업이 그것인데, 이러한 관점에서 본다면 일본 식민통치에 대한 비판도 그것이 도덕적으로 옳지 못했다는 절대주의적 관점에서의 비판이 아니라, 이를테면 영국 제국주의나 프랑스 제국주의와 비교해서 일본 제국주의가 '더욱 사악' 했기 때문에 더욱 비난받아야 한다는 식의 결론이 도출될 수 있을 것이다. 간디가 '마하트마(위대한 영혼) 간디' 일 수 있었던 것에는 영제국의 통치방식이 기여한 바가 컸다. 아마도 간디가 일본제국의 지배하에 있었다면 이미 우리 기억 속에서 사라져버렸을 것이다.

　앞에서 언급했듯이 아일랜드에서 국수주의적 역사학이 약화되는 배경에는 섬나라적 조망에서 벗어나 유럽이라는 광범위한 인식의 틀에서 자국사를 바라보게 된 사실이 중요했다. 그렇다면 같은 식으로 '동아시아' 라는 개념이 가능할 것인가? 불행히도 이 개념은 19세기 말의 범아시아주의나 20세기 전반기의 대동아공영권을 떠올리게 하는 부정적 이미지를 수반한다. 중국의 패권주의를 연상케 하는 중화 문화권도 비슷한 약점을 가지고 있다. 이러한 부정적 이미지를 떨쳐버린 동아시아라는 개념이 가능한가? 한국인들이 피해의식과 편협한 민족관에서 벗어날 수 있을 것인가? 중국인들이 패권주의적 역사의식과 행태에서 자유로울 수 있을 것인가? 그리고 일본인들은 과연 아직도 집착하고 있는 탈아입구(脫亞入歐)적 태도를 떨쳐버리고 입아탈구(入亞脫歐)하려 할 것인가? 이 모든 문제점들을 고려할 때 동아시아가 단지 지리적 표현에 불과한지 혹은 더욱 적극적 개념으로 발전할 것인지에 대해서는 앞으로 지켜볼 수밖에 없을 것 같다. 다만 '유럽'이라는 개념 역시 무척이나 지난한 노력과 좌절 끝에 힘을 얻기 시작했다는 사실을 첨언하고 싶다.

국사 해체의 정치적 함의

오늘의 모임을 통해 국사의 해체를 위한 주장은 아카데믹한 범위에서 벗어나 정치적 장(場)으로 진입했다고 보아야 할 것이며, 따라서 정치적 전략을 고려해야 할 시점이라고 생각된다. 일단 '국사의 해체'라고 하는 과격한 표현이 그렇지 않았으면 많은 공감을 얻을 수도 있는 주제에 대해 쓸데없는 반감을 일으키지나 않을까라는 염려가 된다. 과격한 구호보다는 조용한 혁명이 더 현명한 전략이 아닌가 생각된다. 국사를 해체하자는 주장에 대해 제기될 수 있는 반론은 첫째, 세계가 여전히 국민국가 체제 속에서 움직이고 있는 상황에서 민족주의의 약화는 민족의 약화일 뿐이라는 주장이며, 두 번째로는 특히 현재 한국이 처해 있는 국제정치적 조건—강대국에 둘러쌓여 있다는 지정학적 여건과 분단 국가—때문에라도 민족주의는 강력히 유지되어야 한다는 주장일 것이다. 무엇보다도 '민족 통일'이라는 대명분 때문이라도 민족주의를 버릴 수 없다는 주장이 가장 강한 호소력을 지닐 것이다. 이에 대해 국사의 해체를 주장하는 쪽의 대안은 무엇인가?

우선 반드시 한 민족이 한 국가를 형성해야 한다는 19세기식의 민족주의의 시대는 지나갔다는 사실을 지적하는 일이 필요하다. 이것이 한반도에 시사하는 바는 매우 중요하다고 생각된다. 정체성 형성의 범주로서 민족주의는 여전히 유효하지만 그것이 배타적일 필요는 없다. 인간은 다양한 정체성으로 형성되어 있기에 민족 정체성만이 유일하지도, 압도적이지도 않다는 자명한 사실이 강조되어야 할 것이다. 물론 국민국가 체제는 앞으로도 계속될 것이지만, 국가는 이제 시민들에게 한 가지 정체성을 강요할 것이 아니라 그들의 다양한 정체성을 제도적 및 법적으로 보호하는 기능을 떠맡아야 할 것이다. 민족이 보유하고 있는 문화가 본질적이며, 따라서 그대로 유지되어야 한다는 인식에서의 문화 민족주의도 시대착오적이다. 민족도, 문화도 항상 변화한다는 사실에 마음을 열어놓아야 할 것이다. 무엇보다도 우리의 현대사가 보여주듯이 민족주의가 개인의 자율성을 말살하는 구실이 되지 않도록 그리고 민족이라는 이름을 전유하여 한 집단이 다른 집단을 배제시키는 일이 일어나지 않도록 방지하는 일이 중요하다.

우리는 이제 민족주의의 총체적 효과에 대해 의문을 제기하고 그 순기능과 역기능을 구분할 수 있어야 한다. 지향해야 할 목표가 독립된 국민국가일 때 민족주의는 대중을 동원할 수 있는 가장 강력한 이념이었고, 그 때문에 압도적 위치를 차지할 수 있었다. 그러나 민족주의는 '나와 남'의 테두리를 규정하고 구별짓는 것이 분명한 이데올로기이다. 세상의 모든 민족들은 자신들의 '예정된 숙명'에 대한 믿음과 '영광과 구원의 신화'를 가지고 있다. 문제는 모든 민족들이 한결같은 신념을 가지고 있을 때 각 민족은 자신만이 진리임을 입증하고자 다른 민족의 신화를 짓밟을 수밖에 없다는 것이다. 따라서 민족주의는 본질적·태생적으로 파괴를 함유하며, 비이성적이고 편협하고 증오심을 유발하게 마련이다. 최근 서양의 한 학자는 민족 정체성의 구성 자체가 타자에게 가해지는 '인식론적 폭력'이라고 비판한 바 있다.[1]

우리가 나아갈 길은 다양성과 포용이라는 한 마디로 정의할 수 있을 것이다. 그것은 우리 역사가들에게는 무엇보다도 경직된 이분법적 시각에서 벗어나 역사를 민족의 독립이나 통일이라는 협소한 개념이 아닌 보다 광범위한 개념들에 의해 더욱 정교하게 분석하는 일을 의미한다. 내재적 발전론/식민지 근대화론, 혹은 반일/친일 논의의 대립은 모든 것을 이분법적으로 파악하고 현실 사회에 존재하는 광범위한 회색지대를 인정하지 않으려는 우리 사회의 분위기를 반영하고 있는데, 그런 시각으로는 삶의 다양성과 복잡성을 제대로 파악할 수 없다.

우리는 이제 역사의 복잡하고 중층적인 구조를 들여다보아야 할 것이다. 일국사 중심의 시각이 가져오는 자기함몰적이고 편파적 의식도 21세기를 살아가는 데 결코 도움이 되지 않는다. 역사에서 신화를 구별해내는 일, 과거를 '이방인의 나라(foreign country)'가 아니라 우리가 이해할 수 있는 나라로 만드는 일에 모든 깨어 있는 역사가와 지식인들이 동참해야 할 것이다.

---

[1] Mafred B. Steger, "Mahatma Gandhi on Indian Self-rule: A Nonviolent Nationalism?" *Strategies* vol. 13, no. 2 (2000).

예리한 연구 성과를 시민사회로 환원하는 방법은?

나미키 마사히토(並木眞人)

1957년 도쿄에서 태어나 도쿄대학 교양학부를 거쳐 같은 대학 대학원에서 박사과정을 수료했다. 전공은 동양사. 현재 페리스(Ferris)여학원(女學院)대학 국제교류학부에 재직 중이다.
주요 연구 분야는 조선 근현대사, 그 중에서도 식민지 시기의 정치사·사회사에 대해 공부해왔다. 초기에는 민족운동사에 관심을 가지고 사회주의자나 민족주의자의 활동과 언설을 분석했는데, 최근에는 대일협력을 포함한 조선인의 식민지 통치에 대한 정치적 대응을 폭넓게 고찰하고자 한다. 나아가서 식민지 시기의 조선 사회 자체에 대해 새로운 지식을 획득함과 동시에 가능하다면 당해 시기 조선 사회의 구체적 사실에 대한 검토를 통해 종래 그다지 언급된 적이 없었던 '식민지'라는 시간과 공간의 성격에 대해서도 새로운 전망을 열 수 있기를 희망하고 있다. 이는 의제적(擬制的) 국민국가론으로 논의되었던 '식민지'의 고유성을 구명하는 것이 '국사'의 탈구축에 더 빨리 도달하는 길이 되지 않을까 하는 기대를 가지고 있다.

〈식민지기 조선인의 정치참여에 대하여(植民地期朝鮮人の政治參加について)〉,《朝鮮史硏究會論文集 31》, 1993.
〈식민지 후반기 조선에서 민중통합의 단면(植民地後半期朝鮮における民衆統合の一斷面)〉,《朝鮮社會の史的展開と東アジア》山川出版社, 1997.
〈조선에서의 '식민지근대성'·'식민지공공성'·'대일협력(朝鮮における'植民地近代性'·'植民地公共性'·'對日協力')〉,《國際交流硏究 5》, 2003.

나는 텍스트의 내용을 충분히 음미하며 비판적으로 검토하여, 나의 사고로 성숙시킨 후 논의를 끌어내야 함에도, 텍스트를 독해하면서 코멘트를 생각해내야 하는 임기응변적 형식을 취할 수밖에 없었다는 점을 미리 밝힌다.

자기변명이 되겠지만 〈유동(流動)하는 텍스트〉라는 논문집의 현재 상황에 맞춰 '확정한 텍스트'에 대한 철저한 독해가 이루어진 후에 체계적인 비판을 하기보다는 텍스트에 표출된 문제의식을 얼마간이나마 공유하는 나 자신의 입장에서 두세 개의 논점을 선택하여 검토하는 것으로 비평자로서의 책무에 대신하고자 한다.

먼저 한 사람의 독자로서 전체를 훑어본 감상을 이야기하고 싶다. 이 논문집에서 제기된 다양한 논의로부터 받은 강렬한 인상은 한국 근대사 연구의 전개 속도가 너무나도 급속한 점에 압도되었다는 것이다. 이것은 역사포럼에 참여하는 연구자의 연구 수준이 높고 생산력이 왕성함을 잘 보여주는 것이라고 정당하게 평가해야만 하겠지만, 자신의 태만을 돌아보지 않고 폭언을 하자면 '취지문'에 드러난 것처럼 시민적 연대를 확립하기 위한 문제의식의 공유와 보편화는 어떤 형태로 담보되었는가에 대해 두려워할 만한 점이 없지는 않다. '취지문'에서 엿보이는 사회성과 실천성에 대한 관심 또는 이러한 공개 토론회를 개최하는 데서 보이는 것과 같은 논의의 공공성의 확보에 대한 주의를 고려하면 이런 생각이 더욱 강해진다.

항상 앞장서서 래디컬한 논의를 전개함으로써 기성의 내셔널 히스토리(national history)를 철저하게 부정한다는 전략은 대단히 예리하고 통쾌한 인상을 주지만, 동시에 연구 성과를 시민사회로 환원하기 위한 경로와 방법에 대해서도—예컨대 역사 교육과의 연관 등을 중심으로 어떻게 합의를 만들어낼 것인가를 '연착륙'시키기 위한 순서를 포함하여 —검토해야 하는 것은 아닐까 생각한다. 경로와 방법이 이후 토론의 한 주제로 다루어졌으면 하는 바람이다.

'국사'의 해체에 대하여

잘 아는 바와 같이 1945년 이후의 한국 근대사 서술에서는 식민지사관을 어떻게 비판하고 극복할 것인가 하는 점이 최대의 과제로 대두되었다. 그것은 단순히 역사학이라는 학문 연구의 영역에 그치는 것이 아니라 한국과 북한의 주민에게 자기 인식의 근간을 구성하는 요소이기도 했다. 일본의 식민지 지배에 의해 철저하게 왜곡되고 수탈된 정체성을 '민족'이라는 틀로 회복하는 것, 이것이 해방 후 한반도 주민에게 가장 우선되어야 할 책무였다. 그런데 그때, 그 실상이 어떻든 대부분의 사람들에게 식민지기의 경험은 정체성의 재확립에 유용한 소재를 제공하는 것으로 간주되지는 않았다. 오히려 말살하고 싶은, 망각하고 싶은 굴욕의 시간으로 총괄되었다. 이광수가 해방 후 《나의 고백》에서 식민지기를 회고하면서 "(당시) 조선에 생존하는 조선인은 모두 일본에 협력한 사람이다"라고 서술한 것은 그 자신의 자기 변호의 부분을 제외하고라도 완전히는 부정할 수 없는 사실이었다.

그 때문에 해방 후의 역사 서술에서는 이런 굴욕으로부터 벗어나 있다고 자타가 인정한 해외의 저항운동자가 위정자로 국민국가 형성의 선두에 선 상황을 반영하여, 그들의 체험을 '건국 신화'로서 기본으로 위치지우고 그것과 저촉되지 않는 범위 내에서 식민지하의 경험을 취사선택하여 서열화한 '이야기'가 '국사'로 구축되었다. 여기에 이른바 '망명자사관'에 의한 '국사'의 전유라는 사태가 도래하게 되었다. 이것은 민족주의에 의존함으로써 철저하게 일본의 식민지 지배를 비판하는 수법인데, 언뜻 보면 '반식민지주의' 언설의 규범처럼 보이지만 실제로는 식민지기의 사고체계 내지는 가치의식을 해방 후에도 존속시키는 역할을 수행했다. 이런 '국사'의 이미지를 반식민지주의라고 하지만 식민지주의의 거울 영상이었던 것이다. 임지현 교수가 지적한 표현을 빌리면 일본의 내셔널리즘과 한국의 내셔널리즘은 '적대적인 공범관계'에 있었고, 이 관계는 일반적으로 예상하기보다는 훨씬 오래, 식민지기부터 현재까지 이어지고 있었던 것이다. 해방을 획기로 하는 '국사'의 탈환이라는 신기축은 다른 한편으로 출발점부터 식민지 지배의 '부(負)의 유산'을 끌어안은 것이었다.

그런데 이런 '국사'의 존재방식은 일본의 한국 사학계에서도 일종의 안내자 역할을 수행했다. 일본에서의 민족주의 언설의 유행에는 생리적으로 반발하고, 그 감각적인 연장선 위에서 한국과 북한의 민족주의 언설에 위화감을 가지면서도 그것을 의식적으로 억제하고 한국과 북한에서의 평가에 동조하는 것, 말하자면 민족주의에 대한 이중 기준을 체득하는 것이 한국 근대사 연구에 종사하는 일본인, 적어도 한국에 대한 멸시관과 차별의식의 극복이라는 현실 문제의 해결과 결부지어 한국사 연구에 뜻을 둔 일본인에게는 최초의 자기변혁의 과제였다. 다른 한편으로 한국 근현대사가 왕왕 일본 사회의 지지부진한 변혁에 대한 불만을 해소하고 희망을 가탁(仮託)하는 대상이 되었던 것도 부정할 수 없는 사실이다. 북한의 사회주의 건설과 한국의 민주화운동에 대한 공감이 마치 자신이 당사자인 듯한 환상으로 발전하여 자국에 대한 절망을 쓰다듬는 위무의 도구로 이용되었던 것은 아닌가 하는 의심을 지우기 어렵다. 그런 의미에서 '국사'의 구축과 존속을 둘러싼 은밀한 관계에서 일본의 한국사 연구자도 '공범'의 죄를 면할 수 없을 것이다. 동아시아의 '연대'를 추구할 때 이 점은 과거의 교훈으로서 망각되어서는 안 될 것이다.

무엇보다도 일본의 한국 근대사 연구자가 한국사 연구에서 얻은 지혜와 논의를 일본 근대의 존재방식을 비판하는 데에 충분히 사용하지 못했던 책임은 크다. 일본의 한국 식민지 지배에 대한 고발이 집요하게 이루어져왔다고 해도 그것은 어디까지나 일본이 주체로 하고 한국이 객체인 서열적인 역사 인식에 기초해 일본 본국사의 부분적인 수정을 강박한다는 한정된 요구이며, 식민지에 시각을 맞춘 일본 근대사상의 재구축이라는 과제에 대해서는 완전히 소홀했다고 하지 않을 수 없다. 한국과 북한의 '국사'는 각각의 주민을 통제할 뿐만 아니라 일본의 한국사 연구도 억제해왔으며, 일본의 연구자는 그것을 감수해왔던 것이다.

그 점에서 미야지마 히로시(宮嶋博史) 교수가 제기한 '방법 개념으로서의 동아시아'는 시사적이다. '국사'의 강화와 통하는 '일본특수성론'과 '내재적 발전론' 등의 일국적 관점을 극복할 필요가 있다는 사실은 누구라도 쉽게 이해할 수 있을 것이다. 근대사의 전개에서 국제적 계기를 중시해야 한다는 비판은 그동안 되풀이되어 왔다. 그러나 실제로는 거기에서 논의되는 '국제성'이라는 것은 외교와 무역 등 부분적인 사실을 중시하자는 제언에 지나지 않는 것이었다. 그 때문에 연구의 결과로 나타난 것은 구미 선진국의 집합체인 국제 사회의 동향과 일국사의 전개를 계기적으로 접합하는 것에 지나지 않았다. 이것은 유럽 중심주의적 근대사상의 침투를 돕는 것이었다고 할 수 있다. 그에 대해 미야지마 교수의 주장은 '동아시아'라는 지역을 설정하고 거기에서의 근대의 존재방식을 추구함으로써 거꾸로 종래 보편적으로 이해되어 온 근대사상이 '서유럽'이라는 특정 지역에 한정된 근대라는 점을 명확히 하고, 결과로서 구미에 의한 세계 근대사의 전유 상황을 타개하고자 하는 시도이다. 이 논문집에 수록된 논문에서는 동아시아 이외의 근대상에 대해서는 대단히 말을 아끼고 있지만 적어도 서유럽, 동아시아, 나아가 이슬람 세계라는 역사적 지역의 집합으로서 근대 세계의 구성을 구상하고 있는 것으로 보인다. 자칫하면 '국사'의 해체를 제언하는 것만으로 시종하여 해체 후의 비전을 결여하기 쉬운 논의에 대해 '국사'의 대안을 제시한다는 점에서 생산적인 논의라고 평가할 수 있다. 더욱이 '일본 특수성론'이나 '내재적 발전론'이 기실은 해당 사회에서 서유럽 근대와 동질의 발전의 계기를 발견하고자 하는 아이로니컬하게도 타율적인 방법론에 입각한 것임에 대해 미야지마 교수의 주장은 동아시아의 '전통'을 초기 근대로 바꿔 읽을 것을 제창하는 데서 전형적으로 드러나는 바와 같이 동아시아라는 역사적 지역에 대해 말 그대로의 의미에서 '내재적 발전'을 응시할 수 있는 논의라는 점에 주목할 필요가 있다. 여기에 거시적인 시각에서 '국사의 해체'에 이르는 하나의 경로가 제시되어 있다고 생각한다.

　서유럽 근대에서 가치적 초점을 찾는 민족 신화를 비판하고, 가족, 사유재산, 시장 등 사회의 문명적 편성의 변천을 한국 사회에 내재하는 전개 과정에서 추구하는 이영훈 교수의 논의도 이런 맥락에서 이해하고 싶다. 이영훈 교수가 지적하는 19세기까지의 한국사가 달성한 프로토 문명으로서의 존재는 미야지마 교수가 제안하는 동아시아 '전통' 사회의 존재, 초기 근대와 공통적 성격을 가지고 있다고 평가할 수 있다. 식민지기에 선행한 시대가 기본적으로 식민지 지배를 규정한다는 발상에서 두 사람은 근대의 내재성을 시사하는 유사성을 보여줌과 동시에 식민지 지배와 민족주의에 대한 역사적 한계와 조건을 명확히 하고 있다. 특히 이영훈 교수가 '신화로서의 민족'이라는 주제로 민족 개념의 형성 과정을 해명하고 있는 것은 이제까지 '민족'을 신성불가침의 존재로 떠받드는, 말하자면 신학적 접근(신의 영광을 찬미하라)만이 이루어져온 것에 대해 '민족'의 세속성을 폭로하고 종교학적인 분석(신의 영광을 찬미하는 사람이 있다)을 시도한 작업으로서 매우 흥미롭다. 지금까지 '민족'이 역사적 형성물인가 아니면 초역사적인 존재인가라는 문제 역시 논의의 대상이 되어온 한국사의 문제 상황을 회고하면 이영훈 교수의 논의의 선진성이 더욱 주목된다.

  이와 관련해 근대사 서술과 관련한 도면회 교수의 문제 제기도 중요하다. 근대화의 진행 과정과 근대국가론의 분석을 통해 갑오개혁기부터 병합까지 시기의 근대화를 '자주적 근대'라고 간주하는 시각 그 자체가 식민 지배하에서 식민지적 근대를 경험한 한국의 지식인이 실제로는 일본에 제약된 서구형 근대화였던 식민지 이전의 사상을 식민지기와 대비해서 미화하여 포착하고자 하는 민족주의 언설이었다는 점을 밝히고 있다. 여기에서도 '국사'가 식민지 지배의 '부의 유산'을 배태하고 있음이 실증되고 있는 것이다.

  다만 언뜻 보아 미세한 논점이라고 볼 수 있는 사안이지만, 근대라는 개념에 대해 미야지마 교수가 과제 설정에 기초한 역사적 구분으로서의 위치 부여에 시종하고 있음에 비해 이영훈 교수는 '중세'와의 대비 등을 통해 일정한 가치관을 끌어들여 사용하고 있다. 이 차이는 새로운 논의의 소재를 제공한다고 생각한다. 즉 이영훈 교수가 말하는 한국 현대사에 대한 긍정적인 평가나 남북 통일에 대한 대단히 부정적인 시선은 이런 가치 기준의 설정과 무관하지 않다고 생각하기 때문이다. 이에 대해 지금 정면으로 논의할 만한 역량을 가지고 있지 않지만, 이영훈 교수의 시선이 새로운 '국사' 상을 제시하는 예가 되어 보다 자유로운 '국사' 상의 제시에 이용되지 않을까라는 염려를 하게 된다. 현재 문제로 삼아야 할 것은 적나라한 내셔널리즘을 배경으로 한 '국사'에 의한 강압적인 지배가 아니라 오히려 자유주의의 외양을 띤 '국사'가 가진 헤게모니라고 생각하기 때문이다. 이 점은 일본에서의 '국사' 재구축 시도가 '바른 역사 교과서를 만드는'이 아니라 '새로운 역사 교과서를 만드는'이라는 명칭 아래 이루어지고 있는 것에서도 명백히 알 수 있다.

   단 국민국가의 기억과 욕망의 전유를 비판하지만 일본이라는 국민국가의 일원으로 엮여 있는 나 자신의 존재를 되돌아보면, '국사의 해체' 작업에서 한국의 작업에 어디까지 참여할 수 있을 것인가/참여해야 하는가에 대해 약간의 주저를 느끼게 되는 것도 부정할 수 없다. '국사의 해체'에서의 분업의 방법에 대해 과연 분업이 필요한가의 여부를 포함해 이후 논의해야 할 과제가 아닐까라고 생각한다.

식민지 사회론에 대하여

여기에서는 우선 미야지마 히로시 교수가 이야기하는 16세기에 시작하는 초기 근대와 19세기 후반부터의 후기 근대의 위치 부여의 문제를 다루고 싶다. 이 두 근대의 관계를 어떻게 이해할 수 있을 것인가. 이에 대해 이 논문집에서 미야지마 교수 자신이 언명하고 있는 것은 아니지만, 다른 논문에서 미야지마 교수가 전개한 동아시아 소농사회의 성립과 변화를 둘러싼 논의나 이번 논문에서의 '후기 근대에 대한 초기 근대의 각인'이라는 표현을 함께 생각해보면, 더욱 근저적인 획기이고 장기적인 변동으로서의 성격이 강한 초기 근대와 그 위에 입각한 중기적인 변동으로서의 후기 근대로서 이를 근대의 중층적인 발현으로 보는 것으로 이해할 수 있을 것이다. 이것은 '긴 근대' 및 '짧은 근대'로 바꿔 말할 수 있다. 이 중 후기 근대는 제국주의 일본과 반식민지 중국-식민지 조선이라는 '양극 분해'를 초래한 직접적 요인으로 위치지워진다. 곧 주자학 수용이라는 공통성의 전제에서 그 침투의 정도라는 양적인 차이가 구미에 대한 위기의식에 기초한 정치 변혁의 필요성 인식의 심각도라는 질적인 차이로 각각 다르게 전화해간다고 설명할 수 있을 것이다. 게다가 거기에서도 주자학의 이용으로 대표되는 공통성을 전제로 한 지배가 이루어지고 있다는 지적을 포함하여 직접 식민지 지배와 관련을 가진 것으로 논의할 수 있다. 또 초기 근대도 사회 구조의 공통성 등의 측면에서 식민지 정책의 근간을 규정하고 있다고 평가된다.

이런 논의는 식민지기의 조선 사회에 대한 식민지 권력의 힘의 범위를 상대적으로 드러내는 논점을 제시하고 있다고 할 수 있다.

역설적인 어법이 되겠지만 식민지 지배에 대한 식민지 사회의 규정력이 강했음이 새삼 확인되는 것이다. 동원된 자원의 '효용-이윤의 극대화'를 도모하는 식민지 권력에게는 가능한 한 식민지 사회의 여러 조건을 이용하는 것이 가장 좋은 선택이었고, 식민지 사회의 변혁을 수반하는 '개발' 정책은 필요불가결한 경우 이루어졌던 것이다. 따라서 식민지 통치 대 저항운동이라는 양극분해적 사회 인식은 '국사'를 성립시키는 중요한 논점 중 하나이지만 일상적으로는 찾아내기 어려운 것이다. 이것은 이타가키 류타(板垣龍太) 교수가 농촌 청년의 일기를 분석하는 가운데서 느낀 답답함과 일본에 대한 구체와 추상이 혼재하는 미묘한 미시적인 시각에서 읽어낸 여러 사실과도 공통된다.

또 한편, 식민지기 사회의 변화를 바탕으로 보면 주자학의 침투는 어쨌든 그것을 제도적으로 보증했던 과거 실시와 양반의 형성이라는 초기 근대의 성립 요건은 갑오개혁 이래 전시 변혁의 결과를 바탕으로 한 식민지 권력의 손에 의해 완전히 폐기되었다.

식민지 권력은 구양반층을 대신해 '중견 인물'이나 '유지'라고 불리는 새로운 조선인 엘리트를 양성하고 그들을 통해 지배의 침투와 사회의 변혁을 도모해갔다. 여기에서 식민지기의 사회 변동과 지배의 상호작용을 간취할 수 있다. 재미한국인인 황경문 교수는 〈조선 근대 이행 과정에서의 관료제-제2신분 집단과 정부 및 사회의 변용〉("Bureaucracy in the Transition to Korean Modernity : Secondary Status Groups and the Transformation of Government and Society, 1880-1930", Ph.D. dissertation, Harvard University, 1997) 중에서 그가 제2신분 집단이라고 총칭하는 중인, 향리, 서얼, 무반, 북방인(북부지방의 재지 양반)이라는 5개의 집단을 대상으로 근대 이행기의 사회 진출의 동향을 상세하게 검토하고 특히 구향리층의 대두를 실증하고 있는데, 이런 현상을 식민지 근대의 형성과 관련해 어떻게 논의해야 할 것인가. 앞의 논점과는 반대일지 모르지만 식민지 지배에 의해 조선 사회가 크게 변화했다는 사실에 대해서도 주목할 필요가 있다. 그런데 해방 후에는 다시 양반 가문 출신이라는 것에서 가치를 찾는 양반 지향이 부활하고 구향리층 대부분도 위장 등을 통해 양반 속으로 잠입한 것을 고려하면, 식민지기에 엘리트가 교대되었다는 논의의 중요성은 더욱 뚜렷해진다고 생각된다. 이 논문집에서는 충분히 취급되지 못했으나 한국인의 자기 인식을 비판적으로 검토하는 소재로서 양반 지향과 '국사'와의 관련은 논의할 가치가 있는 과제라고 생각한다.

그런데 윤해동 선생이 이야기하는 대중사회의 도래를 이런 사회 변동과 지배의 상호작용이라는 맥락에서 이해하는 것이 타당한 것인가. 윤해동 선생의 논의에 대해서는 준비 부족도 있고, 그 사변적인 논리의 전개 내용을 충분히 소화했다고는 할 수 없어 상세한 검토는 이후의 과제로 남길 수밖에 없지만, 미야지마 교수가 양반의 성립을 조선 사회의 초기 근대의 하나의 계기로 보는 것과 유사하게 양반 지배의 붕괴에 수반되는 대중의 창출은 후기 근대 특히 '식민지 근대'의 확립을 상징하는 사태였다고 생각한다.

윤해동 선생의 '식민지 근대' 비판은 마이클 로빈슨(Michael Robison)과 신기욱 교수 등이 논문집 〈한국에서의 식민지 근대〉(Conolial Modernity in Korea, Cambridge(Massachussetts) and London; Harvard University Asia Center, 1999)에서 제기한 방법론

적 제시, 즉 식민주의(colonialism)·근대주의(modernism)·민족주의(nationalism)라는 3개 개념의 상호대응-상호연관 속에서 식민지기 조선의 여러 현상을 파악한다고 하는 문제의식을 기계적인 결합으로 배척하는 지극히 자극적인 주장이다. 연달아서 나오는 새로운 관점을 따라잡는 것조차 쉽지 않다는 것이 솔직한 감상이다. 그렇지만 단편적으로 이해한 바를 이어가면 윤해동 선생은 '식민지 근대' 비판의 초점을 식민지 권력과 저항운동에 의한 대중의 적대적인 전유와 그의 합리화-정당화, 다시 말하면 민족과 국가라는 신성으로의 동일화 과정인 대중의 재주술화와 양자 사이에서의 경쟁에서 구하고 있다. 재미한국인 헨리 임(Henry H. Em) 교수가 이전에 지적했듯이 식민지기에 신민화를 도모하는 식민지 권력과 민족화를 꾀하는 저항운동 세력 사이에서 네이션을 둘러싼 언설의 경쟁이 전개된다. 윤해동 선생의 견해도 이런 정체성을 둘러싼 경쟁을 논한 것이라고 이해된다. 이와 아울러 이타카키 교수와 도노무라 마사루(外村大) 교수가 분석하고 있는 조선인의 언설에서의 다양하면서도 동요하는 정체성의 표명은 식민지 권력과 저항운동 사이에서 그처럼 찢겨져가던 식민지기 조선 주민의 소재를 보여주는 것이라고 할 수 있다.

또 하나 윤해동 선생이 제기한 중요한 문제는 서구 근대의 합리화 과정의 도구성에 맹목적이게 만든 것이 '식민지 근대'의 본질이라고 한 점이다. 이것은 마쓰모토 다케노리(松本武祝) 교수가 지적한 헤게모니로서의 근대와 상통하는 논의라고 해도 좋다. 이전에 마쓰모토 교수는 식민지기 한국사 연구의 과제 중 하나로서 '조선인은 어떻게 지배되었는가'라는 명제를 내걸었다. 이에 대해 윤해동 선생의 제기는 합리성 발현의 제1차원으로서 비인격적 지배와 균질적 시공간의 성립을 통한 사회 레벨에서의 그것과 합리성 발현의 제2차원으로서 근대적 시공간의 수용과 진보 관념을 통한 개인 내부에서의 합리성 발현이야말로 식민지 근대의 침투에 기여하게 되었다는 주장을 통해 해답을 제시한 것이라고 평가할 수 있다. 합리적이기 때문에 지배가 철저했다는 시각은 언뜻 보면 식민지 지배를 미화하는 논의처럼 오인될 위험성이 있다. 윤해동 선생의 논의는 합리성이라든지 국가의 자율성 등 서유럽 근대의 선진성의 상징으로 간주되어 온 여러 개념을 회의적으로 검토하고 그 부정적인 존재방식을 식민지 조선에서도 찾을 수 있다는 모험적인 논리 구성이 매력적이지만, 그것을 전면적으로 비평하는 것은 나중으로 돌리고 지금으로서는 개별적인 지적에 그칠 수밖에 없다.

다만 한 가지, 윤해동 선생의 방법에 대해 의문을 제기하고자 하는 것은 식민지 사회에 대해 이처럼 사변적으로 논의해야만 할 필연성은 무엇인가 하는 점이다. '국사의 해체'라는 문제와도 관련지어 이야기한다면 확실히 윤해동 선생이 제시한 역사상은 '국사'일 수는 없다. 그러나 '국사'라는 관념체계를 대신하는 것으로 더더욱 관념적인 대중사회의 이미지가 그려지게 되면 그것으로 '해체'가 되었다고 할 수 있을 것인가. 윤해동 선생의 논의는 대단히 자극적이고 시사적인 면이 적지 않지만, 사실과 관념의 미묘한 경계 지점에 서 있다고 생각된다. 대중사회를 사실로서 논의하고자 한다면, 이타카키 교수와 노도무라 교수가 제시한 식민지기의 개인의 일상적인 '생'의 문제를 미시적인 시각에서 분석하는 작업으로 되돌아가 검토하는 것이 불가결하고, 사변적인 논의와 미세한 사실의 해명 사이의 가교 또는 종합이 되어야만 그것은 달성된다고 생각된다.

이후의 가능성과 관련하여

마지막으로 식민지 근대성과 연관이 있지만 윤해동 선생의 추상화된 논의를 제외하면 이 논문집에서 충분하게 취급되었다고 할 수 없는, 식민지 사회에서의 규율화의 계기에 대해 언급하겠다.

논문집 〈한국에서의 식민지 근대〉에 수록된 이철우 교수의 논의를 마쓰모토 교수가 정리한 것과 같이 식민지기 조선 사회에서는 식민지 고유의 경험으로서 푸코의 규율권력론을 넘어선 또는 그 철저한 형태로서의 행정 권력의 일상생활에 대한 폭력적인 개입의 현상이 여러 곳에서 발견되고 있다. 게다가 이런 개입은 그것이 사회의 근대화-합리화를 위한 민족운동이나 사회운동을 추진하는 세력에게도 결코 배제나 규탄할 대상이라고는 생각되지 않았다. 조선 왕조 말기부터 식민지기에 걸쳐 민족운동과 사회운동을 주도한 '실력양성운동'이 '내성주의(內省主義)'라는 회로를 경유하면서 식민지 권력이 수행한 근대화정책과 정합적이었던 것처럼 양자는 보완관계에 있었다고 할 수 있다. 그 때문에 이런 개인의 사적 영역에 대한 권력의 적극적인 개입은 오히려 통솔된 사회의 존재 형태로서 칭찬의 대상 또는 도달해야 할 목표로 간주되었다. 그리고 이런 규율 권력의 존재와 그에 대한 긍정적인 가치판단이 현재의 한국 사회에까지 기본적으로 계속되고 있다. 그런데 민족주의가 절대화되는 것, 즉 민족주의에 대항해 이를 비판하고 대치해야 할 가치체계가 상실됨으로써 해방 후에는 이런 권력작용의 행사가 오히려 강화되었다고 할 수 있다. 오해를 무릅쓰고 이야기하자면 '슬로건 사회'의 확립을 향한 일종의 폭주 상태에 있었다고 규정할 수 있다. 이것이 정확히 임지현 교수가 비판하는 '우리 안의 파시즘' 상황을 구축했던 것은 아닐까?

그런데 이런 한국의 경험이 일회적인 한국 고유의 역사적 경과라는 존재에 그치지 않고 식민지를 경험한 후 선진국화한 국가-사회의 존재방식을 제시하는 것으로서, '개발 독재'의 성공 사례로서의 위치 부여를 넘어서 세계에 '한국 모델'을 제공할 가능성은 부정할 수 없을 것이다. IMF 위기까지의 아시아 NIEs론에 근거한 '한국 모델' 칭찬의 시선은 한국이 IMF 위기를 단시일에 그리고 효과적으로 극복했다는 평가에 의해 도리어 강화된 것처럼 느껴진다. 다행스럽게도 '일본 특수성론'은 아시아 NIEs의 성장, 또 일본의 '잃어버린 10년'이라는 경제적 고통 속에서 모델로서의 위치로부터 전락했다. 그에 반해 한국이 가지는 모델로서의 타당성은 그 가치를 잃지 않았다. 그 때문에 세계의 압도적인 다수 지역이 과거에 식민지였던 경험을 가지고 있다는 현실을 감안하면, 한국에서 '식민지 근대'의 문제를 고찰하는 것은 우리가 막연하게 판단하는 그 이상으로 절실하게 시사하는 바가 실로 크지 않을까라고 생각한다. '한국 모델'이 보편화하고, 글로벌화에 수반한 새로운 세계의 억압체제의 확립에 관련해 거기에 가담하고, 또 그것을 추진할 가능성이 전혀 없다고는 할 수 없는 두려움이 있기 때문이다. 여기에 '국사의 해체'가 일국사적인 시야의 극복만이 아니라 세계화를 전제로 한 위에서 비판적인 시야의 확립을 책무로서 부담해야 할 필연성이 있다고 생각한다.

역사, 이론 및 민족국가 — 최근 아시아학의 이론적 동향

이남희(Namhee Lee)

서울에서 태어나 15세에 미국으로 이민, 시카고대학에서 학사, 석사, 박사 과정을 마쳤다. 현재 University of California, Los Angeles(UCLA)의 동양학과(Department of Asian Languages and Cultures)에서 조교수로 재직하면서 한국 현대사를 가르치고 있다. 대학 졸업 후 남한의 민주화운동에 관심을 갖고 활동했다. 박사 논문은 남한의 민주화운동에서 '민중이라는 대항적 담론 형성 및 실천의 과정 속에서 해방 이후 지식인들의 (역사적) 정체성 위기와 현대사 재해석(또는 재발견)의 상호관계'를 연구했다.

주요 연구 분야는 아카데미 밖에서 진행되는 역사 쓰기와 역사적 지식의 생산 과정 역사소설, 영화, 박물관 전시 및 역사적 건물의 복원 작업 등에서 이루어지고 있는 공공의 장에서 역사 쓰기 이며, 주요 관심사는 역사학 교과서에서 요구하는 역사적 서술의 한계를 넘어서는 대안을 모색하는 것이다.

"Between Indeterminacy and Radical Critique: Madang-guk, Ritual, and Protest," in *Positions: East Asia Cultures Critique*(Winter 2003).

"Anti-Communism, North Korea, and Human Rights in South Korea:' Orientalist' Discourseand Construction of South Korean Identity," in Mark Bradley,editor, *Truth Claims: Representationand Human Rights*(New Directions in International Studies, Rutgers University Press, 2002).

"The South Korean Student Movement: 'Undongkwon' as a Counterpublic Space," in Charles Armstrong, editor, *Civil Society in South Korea*(New York: Routledge, 2002).

내가 이 포럼의 토론자가 되기로 응했던 이유는 무엇보다도 포럼에서 제기하는 문제의식을 공유하기 때문이기도 하지만 또 한편으로는 대학원 과정부터 지금까지 많은 케이스의 아카데미안에서 '국사 해체'를 접해오면서 나름대로 가지고 있던 비판의식이 있었기 때문이다. 또한 '국사의 해체를 향하여'라는 제목은 얼핏 대단한 사회적 함의를 내포하고 있는 선언문으로 생각되기 쉽지만 무엇보다도 이 포럼의 중요성은 먼저 역사학이 학과로서 그동안 익숙해져온 인식론적인 틀(민족/반민족 이라는 테두리를 포함에서)에서 벗어나야 할 필요성을 지적하는 것이라고 생각된다. 솔직히 한국 사회가 가지고 있는 사회적 함의, 그리고 사회적 실천으로 어떻게 연결될 수 있는가 등에 대해 많은 시간을 두고 깊이 있게 생각해보지 못한 상태에서 포럼에 참석하게 되었다. 그런데 막상 포럼을 준비하신 분들에게서 어떤 비장함을 느꼈을 때 그리고 매스미디어의 반응을 보면서 역시 한국적 상황에서 '국사의 해체'라는 작업은 그 구체적인 내용과 관계없이 현실 사회 제반의 쟁점들과 긴밀하게 연결되어 있음을 다시 한 번 상기하게 되었다.

따라서 이 포럼에 대한 역사학계나 사회 일반(특히 매스미디어)에서의 반응들이 긍정적인가, 비판적인가를 떠나서 한국 사회의 역동성을 보여주는 것으로 생각된다. 또 한편으로는 최근에 역사적 탐구와 역사 서술의 경계선이 계속 변해가고 있는데, 즉 이제까지의 역사 지식이 주로 대학 안에서 한 개인 또는 그룹의 주관적인 관점에서 이루어져왔다면 최근에는 아카데미 밖에서 오히려 더 활발히 진행되는 경우를 볼 수 있다. 오늘의 포럼 또한 역사 지식의 생산이 교환, 대화, 토론, 경쟁하는 공공의 과정 속에서 이루어지고 있음을 어느 정도 반영하는 것이라고 볼 수 있다.

　나의 짧은 토론은 주로 이 포럼의 취지와 기획에 대해 미국의 아시아학에서 진행되고 있는 최근의 흐름 안에서 그 의의와 문제점에 대해 살펴보고자 한다. 한 가지 덧붙이고 싶은 것은 이러한 흐름들은 이제까지의 아시아학에 대한 비판의식과 자기성찰에 대한 시작으로 최근에 출발했으며, 결코 아시아학의 전반적인 움직임을 나타내고 있는 것은 아니라는 점이다.

미국의 아시아학 연구 흐름

　몇 년 전 미국의 중국 역사학자인 프라젠짓 두아라(Prasenjit Duara) 교수는 '왜 역사학은 반이론적인가'라는 글에서 역사학이 일반적으로 이론을 멀리하고 심지어는 이론을 적대시하는 까닭을 밝히고자 했다. 그 글에서 반이론적이라는 것은 역사학이 학문 분야로서 또는 각 개개인의 역사학자들이 역사적 개념의 가정과 역사학자의 역할 및 역사적 재현(historical representation)의 방법 등에 대해 성찰하기를 꺼려한다는 것을 의미한다.

　그는 이러한 현상의 가장 중요한 원인은 역사학과 국민국가 간의 긴밀한 유대, 결속관계 때문이라고 지적했다. 즉 이 유대관계란 국민국가의 이념적인 필요성과 역사적 지식의 관계를 말한다. 이제까지의 역사 생산과 역사 교육은 과거의 경험을 국민국가라는 틀만이 유일하게 담아낼 수 있는 것으로 생각하게 했으며, 국민국가야말로 과거의 경험들을 담아낼 수 있는 매개체로서 가장 자연스러움을 나타내는 주요한 수단이었다는 것이다.

두아라 교수에 따르면 국민국가와 역사적 지식은 상호보완적이며, 서로에게 권위를 부여하고 서로를 생산하는 것을 가능하게 했다. 역사적 지식을 확보함에 있어서 그 방법보다는 내용이 우선시되었고 방법론, 특히 역사학의 범주에 대해서 질문할 수 있는 비판적 사고를 키울 수 있는 공간이 거의 없었다는 것이다. 그는 또한 역사야말로 국민적 정체성 형성에 가장 중요한 교육학적인 기술(pedagogical technology)이라고 말했다. 그는 이 역사 교육의 가장 중요한 목적은 네이션에 대한 사랑, 자랑스러움, 부끄러움을 키우고 또는 네이션을 위해 원망, 원한까지도 느낄 수 있도록 하는 것이라고 지적했다.

역사학이 반이론적인 두 번째 이유는 역사학의 방법론과 직결되어 있는데 역사학의 방법론은 최근까지도 일반적 지식 확보의 과학적 모델에 의해 지배되어 왔다는 것이다(물론 이 문제 제기는 두아라 이전에도 많은 이들에 의해 지적되어 온 점이다). 즉 역사 서술의 평가는 주로 실증적인 방법, 즉 어떤 특정한 서술문에 대한 경험적인 입증 및 설명에 대한 논리상의(즉 원인과 결과를 밝히는) 일관성과 가능성을 더욱 중시하는 과학적 모델에 의지해왔다는 것이다. 이러한 역사학의 경향은 주체와 객체의 뚜렷한 경계선을 전제로 한다. 즉나, 역사학자는 하나의 초월적인 주체로서 역사적 사실은 사실 그 자체(thing-in-itself)로서 탐구의 대상이 되고 시종 일관성 있는 화술로 엮어진다.

그리고 이러한 실증주의적 관점이야말로 어떤 식으로 역사학이 역사 지식을 구성하고 그 지식을 조직하는 도구로 사용되었으며 또한 역사학이 어떠한 과정을 통해 주체 형성 과정에 구성분이 되었는가에 대한 진지한 성찰을 완화시키는 역할을 해왔다는 것이다.

이러한 문제 제기는 사실 새로운 것이 아니다. 더구나 해방 이후 한국 사회에서 그리고 특히 지식인 사회에서 이러한 국민국가와 역사학의 결속관계는 개인과 사회에 여러 차원에서 때로는 아주 뼈아픈 경험으로 다가왔다. 그 한 예로 1970년대 및 1980년대의 지식인 사회에 널리 퍼져 있던 '역사적 정체성의 위기'를 들 수 있다. 그 당시 많은 지식인들과 대학생들은 남한의 역사가 남한 민중 스스로의 힘으로가 아닌 외부에 의해 움직여왔던 역사라는 인식, 또한 이제까지 받아왔던 교육 과정에 뿌리박혀 있던 반공주의로 인한 피해의식으로 사실 '정체성의 위기'라고 이름지을 수밖에 없는 심한 지적·사회적 갈등과 혼란을 겪었다. 물론 그러한 갈등이 역으로 제반의 역사와 사회 문제에 대한 깊은 관심으로 이어지면서 민주화운동의 한 기저를 이루게 되기도 했다.

또한 국민국가와 역사학의 밀접한 관계는 최근까지 한국의 대학에서 현대사를 다루지 않는 것으로 나타났으며, 해방 이후의 역사를 다루는 것은 객관성의 보장이 불가능하므로 역사학의 적절한 탐구 대상이 될 수 없다는 널리 퍼져 있는 인식에도 반영되어 있다. 그러나 내가 오늘 이야기하고 싶은 역사학자의 책임이라는 것은 역사학자들이 그동안 독재 정부를 지지 또는 반대했다는 차원, 또는 역사학자들이 진보적이거나 용감하지 못했다는 차원의 문제이기보다는 역사학에 내재되어 있는 문제점들, 즉 역사학자로서 자기 조건, 본인 스스로의 역사적 우연성과 역사를 만들어내는 사람, 역사적 의미를 생산하는 사람들로서의 책임감에 대한 이야기이다. 이 점에 대해서 사실상 뚜렷한 답을 가지고 있는 것은 아니지만 나에게 있어서

이 문제는 학문적인 문제로만 남아 있을 수 없는 것이다.

　미국이라는 다민족 사회에서 소수민족으로 성장하면서 뒤늦게 한국 역사학에 발을 들여놓은 사람으로서 나에게 있어 한국 역사를 전공한다는 것은 개인적으로 어떤 의미가 있고, 그 정치적·실천적 함의는 무엇인가라는 의문이 일상적 삶 속에서 아주 실존적인 문제로 다가올 수밖에 없었다. 물론 오늘 같은 공개적인 자리에서 짧은 시간 안에 이 문제에 대해 깊이 이야기할 수는 없지만 중요한 것은 이 문제는 학문적인 문제인 동시에 나의 삶의 일상적인 문제로 이어진다는 것이다. 나의 경우 특히 그동안 남한의 민주화운동, 통일운동에 적극적으로 지지 또는 연대 활동을 해왔다고 할 수 있으며, 그 과정 속에서 역사학자로 출발한 나는 현재 민주화운동의 역사, 경험 등이 일부에 의해 전유되어 가고 있지는 않는가 하는 우려, 그리고 혹시라도 나의 연구가 그 흐름에 동조하고 있지는 않은지 곤혹스러울 때가 있다. 물론 이러한 곤혹스러움은 역사학의 방법론과도 연결되어 있다.

　이 포럼에서 제시하는 문제 제기 중 하나는 이제까지 국민국가가 역사학의 범주를 규정하는 데 있어 어떻게 이 테두리 안에서 벗어날 수 있는가라는 문제이겠지만 나는 이 문제에 대해서는 두아라의 작업에서 영감을 얻을 수 있다고 생각한다. 즉 여기에서 이론의 역할은 숨어 있는 어떠한 '역사적 진실'을 강력한 논으로 끌어내어 일관된 화술로 엮어내는 것이 아니라, 어떻게 역사적 지식이 '담론적인 그리고 규율적인 행위'를 통해 생산되는가를 관찰하는 데 있다. 즉 이제까지의 역사적 지식은 과거를 현재의 권력으로 전유할 수 있는 형식으로 생산되어 왔다. 그리고 이 지식은 지배를 위해 다른 형태의 서술 형태와 경쟁을 벌인다는 의미에서 현실을 반영할 뿐만 아니라 현실의 결과물인 것이다. 따라서 여기에서 이론이라는 것은 과거의 고정된 진실을 그대로 찾아내어 복원하기 위해 동원하는 것이 아니라 역사학자 스스로 역사 지식을 동원해 역사적 주체를 형성한다는 것을 인식한다는 점에서 중요한 것이다.

탐구 대상의 재구성

사실상 오늘 이 포럼의 논문에서 많이 언급되고 있는 '식민지 근대성'은 미국에서 아시아학을 전공하는 일부 학자들 사이에서 만들어진 용어인데, 이 또한 아시아학을 전공하는 학자들의 비판의식과 자기성찰의 한 단계를 나타내는 용어이기도 하다. 이제까지 아시아학에서 식민지 문제나 근대성의 이슈들은 중국, 일본, 한국이라는 단위를 마치 생물학적인 차원에서의 자연스러운 것으로, 변화하지 않는 수동적이고 정체적인 것으로 파악하여 그 지역에 대한 지식 또한 투명하고 묘사적인 상황에 머물러 있다. 인도의 서벌턴 연구(subaltern studies)로부터 출발한 소위 포스트 식민주의가 대두되면서 전지구적 불평등 관계, 그리고 이제까지 학자들 사이에서 문제시되지 않고 자연스럽게 받아들여졌던 범주, 즉 네이션, 전통, 근대성 등에 대한 문제 제기가 근본적으로 시작되었다. 이러한 문제 제기는 이제까지 우리들이 자연스럽게 생각해왔던 탐구의 범주에 대한 의문을 비롯해 이제까지 팽배해 있던 이분법적인 사고(즉 아/타자, 식민지본국/식민지, 지배/타지배)에서 벗어나 더욱더 복잡한 관계의 틀(예를 들면 국민국가의 틀에서 벗어난 subnational 그룹이라든지) 속에서 형성되는 관계들과 주체들에 대한 탐구를 가능하게 했다. 이러한 과정 속에 나오는 이야기 중의 하나는—그리고 오늘의 포럼에 깊이 관계 있는 이야기 중의 하나는—역사학의 연구 대상과 서술에서 일국의 지형의 틀을 넘어서자는 것이다. 이 점은 단순히 역사학 분석의 단위를 양적으로 확대한다는 차원이 아니라 역사학의 탐구 대상을 재구성해 새로운 관계의 틀과 새로운 질문들이 가능하도록 하자는 것이다. 이러한 문제의식은 또 다른 맥락에서 유럽에서 식민학(colonial studies)을 공부하는 학자들이 주장하는 식민지 본국과 식민지 사이의 역사들을 수렴(convergence)해야 한다는 것과 일맥상통한다. 예를 들면 동남아시아 식민사를 연구하는 앤 스톨러(Ann Stoler)의 경우 식민지 지배자나 식민지 피지배자들의 정체성은 결코 본질적이거나 고정적인 것이 아님을 강조하며, 그 둘 관계의 상호연결성을 강조한다. 그는 또한 식민지 지배자들이 이 관계가 자연스러운 것임을 보여주기 위해, 또한 자연스러움을 유지하기 위해 지속적으로 구별(articulate)하고, 연기(perform)해야만 했던 점을 지적하고 있다.

아시아학에서의 경우 일국사의 틀을 넘어서야 한다는 주장은 이곳저곳에서 나오고 있다. 예를 들면 서두에서 언급한 두아라의 경우 20세기 초 중국의 민족주의와 초민족주의 이데올로기와 운동을 연구하는 과정에서 중국, 일본, 한국 등의 민족국가 경계를 넘나드는 근대성 담론의 가능성을 모색하고 있다.

또한 캐나다 토론토대학의 한국역사학 교수인 안드레이 슈미드(Andre Schmid)는 3년 전에 학회지에 발표한 글에서 일국 중심의 역사 서술이 국경을 초월한 여러 가지 상황이나 세력들을 포착해내지 못했을 때에 나타나는 위험성을 경고하고 있다. 그 예로 그는 미국의 저명한 일본사학자인 피터 듀스(Peter Duus) 교수가 그의 최근 저서에서 일본이 한국을 합병화한 것은 보호통치 기간 동안 고종을 비롯한 한국 정부가 일본 통감부와 협력하지 않았기 때문이라는 논리를 펴고 있다는 점을 들면서 이러한 현상은 한국의 입장이나 자료를 반영하지 않고 일본이라는 시각과 자료 안에 전적으로 의지했을 때 나타나는 현상임을 지적하고 있다.

다른 한편 슈미드는 최근에 출판된 저서에서 식민지 본국 국가의 지성인들과 식민지 종속민 지성인들의 관계는 인식론적·지적 차원에서 상호구성적이라고 지적하면서 그 둘 관계의—인식론적·지적 차원에서의—공모성을 밝히고 있다. 즉 개화기 당시 조선에서 네이션에 대한 지식의 생산은 복잡한 과정을 거치는데, 조선 지식인들의 네이션의 전망은 새로운 세계 질서 안에서 문명 개화의 역사적·공간적 토대에 전적으로 의지했던 만큼 그 지식인들이 조선의 앞날을 전망함에 있어서 논리적인 허구에 빠질 수밖에 없었다는 것이다. 문명 개화의 시간적 논리 즉, 서구 문명의 우세함은 근본적인 차원에서의 우월함에 있어서가 아니라 단지 시간의 차이임을 강조하는 논리는 한편으로 조선이 서구를 따라잡는 것에 대한 가능성을 제시함과 동시에 조선은 항상 뒤쳐져 있거나 부족함을 이야기할 수밖에 없는 상황에 도달한다는 것이다. 이러한 연구는 이제까지의 역사적 논의의 대상이 일본 또는 한국 등 일국에 국한되어 있을 때 흔히 나타날 수 있는 이분법적인 틀을 넘어섰을 때 가능한 결과이다.

'자본주의' '젠더' 의 시선도 필요

이러한 미국 내 최근 아시아학 흐름의 맥락 속에서 살펴본다면 포럼의 논문들은 각기 이런 흐름에 대한 언급이 없다 하더라도 그 문제의식을 공유하는 것을 볼 수 있다. 다만 각자의 논문에 대해 평을 한다는 것은 감당할 수 없는 벅찬 작업이니만큼 간단히 두 가지만 지적하겠다.

첫 번째 문제 역시 미국 안에서 아시아학을 전공하는 사람으로서의 관점임을 밝혀두고 싶다. 사실상 최근까지 미국에서의 동아시아에 관한 많은 역사 서술이 일본 역사학자 해리 해리투니언 교수의 지적처럼 발전을 위한 처방전, 자본주의를 그리고 자본주의적 사고방식을 제3세계에 수출하고자 하는 의도를 반영한 것이었다고 말할 수 있다. 그런데 포스트 식민주의를 비롯한 많은 문화사들이 가끔 역으로 같은 방식의 문제를 내포하고 있는데, 즉 국가 및 자본주의의 힘과 그들의 각기 다른 형태로 나타나는 모습에 대해서는 제고하지 않고 미시적 문제에 치우치게 된다는 것이다. 까딱 잘못하다가는 문화사는 해리투니언 교수의 표현과 같이 "폭주하는 세계화의 응원단이 되어 그와 함께 경계선 넘기를 이야기하면서 권력의 담론과 또는 파편적 주체들에 치우치다 보면 어느새 국가와 자본주의의 막강한 힘은 사라지고 베네통 광고의 다양한 색깔들처럼 문화적 다름만을 경축"하게 되는 것이 아닌가 하는 우려를 낳게 된다. 이 점은 물론 미국의 문화사의 일반적인 상황에 대한 문제 제기이기는 하다. 그러나 나의 생각으로는 이 문제 제기는 조금은 다른 각도에서 이번 포럼에도 적용된다고 본다.

자본주의야말로 식민주의 과정에서 세계적 시장의 성장 안에서 태동했으며 따라서 비자본주의적 사회까지도 그 과정에 포함시킴으로써 전세계적 규모에서 사회의 상호의존성의 체계적인 관계를 성립함으로써 그 후 역사를 일반화했다. 이번 포럼의 논문들에서 문화사 접근이 주류를 이루면서 이러한 자본주의의 막대한 영향이 간과되고 있다는 생각이 든다. 내가 문화사 접근에 비판적이어서가 아니라 그리고 모든 문제를 자본주의의 문제로 환원시키자는 것이 아니라 동아시아 근대성, 한국의 식민지 시기의 근대성에 대한 연구물들에서 그 근대성의 기저를 이루고 있는 자본주의에 대한 논의가 빠져 있는 것은 어떤 함의를 담고 있는가를 생각해보았으면 한다.

두 번째는 젠더 이슈로서 사실상 식민지, 민족주의, 국민국가 건설의 프로젝트에서 젠더는 빠뜨릴 수 없는 중요한 지형이다. 한국의 역사학에서 식민지 시기의 역사 서술의 이분법적인 화술에 대한 근본적인 문제 제기, 즉 지배와 대항, 수탈과 발전, 일본인의 식민지에서의 행동은 모두 야만적이고, 한국인의 식민주의 시기 활동은 대부분의 경우 민족·반민족의 틀에서 표상되는 화술에 대해 회의는 젠더라는 지형이 도입되면서부터 본격화되고 심화되었음을 상기할 때 오늘 포럼에서 젠더의 시각이 전혀 보이지 않는 점에 대해 문제점으로 지적하고 싶다.

비대칭 속에서—
식민지 근대화론에 관해 '일본인'이 생각한다

쓰보이 히데토(坪井秀人)

1959년 나고야에서 태어나 나고야대학 대학원 문학연구 박사 과정을 수료했다.
일본 근대의 감각표상 역사에 대하여 지금까지 주로 근대시를 대상으로 연구해왔다. 최근에는 소설 등 문학작품은 물론 동화·민요 등의 가요나 무용 등의 신체 표현 장르들에 대해서도 관심을 갖고 있다. 이들 다양한 장르를 횡단 종합하는 예술운동의 감각표상과 식민지기의 선전사업(propagandism)에 의한 감각 통제와의 갈등에 대하여 연구를 진전시키고자 한다.

《소리의 축제(聲の祝祭)》名古屋大學出版會.
《萩原朔太郎論》和泉書院.
《편견이라는 눈매(偏見というまなざし)》(편저), 青弓社.

비대칭적 국면의 접선

일본 근대문학을 주로 연구해온 나에게 '국사의 해체를 향하여'라는 주제의 설정 방법은 '국문학(혹은 국문학사)의 해체를 향하여'와 거의 같은 방향이라 할 수 있다.[1] '국사'라는 용어가 이번 논문집에서 직접적으로는 '한국사', 실질적으로는 '한국 근대사'의 역사 서술과 담론 편성을 지시하고 있고, 동시에 '일본 근대사'의 구축이 같은 범주 문제로서 맥락을 같이 하고 있듯이 여기서 말하는 '국문학'도 '한국 문학'과 '일본 문학'이라는 이중의 의미를 가지고 있다. 내친김에 더 이야기하자면 '국어'도 그렇다고 할 것이다. '국사'나 '국문학', '국어학'이라는 아카데미즘의 명칭은 '일본 문학', '일본어학' 등으로 변경되어 일본의 대학 조직 속에서 잇따라 퇴장해버렸다. 한국에서도 그에 대한 재검토가 진행되고 있다고 들었지만, 그 유통 과정은 일본과 동렬에 두고 논의할 수 없는 점이 있는 것 같다. 특히 해방 후에는 식민지 지배 아래 '국사=일본사학', '국문학=일본 문학'에 빼앗긴 '국사=한국사학', '국문학=한국 문학'이 획득·회복되었다는 경위 등도 생각해야 할 것이다. 한일 간에 볼 수 있는 이런 '국사', '국문학'의 비대칭성은 글자 그대로 '나라'에 대한 각각의 의식 그리고 민족, 민족주의에 대한 평가를 둘러싼 차이로서 인식된다.

물론 이러한 비대칭성은 식민지 지배와 그 전후에 나타난 한국과 일본의 정치 권력적 입장이 가지고 있던 비대칭성에 기인하는 것이

---

[1] 일본의 국문학 성립에 관한 비판적 검토에 대해서는 坪井秀人〈「國文學」者の自己点検―イントロダクション―〉(《日本文學》第49卷 第1號, 2000年 1月)을 참조.

다. 그러나 이번 논문집에 실린 개개의 논고들은 일본제국의 통제와 동화정책을 통해 이루어진 근대화(식민지 근대화론) 혹은 내재적 발전론에 대한 재검토나 비판의 문맥 속에서 식민지하의 상의하달식의 단선적 또는 일방통행적인 권력 지배라는 구도만으로는 포착할 수 없는 (때로는 위험한 대칭성까지도 나타내는) 비대칭성의 다양한 상을 제시하고 있는 점에 그 특색이 있다. 이 논문집의 공통된 주제로는 근대화 과정의 연속/단절의 문제(근대 성립기 및 한국의 식민지기/해방 이후에서의), 근대화 과정 속에서 나타난 민족주의 평가, 마쓰모토 다케노리(松本武祝)가 말하는 식민지 통치에서 기능한 '규율권력 장치'의 효과 문제, 근대화를 떠받친 모더니즘 평가 등을 들 수 있다.[2]

중국을 시야에 넣은 고찰까지 포함한 이런 다양한 문제들로부터 떠오르는 것은 미야지마 히로시(宮嶋博史) 교수가 지적한 종래 연구의 패러다임이 안고 있는 '동아시아적인 관점의 부재'를 추급하는 거시적 시점과 지역이나 출자(出自), 성차, 계급 등으로 인해 다양한 복합적·잡종적 정체성(마쓰모토가 소개하는 용어로 말하면 'hybrid identity')을 향한 시선을 환기하려 하는 미시적 시점이 필요하다는 것이다. '국사', '국문학'의 해체(탈구축)를 위해서는 이같은 거시적/미시적 접근법 중 어느 하나가 빠져서는 충분하지 않다. 이 글에서는 논문집에 실린 여러 주제들이 어떠한 논의를 이끌어낼 것인지 그 가능성을 하나하나 살펴봄으로써 이 두 가지 접근법

---

(2) 마쓰모토 다케노리의 글은 지난 2003년 8월 서울에서 열린 '국사의 해체를 향하여' 공개 토론회에서 발표될 예정이었으나, 토론회 사정으로 발표되지 못했다. 쓰보이 히데토 교수는 발표되지 않은 마쓰모토 선생의 글을 읽은 뒤 이 논평의 글을 발표했다.

이 교차하는 한일 간의 비대칭적 국면의 접선을 찾아보고자 한다.

일국주의적 에고이즘

미야지마 히로시 교수는 월러스틴에 따라 인문과학·사회과학의 학문 체계가 19세기 유럽에서 형성되는 과정에서 동양학이 태어나고 20세기에 미국에서 출발한 지역 연구에 의해 한국·일본 연구가 시작되었다고 이야기하고 있다. 그러나 본래 지역 연구란 해당 지역에서는 타자의 입장에 있는 사람에 의해(그리고 그 대부분은 정책적으로) 시작되는 것인 이상, 연구 주체(구미)와 연구 대상(동아시아) 사이에 권력적인 계층관계가 생기기 쉽다고 생각하는 것이 자연스러울 것이다. 모든 지역 연구가 그러하다고는 생각하지 않지만, 한국인이나 일본인에 의한 미국 연구나 유럽 연구가 구미인에 의한 동아시아 지역 연구와 대칭적인 관계에 서기 어렵다는 점을 인정해야 한다. 전자의 연구 주체(한국인·일본인)는 자신이 귀속하는 지역·국가 공동체보다 앞서는 것으로서 모방과 의태(擬態)의 모델로서 대상을 우러러보고 뒤쫓아간다. 그런데 대상이 미국이나 유럽의 주변 지역, 예를 들면 남미나 동구(구사회주의체제) 혹은 중근동 지역인 경우에는 연구하는 주체와 연구되는 객체의 권력관계에 따라 그 주체는 당당하게 '지역 연구'를 참칭(僭稱)한다고 본다면 지나친 편견일까. 그것은 주체와 객체 사이의 경제력과 그 밖의 격차뿐만이 아니다. 그 주변 지역이 인접하는 '중심' 지역에 의해 사전에 벌써 연구되어 있어야 할 지역으로서 객체화되어 있으며 객체화해온 그 '중심'의 시선을 모방하게 되는 것이다.

자포니즘(japonisme)이나 시누아즈리(chinoiseries) 등의 오리엔탈리즘이 자기언급적으로 모방됨으로써 동아시아 근대 미술의 '각성'이 촉구되었듯이 이러한 모방은 그 객체 자신의 손으로도 재연된다. 그러한 의미에서 미야지마 교수가 일본만이 봉건제가 존재했기 때문에 동아시아 안에서 자본주의화했다고 생각하는 일본 특수성론을 유럽과의 친근성을 후원자로 삼는 것으로서 심하게 비판하고 있는 데는 설득력이 있다. 이 같은 일본 특수성론을 반전시킴으로써 한국에서 전개된 내재적 발전론이 성립한 상황에 대해서도 눈여겨봐야 할 것이다. 유럽이라는 '중심'과의 유사 '모방'을 전제함으로써 일본이 자기 경계 밖의 이웃을 주변화하는 전자의 도식에 대해 후자는 그 주변화된 한국의 자기상을 전제되어 있었을지도 모르는 내재적인 자주적 근대의 가능성을 복원하려고 한다.

도면회 교수의 논고는 갑오개혁 이후에 진행된 한국의 근대화에 있어 메이지(明治)유신 이후에 진행된 일본의 근대가 참조해야 할 강력한 모델이었음을 확인한 것이다. 다시 말해 식민지 지배 이전에 이루어진 한국의 근대화에 이미 일본과의 모방 유사관계를 찾아낼 수 있음을 제시함으로써 식민지 근대화론 비판을 실증적으로 상대화하고 내재적 발전론을 극복하려 한 것으로 파악할 수 있다. 이 논고에서 가장 시사적인 것은 일정한 평가를 할 수 있는 이러한 근대의 이른바 이중적 의태모방(서양/일본/한국)이 식민지 지배의 동화정책을 통해 (모방관계의) 차별적인 계층성을 현전(現前)시킴으로써 "'자주적 근대'라는 민족주의적 담론"을 야기했다는 전망이 제시되어 있는 점이다. 내재적 발전론(자주적 근대론)에서 '식민지 수탈'을 강조하는 민족주의적 담론 그 자체가 민족주의가 비판하는 바의 식민지적 근대를 출자로 한다고 하는 어떤 아이로니컬한 구도가 여기서 부상하기 때문이다.

그런데 미야지마 교수와 도면회 교수는 한국·일본·중국에서 나타난 '일국사적 관점'을 비판적으로 파악하고 있다. 하지만 이런 작업은 앞에서 언급한 한국에서 전개된 근대화 논쟁과 어떤 맥락을 유지하고 있었을까? 철저한 동화정책으로 한국의 식민지 지배를 강행한 제국 일본하의 문화나 사상에 일국주의를 뛰어넘는 모멘트를 찾기는 어렵다. 오리엔탈리즘을 자기 투영한 일본에서도 '내국 식민지'를 향한 시선이나 대만·한국 등의 '외지(外地)'에 대한 상상력 등 검토해야 할 주제가 없는 것은 아니다. 오키나와 문학이나 대만·한국에서 일어난 일본어 문학이 최근 10년 정도 사이에 주목을 받게 된 이유 등도 그러한 문제의식의 반영일 것이다. 그러나 서구 문화가 대항해시대 이래 하나의 전통으로서 실천해온 오리엔탈리즘 '유산'의 저장(착취와 흡수의 반복에 의한)을 일본 식민주의의 문화는 그 동화정책의 철저함과 패전으로 인한 식민지 통치의 좌절 때문에 ('다행스럽게도'라고 말해야 할 것이다) 제대로 모방할 수 없었던 것은 아닐까. 이에 대해 적어도 식민지시대에는 근대화의 자주성을 빼앗긴 한국측에서는 원리적으로는 일방적인 문화의 공급(강요)이 추진됨으로써 좋든 싫든 일국주의적인 제약은 깨지지 않을 수 없었다. 아니, 정확히 말해 한국은 강고한 일본의 일국주의의 희생이 되었다고 말할 수 있을 것이다. 이러한 한국과 일본의 비대칭관계가 서구 열강 등의 식민지 지배에서 보이는 종주국/피식민지 간의 문화 이동 관계로 일반화할 수 있는 것인지 또는 일반화할 수 없는 것인지는 논의할 가치가 있는 주제이다.

이상에서 언급한 내용은 다카기 히로시(高木博志) 교수와 이성시 교수가 공통으로 연구하고 있는 동양 미술사, 한국 미술사 틀의 구축이나 고적조사사업과 총독부에 의한 박물관 건설 문제와도 관련이 있다. 이성시 교수와 다카기 교수의 연구에서 생각하지 않을 수 없는 것은 미술사·박물관으로 상징되는 시간과 공간을 말을 전유한 사람이 관리하고 교묘하게 계속해서 고쳐 쓰게 된다고 하는 사실의 중요성이다. 다카기 교수에 의하면 이러한 말의 전유는 동양 미술사의 틀 안에서 '한국 미술사 죽이기' 차원에까지 이르게 된다. 한국 미술사의 틀 안에서 역대 왕조의 왕릉 발굴이 진행되고, 일본 국내의 천황릉 발굴이 현재까지 터부시된 것과는 비대칭적으로 "비익성(秘匿性)을 해체하고 이왕가(李王家)의 신비성을 벗기는" 행위가 이루어졌다. 이성시 교수도 한국 왕궁에 박물관을 설치한 것을 문제삼아 "성성(聖性)의 박탈과 무화(無化)"에 관해 고증하고 있지만 이러한 소거(비익)/폭로를 적절히 사용하는 폭력을 지탱한 것은 목적하는 것의 말의 권력, 담론의 권력임에 틀림없다.

 다카기 교수의 논고는 세키노 다다시(關野貞)가 일본의 고쿠후(國風) 문화와 한국의 통일신라 미술을 각각 미술사의 정점으로 위치지우고 있는 점에 주목하고 있다. 이와 같이 국민 문화의 성쇠를 서사화하는 담론이 도입된 배경에는 "일국의 국민 문화가 독립하고 고유한 체계를 가진 '미술사'를 형성하려면 타국(중국)과는 단절된 독자적 문화가 번성한 특정한 역사 시대가 없으면 안 된다"고 생각한다. 이것 또한 '일국사적 관점'의 한 예로 보아도 좋을 것인가. 청일전쟁기의 일본에 중국 문화를 배척하는 조류가 나타난 상황 등의 동시대성을 고려하여(위에서 언급한 세키노의 사고방식의 기점이 된 고쿠후 문화를 찬양한 대학 졸업 논문도 그 시기에 쓰여진 것이다) 여기서 이야기하는 '타국'이 중국으로 특정된다면 결론이 날지도 모르겠지만, 예를 들어 국민 문화의 자립성을 대서구라는 근대적 자장에 두었을 때 어떤 논의가 전개될 수 있을지는 흥미를 끄는 부분이기도 하다.

문학에 관해 이야기하자면 메이지시대의 일본에서 국민 문학론의 흥륭은 국민 문학을 세계 문학 속에 짜넣어 상대화시킨다는 배치도를 전제로 생각해야 한다. 국민 문학 = 세계 문학으로서의 '국문학.' 이 경우의 '세계 문학'이란 물론 서유럽 지역의 그것을 상위 기준으로 삼은 것이므로 한국 문학도 포함하여 중국 이외의 아시아 문학은 그 울타리 밖에 놓이게 된다(독일의 한 일본 문학 연구자가 일본에서 말하는 '세계 문학,' '외국 문학'이란 '서구 문학'을 가리킨다고 신랄하게 지적했다). 예를 들면 역사관이든 국민 문화의 인식이든 일국주의라는 에고이즘은 세계성의 승인 절차를 거쳐야 비로소 성립한다는 인식이다.

이러한 사정은 문학에만 있는 것이 아니다. 음악에서도 예능에서도 서구 사회에 집약된 세계성(世界性)과의 사이에서 서로 번역가능한 것으로서 국민적인 것이 근대에 시작했다고 생각할 수 있을 것이다. 예를 들면 '소설'이라는 장르는 서구의 novel, roman에 대응시키기 위해 근대에 들어와 중국의 문예 개념으로부터 번역상 부득이한 모드 변환을 한 것이고, '민요'라는 장르는 독일 낭만주의의 Volkslied(이 독일어 자체도 영어에서 번역된 말이지만)로부터 번역한 말을 선정함으로써 장르 그 자체가 창조된 것이다.[3] 이것들은 시기는 다르지만 근대에 만들어진 국민 문화 이데올로기와 불가분의 관계에 있을 것이다.

그러면 한국의 국민주의도 이와 똑같은 유형으로 파악할 수 있을까? 앞에서 말한 민요의 원어에 포함된 Volk가 '민족', '국민'의 두 가지 의미를 가지고 있듯이(다만 '국민'은 Nation의 대응어로서 차별화할 수 있지만) 20세기 초 일본과 한국의 근대는 각각 '국민'과 '민족'이라는 공동체 주체의 단위에 의해 분기(分岐)했다고 생각할 수도 있을 것이다. 물론 이 개념의 비대칭성(번역의 일방통행성)에도 식민지 지배의 그림자가 서려 있음은 역사적으로도 두말 할 나위가 없다. 게다가 애초부터 국민과 민족의 집합의식 사이에는 진화론적 서열 따위는 존재하지 않는다. 오히려 일본의 근대에는 '민족'이라는 틀에서의 사고가 근본적으로 봉쇄되어 왔다고 하는 그 역사의 제외된 부분의 의의에 관해 고찰이 요청되고 있을지도 모른다.

세키 히로노(關曠野)는 "메이지유신이 일본인이 민족이 될 가능성을 봉쇄해버렸다", "메이지 국가에 의해 (중략) 일본인은 민족이 아니라 제국의 신민이 되어버렸다"고 지적하고 민족 형성의 계기를 잃은 일본(인)은 세계로 향하는 통로를 잃었다고 했다.[4] 부분적으로는 찬동할 수 없는 견해도 있지만, 앞에서 이야기한 '신민'을 '국민'으로 바꿔 넣거나 일본을 한국으로 치환한 경우를 생각해보면 세키의 주장에는 여기에서 하고 있는 논의와 접속할 수 있는 유효성이 있다.

---

(3) 品田悅一《万葉集の發明國民國家と文化裝置としての古典》(新曜社, 2001) 및 坪井秀人〈國民の聲 としての民謠〉(《文學年報》第1號, 世織書房, 近刊豫定) 참조.
(4) 關曠野〈民族と民主主義曖昧な日本人の認識〉(《朝日新聞》 2003年 8月 12日 夕刊).

그렇지만 일본 근대에서는 시대에 따라 국가공동체의 정체성을 나타내는 단위가 메이지시대의 '국민'에서 다이쇼(大正)시대에는 표면적으로는 코스모폴리탄적인 '민중'으로 요동하고, 아시아·태평양전쟁기가 되면 '민족'이라는 호칭도 또렷이 전경화(全景化)했으며, 전후에는 이들 호칭이 더 세심하게 교체되고 병존하는 형태로 추이했다고 봐도 좋다(물론 전시하 '민족'의 용법은 식민지 지배의 편법과 떨어질 수 없다). 그럼에도 불구하고 민족과 민족주의를 없어지게 했다고 세키가 보는 일본 근대의 문제는 민주주의·개인주의의 미성숙이라는 고전적 과제로 이어지는 계기를 포함하고 있다. 그리고 여기서 간신히 '국사'의 패러다임을 탈구축하는 핵심을 이루는 민족주의의 평가로 되돌아갈 수 있게 된다. 다만 그 전에 꼭 부언하고 싶은 것은 '동아시아'라는 시점의 부재를 한국과 일본의 인문과학이 어떻게 극복해갈 것인가라는 물음에 대한 적절한 답을 찾을 수 없다는 점이다. '대동아공영권'이나 식민지 지배라는 과거의 부채, 혹은 그 반대로 이웃사람에 대한 무지·무관심이라는 상호 문제도 있을 수 있지만, 그 이상으로 동아시아를 뒤덮고 있는 오리엔탈리즘이 아닌 옥시덴탈리즘의 구속으로부터 우리가 조금도 자유롭지 않다는 현실이 존재하는 것은 아닐까? 그런 의미에서도 미야지마 교수가 문제화하고 있는 서구형 모델과는 다른 근대화상을 한국과 일본의 양쪽에서 고찰하는 것은 대단히 중요하다. 타자가 구축한 것이 아닌 동아시아 연구가 조직상에서도 확립되는 것이야말로 국사나 국문학의 일국주의적인 에고이즘을 극복해가는 작업으로 이어진다고 기대하고 싶다. 그것은 그것들이 서로 의존하고 공범관계를 맺어온 세계성의 재해석과 재정의까지도 불가피하다 할 것이다.

민족주의를 둘러싸고

이영훈 교수의 논고에서는 한국인의 정신 문화나 정치 활동에 큰 영향력을 행사하고 있는 '민족', '민족주의'라는 개념이 '한국형 근대의 일환'으로서 20세기에 창조되었음을 문제삼고, '민족'이라는 개념이 러일전쟁 이후에 일본에서 슬그머니 수입되었다는 사실을 언급하고 있다. 이영훈 교수는 '민족'과 같이 자주 쓰이는 '동포'라는 말의 현재적 용법이 20세기에 들어와서부터 사용된 것이라고 소개하고 있다. '민족'이란 앞에서 이야기한 Volk의 번역어로서 근대 일본에서 만들어진 조어이며, 중국이나 한국에 역수입되었다고 알려져 있다. '국민'이나 '문화', '문명' 등의 근대화와 관계 있는 주요한 키워드도 같은 과정에서 창조·수출된 것이라고 한다.[5] 이러한 번역의 일방통행성만을 가지고 서구/일본/한국(중국)의 근대 문화 이동의 계층성을 언급하는 것은 조금 위험하지만, 일본의 탈아입구(脫亞入歐)와 같은 직선적인 지향의 분석만으로는 한국의 근대화를 헤아릴 수 없음을 미루어 짐작할 수 있을 것이다.

그런데 문명사론의 거시적 시점을 활용하면서 국사 = 민족주의 이야기의 여러 가지 '신화' 창출을 비판한 이영훈 교수는 특히 한국인의 단일민족 신화의 성립을 철저하게 문제삼고 그 '신화의 괴력'이 한반도 통일 문제의 여론 조작에 미치고 있음을 신랄하게 비판하고 있다. 앞에서 이야기한 도면회 교수와 마찬가지로 이러한 단일민족 신화 그 자체가 일본 제국주의의 부의 유산임을 전제하고 있다고

---

(5) 이 점에 대해서는 西川長夫 《國民國家論の射程》(柏書房, 1998年)을 참조.

하더라도 이영훈 교수의 논고는 식민지 근대화론을 갱신하는 데 있어 가장 철저하고 급진적인 위치를 차지하고 있음은 의심할 여지가 없다. 이영훈 교수와 도면회 교수의 논고의 공통점은 민족주의 입장에서 볼 수 있는 식민지 수탈론의 선과 악의 이원론적인 발상을 이성적으로 회의하는 자세이다. 이 점은 이 논문집의 모든 논고와 공통되는 것으로 이해해도 좋을 것이다. 그리고 이러한 민족주의를 어떻게 평가할 것인가 하는 문제가 가장 긴요한 논의의 포인트이다.

윤건차는 식민지 근대화론에 관한 논의를 탈근대화의 틀 속에서 정리한 뒤 그것을 끈기 있게 강력히 거듭 비판해왔다. 그는 탈근대화론이 귀결하는 지나친 민족주의 비판에 대해 심하게 반비판해온 논자이다. 그런 의미에서 이번 논문집과는 대극적인 태도를 취하고 있는데, 논의의 쟁점을 명확히 하기 위해서도 윤건차의 최근 저서 《서울에서 생각한 것-한국 현대사상을 둘러싸고》(平凡社, 2003년)의 내용을 몇 개 발췌해서 대립점을 검토해보고자 한다.

"이러한 국내외 상황(한국에서의 민족주의 비판 조류, 세계화의 모순, 유럽에서의 우경화 경향 등-인용자)에서 한국에서 과연 민족주의를 전부 부정해도 좋은가, 한국이 놓여 있는 현실의 역사적·국제적 조건에서 볼 때 그렇게 간단히 폐기해버릴 수는 없는 것이라고 생각된다. '신자유주의'를 내세우는 미국의 일극 지배가 지구적 규모로 진행하는 국제적 조건 속에서 한국에서는 오히려 민족, 민족주의의 담론을 어떻게 재해석, 재구성해야 할 것인가라는 과제가 더 절실해진다고 생각하지 않을 수 없다"(107쪽).

"(전략) 일본의 재군국주의화, 중국의 대국화, 미국의 동아시아 패권주의의 계속이라는 곤란한 상황에서 평화적인 남북통일을 지향하기 위해서는 역시 적어도 통일 민족국가 수립까지는 '민족주의'라는 말을 사용하는 것도 부득이한 것이 아닌가 생각한다"(108쪽).

"무엇보다도 남북 분단의 계속은 한국의 근대 프로젝트가 불충분한 상태인 채로 있음을 나타내고 있으며, 민족주의의 과소평가는 한국의 역사적 현실을 무시하는 것이 될지도 모른다"(121쪽).

윤건차의 입장은 이 인용문만으로도 아주 명확하기 때문에 새삼스러운 설명은 필요없을 것이다. 인용문에서 알 수 있듯이 민족·민족주의의 담론을 재해석함으로써 제국주의적인 미국의 패권주의나 세계화에 대항하려고 하는 전략적인 함의가 담겨있다. 그러나 결정적인 것은 역시 그 대항의식이 '분단'의 해소, 즉 '통일 민족국가 수립'이라는 궁극적 도달점을 향해 준비되어 있는 것이다. 이는 앞에서 언급한 단일민족 신화를 부정하고 남북통일의 문맥이 지니는 정치성을 비판하는 이영훈 교수의 입장과 정면으로 대립하고 있는 것이다. 또 미국형 제국주의에 의해 일원화·균질화되는 세계 정세에 대해 대항적으로 민족주의를 가동시킨다는 발상도 도면회 교수와 이영훈 교수가 그리고 있는 제국 일본의 식민지 지배가 (부의 유산으로서) 전후 한국의 국민국가 형성의 이데올로기로서 민족주의를 일으켰다는 도식과 기본적으로는 다름이 없다. 결론적으로 분기점은 이러한 '대항' 운동에 가치를 찾을 수 있을지의 여부를 선택하는 것밖에는 없지만, 그 가치판단이 분단체제 문제와 접속하는 무거운 의미를 가지고 있는 사태에 직면하게 되면 일본 국적을 가진 나와 같은 사람은 말을 잃지 않을 수 없다. 자신의 문제로서는 단지 세키 히로노가 지적한 민족을 문제화하는 계기를 놓친 일본 근대의 '없어진' 부분이 어떻게 이 판단의 장과 관련되는가를 생각하는 것이

전부일지도 모른다.

'일본인'으로서

그러면 일본에서 일본 국적을 가진 '일본인'에게 있어 이 문제는 끼여들 수 없는 '강 건너 불'에 불과한 것인가. 물론 그런 일은 없을 것이고 그렇게 되어서는 안 될 것이다. 윤건차는 민족주의를 (한정적으로) 옹호하는 논고의 문맥 속에서 "안이한 식민지 근대화론이 일본 내셔널리즘에 가담하게 되는 위험성"을 문제삼고 있다. 물론 이 '일본 내셔널리즘'이란 일련의 역사 수정주의를 가리키고 있으며, 가토 노리히로(加藤典洋)의 《패전후론》이 한국에서 번역 출판되어 어느 정도 지지를 얻었다고 하는 현상도 그것과 병행하여 취급되고 있다.

일본의 잡지 《비평공간》에서 이루어진 가라타니 고진(柄谷行人) 등과의 공동 토의(6)에서 백낙청이 가토의 논설에 공명하는 '민족주의'적 자세를 보인 것은 적어도 가토에 대해 비판적인 일본 독자들에게 적지 않은 충격을 주었다고 생각된다. 이러한 백낙청의 대응에 관해서도 윤건차는 "굳이 말한다면 가토를 평가하는 백낙청의 일본관이야말로 '비틀림'이 있는 것은 아닌가 위구된다"고 비판하고 있다. 가토의 방법론은 전후 일본의 민주주의나 평화주의 담론 안에서 문제 해결에 접근한 '비틀림'을 대안으로 제출함으로써 일거에 해

---

(6) 共同討議 〈韓國の批評空間〉(白樂晴・崔元植・鵜飼哲・柄谷行人, 《批評空間》 第17號, 1998年 4月).

소하려 한 '대안론'과 공공성론이다. 그러나 윤건차가 위구하듯이 식민지 근대화론 자체 속에서 식민지 지배와 근대화를 분별하고 그 시대의 공과 죄를 변별하기 위해 나이브한 결론을 서두른 경향이 나타나게 되면 그것은 가토가 '일본인'을 균질화한 '대안'을 제출한 것과 호응하게 될지도 모른다.

좀 거칠게 말해 한국 민족주의 입장에서 결론 부분이 한반도 영역에 저촉하지 않는 한 '일본인'이 과거의 굴레에서 완전히 벗어나 '건전한 내셔널리즘'을 갖자고 호소하는 가토 노리히로로 상징되는 근대 일본의 방향 전환의 움직임은 동아시아 동포가 환영할 만한 민족주의적 연대의 비전으로 비쳐질지도 모른다. 우리들은 애국심을 가지고 있고, 따라서 당신네들도 가지는 것은 자연스런 일이라고. 그러나 그것은 본래 비대칭적이어야 할 일본의 애국심과 한국의 애국심을 등가로 묶어버리는 도착된 행위일 수밖에 없다. 그리고 이와 똑같은 함정으로서 전후 보상 문제나 일본군 '위안부' 문제와 씨름해온 전후 일본의 지식인 운동을 "건강하고 진보적 의미에서 '민족주의' 내지 '내셔널리즘'의 발로"라고 무비판적으로 평가해버리는 윤건차 자신에게도 지적해야 한다. 이러한 나이브한 호응관계로 소환하는 것은 섬세해야 할 비대칭성의 가능성을 봉쇄해버리기 때문이다. 덧붙여 말해 가토의 자국민 전몰자 추도라는 '대안'은 고이즈미(小泉) 내각의 이른바 '추도평화기념 간친회'에 의해 프로그램화되고 있지만, 이 '대안'에 저항하고 있는 것이 자민당(自民黨)의 수구파(또 다른 종류의 '국사탈구축파國史脫構築派'일지도)라는 사실의 의미도 고려할 가치가 있는 '비틀림'일 것이다.

그런데 홑따움표를 친 '일본인'에는 물론 일본 국적을 가지고 일본국의 법 아래에서 권리와 의무를 이행하는 사람이라는 한정적인 의미를 부여하지만, 내가 귀속하는 이 집단이 이상에서 언급한 한일 간에 나타난 근대화론의 비대칭적인 관계로부터 무엇을 배울 수 있을지 의문스럽다. '민족주의'가 한국에서 근대화론 문제의 핵심인 것은 이해할 수 있지만, 이것을 전후 일본의 '민주주의', '평화주의'와 치환해보면(물론 대칭적으로는 안 되지만) 거기에는 매우 절실한 현재의 문제가 나타날 것이다. 이라크 공격 용인이나 유사법제(有事法制) 등의 최근 문제뿐만 아니라 식민지 한국과 민족주의 문제는 비대칭적이면서도 초상화를 그리고 있을 것이다. 그리고 이 비대칭적인 두 국면에는 공통의 그림자가 서려 있다. 그것은 바로 미국의 존재인데, 점령기 연구가 활발해지면 활발해질수록 한국에서의 식민지 근대성 문제는 틀림없이 가해 책임 문제에 더해져 새로운 리얼리티를 가지고 나타나게 될 것이다.

이번 논문집이 가진 또 하나의 특징인 잡종성(hybridity)의 재평가라는 기축에 관해 언급할 여유가 없지만 실은 그 점에 착안해 실천한 몇 개의 논고야말로 가장 큰 가능성을 가지고 있음을 마지막으로 강조하고 싶다. 마쓰모토 다케노리가 1980년대 이후 '식민지적 근대' 연구의 새로운 특징 중 두 번째로 언급하고 있는 "일상생활 차원에 나타난 권력작용의 분석"이라는 방법이다. 이 논문집에는 식민지하에서 산 한 한국 농촌 청년의 일기를 독해하여 '경험으로서의 식민지', 다시 말해 미시적으로서 식민지상에 철저하게 씨름해 보인 이타가키 류타(板垣龍太)의 논고와 장혁주·김사랑 등의 소설까지 이용해 재일한국인의 귀속과 문화를 둘러싼 문제의 중층성·복잡성을 문제화한 도노무라 마사루(外村大)의 논고에서 최고

양질의 성과를 찾을 수 있다. 그 밖에 '식민지적 근대' 연구를 구석구석까지 요약해 정리한 마쓰모토의 논고에서도 '백정'이나 여성해방운동 등 식민지시대의 다양한 '한국인'의 삶, 그 '잡종적 정체성'을 두루 살핀 바가 있어 앞으로 논의를 활성화할 것으로 생각된다. 바로 이것이야말로 '큰 이야기'에서는 눈이 미치지 않는 다양한 개별적인 역사를 하나하나 발굴해가는 작업이다.

예를 들면 전후 50년에 걸쳐 현재까지 '국가의 간극(international)에 빠지는'[7) 상태를 강요당한 '재일한국인/조선인'의 존재는 일본과 한국/조선의 비대칭성을 생각할 경우 피할 수 없다. 도노무라의 분석에 의해 나타난 '지방적인 다문화주의' 상은 국민이나 민족보다도 작은 단위이며, 그 비대칭적인 국면의 가교 역할을 할 가능성을 은연중에 보이고 있다. 현재까지 한국 내셔널리즘이 지방주의를 단위로 하여 구성되어 있는 점과의 관계 등 앞으로 전개될 과제는 적지 않겠지만, '큰 이야기'로서의 '국사'를 어떻게 넘어갈 것인가 하는 물음에 대한 유효한 응답이 될 수 있음은 틀림없을 것이다.

—번역 박환무

---

(7) 李孝德〈ポストコロニアルの政治 '在日' 文學〉《戰後東アジアとアメリカの存在》,《現代思想》臨時增刊, 第29卷 9號, 2001年 7月).

한국에서 '국사' 형성의 과정과 그 대안

이영호(李榮昊)

1955년 경남 밀양에서 태어나 78년 서울대학교 인문대학 국사학과를 졸업했다. 93년 같은 대학 대학원에서 〈1894~1910년 지세제도 연구〉로 박사학위를 받았다. 현재 인하대학교 문과대학 사학과 교수로 재직 중이다.
주요 연구 분야는 한국 근대사. 특히 사회경제 및 동학 민중운동 등에 많은 관심과 열정을 쏟고 있다.

《한국근대 지세제도와 농민운동》 서울대 출판부, 2001.
〈동학·농민의 일본인식과 보국안민이념〉《근대교류사와 상호인식 I》(김용덕 미야지마 히로시 공편, 한일공동연구총서 II), 고려대학교 아세아문제연구소, 2001.
〈일본제국의 식민지 토지조사사업에 대한 비교사적 검토〉《역사와 현실 50》 한국역사연구회, 2003.

'국사'의 형성

이번 역사포럼에서 해체의 대상이 된 국사는 한국에서 어떻게 형성되었는지부터 살펴보기로 하겠다. 《삼국사기》와 《고려사》는 동아시아 화이(華夷) 질서와 유교적 윤리관에 의해 구축된 왕조시대의 통치사였다. 그에 대한 비판은 조선 중기 이래 사대부의 역사 서술로 나타나고, 조선 후기 실학자들의 역사 서술로도 이어졌다. 주자 성리학으로부터 역사학의 독립, 사실에 대한 객관적 이해의 진전, 자국사에 대한 자부심의 강화, 역사 주체의 확대 등의 변화를 볼 수 있다. 전근대의 한계가 극복되었다고 할 수는 없지만 역사 이해의 진전의 과정은 확인할 수 있다.

개항 이후 세계 자본주의의 침입, 특히 일본의 침략 과정에서 일본의 국사 편찬 방법이 도입되었다. 그러나 근대적 방법에 입각한 한국의 국가사 편찬은 시도에 그치고, 그 자리를 일본의 황국사관을 핵심으로 하는 동아시아 역사상이 차지하게 되었다. 이성시 교수의 〈만들어진 고대〉의 광개토왕비문에 관한 논문에서 지적한 시라토리(白鳥庫吉)의 인식, 그것은 러일전쟁의 승리를 기원하는 제국주의적 국가관 위에서의 고대사 인식이었다. 똑같이 후쿠다 도쿠조(福田德三)의 논문에서도 일본이 러일전쟁에서 승리하여 한국을 근대화시킬 사명감을 운명적으로 담당해야 한다는 제국주의적 인식의 전제로서 한국의 사회경제에 대한 소개가 등장한다. 이번 포럼에서는 국가주의적 역사 이해를 해체해야 한다고 비판하면서 제국주의적 국가관에 입각한 역사 이해에 대해서는 외면하고 있다. 후쿠다는 서구적 근대 이론을 가지고 한국의 역사와 사회 상황을 분석하면서 한국을 국가적 분석 대상에서조차 제외해야 한다는, 한국에서는 국가라고 볼 수 있는 권력 구조조차 성립되지 못했다는 시각을 가졌다. 그의 논리가 이후 실증적 연구를 진행한 후학들에 의해 확대, 재생산되고 그것이 식민주의사학의 정체성론(停滯性論)이라 명명된 것은 주지의 사실이다. 기다(喜田貞吉)의 본가분가론(本家分家論)에 입각한 일선동조론(日鮮同祖論)을 비롯한 소위 '정치적 기획'에 의해 '조작'된 한국 역사상은 식민주의 사학의 타율성론으로 명명되어, 정체성론과 함께 식민주의 사학의 양대축을 형성했다. 이것이 한국에서의 '국사'의 출발점이다. 오늘날 해체해야 할 것으로 지목된 한국의 국사는 제국주의 침략의 목적을 수행하는 차원에서 형성되고 출발되었다.

이와 같이 한국의 국사는 식민주의 사학에 의해 구축되었고, 그나마 식민지하에서 일본의 역사 체계 속으로 사라졌다. 1910년대에는 보통학교에서 역사 과목을 가르치지 못하도록 했다. 1920년대 이후에는 일본 역사 체계 속에 일본 역사와 관련되는 부분에 한해 극히 일부의 단편적인 한국 역사의 사실을 부수적으로 가르쳤다. 그것이 '보통학교 국사'였다. 일본의 국체가 강조되고 한국은 일본에 부수된 지방으로 취급되었다. 중일전쟁 이후에는 한국의 민족적 말살, 내선일체의 강조, 대동아 공영권의 역사적 사명이 강조되는 국사 편찬이 이루어졌다. 일본 국체를 강조하고 천황을 신격화하는 내용이 국사의 핵심이 되었다. '국민' 교육을 위한 정사체제였던 '국사'에 한국의 역사적 사실은 취급되지 않았다. 한국의 역사는 부수적으로도 취급되지 않고 일본의 '초등 역사'에 완벽하게 흡수되어 내선 공영의 국사 교육이 실시되었다. "독자적인 국민국가와 민족의 형성에 실패한 집단이 세계사에서 지워졌듯이"(이번 역사포럼의 취지문) 오늘날 아이누의 역사는 사라지고 류큐의 역사도 찾기 어렵다. 우리가 논의하는 국사는 식민지에서는 이런 상태로부터 시작된 것이다.

이번 역사포럼의 논문들은 식민지적 근대의 양상을 여러 각도에서 분석하여 민족 담론의 한계를 보완하고 있는데, 해체해야 할 국사의 실체가 식민지시대에 이와 같은 방식으로 출발했음에 대해서는 언급하고 있지 않다. 다만 이성시 교수와 다카기 교수의 논문은 미술사의 영역에서 이 문제를 취급하고 있다. 이성시 교수는 조선의 박물관 설립을 일본 근대의 이식 과정으로 보면서 그 건립이 조선 왕조의 상징 공간인 궁궐을 무대로 하여 전개된 식민주의적 성격을 지적하고 있다. 다카기 교수는 조선 미술사가 동양 미술사 속으로 해체되어간 것, 그리고 조선 왕릉의 발굴에서 식민주의적 성격이 드러난 것을 지적하고 있다. 식민지하에서 식민 권력에 의해 '상상된' 식민주의적 국사상의 형성을 해부한 것이라고 할 수 있을 것이다. 물론 두 논문은 해방 후 양국의 박물관, 문화재 정책의 국가주의적 계승이라는 닮은꼴에 대한 비판의 전망도 열어놓고 있다. 그것이 포럼의 취지에 상통하는 '국사의 해체'와 내면적 연관을 지니는 것이다.

'국사' 비판의 방향

국사에는 어떠한 문제가 있는가? 국사를 비판하는 내용과 방향은 무엇인가? 역사포럼의 취지문을 보면 그동안의 역사 인식의 문제점을 "제국주의와 식민지라는 역사적 경험의 차이가 일방적으로 강조되고 그 차이에서 비롯되는 역사적 타자성을 폭력적으로 억압하는 가운데 정작 동아시아 민중의 기억은 지워진 것"에서 찾고 있다. 제국주의와 식민지의 역사적 경험의 차이는 분명 엄청난 것인데, 여기에서는 동등한 역사적 타자성으로 언급되고 있다. 그리고 동아시아 민중은 민족별 차이 없이 똑같이 제국주의 폭력의 희생물로 취급되고 있다.

국사의 기원이 제국주의의 '만들어진', '상상된', '신화화된' 역사상에서 비롯된 것이고 그것이야말로 내셔널 히스토리의 극치인데, 해체는 그것을 만들어낸 제국주의의 역사관에 대한 비판에서가 아니라 제국주의의 반영으로 규정된 식민지 한국으로부터 제기되어야 하는가? 국사의 해체는 동아시아 각국에서 동시다발적으로 이루어져야 할 작업임을 많은 연구자들이 인식하고 있지만, 실제 작업은 한국에서의 국사 해체로부터 시작되고 있다. 연구자들은 한국의 국사를 해체하고, 한국에서 국사 교육을 폐지함으로써 국가주의적으로 치닫고 있는 일본의 역사 교과서 문제를 해결할 수 있는 '효과적인 무기의 비판', '고도화된 비판'이 될 수 있다고 주장하고 있다. 국사의 해체 방향은 국민(민족)국가의 형성이 뒤늦고 남북 분단의 극복을 통해 아직도 국민(민족)국가의 형성을 완성하지 못한 한반도의 경우보다는 식민지를 폭력적으로 억압한 경험을 가졌고 현재 군사 대국화를 서두르고 있는 일본이나, 이라크전쟁으로 세계를 제패하려는 미국, 경제적·군사적 대국으로의 도약을 꾀하고 있는 중국 등의 국가에서 앞장서야 함에도 불구하고 연구자들의 입장은 그렇지 않다. 제국주의와 식민지의 관계는 불평등한 구조에 놓여 있다. 원리적으로 동등하다는 주장을 하고 있지만 과거나 현재 모두에 있어서 동등하지 않다.

  제국주의와 식민지를 동렬에서 평가하는 시각은 "주변부의 저항 민족주의는 제국주의의 거울반사에 불과하며 궁극적으로 양자는 적대적 공범관계를 형성하고 있다"고 지적하는 연구자들의 입장에서 잘 나타나 있다. '적대적 공범관계'는 무엇인가? 미국과 구소련이 냉전체제를 유지하면서 약소국을 병탄한 것이라든지, 일본을 포함한 세계 열강이 제국주의시대에 중국, 한국, 동남아시아 등지를 갈라먹은 그들 제국주의 국가들 사이의 협력관계가 바로 적대적 공범관계가 아니겠는가. 그들의 적대적 공범관계에 의해 남북 분단이라는 희생을 치른 한반도를 대상으로, 제국주의 경험을 지닌 국가와 똑같이 국가 권력의 측면에서 적대적 공범관계를 형성하고 있다고 말할 수 있겠는가? 모테기 교수의 문제 제기가 국민국가의 건설 과정에서 내국 식민지를 확대한 중국의 사례를 소개함으로써 북해도를 개척하고 류큐를 내국 식민지로 삼은 일본이 중국과 적대적 공범관계에 있었음을 암시하는 것이라면 '적대적 공범관계론'을 이해할 수 있을 것이다. 그러나 국권 회복을 목표로 무력을 선택한 의병과 자국의 융성을 위해 무력으로 의병을 진압한 일본군을 무력을 동원한 점에서, 민중의 희생을 동반한 점에서 적대적 공범관계라고 말할 수 있겠는가? 식민지를 제국주의와의 관계에서 거울의 반영이라 할 때 거울을 깨뜨리면 충분한 것을 거울 속의 이미지를 지우려 애쓰고 있다. 윤해동 선생의 논문에서 저항 세력의 민중론과 황민화정책의 파시즘적 정신 구조의 유사성을 지적한 것이라든지, 저항 세력의 대중운동과 일제측의 총동원체제와 대중을 정치적으로 전유하려는 경쟁관계로 파악한 것은 제국주의와 식민지를 적대적 공범관계로 인식하는 것과 다름없는 것으로 보인다. 모든 국민국가가 민중을 볼모로 한 것이라면 국사의 해체를 촉구하지 말고 국민국가의 해체를 촉구하는 것이 옳을 것이다.

이영훈 교수의 논문이 이번 역사포럼의 제목과 유사하다. 그런데 그의 논의는 국가주의적 냄새를 물씬 풍기고 있다. 개발 독재체제하의 민중 억압은 기억하지 않으려 하면서, 분단정권이나 개발 독재정권을 "분단을 무릅쓰고 대한민국을 건국한 정치 세력과 민주주의를 희생하면서 경제 개발을 우선하였던 역대의 집권 세력"으로 평가하고 있다. "대한민국의 지난 55년간의 역사는 신생 독립국가로서는 매우 드물게 경제 발전과 민주주의 둘 다를 이룩한 모범 사례"로 간주되는데, 그 배경은 식민지 경험을 바탕으로 하고 있는 것이라고 생각한다. 이러한 주장이야말로 '제국주의와 식민지라는 역사적 경험의 차이가 일방적으로 강조되고 그 차이에서 비롯되는 역사적 타자성을 폭력적으로 억압하는 가운데 정작 동아시아 민중의 기억은 지워진 것'의 전형이 아닌가? 박정희의 개발 독재시대야말로 민족 담론의 과잉 시기였고, 국정 국사 교과서 문제의 출발 시기이기도 했다.

'국사'의 대안

연구자들은 국사의 대안으로 '성찰적 동아시아 역사상'을 제시하고 있다.

성찰적 동아시아 역사상이란 차이와 다양성을 인정하며, 균질화된 통합을 향한 발전 과정으로서 동아시아 역사의 이해를 반대하고,

내셔널 히스토리 그 자체를 해체하고, 이로 인해 유럽 중심주의에 대한 비판에까지 이르고자 한다. 동아시아에서 자행된 일본의 침략과 식민주의 그리고 모든 국가 폭력에 대한 비판을 넘어서서 수백 년에 걸친 유럽의 패권주의까지 비판하는 것이라고 한다.

구체적으로는 이영훈 교수와 미야지마 교수의 논문이 이에 대한 대안을 모색하고 있다. 이영훈 교수는 도덕 사회가 근대 사회로 전환된 과정을 유럽 중심주의적·일국사적 관점에서 본 것 같고, 미야지마 교수는 동아시아적 관점에서 접근하고 있다.

먼저 이영훈 교수의 주장에 대해 살펴보자. 그는 '국사'의 문제점을 몇 가지 '신화'로 제시했다. 국사 가운데 민족의 단일성, 토지사유제설, 토지조사사업의 수탈성, 조선의 문치주의와 서구 민주주의의 비교 등을 신화로 치부했다. 민족의 단일성 신화는 제국주의의 대립물로서 성립되었다고 하는데, 나는 다음과 같은 점을 고려해야 한다고 본다. 즉 첫째, 한반도의 주민이 지닌 강도 높은 종족적 동질성 둘째, 삼국·고려의 통일이나 고려 말에 나타난 한반도 주민 사이의 연대의 강화에서 보이는 종족적 결집력의 단계적 강화 과정 셋째, 일본 민족을 중심으로 한국·대만·류큐·만주를 포함하는 대일본 민족 형성의 신화를 구축하려는 일본 제국주의의 기획 속에서 한반도의 민족을 분리해내려는 한반도 주민의 노력 등을 고려할 필요가 있다고 생각한다. 토지사유제 문제는 학설적인 차이이지 신화의 문제는 아니다. 상고시대부터 사유제가 있었는지는 모르겠으나 적어도 조선시대에는 사유제가 크게 진전되었다는 주장이 널리 인정되고 있다. 토지조사사업의 수탈성 문제도 '전국 농토의 40%'를 수탈했다는 견해는 1982년, 1990년 고등학교 국사 교과서에 쓰여 있지만, 1996년에 개정된 교과서에는 '전 국토의 약 40%'로 고쳐졌고, 수탈된 토지는 미신고 토지, 공공기관 토지, 문중의 토지와 산림, 초원, 황무지 등이라고 한다. 수탈의 내용에 대한 탐구의 여지가 충분하다. 조선 왕조의 문치주의를 유럽의 민주정치와 비교한 주장도 신화로 치부했는데, 그러한 비교에 동의하고 싶은 생각은 없지만 미야지마 교수의 글에서는 조선 왕조의 관료제적 문치주의를 동양 삼국의 공통적 요소, 진보적 요소로 중시하여 이영훈 교수와는 다른 견해를 제시하고 있어서 토론의 여지가 많은 문제이지 신화라고 할 수는 없다.

이영훈 교수는 '국사'의 대안으로 문명사를 제시하고 있다. 근대 사회는 공리주의적 기준으로 제도와 규범을 창출한 사회라고 하며, 그러한 사회를 구성하는 문명소(文明素)로서 자립적 개인, 가족, 사유재산, 시장, 분업, 사회의 자율적 편성을 들고 있다. 한국에서 근대의 귀결은 결국 일본과 미국의 지배 및 교육을 통해 실현되지만, 그 밑바탕에는 근대 서유럽과 닮은꼴의 문명소가 전제되어 있었다고 보고, 이 문명소의 형성 과정을 탐구하는 것을 국사의 대안으로서의 문명사(文明史)로 제시한 것이다. 이러한 시론의 구체적인 문제를 논의할 수는 없고, 과연 이렇게 하면 국가적 규범의 틀에서 벗어날 수 있을까 하는 문제를 생각해본다. 개인, 가족, 시장, 사회는 공동체의 틀 속에서 질서를 유지하고 있으며, 그 최고의 공동체를 국가 또는 민족이라고 본다면 문명사는 그 틀을 마냥 무시할 수는 없다. 국가와 민족 단위의 공동체 역사를 다룬 국사의 역할과 기능이 있다. 물론 그것이 민중을 소외시키고 국가주의적으로 동원하는 병폐를 안고 있지만 그것은 국사의 해체를 통해서가 아니라 이영훈 교수가 시도하는 개인과 가족의 역사, 지역의 역사, 민중의 역사, 동아시아 지역의 역사 등 국가와 민족의 역사와는 층위를 달리하는 공동체의 역사를 국사의 지위로까지 끌어올리는 작업을 통해 극복할 수 있는 것이라고 생각한다.

미야지마 교수는 곧바로 동아시아 담론을 제시했다. 동양 3국의 일국사적 관점을 극복하기 위해 동아시아를 방법 개념으로서 제시하고 있다. 그러나 그것은 비교사적 경향이 농후하다. 동아시아를 시야에 넣은 그의 근대 개념은 경제 및 정보의 세계화와 국가·지역의 장벽 사이의 모순을 내용으로 하고 있다. 근대의 개념은 이영훈 교수와 다르고, 연구자마다 조금씩 편차가 있게 마련이다. 미야지마 교수는 근대 이전에는 동아시아 지역이 서유럽보다 경제 성장이 앞섰다는 프랑크의 견해를 수용해 동아시아 지역의 근대는 16세기를 기점으로 형성된 것으로 보았다. 또한 동아시아 근대의 특징은 주자학 및 과거제에 입각한 사대부의 등장과 이를 바탕으로 한 집권적인 국가체제의 확립이라고 보았다. 그동안 우리가 논의하던 근대 개념과는 상당히 상이하며, '근세 국가론'에 가깝다. 동아시아 국가들 사이에서 나타나는 근대 특징의 공통성은 일본에서는 후진적인 편이었지만, 일본이 19세기 이후 근대를 수용하는 과정에서 후진성을 극복하고 선진성을 획득함으로써 동아시아적 공통성은 강화되어졌다고 본다. 그리고 이 공통성에 기반해 일본 식민통치는 내지연장주의적(동화주의적) 성격을 지니게 되었다는 것이다.

연구자들은 "서로 다른 내셔널 히스토리들이 동아시아라는 이름의 좀더 큰 단위로 수렴해가는 또다른 거대 담론을 만들어가는", 즉 '확대된 국민의 역사', '동아시아로 외연이 확대된 내셔널 히스토리'를 지향하지 않는다(역사포럼의 취지문)고 선언하고 있다. 미야지마 교수의 동아시아의 방법은 이러한 것을 어떻게 극복하고 있는가? '동아시아라는 방법'의 구축을 위해 미야지마 교수는 끊임없이 서구와의 대비에서 공통점과 차이점을 찾아내고 있는데, 이는 서구를 끊임없이 의식하고 있는 것이다. 16세기 동아시아의 경제 성장이 더 앞섰다든지, 국가와 사회의 분리가 중국에서 더 앞서 실현되었다든지, 서구와 같이 초기 근대와 후기 근대를 구분해본다든지 하는 주장에서 그런 모습이 잘 나타나 있다. 미야지마 교수의 주장이 동아시아의 공통성을 기반으로 한 '동아시아적 내재적 발전론'의 혐의를 피할 수 있을까?

　미야지마 교수는 식민지 지배와 관련해 일본과 공통되는 부분이 많았기 때문에 식민 지배가 용이했다고 지적하고 있다. '공통되는 부분'이란 무엇인가? 그것은 주자학적 이념과 그 체제라고 할 수 있다. 중국과 한국은 이를 일찍 달성했지만, 후진적인 일본은 근대 국민국가 창출 과정에서 비로소 주자학적 체제를 수용했다고 보는데, 그렇다면 그 공통되는 부분은 주자학적 체제라는 전통인 것인지 의문스럽다. 그리고 식민지배정책의 예로 토지조사사업을 들고 그것이 서유럽보다 용이하게 달성되고 식민지 주민의 반대도 없었던 것은 공통적 기반의 형성에 의한 것이라고 보았다. 나는 이 문제를 통치의 물적 대상과 인적 대상을 구분하여 보는 것이 좋을 것이라고 생각한다. 인프라, 제도 구축과 징병과 같은 인적 동원에는 상당한 차이가 있다. 물적 대상은 반대를 진압하고 물리적으로 시행 가능한 것이지만, 인적 동원을 위해서는 정신적 동화정책이 필요했다. 북해도, 오키나와에서의 동화정책의 성공, 그리고 대만의 성공 가능성은 조선에서 동화정책을 추진시키는 동력이었다. 그러나 그런 인적 동원은 긴 기간의 식민통치와 감화가 요구되었다. 조선에서 인적 동원이 용이하지 않았다고 한다면 그 이유는 무엇이며, 그러한 경우 동아시아적 공통성과 식민통치의 용이성은 어떻게 관련되는 것일까라는 의문이 생긴다.

공동 연구의 기조가 민족주의와 그에 기반을 둔 국사의 문제점을 파헤치고 제국주의와 식민지 모두에 그 정신사적 배경이 있음을 지적한 것에 대해서는 공감하지 않을 수 없다. 그러나 과연 현실적인 국제관계는 그러한 지향에 적합한 조건이 형성되어 있는가? 그렇지 않다면 우리가 문제삼아야 할 것은 어디에 있는가? 애국주의에 기초한 미국의 세계 패권 전략, 일본의 군사 대국화, 중국의 티베트 탄압과 러시아의 체첸 탄압 등 적대적 공범관계의 전형적이고 전세계적인 지배의 청산을 촉구하는 전략을 세워야 하는 것은 아닐까라는 생각을 해본다.

부록

1. '비판과 연대를 위한 동아시아 역사 포럼' 취지문
2. '비판과 연대를 위한 동아시아 역사 포럼' 주요 연혁

- 부록 1

'비판과 연대를 위한 동아시아 역사포럼' 취지문*

'연대(連帶).' 이것은 21세기의 동아시아가 요구하는 가장 절실한 역사적 과제의 하나입니다. 그것이 국가 권력의 담합 구조를 넘어 선, 밑으로부터의 자발적 연대이어야 한다는 것은 역사의 정언명령입니다. 우리는 반목과 갈등의 과거를 극복하고 신뢰와 우애에 기초한 동아시아의 시민적 연대망을 구축해야 한다는 21세기의 역사적 짐을 기꺼이 떠맡을 것입니다. 그것은 과거를 봉합함으로써가 아니라, 역사의 상처를 드러내고 또 그 상처의 치유법에 대한 서로의 차이를 비판적으로 검토함으로써 가능한 것이 아닌가 합니다. 비판이 연대와 함께 가야 하는 이유도 여기에 있습니다.

선험적으로 연대의 필연성을 강조하기에 앞서 자기성찰의 바탕 위에서 먼저 날카로운 비판 작업이 요구되는 것입니다. 이 점에서 우리는 동아시아 민중의 역사적 경험을 토대로 미래에 대한 그들의 간절한 희망과 과거에 대한 철저한 자기반성이 담긴 성찰적(省察的) 동아시아 역사상(像)을 구축하는 것이야말로 참된 연대의 첫걸음이라고 믿습니다. 성찰적 동아시아 역사상은 현재를 적극적으로 변혁해가는 비판적인 상상력을 요구합니다. 그것은 민중들에게 현재를

---

* 이 글은 한국의 임지현과 일본의 고지마 기요시가 공동으로 초안을 잡고 '동아시아 역사포럼' 구성원들의 토론을 거쳐 정리된 것입니다.

이해하는 틀을 알게 모르게 강요해왔던 공식적 역사를 극복하는 작업이기도 합니다. 권력이 강요한 국가적 기억의 틀에서 벗어나 구체적이고 생생한 삶의 기억으로서의 역사를 복원하는 작업이기도 합니다. 그렇기에 그것은 단순한 과거사의 문제가 아닙니다.

물론 과거사를 정리하고 극복하려는 시도가 전혀 없었던 것은 아닙니다. 그러나 불행하게도 그것은 대부분 정치 권력 혹은 국가 권력이 주도한 것이었습니다. 동아시아 민중의 간절한 소망은 배제된 채 권력의 음험한 이해가 반영될 뿐이었습니다. 제국주의와 식민지라는 역사적 경험의 차이가 일방적으로 강조되고 그 차이에서 비롯되는 역사적 타자성을 폭력적으로 억압하는 가운데 정작 동아시아 민중의 기억은 지워진 것이 아닌가 합니다. 그 결과 일본에서는 정치 권력의 사죄와 망언이 되풀이되었으며, 또 역으로 중국과 한국에서 과거사의 청산은 정치 권력의 필요에 따라 민중을 동원하는 이데올로기적 기제였을 뿐입니다. 과거에 대한 민중의 기억을 조작하는 방식의 위로부터의 이른바 '역사 청산'은 이제 정말 과거의 일로 돌려야만 합니다. 우리는 역사의 이해에 대한 권력의 지배를 단호히 거부합니다.

사실상 국가 권력에 의해 전유된 특정한 기억을 바탕으로 만들어진 내셔널 히스토리는 이미 과거에 대한 기억 이상의 그 무엇입니다. 그것은 사람들의 삶과 욕망, 사유와 실천을 특정한 방향으로 유도하는 기억의 정치학입니다. 그런데 기억에 대한 담론을 생산하는 주체는 대부분 근대 국민국가였습니다. 국민국가의 이 공식적 기억에서는 국가와 국민, 민족 그리고 그것들을 위해 몸을 바친 무수한 '민족 영웅'들이 주인공이었습니다. 독자적인 국민국가와 민족의 형성에 실패한 집단이 세계사에서 지워졌듯이, 그 국가 내에서 권력에 저항하다가 패배한 사람들이나 근대 국민국가의 형성 과정에서 생활을 파괴당한 주변인들 역시 '정사'라 불리운 공식적 기억 속에서 간단히 말소되거나 망각의 늪에 던져졌습니다. 그러나 '국민'으로 호명된 이들 또한 자신들의 아픔과 기억을 접고 국가가 만들어낸 기억과 욕망을 소비하는 대상으로 전락했습니다. 내셔날 히스토리 일반으로 추상화된 역사가 무서운 것도 바로 이 때문입니다.

성찰적 동아시아 역사상을 구축하기에 앞서 근대 국민국가를 정당화하는 표상으로서의 역사학을 해체하는 작업이 필요한 것도 이러한 맥락에서입니다. 그것은 과거에 대한 기억을 전유하여 내셔널 히스토리의 틀로 찍어 낸 국민국가의 욕망을 드러내고, 권력의 역사가 지워버린 목소리들을 복원하여 제자리를 찾아주려는 시도입니다. 그것은 다시 근대 국민국가의 신화적 표상을 역사에 투시하여 민중의 역사적 기억을 전유하려는 국가 권력의 담론 전략을 해체하는 작업이기도 합니다. 그래서 자율적 개개인을 국민 또는 민족공동체와 일체화하려는 권력의 욕망을 좌절시키고, 근대 국민국가가 전유한 과거의 기억을 전복하려는 것입니다. 근대 국민국가의 담 밖에서 안으로 시선을 던지는 것이야말로 그 첫걸음이 될 것입니다.

그러나 성찰적 동아시아 역사상을 구축하기 위해 우리가 해결해야 할 과제는 결코 만만치 않습니다. 구체적인 역사 서술에서의 이견은 물론이고, 그러한 이견들이 딛고 서 있는 역사적·사회적 기반의 차이에서 비롯되는 인식의 차이, 그 차이의 논리를 차등의 논리로 변질시켜 배제와 포섭의 '국민화' 전략으로 삼으려는 정치 권력의 의도, 또 일본의 '새로운 역사 교과서를 만드는 회'에서 만든 교과서에 대한 한·일 양국의 반응에서 드러났듯이 정치 권력의 '국민화' 전략에 기꺼이 포섭될 준비가 되어 있는 시민사회의 역사관 앞에 서면 그것은 역사 인식의 문제가 아니라 마치 거대한 체제와의 싸움이라는 느낌을 감출 길이 없습니다.

누적된 역사에 대한 자기반성을 통해 성찰적 동아시아 역사상을 구축한다는 것이 반드시 차이를 없애야 한다는 것은 아닙니다. 역사학의 역사가 보여주듯이 일정한 차이는 건강한 학문적 긴장을 유지함으로써 역사학의 발전을 추동하는 힘이기도 했습니다. 또 다양한 역사 해석의 차이를 억누르고 단일한 역사상을 제시한다는 것은 과거에 대한 전일적 지배를 통해 미래를 지배하겠다는 의도를 내포하는 것이기도 합니다. 역사 서술에서 흔히 드러나는 해석의 차이들, 그 자체가 문제는 아닙니다. 우리가 경계하는 것은 차이의 논리를 차별의 논리로 전화시키려는 불순한 시도들입니다. 역사학자 상호 간의 차이와 다양성은 열린 정신으로 인정하되, 역사 해석의 그 차이가 배제와 포섭이라는 정치 권력의 '국민화' 전략에 이용되어 차별의 계기로 전화하는 위험성에 주목하자는 것입니다.

그것은 근대 국가 권력이나 다양한 지배 엘리트들의 이데올로기적 요구로부터 역사학을 구출하여 인간 삶의 다양한 국면들을 존중하는 역사를 구축하는 작업이기도 합니다. 차이와 다양성을 인정하는 성찰적 동아시아 역사상은 균질화된 통합을 향한 발전 과정으로 동아시아 역사를 이해하려는 어떠한 시도에도 반대합니다. 그것은 서로 다른 내셔널 히스토리들이 동아시아라는 이름의 좀더 큰 단위로 수렴해가는 또 다른 거대담론을 만들어가는 과정일 뿐입니다. 내셔널 히스토리를 구성하고 지배하는 균질적 통합의 원칙에 따라 동아시아가 구성된다는 점에서 그것은 사실상 확대된 '국민의 역사'에 불과합니다. '동양 민족주의'나 '대동아공영권' 등의 논리가 파고드는 틈새이기도 합니다. 성찰적 동아시아 역사상은 동아시아로 그 외연이 확대된 내셔널 히스토리를 지향하지 않습니다. 그 궁극적인 지향은 내셔널 히스토리 그 자체를 해체하는 데 있습니다.

그러나 동아시아의 근대 국민국가가 전유한 과거의 기억을 해체하는 작업이 곧 유럽 중심의 세계사 인식을 자동적으로 승인하는 것은 결코 아닙니다. 그것은 오히려 유럽 중심적 세계사 인식에 대한 근원적 비판을 함축하고 있습니다. 유럽 중심주의의 역사적 시간 구조는 완전한 국민국가와 주권국가의 시스템을 형성할 수 있는 집단만이 역사의 주체이며, 그 이외는 역사의 패자라는 차별적 인식을 보편적인 것으로 구조화하고 세계사적 필연성으로 이해합니다. 실상 이 필연성은 먼저 발전된 국민국가 시스템을 바탕으로 제국주의적 패권을 수립하고 부를 축적한 유럽의 패권운동을 인류 역사의 보편적인 운동법칙으로 받아들이도록 강요하는 이데올로기적 장치일 뿐입니다.

그 결과 비유럽 세계조차 자신들이 세계사의 주체로서 자격이 있다는 것을 유럽 세계에 증명하고 인정받기 위해서는 근대 국민국가의 관점에서 자신의 역사를 재구축해야 했던 것입니다. 내셔널 히스토리에 대한 해체작업이 유럽 중심주의에 대한 비판의 무기가 되는 것도 이러한 맥락에서입니다. 성찰적 동아시아 역사상을 구축하려는 우리의 시도가 이 지역에서 자행된 일본의 침략과 식민주의 그리고 모든 국가 폭력에 대한 비판을 넘어서서, 최종적으로는 그것들이 휘두른 힘의 근원으로서 500여 년에 걸쳐 세계사에서 폭력적으로 관철된 유럽의 패권주의에 대한 비판에까지 이르러야 하는 이유도 여기에 있습니다. 이때 '비판과 연대를 위한 동아시아 역사포럼'의 문제의식은 동아시아라는 지역적 특수성을 넘어 세계사의 영역으로 그 외연을 확대해나갈 것입니다.

이와 같은 공통의 문제의식과 큰 전략에서 의견이 일치를 본다면, 성찰적 동아시아 역사상을 구축한다는 과제가 반드시 불가능한 것만은 아닙니다. 상호 이해와 합의의 원칙 아래 같이 고민하고 만들어 나갈 수 있을 것입니다. 물론 그것은 고통스럽고도 긴 과정일 것입니다. 그러나 피하고 싶다고 해서 피할 수 있는 작업은 아닙니다. 21세기의 미래를 위해서 반드시 짚고 넘어가야 할 작업인 것입니다. '비판과 연대를 위한 동아시아 역사포럼'은 국민국가의 경계를 힘겹게 넘어 서고자 하는, 국가에 의해 전유된 기억을 비판적으로 성찰하고 해체하여 자율적 개개인의 밑으로부터의 연대를 구축하는 기억을 복원해야겠다는 문제의식에서 출발하였습니다. 2001년 9월 서울과 2002년 5월 이즈반도에서 개최된 공동 워크숍은 바로 그와 같은 작업을 위한 작은 디딤돌이 되리라 믿어 의심치 않습니다.

- 부록 2

'비판과 연대를 위한 동아시아 역사포럼' 주요 연혁

'비판과 연대를 위한 역사포럼'(이하 역사포럼)은 일국사적 민족주의 역사학을 비판하며 국민국가의 경계를 넘어선 새로운 연대의 가능성을 모색하기 위해 2000년 1월에 결성되었다. 역사포럼은 동아시아 그 중에서 우선적으로 한일 역사 연구자들이 솔직한 자기비판을 통하여 새로운 역사상을 모색하는 것을 목표로 출발하였다. 역사포럼은 일종의 네트워크로서 매년 2회에 걸친 한일 연구자들의 워크숍과 비정기적인 국내 공개 세미나를 통해 활동해왔다. 지금까지 5차례에 걸친 한일 워크숍과 16차례에 걸친 국내 공개 세미나를 개최하였으며, 제1차 한일 워크숍의 결과는 이미 《기억과 역사의 투쟁》(삼인출판사, 2002)으로 출간된 바 있다.

워크숍

제1차 워크숍 (2001년 9월 2~4일, 서울 수유아카데미하우스)
이성시, 일한(日韓) 역사 교과서의 고대사 서술을 둘러싸고
김한규, 단일민족의 역사와 다민족의 역사 – 한중(韓中) 역사 교과서의 비교 분석
이와사키 미노루, 공민 교과서를 통해본 일본의 사회 심리
지수걸, '민족'과 '근대'의 이중주

제2차 워크숍 (2002년 4월 19~21일, 이즈 카와나 와세다대 세미나하우스)
미야지마 히로시, 동아시아의 근대화, 식민지화를 어떻게 이해할 것인가?
도면회, '자주적' 근대와 식민지 근대
모테기 도시오, 국민국가의 건설과 내국 식민지: 중국 변강(邊疆)의 해방
신형기, 이효석과 식민지 근대: 분열의 기억을 위하여
도노무라 마사루, 전전기(戰前期) 재일조선인의 문화 아이덴티티 재고
윤해동, 식민지 근대성과 대중의 창출

제3차 워크숍 (2002년 10월 12~14일, 청평 풍림리조트 세미나실)
이영훈, '국사'의 해체를 위하여
이타가키 류타, 한 농촌 청년의 일기를 통해 본 1930년대 조선의 근대
박환무, '천황' 과 '일왕' 의 사이
다가키 히로시, 일본 미술사/조선 미술사의 성립

제4차 워크숍 (2003년 4월 25~27일, 이즈 카와나 와세다대 세미나하우스)
임지현, '세습적 희생자' 의식과 탈식민주의 역사학
다나카 사토시, 이적론(夷狄論)의 과거와 현재: 일본 고대의 자타 경계
허수, 식민지 시기 천도교의 '종교적 계몽주의' 와 타자 인식 – 이돈화의 사상을 중심으로
황종연, 한국 근대소설의 노블 형식과 청년 담론
미타니 히로시, 내셔널리즘에서 다층 세계 질서로: 1980년대부터 2000년대로의 시점 변화
코야마 사토시, 유럽 통합과 동유럽사의 구축

제5차 워크숍 (2003년 11월 13~14일, 대전 샤모니호텔)
윤선태, 고구려척과 고대 동아시아
고지마 기요시, 역사포럼의 반성과 전망
조관자, 동아협동체론 다시 읽기
조성을, 현대 중국에서의 한국사 시대 구분론

공개 세미나

제1차 세미나 (2000년 3월 25일)
노대명, 사회과학에 있어서 근대성의 문제
김동택, 대한제국 붕괴의 사회정치적 기원
전재호, 해방 후 한국 민족주의의 전개와 특징

제2차 세미나 (2000년 4월 29일)
한운석, 독일적 특수성으로부터 서방적 정상 상태로?-20세기 독일인의 민족적 정체성의 변화
임성모, 역사를 부정하는 '전후'의 기억, 〈국민의 역사〉

제3차 세미나 (2000년 6월 24일)
배성준, '식민지 근대화' 논쟁의 한계 지점에 서서
김진송, 현대를 어떻게 말할 것인가?

제4차 세미나 (2000년 8월 26일)
도면회, 통감부 지배하 한국형사재판제도의 근대성과 식민성
윤해동, 일제하의 '협력'과 '규율 권력'

제5차 세미나 (2000년 9월 29일)
김택현, 서발턴 연구와 식민지 근대사
박지향, 아일랜드 역사 서술: 민족주의와 수정주의를 넘어서

제6차 세미나 (2000년 11월 25일)
신형기, 민족이야기를 넘어서
이유재, 일상사란 무엇이며, 누가 이끌어가는가?

제7차 세미나 (2001년 4월 28일)
김현주, 1920년대 전반기 민족·문화·문학교육 담론의 성격 연구 – 이광수를 중심으로
조현설, 최남선의 신화학과 불함이라는 신화

제8차 세미나 (2001년 5월 19일)
조남호, 다카하시 도우루와 조선의 유학
박환무, '제국' 일본과 '민국' 한국의 역사적 교차로 – 쓰다 소키치와 손진태의 '국민/민족'을 중심으로

제9차 세미나 (2001년 6월 30일)
임성모, 만주국의 총력전체제와 국민 동원
차문석, 북한의 국가 형성과 동원의 정치 : 1956년을 전후한 국가 사회관계

제10차 세미나 (2001년 10월 27일)
이영훈, 한국사에 있어서 토지제도의 발전 과정 – 토지제도사 연구의 진전을 위하여

제11차 세미나 (2001년 11월 24일)
미즈노 히로코, '성전'의 기억 - 기억의 장으로서의 야스쿠니 신사
장석만, 한국의 근대성과 종교

제12차 세미나 (2002년 3월 23일)
신형기, 이효석과 식민지적 근대 - 분열의 기억을 위하여
도면회, '자주적' 근대화와 식민지적 근대

제13차 세미나 (2002년 6월 29일)
이선이, 중국에서 페미니즘의 성립과 그 전개 - 딩링의 작품 활동을 중심으로
조경란, 중국적 인권 개념에 대한 철학적 고찰

제14차 세미나 (2002년 11월 30일)
김철, 몰락하는 신생(新生) : 만주의 꿈과 '농군(이태준)'의 오독

제15차 세미나 (2003년 2월 22일)
김낙년, 일본 제국주의의 조선 통치

제16차 세미나 (2003년 12월 15일)
이영훈, 11~16세기 한국의 노비와 일본의 게닌(下人)
임지현, 2004년 역사포럼의 활동방향

국사의 신화를 넘어서

엮은이 | 임지현 · 이성시

1판 1쇄 발행일 2004년 3월 2일
1판 5쇄 발행일 2014년 12월 1일

발행인 | 김학원
경영인 | 이상용
편집주간 | 위원석
편집장 | 최세정 황서현
기획 | 문성환 박상경 임은선 최윤영 조은실 조은화 전두현 최인영 이혜인 정다이 이보람
디자인 | 김태형 임동렬 유주현 최영철 구현석
마케팅 | 이한주 김창규 이선희 이정인
저자 · 독자 서비스 | 조다영 채한울(humanist@humanistbooks.com)
조판 | 김형조
본문 · 표지 출력 | 이희수com.
용지 | 화인페이퍼
인쇄 | 청아문화사
제본 | 경일제책

발행처 | (주) 휴머니스트 출판그룹
출판등록 | 제313-2007-000007호(2007년 1월 5일)
주소 | (121-869) 서울시 마포구 동교로23길 76(연남동)
전화 | 02-335-4422 팩스 | 02-334-3427
홈페이지 | www.humanistbooks.com

ⓒ 동아시아 역사포럼, 2004
ISBN 978-89-89899-89-1 03900

만든 사람들

기획 | 선완규
편집 | 박민애
디자인 | 이준용
사진 | 안해룡
문의 | 전두현(jdh2001@humanistbooks.com) 정다이